La subrogation réelle en droit patrimonial de la famille

Logiques Juridiques

Fondée par Gérard Marcou

Dirigée par Jean-Claude Némery et Thomas Perroud

Le droit n'est pas seulement un savoir, il est d'abord un ensemble de rapports et pratiques que l'on rencontre dans presque toutes les formes de sociétés. C'est pourquoi il a toujours donné lieu à la fois à une littérature de juristes professionnels, produisant le savoir juridique, et à une littérature sur le droit, produite par des philosophes, des sociologues ou des économistes notamment.

Parce que le domaine du droit s'étend sans cesse et rend de plus en plus souvent nécessaire le recours au savoir juridique spécialisé, même dans des matières où il n'avait jadis qu'une importance secondaire, les ouvrages juridiques à caractère professionnel ou pédagogique dominent l'édition, et ils tendent à réduire la recherche en droit à sa seule dimension positive. À l'inverse de cette tendance, la collection « Logiques juridiques » des éditions L'Harmattan est ouverte à toutes les approches du droit. Tout en publiant aussi des ouvrages à vocation professionnelle ou pédagogique, elle se fixe avant tout pour but de contribuer à la publication et à la diffusion des recherches en droit, ainsi qu'au dialogue scientifique sur le droit. Comme son nom l'indique, elle se veut plurielle.

Dernières parutions

Rawaa SALHI, *La constitution tunisienne de 2014 et le droit international. Tout ce qu'il faut comprendre !*, 2023.

Philippe DE LADOUCETTE, *Régulation indépendante du marché de l'énergie*, 2023.

Hicham BERJAOUI, *L'invocabilité de la responsabilité des organisations internationales devant le juge étatique. Quand le droit international public surplombe le droit international des droits de l'homme*, 2023.

Marie LAPAIRE, *Les actes préparatoires. À la recherche d'une catégorie juridique*, 2023.

Laura BAUDIN, *Cyberattaques et droit international public. De la négociation entre États à l'intégration des acteurs privés pour parvenir à la cyberpaix ?*, 2023.

Golnaz KARIMZADEH MEIBODI

La subrogation réelle en droit patrimonial de la famille

Préface de Alice Tisserand-Martin

L'Harmattan

5-7, rue de l'École polytechnique, 75005 Paris

www.harmattan.fr

ISBN : 978-2-14-034386-5
EAN : 9782140343865

Sommaire

Préface

La subrogation réelle mérite-t-elle d'être érigée en principe général de notre droit ? Cette interrogation, au cœur de l'ouvrage que Golnaz Karimzadeh Meibodi a consacré à la subrogation réelle en droit patrimonial de la famille, appelle une réponse nuancée au terme d'une étude approfondie des divers mécanismes qui se réfèrent à ce concept juridique en la matière.

En effet, le droit patrimonial de la famille, premier domaine historique de la subrogation réelle, reste aujourd'hui encore son territoire de prédilection. Dans un mouvement d'interaction positif, le droit patrimonial de la famille a favorisé l'émergence d'une nouvelle forme de subrogation réelle, tandis que cette dernière permettait une modernisation essentielle de notre droit de la famille.

Initialement envisagée comme une fiction, puis, plus précisément, comme un procédé technique destiné à assurer le remplacement d'un bien par un autre bien pour assurer la permanence d'une affectation, la subrogation réelle est devenue une indispensable alliée de l'introduction de la dette de valeur en droit patrimonial de la famille. A la subrogation réelle parfaite organisant le remplacement d'un bien par un autre dans le but de maintenir la consistance d'une masse de biens, est venue s'ajouter la subrogation réelle imparfaite ou liquidative afin d'assurer au mieux l'équivalence d'une restitution en valeur pour s'affranchir de la brutalité d'une restitution en nature.

Qu'elle soit parfaite ou imparfaite, la subrogation réelle se rattache toujours à une idée d'équité, indissociable des évolutions de notre droit patrimonial de la famille, et souligne le passage de la conservation en nature des biens de famille à la conservation en valeur des patrimoines familiaux. C'est ainsi qu'en matière de libéralités, le principe d'un rapport ou d'une réduction en nature a été progressivement abandonné au profit d'une restitution en valeur. Et c'est sans doute également ce qui explique le changement profond de la finalité des derniers droits de retour consacrés par le législateur en faveur des collatéraux privilégiés ou des père et mère.

Pourtant, il n'existe aucun texte de portée générale au sein du code civil qui permette d'associer à la subrogation réelle un régime juridique complet et unifié. Au contraire, celle-ci, présente dans une multitude de dispositions particulières, semble condamnée à demeurer une institution protéiforme et hybride. Faut-il, pour autant, se contenter d'une approche fonctionnelle de la subrogation réelle et n'envisager cette notion qu'en considération des différentes fonctions que le droit patrimonial de la famille lui assigne, au gré des différents articles du code civil qui s'y réfèrent ?

Ce n'est certainement pas l'opinion de Madame Karimzadeh Meibodi. L'analyse approfondie des mécanismes de notre droit patrimonial de la famille qui font appel à la subrogation réelle, emprunte, dans cet ouvrage, une démarche prospective et innovante au terme de laquelle il est démontré pertinemment tant l'uniformité de la notion que sa modernité. Mme Karimzadeh Meibodi montre qu'il existe des caractères communs que l'on retrouve dans toutes les hypothèses dans lesquelles le droit patrimonial de la famille fait une place à la subrogation réelle, de sorte qu'il est possible de constater l'existence d'un ensemble uniforme de règles de fond et de forme dont dépend la mise en œuvre de la subrogation réelle en droit patrimonial de la famille.

En effet, en dépit de la variété des domaines dans lesquels il est fait appel à la subrogation réelle, celle-ci n'est pas réfractaire à une construction uniforme si l'on s'attache à ses caractères généraux pour définir un ensemble de règles communes aux différentes hypothèses dans lesquelles on rencontre cette notion. Parfaite, ou imparfaite, la subrogation réelle reste fondée sur l'équité et le souci de rétablir un équilibre juridique rompu par la disparition d'un bien.

Lorsqu'elle est parfaite, la subrogation réelle assure la permanence d'une affectation en permettant la conservation d'un droit dont l'existence est menacée par la disparition du bien sûr lequel il portait. Or, le report du droit sur le bien de substitution suppose invariablement l'identification de ce dernier. En présence de biens fongibles, le bien nouveau doit constituer la contre-valeur du bien ancien, ce qui oblige à mettre en évidence le lien unissant le bien d'origine au bien de substitution et fait appel aux notions d'équivalence et de provenance.

La subrogation réelle imparfaite ou liquidative n'intervient sans doute pas pour assurer le remplacement d'un bien, objet d'un droit. Cependant, associée à la technique de la dette de valeur, elle participe à la préservation d'un droit, en écartant le principe du nominalisme afin de déjouer les conséquences néfastes de l'inflation et de la dépréciation monétaire, en cas de disparition de l'objet d'une créance de restitution.

Néanmoins, certains domaines restent plus réfractaires que d'autres à une application généralisée de la subrogation réelle. Cette dernière est nécessairement limitée, ou même exclue, dès que l'on se trouve en présence d'une institution qui privilégie ou exige une affectation en nature et nécessite que les biens soient appréhendés dans leur individualité physique. Tel est le cas en matière de droit de retour légal, ou bien encore en matière de libéralités résiduelles ou graduelles, même si les régimes juridiques respectifs de ces institutions révèlent certaines incohérences qui témoignent d'un affaiblissement de la volonté d'assurer la conservation physique des biens au sein des familles au profit d'une préservation de la valeur patrimoniale qu'ils représentent.

Enfin, au fil de cet ouvrage, Madame Karimzadeh Meibodi aborde la subrogation réelle en tenant compte, d'un côté, de l'évolution de la nature de cette notion et, de l'autre, des changements qui ont profondément affecté notre droit patrimonial de la famille. En effet, l'auteur met en évidence la façon dont la subrogation réelle a su efficacement accompagner les transformations les plus significatives de notre droit. Participant à la pérennité des masses de biens nécessaire à une nouvelle répartition des pouvoirs entre époux en droit des régimes matrimoniaux, assurant le passage d'une égalité en nature à une égalité en valeur en droit des successions et des libéralités, tout en favorisant l'émergence de nouvelles universalités de fait tel le portefeuille de valeurs mobilières, la subrogation réelle s'est naturellement trouvée au cœur des évolutions les plus récentes de notre système juridique. Elle nous a amenés, doucement et progressivement, à la consécration de patrimoines d'affectation désormais expressément reconnus en d'autres domaines juridiques.

En définitive, Golnaz Karimzadeh Meibodi nous livre un ouvrage de belle facture, rédigé dans un style sobre et élégant, qui représente le fruit d'une recherche exhaustive de grande qualité. La lecture de cet ouvrage, incontournable pour quiconque souhaiterait explorer ou approfondir tel ou tel aspect de la subrogation réelle en droit patrimonial de la famille, stimule la réflexion et ouvre la porte à bien d'autres travaux susceptibles de participer à la construction d'une théorie générale de la subrogation réelle.

Alice Tisserand-Martin
Professeure à l'Université de Strasbourg

À mes parents,

Principales abréviations

A.J.D.I	*Actualité juridique. Droit immobilier*
AJ Fam.	*Actualité juridique. Famille*
al.	alinéa
art.	article
Ass. Pl.	Assemblée plénière de la Cour de cassation
Bull.	bulletin
Bull. civ.	*Bulletin des arrêts des chambres civiles de la Cour de cassation*
c/	contre
CA	Cour d'appel
Cass.	Cour de cassation
C. civ.	Code civil
C.com.	Code de commerce
cf.	*confer*
Chron.	chronique
civ.	chambre civile de la Cour de cassation
civ. 1re	première chambre civile de la Cour de cassation
civ. 2e	deuxième chambre civile de la Cour de cassation
civ. 3e	troisième chambre civile de la Cour de cassation
com.	chambre commerciale de la Cour de cassation
comm.	commentaire
Defrénois	*Répertoire du notariat Defrénois/Defrénois, la revue du notariat*
Dr. fam.	*Droit de la famille*
éd.	édition
ét.	étude
Gaz. pal.	*Gazette du palais*
Ibid.	*ibidem*
JCP	*La semaine juridique. Édition générale*
JCP E	*La semaine juridique. Édition entreprise*
JCP N	*La semaine juridique. Édition notariale*
LGDJ	Librairie générale de droit et de jurisprudence
L.P.A	*Les petits affiches*
n°	numéro

obs.	observations
op.cit.	*opus citatum*
p.	page
PACS	Pacte civil de solidarité
pan.	panorama
préf.	préface
PUF	Presses universitaires de France
RDC	*Revue des contrats*
RDI	*Revue de droit immobilier*
Req.	chambre des requêtes de la Cour de cassation (avant 1974)
RLDC	*Revue Lamy Droit civil*
RTD Civ.	*Revue trimestrielle de droit civil*
RTD Com.	*Revue trimestrielle de droit commercial*
vol.	volume
§	paragraphe

Introduction

Une absence de définition. – Le mot « subrogation » évoque l'idée d'une substitution ou d'une mutation, soit d'une personne, soit d'une chose à une autre[1]. Ainsi, le droit civil connaît deux types de subrogation, l'une dite « réelle » et l'autre, « personnelle ». La subrogation réelle possède un champ d'application élargi en droit positif français. De nombreux textes du Code civil s'y réfèrent, de sorte que diverses hypothèses particulières de subrogation réelle sont prévues par le législateur, sans aucun lien ou points de convergence permettant de les unir et d'élaborer une théorie de cette institution juridique. Tandis qu'une règle générale de la subrogation personnelle est posée par l'article 1346 du Code civil, laquelle a fait l'objet de longs et de nombreux développements, la subrogation réelle est, elle, toujours traitée au second plan. Jusqu'à présent, et contrairement à la subrogation personnelle, le législateur n'a proposé aucune définition de la subrogation réelle, dont la nature, le fondement et le régime demeurent largement controversés. Cependant, de nombreuses thèses[2] ont été consacrées à la subrogation réelle en droit civil français et ont marqué l'histoire de la matière en révélant une nouvelle métamorphose de ce phénomène. En effet, le fondement et le champ d'application de la subrogation réelle ont connu une transformation à la suite

---

[1] CHAPUISAT, Françoise, « Vers une utilisation extensive de la subrogation réelle à propos des lois du 13 juillet 1965 et 3 juillet 1971 », *RTD Civ.* 1973, p. 644 ; FLACH, Jacques, *De la subrogation réelle*, thèse Paris, 1870, p. 3 ; MAGNILLAT, André, *De la subrogation réelle*, Lyon, Imprimerie Paul Legendre et Cie, 1912, p. 5.

[2] AURENGE, Joseph, *La subrogation réelle*, thèse Paris, 1910 ; BACH, Eugène-Louis, *La subrogation réelle dans les régimes matrimoniaux où coexistent biens propres et biens communs*, thèse Paris, 1959 ; CAPITANT, Henri, *Essai sur la subrogation réelle*, Recueil Sirey, 1919 ; FLACH, Jacques, *De la subrogation réelle*, thèse Paris, 1870 ; HENRY, André, *De la subrogation réelle conventionnelle et légale*, thèse Nancy, 1913 ; LAURIOL, Marc, *La subrogation réelle*, préface d'André BRETON, 2 vol., Alger, Recueil Sirey, 1954 ; MAGNILLAT, André, *De la subrogation réelle*, Lyon, Imprimerie Paul Legendre et Cie, 1912 ; MASSERON, Gustave, *De la subrogation réelle en droit romain et en droit français*, thèse Bordeaux, 1876 ; PAULMIER, Edgard, *De la subrogation réelle en droit romain et en droit français*, Orléans, Imprimerie de Georges Jacob, 1882 ; RANOUIL, Véronique, *La subrogation réelle en droit civil français*, Librairie générale de droit et de la jurisprudence, 1985 ; STORA, Charles, *De la subrogation réelle*, Paris, Librairie nouvelle de droit et de jurisprudence Arthur Rousseau, 1901.

de l'évolution de la nature de cette institution juridique[1]. Reconnue comme une fiction juridique, création arbitraire de l'esprit et contraire à la nature des choses, elle a évolué vers une institution juridique inspirée de l'équité et destinée à sauvegarder l'équilibre social et économique dans les rapports patrimoniaux.

L'approche classique de la subrogation réelle, une fiction juridique. – Deux courants doctrinaux ont élaboré des théories sur la subrogation réelle : d'abord, la « théorie classique » de subrogation réelle issue du droit en vigueur jusqu'à la fin du XIXe siècle ; ensuite, la « théorie moderne », élaborée à l'extrême fin du XIXe siècle et au cours des premières années du XXe siècle. La théorie classique fut forgée dans l'Ancien Droit par Renusson[2], Le Brun[3] et Pothier[4], ces derniers s'inspirant de Bartole et des textes romains. Cette théorie a reçu, depuis 1804, l'approbation des commentateurs du Code civil, et a été défendue par Flach[5] et reprise par Aubry et Rau[6].

Les anciens auteurs[7] ont élaboré une définition descriptive dans laquelle le mot même de « subrogation » est inclus. Selon Renusson, « la subrogation de chose est quand une chose est subrogée à une autre, qu'elle prend sa place et qu'elle est réputée avoir une même qualité que l'autre »[8]. La définition donnée par Renusson, inspirée des adages romains, est reprise par la majorité des

---

[1] « Toute technique qu'elle soit, la subrogation réelle est une institution vivante. Rarement autorisée, et plus rarement encore prévue par le Code Napoléon, elle s'est depuis, constamment étendue. Par l'effet de la loi et de la jurisprudence ? Bien sûr : sans ces sources majeures, il n'y a pas d'évolution. Mais surtout pas celui de la doctrine » *in* MALAURIE, Philippe, Préface de la thèse : RANOUIL, Véronique, *op. cit.*, p. 15.

[2] RENUSSON, Philippe de, *Traité des propres réels*, 1632-1669, Paris, chap. I, section X.

[3] LE BRUN, Denis, *Traité des successions,* 9e édition, Paris, livre II, chap. I, section I.

[4] POTHIER, Robert-Joseph, *Traité de la communauté*, Tome VI, 1823, Paris, p. 142.

[5] FLACH, Jacques, *loc. cit*

[6] AUBRY, Charles Marie Barbe Antoine, RAU, Charles Frédéric, *Cours de droit civil français d'après la méthode de Zachariæ,* Tome IX, 5e édition, Paris, 1917, § 575, pp. 340 et suiv.

[7] Selon les anciens auteurs, deux éléments clés apparaissent dans la définition de la subrogation réelle : le remplacement d'un bien par un autre pour reporter un droit d'un bien sur l'autre et le caractère fictif de la subrogation réelle. *Encyclopédie du notariat et de l'enregistrement ou dictionnaire général et raisonné de législation, de doctrine et de jurisprudence en matière civile et fiscale, Revue de notariat, sous la direction de DIDO,* Tome Dix-neuvième, Sourd-succursale, 1890, p. 217 ; « la substitution juridique d'une chose à une autre » : *cf.* AURENGE, Joseph, *op. cit.,* p. 2 ; « deux caractères, sont de l'essence de la subrogation, elle consiste dans une mutation ; elle est une fiction juridique » : *cf.* FLACH, Jacques, *op. cit.,* p. 22 ; « un bien étant dans un rapport de droit substitué à un autre bien, les caractères juridiques du bien primitif et les effets du rapport de droit qui s'y attachent, sont transportés sur le bien nouveau qui a pris sa place » : *cf.* COLIN, Ambroise, CAPITANT, Henri, JUILLIOT DE LA MORANDIÈRE, Léon, *Cours élémentaire de droit civil français,* Tome III, Dalloz, 8e édition, 1936, n°237, p. 156 ; « une fiction de droit en vertu de laquelle une chose nouvelle vient prendre, dans le patrimoine où elle entre, la place et certaines qualités juridiques d'une autre chose qui en est sortie, et qu'elle représente » : *cf.* PAULMIER, Edgard, *op. cit.,* p. 79 ; « la substitution d'une chose à une autre, c'est-à-dire, l'action de remplacer juridiquement une chose par une autre » : *cf.* STORA, Charles, *op. cit.,* p. 1.

[8] RENUSSON, Philippe de, *Traité de la subrogation,* 1783, Toulouse, chap. I.

anciens auteurs, qui ont reconnu à l'unanimité la nature fictive de la subrogation réelle. Le caractère fictif de la subrogation est affirmé par Pothier, selon lequel la subrogation est « une fiction de droit par laquelle une chose, que j'ai acquise à la place d'une autre que j'ai aliénée, prend la qualité de la chose aliénée, à la place de laquelle elle a été acquise et à laquelle elle est subrogée »[1]. Il en va de même selon Aubry et Rau, qui ont souligné le fait que « la subrogation réelle est, dans le sens le plus général, une fiction par suite de laquelle un objet vient à remplacer un autre, pour devenir et pour revêtir sa nature juridique »[2]. Ainsi, la subrogation réelle, dont la nature a longtemps été débattue, a unanimement été comprise comme une fiction jusqu'au début du XXe siècle.

La subrogation réelle, une fiction juridique contraire à la raison et à la nature des choses. – Pour Toullier[3], la fiction, c'est-à-dire « la supposition d'un fait contraire à la vérité, est indigne de la majesté du législateur ». Ihering[4] va jusqu'à la considérer comme « un mensonge technique consacré par la nécessité ». Ce caractère fictif domine toute la théorie de la subrogation réelle dans notre Ancien Droit et signifie que la chose subrogée revêt une qualité que le jeu régulier des principes conduit à lui refuser[5]. Dès lors, la subrogation est destinée à substituer une chose à une autre dans un rapport juridique ayant pour but de transférer à un bien les qualités juridiques appartenant à un autre bien. En outre, la subrogation de nature fictive est forcément de droit restreint : elle n'est suppléée ni par une présomption ni par une induction, selon le principe proclamé par les anciens auteurs[6].

Ainsi, dans l'Ancien Droit, la doctrine a généralement reconnu deux sortes de subrogation réelle, à savoir, la subrogation spéciale ou à titre particulier, et la subrogation réelle générale ou à titre universel, en s'inspirant du traditionnel et célèbre adage « *in judiciis universalibus…* »[7] formulé par les glossateurs. La subrogation spéciale a pour effet de transférer à une chose une qualité particulière revêtue par celle-ci, telle que la qualité de bien propre dans le régime de communauté ou de bien dotal. Elle ne s'étend pas en dehors des cas

---

[1] POTHIER, Robert-Joseph, *loc. cit.*

[2] AUBRY, Charles Marie Barbe Antoine, RAU, Charles Frédéric, *op. cit.*, Tome IX, 5e édition, §575, p. 340.

[3] TOULLIER, Charles Bonaventure Marie, *Le droit civil français, suivant l'ordre du code*, Tome IV, 1845, Paris, n°189.

[4] IHERING, Rudolf von, *L'esprit du droit romain dans les diverses phases de son développement*, Tome IV, Paris, 1878, pp. 295, 296.

[5] AURENGE, Joseph, *op. cit.*, p. 24 ; FLACH, Jacques, *op. cit.*, p. 3.

[6] « Toute subrogation est une fiction qui vient de la loi ou de la convention ; or, tout fiction est de droit étroit, qui ne s'étend point hors le cas exprimé par la loi ou par la convention » : *cf.* RENUSSON, Philippe de, *Traité des propres réels*, *op. cit.*, chap. I, sect. X, n°2, p. 58 ; « Les fictions n'ont d'effet que pour les cas pour lesquels elles sont établies : *fictio non operatur ultra casum* » : *cf.* POTHIER, Robert-Joseph, *op. cit.*, n°78, p. 81.

[7] L'adage « *in judiciis universalibus res succedit loco pretii et pretium loco rei* » signifie que « dans les actions universelles, le prix tient lieu de la chose et la chose du prix ».

prévus par un texte ou de l'esprit formel de la loi, ou encore de la convention. Au contraire, selon l'adage « *in judiciis universalibus* ... », la subrogation réelle à titre universel ou général s'effectue de plein droit dans les universalités[1].

La portée donnée par les anciens auteurs à l'adage « *in judiciis universalibus*... ». – L'adage « *in judiciis universalibus res succedit loco pretii et pretium loco rei* » a été développé par les glossateurs, notamment par Bartole, qui prétendaient que cet adage est tiré de sources romaines, à savoir : le sénatus-consulte Juventien[2] et la loi 70, §3, 71, 72 *de legatis*. En vertu de l'adage « *in judiciis* », la subrogation a lieu de plein droit dans les universalités, dont l'exemple type est le patrimoine héréditaire, qui est une *universitas* sanctionnée par un *judicium universale*, la *pétitio hereditatis* dans la pétition d'hérédité. Ainsi, la subrogation du prix à la chose et de la chose au prix est-elle consacrée par le sénatus-consulte Juventien. Par ailleurs, les glossateurs eurent recours à la loi 20, §10 pour étendre le sénatus-consulte Juventien aux autres universalités. Dès lors, toute universalité doit être régie par l'adage « *in judiciis* », que le sénatus-consulte consacre formellement. La subrogation réelle est donc étendue aux autres universalités où une *universitas juris* est revendiquée, telles que le fidéicommis, le legs universel par une *actio in rem universalis*.

Cette extension élargie du sénatus-consulte à toutes les universalités a suscité des critiques car elle repose sur une fausse interprétation de la loi 20, §10. La loi romaine n'a reconnu que l'existence d'une seule action réelle générale : la pétition d'hérédité. Par ailleurs, l'adage « *in judiciis* » ne s'applique pas de manière absolue puisque la pétition d'hérédité est soumise à une double distinction entre les possesseurs de bonne et de mauvaise foi. Ainsi, selon certains auteurs, les justifications données par les glossateurs sur l'origine romaine de l'adage « *in judiciis* » semblent insuffisantes[3].

---

[1] AURENGE, Joseph, *op. cit.*, p. 5 ; CERBAN, Alexandre, « Nature et domaine d'application de la subrogation réelle », *RTD Civ.* 1939, p. 52 : cet auteur a souligné que la subrogation réelle de nature fictive et de droit strict ne peut intervenir que par la prévision de la loi et non pas par la convention des particuliers ; FLACH, Jacques, *op. cit.*, pp. 6, 23 ; LE BRUN, Denis, *op. cit.*, n°63, p. 160 ; MASSERON, Gustave, *op. cit.*, p. 9 ; PAULMIER, Edgard, *op. cit.*, pp. IV, 80, 256 ; STORA, Charles, *op. cit.*, p. 430.

[2] « Ce sénatus-consulte, que les interprètes ont l'habitude de l'appeler Juventien, du nom du célèbre jurisconsulte Publius Juventius Celsus, l'un des quatre consuls qui en exposèrent les motifs devant le Sénat, fut rendu vers l'an 129 après Jésus-Christ (an 882 de Rome), sur la proposition de l'empereur Hadrien. Relatif à la petitio hereditatis, il règle les restitutions dues par le possesseur d'une hérédité au véritable héritier. Il eut pour but de combler une lacune qui se trouvait dans la théorie de la petitio hereditatis, en permettant l'exercice de cette action dans des cas où auparavant elle ne pouvait être intentée d'après les principes stricts du vieux droit » : *cf.* PAULMIER, Edgard, *op. cit.*, pp, 4,5 ; Sur le but et l'étendue du sénatus-consulte : *cf.* MASSERON, Gustave, *op. cit.*, p. 14 et suiv.

[3] AUBRY, Charles Marie Barbe Antoine, RAU, Charles Frédéric, *op. cit.*, Tome IX, 5e édition, §575, p. 341 ; AURENGE, Joseph, *op. cit.*, pp. 14, 16 ; CAPITANT, Henri, *op. cit.*, p. 393 ;

Le troisième adage régit les effets de la subrogation réelle. – Le troisième adage, dit « *subrogatum capit naturam subrogati* »[1], régit les effets de la subrogation réelle. La subrogation réelle a pour but de transposer sur un bien les qualités juridiques appartenant à un autre bien[2]. Dans les titres universels, la chose restituée à la place d'une autre prend, comme elle, la qualité de *res universitatis*. En revanche, dans les titres particuliers, la fameuse distinction opérée par Dumoulin entre les qualités extrinsèques et les qualités intrinsèques s'applique. Seules les qualités extrinsèques peuvent se reporter d'une chose à une autre, comme la qualité de biens propres ou dotaux. Les qualités intrinsèques sont inhérentes à la chose : elles ne peuvent se détacher de la chose sans altérer sa nature, telles que les qualités de meubles, d'immeubles ou de choses corporelles[3].

Un fondement rationnel issu de l'adage « *in judiciis* ». – Bien que l'adage « *in judiciis* » ne reflète qu'imparfaitement les idées romaines, il est possible d'en dégager un fondement rationnel. Selon Henry, l'adage « *in judiciis* » opère une distinction entre deux sortes d'actions réelles, l'action spéciale ou en revendication, et l'action réelle générale comme la pétition d'hérédité[4]. Ainsi, la subrogation se produit de plein droit dès lors qu'un objet se trouve réclamé en vertu d'un *judicium universale*[5]. Selon Aubry et Rau, c'est la fongibilité des éléments de toute universalité juridique qui constitue bien le fondement rationnel de la subrogation opérant de plein droit dans les universalités au sein desquelles les biens ne sont pas considérés dans leur individualité, mais en tant que valeurs fongibles[6]. Cela ne se produit pas de plein droit dans les actions destinées à restituer une ou plusieurs choses particulières, ou encore une universalité de fait[7]. Jacques Flach, dans sa thèse

---

FLACH, Jacques, *op. cit.*, pp. 21-30 ; MASSERON, Gustave, *op. cit.*, pp. 22-29 ; PAULMIER, Edgard, *op. cit.*, pp. 19-26, 36-39 ; STORA, Charles, *op. cit.*, pp. 18-21.

[1] « La chose subrogée prend la place d'une autre où est substituée à une autre ».

[2] Cet adage est repris par Renusson dans sa définition de la subrogation réelle : « la subrogation de chose, est quand une chose est subrogée à une autre, qu'elle prend sa place, et qu'elle est réputée avoir une même qualité que l'autre » : *cf.* RENUSSON, Philippe de, *Traité de la subrogation, op. cit.*, chap. I, sect. X, n°2.

[3] LE BRUN, Denis, *op. cit.*, n°64, p. 161 ; MAGNILLAT, André, *op. cit.*, p. 43 ; POTHIER, Robert-Joseph, *op. cit.*, n°197, p. 142.

[4] HENRY, André, *op. cit.*, p. 39.

[5] « Action universelle ».

[6] AUBRY, Charles Marie Barbe Antoine, RAU, Charles Frédéric, *Cours de droit civil français d'après la méthode de Zachariæ*, Tome VI, 4e édition, Paris, 1873, §575, p. 235 ; *cf.* dans le même sens : CAPITANT, Henri, *op. cit.*, p. 391 ; FLACH, Jacques, *op. cit.*, p. 148 ; JAUBERT, Pierre, *Les propres mobiliers dans la communauté légale*, Bordeaux, Imprimerie Bière, 1942 ; PAULMIER, Edgard, *op. cit.*, p. 256 ; ROCHFELD, Judith, *Les grandes notions du droit privé*, PUF, 2011, n°3, p. 356 ; SERIAUX, Alain, « La notion juridique de patrimoine », *RTD Civ.* 1994, p. 801 ; XIFARAS, Mikhaïl, *La propriété : Étude de philosophie du droit*, PUF, 2004, p. 246.

[7] AUBRY, Charles Marie Barbe Antoine, RAU, Charles Frédéric, *op. cit.*, Tome VI, 4e édition, §575, p. 238, note 9.

consacrée à la subrogation réelle, a complètement abandonné l'adage « *in judiciis* » en lui reconnaissant un domaine plus élargi, non seulement en présence d'une universalité de droit, mais aussi dans le cadre d'une universalité de fait[1].

Les critiques de l'approche classique de la subrogation réelle. – La théorie traditionnelle n'est pas restée à l'abri des critiques car la conception classique inspirée des Bartolistes, aussi étroite et rigide, méconnaît le rôle technique de la subrogation réelle[2]. En effet, l'adage « *subrogatum capit naturam subrogati* », sur les effets de la subrogation, ne mérite pas d'être conservé. Le mot *res*, dans l'expression « subrogation réelle », signifie davantage l'objet de droit que la chose. La subrogation réelle n'est pas le remplacement d'une chose par une autre, ou encore une qualité d'un bien par une autre, mais le remplacement de l'objet d'un droit par un autre objet matériel d'un droit subjectif déterminé[3]. Le droit subjectif est le moyen de soumettre tel ou tel bien à une destination déterminée qui se perpétue par l'effet de la subrogation réelle[4].

L'approche moderne de la subrogation réelle, une institution et une véritable réalité juridique inspirée de l'équité. – La théorie moderne ébauchée par Saleilles[5] en 1894, et développée par Demogue[6] en 1901, prend sa forme définitive dans les écrits de Planiol[7] en 1902 et Henry[8]. Finalement, d'autres auteurs[9] n'ont pas hésité à se rallier à cette théorie moderne de la subrogation réelle. La théorie moderne a abandonné le caractère fictif de la subrogation en lui attribuant une véritable réalité juridique, établie soit par la volonté des particuliers, soit par la loi[10]. Ainsi, la subrogation n'est pas en contradiction avec la nature des choses, puisque ni le caractère ni la qualité

---

[1] FLACH, Jacques, *op. cit.*, pp. 21-30.
[2] LAURIOL, Marc, *op. cit.*, Tome I, n°22, pp. 20-22.
[3] CAPITANT, Henri, *op. cit.*, p. 393.
[4] LAURIOL, Marc, *op. cit.*, Tome II, n°543, p. 182.
[5] SALEILLES, Raymond, Cass. civ., 29 avril 1901, *Sirey* 1903, I, p. 321 ; SALEILLES, Raymond, CA Dijon, 30 juin 1893, *Sirey* 1894, II, p. 185.
[6] DEMOGUE, René, *Les notions fondamentales du droit privé,* 1911, Réimpression édition La Mémoire du Droit, 2001, pp. 236, 295, 346 et suiv.
[7] PLANIOL, Marcel, Cass. civ., 20 avril 1901, *Dalloz, Recueil périodique et critique* 1902, 1, 33.
[8] HENRY, André, *op. cit.*
[9] AURENGE, Joseph, *op. cit.*; BACH, Eugène-Louis, *op. cit.*, pp. 15, 18 ; MAGNILLAT, André, *op. cit.*, ; STORA, Charles, *op. cit.*, p. 241.
[10] « La théorie de la subrogation, fictive perd de plus en plus de terrain, et tout le monde est bien près d'admettre que la subrogation est une véritable réalité juridique qui repose sur la volonté, soit des particuliers dans la limite des actes de disposition ou d'affectation qui leur sont permis, soit de la loi sous réserve de l'interprétation plus ou moins extensible que les tribunaux doivent lui appliquer » : *cf.* SALEILLES, Raymond, Cass. civ., 29 avril 1901, *Sirey* 1903, I, p. 321.

juridique du bien ne sont modifiés[1]. Par ailleurs, la doctrine moderne a dissocié le fonctionnement de la subrogation réelle de l'existence d'une universalité ainsi que l'exigence d'un texte de loi afin de favoriser l'intervention de la subrogation réelle. Selon cette doctrine, notamment illustrée par Saleilles, le jeu de la subrogation réelle s'attache davantage à la présence d'une affectation[2] qu'à l'existence d'une universalité. Le caractère d'universalité ne provient pas seulement de la loi, comme l'affirment Aubry et Rau : elle peut aussi être constituée par une convention susceptible de se reproduire par l'effet de la subrogation réelle. En 1903, l'idée d'affectation est envisagée par Saleilles[3] pour en faire le fondement d'un principe général de subrogation réelle destiné à intervenir tant dans les universalités que dans les titres particuliers. Pour cet auteur, l'unité d'un patrimoine se rattache à la communauté du but auquel sont affectés tous les biens composant ce patrimoine. Cette affectation des biens à un but spécial peut être l'œuvre de la volonté des particuliers et celle de la loi[4].

Étendue élargie de la subrogation réelle au-delà des universalités. – Parmi les auteurs tenant à la conception moderne, Demogue est allé plus loin en déniant tout rapport entre la subrogation et la notion d'universalité. Cet auteur a également conduit à une émancipation complète de l'adage « *in judiciis universalibus...* », en soutenant que la subrogation se produit avec la même étendue tant en présence de biens isolés que d'universalités. Selon lui, la subrogation intervient dans deux cas. Tout d'abord, en présence de « valeurs d'affectation », dès lors que les biens isolés ou l'ensemble de biens composant une universalité, envisagés dans leur valeur pécuniaire plutôt que

---

[1] AURENGE, Joseph, *op. cit.*, pp. 53, 57, 59 ; DEMOGUE, René, *op. cit.*, p. 13 ; RIPERT, Georges, BOULANGER, Jean, *Traité élémentaire de droit civil de Planiol*, Tome III, Régimes matrimoniaux, succession-libéralités, 4e édition, Paris, 1951, p. 922 en note ; SALEILLES, Raymond, *ibid.*

[2] « L'affectation entendue comme la soumission d'un bien à un usage déterminé implique que cet usage, ce but, soit précis et donc envisagé d'un point de vue concret et limité » : *cf.* GUINCHARD, Serge, *Essai d'une théorie générale de l'affectation des biens en droit privé français*, thèse Lyon, 1974, n°23, p. 33.

[3] Saleilles a souligné que « là où il y a affectation à un but, [...] les biens qui la subissent ne sont plus considérés qu'au point de vue de leur valeur pécuniaire, et la conséquence logique, voulue par la loi du moment même qu'elle accepte l'affectation, c'est que l'ensemble, dans sa valeur pécuniaire plutôt que dans les individualités qui la constituent, soit conservé au but que l'on a en vue ; et alors la seule garantie de cette conservation, c'est la subrogation » : *cf.* SALEILLES, Raymond, CA Dijon, 30 juin 1893, *Sirey* 1894, II, p. 185.

[4] SALEILLES, Raymond, CA Dijon, 30 juin 1893, *ibid.* pp. 185, 187 ; Dans le même sens *cf.* : BERLIOZ, Pierre, « L'affectation au cœur du patrimoine », *RTD Civ.* 2011, p. 635 ; « l'affectation résulte d'un acte de volonté, qu'elle soit individuelle, judiciaire ou légale » : *cf.* GUINCHARD, Serge, *op. cit.*, n°399, p. 374 ; « la subrogation réelle consiste en ce que le bien nouveau qui entre dans un patrimoine en remplacement d'un autre bien grevé d'une affectation est lui-même grevé de la même affectation et, par suite, prend la même condition juridique » : *cf.* BEUDANT, Robert, LEREBOURS-PIGEONNIÈRE, Paul, *Cours de droit civil français, Les biens,* Avec la collaboration de Pierre VOIRIN, Tome IV, 2e édition, Paris, 1938, n°42.

dans leur individualité physique, ont été affectés à un usage déterminé[1]. Ainsi, la subrogation ne repose pas sur le caractère de l'universalité mais sur l'affectation en valeur. Le deuxième cas relève de la restitution de biens isolés[2] ou formant une universalité, comme la restitution du patrimoine héréditaire par l'héritier apparent ou du patrimoine de l'absent par l'envoyé en possession[3]. Ainsi, à l'opposé de la théorie classique, selon la théorie moderne, la subrogation réelle a pour effet de transférer des droits et non pas les qualités d'une chose. La doctrine moderne réfute donc d'une façon absolue la nature fictive de la subrogation réelle en soutenant qu'elle correspond à une réalité juridique. La théorie moderne a libéré la subrogation réelle de ses entraves traditionnelles en la rattachant à ses buts. Principalement, la subrogation réelle intervient dans le cadre de l'affectation des biens à un but déterminé et accessoirement, dans l'obligation de les restituer car dans ces hypothèses, l'objet véritable du droit n'est pas un bien matériel, mais la valeur qu'il représente.

Les critiques de la théorie moderne de la subrogation réelle. – La théorie moderne fondée sur l'idée d'affectation a suscité certaines critiques. Dans la théorie de l'affectation, c'est la valeur et non pas l'individualité physique qui importe. Or, dans certaines institutions, telles que la succession anomale[4], le droit conservé ne peut se détacher de son support, le bien matériel. Autrement dit, l'individualité matérielle de biens n'est pas indifférente à la conservation du droit[5].

La théorie contemporaine de la subrogation réelle, un procédé technique. – La distinction entre la subrogation à titre universel ou général et à titre particulier ou spécial, abandonnée par certains auteurs de la doctrine moderne tels que Demogue[6] et Bonnecase[7], est ressuscitée par les auteurs

---

[1] DEMOGUE, René, *Essai d'une théorie générale de la subrogation réelle*, Pichon, Paris, 1901 ; le système de Demogue adopté dans la thèse d'Aurenge : *cf.* AURENGE, Joseph, *op. cit.*, p. 62 et suiv. ; Georges, BOULANGER, Jean, *Traité élémentaire de droit civil de Planiol*, Tome III, Régimes matrimoniaux, succession-libéralités, *op. cit.* p. 922 ; PLANIOL, Marcel, Cass. civ., 20 avril 1901, *op. cit.*, 1, 33.

[2] Contrairement à Planiol (PLANIOL, Marcel, Cass. civ., 20 avril 1901, *op. cit.*, 1, 33, col.2. Dans le même sens MAGNILLAT, André, *op. cit.*, p. 79, p. 311 et suiv.), Demogue (DEMOGUE, *op. cit.*, p. 29) a soutenu que la subrogation se produit également pour la restitution des biens isolés.

[3] DEMOGUE, *op. cit.*, p. 29.

[4] « Succession dans laquelle certains biens du défunt sont attribués en considération de leur nature ou de leur origine, par exception au principe d'unité de la succession. Le droit contemporain ne l'avait maintenue que pour l'adoption simple avant que la loi du 3 décembre 2001 n'en crée une autre avec le droit de retour des frères et sœurs en concours avec le conjoint et que la loi du 23 juin 2006 n'ajoute celui plus particulier de l'ascendant donateur » : *cf.* CABRILLAC, Rémy, Dictionnaire du vocabulaire juridique 2018, Lexis Nexis, 9e édition.

[5] LAURIOL, Marc, *op. cit.*, Tome I, n°35, p. 33.

[6] Demogue, *op. cit.*, pp. 242, 316 et suiv.

[7] Selon Bonnecase, la fongibilité des valeurs pécuniaires au sein du patrimoine d'un individu, dans les rapports de deux patrimoines ou de deux masses de biens, rend la subrogation réelle

contemporains[1]. La thèse d'André Henry est fondée sur la distinction entre la subrogation légale et conventionnelle. Selon cet auteur, la subrogation réelle n'est « ni de près ni de loin une fiction », mais un procédé technique[2].De plus, d'après lui, la fiction est comprise comme une dérogation aux principes généraux du droit. Or, ces principes ne sont pas transgressés par la subrogation réelle conventionnelle ou légale car la subrogation conventionnelle est fondée sur une clause d'affectation licite voulue par les parties. Par ailleurs, dans le cadre de la subrogation légale, il ne s'agit pas de substituer un objet de droit à un autre, mais seulement de substituer une valeur à une autre en tant qu'objet de droit[3]. Enfin, dans la thèse que la Professeure Véronique Ranouil a consacrée à la subrogation réelle en 1985, la subrogation réelle est traitée non pas comme un simple mécanisme, mais comme un droit, une prérogative, d'origine légale ou conventionnelle, accordé à certaines personnes[4].

Le fondement d'un principe général de subrogation réelle. – Selon Henri Capitant, la subrogation réelle repose sur un double fondement : d'abord, le fondement technique, pour éviter la confusion entre deux patrimoines ayant chacun un titulaire qui se trouvent momentanément juxtaposés. Les biens peuvent se trouver soumis à un régime juridique différent de celui des autres biens composant un même patrimoine. Il en est ainsi dans les régimes matrimoniaux, l'acceptation par le bénéficiaire d'une succession, les libéralités avec charges et substitutions permises ou les successions anomales. Ensuite, la subrogation réelle est sollicitée pour maintenir l'équité qui justifie la subrogation de plein droit du prix à la chose grevée d'un privilège ou d'une hypothèque[5]. Il en va de même en droit des régimes matrimoniaux : la subrogation réelle se fonde alors sur le principe d'équité selon la volonté du législateur et celle des époux[6]. La majorité des auteurs[7] ont fondé le principe général de subrogation réelle sur la double idée

---

générale inutile. Seule la subrogation réelle spéciale a une véritable utilité : *cf.* BONNECASE, Julien, *Traité théorique et pratique de droit civil,* par G. BAUDRY-LACANTINERIE, Tome III, Sirey, 1926, n°361, p. 693 et suiv., p. 738.

[1] RANOUIL, Véronique, *op. cit.*, pp. 227-229 ; RIVES, G., « Subrogation réelle à titre particulier et propriété immobilière », *RTD Civ.* 1968, p. 613 et suiv, pp. 616-617.

[2] HENRY, André, *op. cit.*, pp. 121, 377, 379.

[3] *Ibid.*, p. 379.

[4] RANOUIL, Véronique, *op. cit.*, p. 26.

[5] CAPITANT, Henri, *op. cit.*, pp. 394, 411 ; Bonnecase, inspiré par Capitant, estime que la subrogation réelle est fondée principalement sur l'idée d'équité et subsidiairement, sur l'idée de technique juridique : BONNECASE, Julien, *Traité théorique et pratique de droit civil,* par G. BAUDRY-LACANTINERIE, *op. cit.*, pp. 688-784 ; Demogue a souligné que la subrogation réelle « répond à des aspirations très légitimes vers la stabilité des droits et à l'équité la plus élémentaire» : *cf.* DEMOGUE, René, *Essai d'une théorie générale de la subrogation réelle*, *op. cit.*, p. 347.

[6] COSTE-FLORET, Alfred, « Le remploi à retardement sous le régime légal de la communauté », *RTD Civ.* 1942, p. 183.

[7] AURENGE, Joseph, *La subrogation réelle*, *op. cit.*, p. 65 ; CERBAN, Alexandre, *op. cit.*, p. 47 et suiv; DEMOGUE, René, *Essai d'une théorie générale de la subrogation, op. cit.*, p. 236

d'affectation et d'obligation de restitution. La notion d'affectation domine la théorie moderne. La subrogation réelle se produit en présence de « valeurs d'affectation » ou d'un patrimoine d'affectation. Elle a pour but de maintenir les valeurs affectées et d'assurer la permanence de l'affectation de la valeur des biens à une fin déterminée[1]. Elle intervient également en présence d'un patrimoine grevé d'une obligation de restitution[2]. Dès lors, la subrogation réelle est le moyen par excellence pour assurer principalement la réalisation d'une affectation et, accessoirement, l'exécution d'une obligation de restitution, malgré les diverses fluctuations. Les notions d'affectation et l'obligation de restitution délimitent le champ d'application de la subrogation réelle, qui se produit dès lors qu'une valeur est affectée à un but, le droit exercé pouvant porter sur un ensemble de biens ou sur un bien isolé. Les affectations peuvent être soit contractuelles, telles que les conventions matrimoniales, les fondations, les libéralités avec charges, soit légales, comme la théorie des biens propres de succession, disparue du droit civil français[3]. Dans le cadre de l'obligation de restitution, la subrogation réelle légale et de plein droit intervient dans la revendication de biens isolés ou les universalités pour éviter l'enrichissement sans cause, devenu l'enrichissement injustifié[4]. Ainsi, selon la doctrine moderne et contemporaine, trois idées justifient le principe général de subrogation réelle : l'idée d'affectation, l'idée d'obligation de restitution et l'idée d'équité.

Le droit patrimonial de la famille, domaine de prédilection de la subrogation réelle. – Le Code Napoléon a envisagé avec la plus grande méfiance quelques rares hypothèses de subrogation réelle, principalement en droit patrimonial de la famille[5]. Les applications de la subrogation réelle sont devenues nombreuses et variées. Cependant, le droit positif, attaché à la conception classique, ignore tout principe général de subrogation réelle. Avec

---

et suiv., p. 295 et suiv., p. 346 et suiv. ; HENRY, André, *op. cit.*, pp. 109, 331-338, 379 390-391 ; JAUBERT, Pierre, *op. cit.*, p. 125 ; MAGNILLAT, André, *op. cit.*, pp. 284 et suiv. ; PLANIOL, Marcel, Cass. civ., 20 avril 1901, *Dalloz, Recueil périodique et critique* 1902, I, p. 33.

[1] AURENGE, Joseph, *op. cit.*, p. 67 ; MASSERON, Gustave, *op. cit.*, p. 15.

[2] HENRY, André, *op. cit.*, p. 110.

[3] *Ibid.*, pp. 151-153.

[4] Depuis l'ordonnance n°2016-131 du 10 février 2016, l'enrichissement sans cause est devenu l'enrichissement injustifié (articles. 1303 à 1303-4 C.civ.).

[5] Des dispositifs du Code civil de 1804 visent les hypothèses de subrogation réelle telles que l'article 132 au titre de l'absence, les articles 747 et 766 concernant le droit de retour légal au profit de l'ascendant donateur ou des frères et sœurs légitimes ; les articles 1407, 1434 et 1435 qui régissent la subrogation d'un propre de la communauté en cas d'échange ou de remploi, les articles 1533 et 1559 au titre du régime dotal, enfin les articles 1066, 1067 et 1069 en matière des substitutions.

les lois des 13 juillet 1965[1], 3 juillet 1971[2] et 23 juin 2006[3], le domaine de la subrogation réelle s'est étendu. La subrogation réelle est appelée à intervenir dans diverses institutions en droit patrimonial de la famille, telles que la conservation des patrimoines propres des époux unis sous le régime légal de la communauté réduite aux acquêts, la conservation du caractère indivis dans l'indivision successorale ou post-communautaire, la succession anomale, les libéralités graduelles et résiduelles, de même que la liquidation des régimes matrimoniaux et la succession. Cette multiplicité des recours à la subrogation réelle montre la difficulté à dessiner les contours d'une théorie de la subrogation réelle. Or, il en va autrement car les multiples applications de la subrogation réelle nous révèlent sa vitalité, susceptible de jouer dans diverses institutions, d'autant que cette multiplicité d'applications témoigne du caractère protéiforme de la subrogation réelle[4]. Par ailleurs, il existe une unité susceptible d'être relevée à travers les conditions de réalisation quasi identiques de la subrogation réelle dans les différentes institutions.

Les conditions de réalisation de la subrogation réelle. – Le mot « subroger » signifie « remplacer »[5]. La mise en œuvre de la subrogation réelle implique le remplacement de biens afin de reporter le droit sur des biens considérés davantage du point de vue de leur valeur que de leur individualité physique[6]. Dès lors, l'idée de remplacement, comme essence de la subrogation, conduit à constater que ce qui importe n'est pas l'individualité physique des biens, mais une valeur individualisée à maintenir[7]. Cependant, il convient de souligner que la subrogation réelle ne se confond pas avec le remplacement de biens, qui n'est qu'un moyen de sa réalisation. Certaines conditions sont nécessaires pour caractériser « un remplacement subrogatoire ».

Un remplacement subrogatoire caractérisé. – Le remplacement subrogatoire, ou la fluctuation, soit d'ordre matériel, comme la perte ou la destruction, soit d'ordre juridique, comme l'aliénation, la vente, l'échange ou l'apport en société, ou encore les placements en diverses réalisations des emplois et des remplois, suppose « la disparition de l'objet matériel du droit que la subrogation se propose de conserver et l'apparition d'un autre bien pouvant à son tour servir d'objet au même droit. Ces deux opérations ne sont

---

1 Loi n° 65-570 du 13 juillet 1965 portant réforme des régimes matrimoniaux.
2 Loi n° 71-523 du 3 juillet 1971 modifiant certaines dispositions du Code civil relatives aux rapports à la succession, à la réduction des libéralités excédant la quotité disponible et à la nullité, à la rescision pour lésion et à la réduction dans les partages d'ascendants.
3 Loi n° 2006-728 du 23 juin 2006 portant réforme des successions et des libéralités.
4 RANOUIL, Véronique, *op. cit.*, pp. 18, 54.
5 MAGNILLAT, André, *op. cit.*, p. 5.
6 JAUBERT, Pierre, *op. cit.*, n°48, p. 55, n°100, p. 122.
7 AUBRY, Charles Marie Barbe Antoine, RAU, Charles Frédéric, *op. cit.*, Tome IX, 5e édition, §575, p. 340 ; BONNECASE, Julien, *Traité théorique et pratique de droit civil,* par G. BAUDRY-LACANTINERIE, *op. cit.*, n°361 ; LAURIOL, Marc, *op. cit.*, Tome I, n°65, p. 56, n°72, p. 63 ; RANOUIL, Véronique, *op. cit.*, p. 150.

concevables que si elles s'appliquent à des objets individualisés »[1]. Ainsi, deux éléments fondamentaux de la réalisation de la subrogation ressortent du remplacement : l'un fluctuant, et l'autre, stable. L'élément fluctuant concerne l'objet du droit et l'élément stable concerne le droit subjectif à conserver. La fluctuation implique l'absence du droit de suite et l'indisponibilité en nature du droit à conserver[2].

L'idée de remplacement implique également l'apparition d'un nouveau bien ou, selon André Henry[3], une « contre-valeur » ou une valeur individualisée qui peut apparaître par la même opération que la disparition de l'objet matériel du droit remplacé. Il en est ainsi en cas de vente, dans laquelle la créance du prix subroge le bien vendu par l'effet de la subrogation réelle dite « au premier degré ». La subrogation au second degré intervient quant à elle lorsque le bien de remplacement apparaît dans deux opérations successives – il en est ainsi en cas de remploi des deniers provenant d'une vente servant à l'acquisition d'un nouveau bien – la contre-valeur se caractérise soit par son montant ou l'équivalence entre le bien remplacé et le bien de remplacement, soit par son origine ou sa provenance[4].

Le rôle accessoire de « l'équivalence ». – L'équivalence évoque une conception purement quantitative des valeurs. Elle signifie étymologiquement l'égalité en valeur[5]. Il en est ainsi de l'acte juridique de vente, dont le prix représente le montant exact de la valeur du bien vendu[6]. L'équivalence de valeur entre le bien de remplacement et le bien remplacé joue un rôle accessoire et elle n'est pas rigoureusement requise, de sorte qu'elle n'est pas une condition de remplacement subrogatoire mais une modalité de remplacement des biens[7].

Le rôle majeur de la « provenance ». – La provenance joue un rôle prépondérant dans la formation de la notion de contre-valeur. En effet, pour se prévaloir de la subrogation réelle, il faut constater la généalogie du bien[8]. Cette condition, appelée « provenance » par Marc Lauriol[9], se justifie car la subrogation réelle est vouée à conserver les droits existants et non pas à en créer de nouveaux. Ainsi, la provenance évoque l'idée d'un lien de corrélation

---

[1] LAURIOL, Marc, *op. cit.,* Tome I, n°69, p. 60.
[2] *Ibid.*, n°70, p. 61.
[3] HENRY, André, *op. cit.*, p. 269.
[4] LAURIOL, Marc, *op. cit.,* Tome I, n°74, p. 66.
[5] MAURY, Jacques, *Essai sur le rôle de la notion d'équivalence en droit civil français,* sous la direction de Charles CEZAR-BRU, 2 vol., thèse Toulouse, 1920, p. 157.
[6] CERBAN, Alexandre, *op. cit.*, p. 62 ; LAURIOL, Marc, *op. cit.*, n°234, p. 245 ; *cf.* la thèse de MAURY, Jacques, *op. cit.* ; XIFARAS, Mikhaïl, *op. cit.*, p. 244.
[7] RANOUIL, Véronique, *op. cit.*, p. 195.
[8] DEMOGUE, René, *Essai d'une théorie générale de la subrogation réelle, op. cit.*, p. 238.
[9] La provenance est définie par Lauriol de la manière suivante : elle tient à ce que « la disparition d'un bien rattaché à un patrimoine déterminé doit être, sur un plan strictement réel, la cause directe de l'apparition d'un bien nouveau dans le même patrimoine » : *cf.* LAURIOL, Marc, *op. cit.,* Tome I, n°236, p. 250.

entre deux mouvements de valeur, entre une disparition et une acquisition, par rapport à un même patrimoine, de sorte qu'un lien de filiation direct s'établit entre le bien disparu et celui apparu en remplacement[1] : « l'apparition du nouveau bien a pour cause matérielle unique la disparition de l'ancien »[2]. Il en est ainsi en cas de vente, où la disparition du bien vendu dans le patrimoine du vendeur est la cause directe et immédiate de la naissance de la créance du prix dans le même patrimoine[3]. La portée de la provenance détermine l'étendue totale ou partielle de la subrogation réelle. Elle est totale dès lors que le bien de remplacement provient pour la totalité de la valeur du bien remplacé, tel que le cas de l'échange sans soulte. Au contraire, la subrogation réelle est partielle si le bien de remplacement ne provient que partiellement de la valeur du bien remplacé[4].

Le rôle probatoire de la « provenance ». – La provenance joue un rôle probatoire lors la réalisation de la subrogation réelle[5]. Il faut donc établir la provenance, dont la preuve est soumise à des règles différentes selon le degré de la subrogation. Dans la subrogation dite « au premier degré », la contre-valeur résulte d'une opération réalisée en un trait de temps. La preuve de la subrogation est soumise à la preuve de l'acte juridique, tel que la vente ou l'échange. La loi n'impose aucune formalité spéciale pour établir l'origine propre du bien subrogé dans le cadre de l'échange des biens propres ou la créance du prix d'un bien propre détruit. Il en va différemment dans la subrogation dite « du second degré » comme le remploi, qui suppose deux actes juridiques différents. L'intention de subroger de celui qui procède ou consent au remplacement de biens n'est pas nécessaire car le plus souvent, la subrogation réelle se réalise de manière automatique. Elle est toutefois requise pour l'opposabilité de la subrogation aux tiers, en cas d'emploi et de remploi de deniers propres régis par l'article 1434 du Code civil[6]. Dans ce cas, le droit commun de la preuve est insuffisant à en démontrer la provenance. De ce fait, la subrogation réelle exige ses propres règles. Il faut établir un lien de fait entre les différents actes de vente, le versement du prix et l'acquisition d'un nouveau bien[7]. Ainsi, dans le droit des régimes matrimoniaux, sous le régime légal de la communauté, le législateur a prévu des modes de preuve spéciaux de provenance dans les cas d'emploi et de remploi des deniers propres envisagés par les articles 1434 et 1435 du Code civil. L'article 1434 exige le respect d'une double déclaration dans l'acte d'acquisition : d'une part, que l'acquisition par l'époux intéressé soit bien intervenue à l'aide des deniers

---

[1] LAURIOL, Marc, *op. cit.*, Tome I, n°236, p. 249, n°238, p. 253.
[2] RANOUIL, Véronique, *op. cit.*, p. 172.
[3] LAURIOL, Marc, *op. cit.*, Tome I, n°237, p. 251.
[4] RANOUIL, Véronique, *op. cit.*, pp. 174, 176.
[5] CHAPUISAT, Françoise, *op. cit.*, p. 645.
[6] *Ibid.*, p. 650 ; RANOUIL, Véronique, *op. cit.*, p. 186.
[7] LAURIOL, Marc, *op. cit.*, Tome I, n°351, p. 405 ; RANOUIL, Véronique, *op. cit.*, pp. 186, 256.

provenant de l'aliénation d'un bien propre ; d'autre part, que cette acquisition soit faite pour tenir lieu de remploi.

L'analyse des rôles de la subrogation réelle, un instrument de conservation. – L'élément majeur dans la réalisation de la subrogation réelle est la conservation de droits et non pas le remplacement d'un bien par un autre, dont le rôle n'est que secondaire. En effet, la conservation d'un droit subjectif dans le but de perpétuer dans le bien nouveau la destination assignée au bien ancien n'est pas un effet de la subrogation mais la subrogation elle-même[1]. La subrogation réelle est donc, par excellence, un instrument conservateur des capitaux[2]. Elle préserve le caractère personnel ou réel du droit malgré le changement d'objet[3]. En effet, le rôle principal de la subrogation réelle, reconnu dès l'Ancien Droit, consiste à préserver certains droits réels dont l'objet est une valeur concrétisée par un bien qui se reporte sur un autre bien[4]. Ainsi, le rôle classique de la subrogation réelle dite « parfaite » consiste à reconstituer en nature une masse de biens et garantir le droit réel dont l'objet est une valeur. Il en est ainsi sous le régime légal de la communauté réduite aux acquêts, où la subrogation réelle vise à conserver l'intégralité des masses propres menacées par la présomption de communauté[5]. La subrogation réelle est également vouée à protéger le droit personnel. Il s'agit du rôle comptable, liquidatif de la subrogation réelle dite « imparfaite » comme un support du mécanisme de la dette de valeur, assigné en droit patrimonial de la famille dans les règlements familiaux pour garantir les créances dont la valeur est réelle[6].

Problématique. – Une théorie générale de la subrogation réelle en droit patrimonial de la famille est-elle envisageable ? Autrement dit, est-il concevable d'élaborer un régime juridique cohérent de la subrogation réelle apte à

---

[1] AURENGE, Joseph, *op. cit.*, p. 3 ; LAURIOL, Marc, *op. cit.*, Tome I, n°77, p. 68, n°82, p. 74 ; LAURIOL, Marc, *op. cit.*, Tome II, n°542, p. 184.

[2] Le lien entre l'idée de valeur et la subrogation réelle est souligné par certaines auteurs, notamment : CHAPUISAT, Françoise, *op. cit.*, p. 646 ; HENRY, André, *op. cit.*, p. 380 et suiv.; LAURIOL, Marc, *op. cit.*, Tome I, pp. 63-64 ; MAGNILLAT, André, *op. cit.*

[3] LAURIOL, Marc, *op. cit.*, Tome II, n°568, p. 226.

[4] COLOMER, André, *L'instabilité monétaire et les régimes matrimoniaux, le mal et ses remèdes*, Préface de Marcel FRÉJAVILLE, Paris, Librairie Rousseau et Cie, 1955, n°38, p. 47 ; DAURIAC, Isabelle, *Droit des régimes matrimoniaux et du pacs*, LGDJ, 4e édition, 2015 , n° 367, p. 196 ; DENECKER, Jean-Gabriel, *La théorie générale des récompenses et son application aux libéralités faites par les époux communs en biens*, thèse Lille, 1943 , p. 47 ; FLOUR, Jacques, CHAMPENOIS, Gérard, *Les régimes matrimoniaux*, Armand Colin, 2e édition, 2001, n°574, p. 533, n°594, p. 512 ; RANOUIL, Véronique, *op. cit.*, p. 216.

[5] CHAPUISAT, Françoise, *op. cit.*, p. 646.

[6] COLOMER, André, « Vérité juridique, vérité économique et régimes matrimoniaux », *in Études dédiées à Alex WEILL*, Dalloz-Litec, 1983, p. 170 ; MALAURIE, Philippe, « Communauté entre époux », CA Paris 19 novembre 1966, *Dalloz* 1967, p. 150 ; compa. SAVATIER, René, *La communauté conjugale nouvelle en droit français*, Dalloz, 1970, n°102, p. 210 ; CHAPUISAT, Françoise, *op. cit.*, p. 643 et suiv.; RANOUIL, Véronique, *op. cit.*, pp. 219-224, 226.

transcender toutes les illustrations spécifiques en conservant une finalité pratique ?

La subsidiarité de la subrogation réelle. – La principale difficulté qui laisse planer des doutes sur une réponse affirmative tient à la diversité des régimes juridiques des différentes institutions au sein desquelles la subrogation réelle est appelée à jouer. En effet, l'examen des différentes institutions montre qu'il est impossible de nier que la subrogation réelle s'inscrit dans les diverses institutions du droit patrimonial de la famille régies par leurs régimes juridiques respectifs, de sorte que toute tentative de rapprochement semble difficile à envisager.

Ainsi, l'obstacle principal pour ériger le droit commun de la subrogation réelle réside dans son caractère subsidiaire et son absence d'autonomie. La subrogation est évincée par tout autre procédé permettant d'atteindre des résultats comparables[1]. Par ailleurs, dans certaines institutions, les règles imposées par la technique générale portent atteinte à l'efficacité ou l'intégrité du mécanisme de la subrogation réelle. Dès lors, la subrogation réelle paraît être davantage une simple technique ou un mécanisme au service d'autres institutions en droit patrimonial de la famille, telles que la dette de valeur dans le règlement familial, l'indivision, la succession anomale, les libéralités et la conservation des biens propres des époux.

Le caractère exceptionnel de la subrogation réelle, lié à la conception classique. – Au demeurant, la consécration d'une théorie générale de la subrogation réelle se heurte à un obstacle principal qui caractérise la subrogation réelle dans sa conception classique. Il s'agit du caractère exceptionnel de la subrogation réelle lié à sa nature fictive reconnue par les anciens auteurs et adoptée par le législateur. Ainsi, selon la conception classique, le jeu de la subrogation réelle est limité à la prévision soit de la loi, soit de la convention des parties.

Intérêt du sujet. – De prime abord, l'absence d'autonomie ou la subsidiarité de la subrogation réelle peuvent entraîner l'exclusion d'un essai de théorie générale et d'un traitement juridique global[2]. Or, nous tenterons de démontrer que la subsidiarité de la subrogation réelle n'empêche pas de concevoir un régime juridique cohérent et une unité fondamentale du mécanisme de la subrogation réelle car son intervention suppose l'existence préalable de

---

[1] La subrogation réelle est un simple procédé technique dont l'étendue dépend des règles qui régissent l'institution dans laquelle elle intervient afin de suppléer le vide juridique laissé par ces règles. En outre, la subrogation se caractérise par la rigidité et la subsidiarité. Ces deux caractéristiques ne laissent pas évoluer la subrogation réelle au rang de principe général, qui ne peut être appréhendé comme un procédé casuel : *cf.* BEUDANT, Robert, LEREBOURS-PIGEONNIÈRE, Paul, *Cours de droit civil français, Les biens,* Avec la collaboration de Pierre VOIRIN, Tome IV, 2e édition, Paris, 1938, n°42 ; LAURIOL, Marc, *op. cit.,* Tome I, n°70, pp. 13, 77 et suiv.; RANOUIL, Véronique, *op. cit.*, pp. 66, 68.

[2] RANOUIL, Véronique, *op. cit.,* p. 68 et suiv. ; REMY, Philippe, Cass. civ. 1re, 20 octobre 1987, *JCP N* 1988, II, N°25, p. 165.

certaines conditions. En effet, le caractère subsidiaire de la subrogation réelle supposerait que les conditions de sa réalisation subissent des modifications à l'occasion de son intervention dans diverses institutions ; il serait ainsi difficile d'envisager un droit commun ou une théorie générale. Il en est cependant autrement car l'analyse de la subrogation réelle dans différentes institutions du droit patrimonial de la famille révèle l'existence d'un ensemble de conditions requises qui demeurent identiques malgré l'hétérogénéité des régimes juridiques des diverses institutions. Ces lignes directrices communes témoignent de l'existence d'un droit commun de la subrogation réelle.

Le germe d'une unité dans la diversité. – Ainsi, en traitant de la subrogation réelle dans les différentes institutions du droit patrimonial de la famille, l'on aperçoit le germe d'une unité fondamentale, c'est-à-dire les traits de caractère permanents de la subrogation réelle à travers ses applications diverses, ainsi qu'une unité susceptible de faciliter son intervention. Ainsi, la théorie générale de la subrogation réelle conduirait à l'ébauche d'un droit commun et d'un régime juridique uniforme de la subrogation réelle.

L'évolution de la nature et du fondement de la subrogation réelle. – Par ailleurs, il convient de souligner que les dispositifs disparates du Code civil régissant la subrogation réelle en droit patrimonial de la famille sont restés attachés à la conception classique de la subrogation réelle, fiction et de droit strict. Or, l'évolution théorique de la nature de la subrogation réelle a entraîné une mutation tant de son fondement que de son rôle en droit patrimonial de la famille.

Les théories subjectivistes et objectivistes du patrimoine. – Selon la théorie subjectiviste du patrimoine liée à la personnalité juridique émise par Aubry et Rau[1], le principe d'unité et la pérennité du patrimoine ont été assurés par la subrogation réelle et la fongibilité des biens composant le patrimoine. La doctrine française[2] du début du XXe siècle a exploité les travaux des jurisconsultes allemands pour remettre en cause la théorie subjectiviste du patrimoine, sans pour autant admettre l'existence des patrimoines sans sujet. Enfin, Henry Gazin[3] a véritablement établi les fondements de la théorie dite « des patrimoines d'affectation »[4] en droit français. En vertu de la théorie

[1] AUBRY, Charles Marie Barbe Antoine, RAU, Charles Frédéric, *op. cit.*, Tome VI, 4e édition, §575, p. 235.

[2] CAZELLES, Pierre, *De l'idée de continuation de la personne comme principe des transmissions universelles*, thèse Paris, 1905 ; DEMOGUE, René, *Les notions fondamentales du droit privé, op. cit.*, pp. 383 et suiv.

[3] Selon cet auteur, le patrimoine est « un ensemble de bien dont l'affectation commune imposée par la loi ou par la volonté humaine, fait un tout cohérent et plus ou moins autonome vis à vis d'autres masses dont la destination n'est pas la même » : *cf.* GAZIN, Henri, *Essai critique sur la notion de patrimoine dans la doctrine classique,* thèse Dijon, 1910, p. 478.

[4] L'affectation est définie comme « la soumission d'un bien à un usage déterminé » : *cf.* GUINCHARD, Serge, *op. cit.*, p. 24.

objectiviste émanant de la doctrine allemande[1] de la fin du XIXe siècle et adoptée par une partie de la doctrine française, le patrimoine n'est pas l'émanation de la personne mais une affectation qui constitue le critère de l'autonomie et la pérennité des masses patrimoniales ainsi que le fondement de la corrélation entre l'actif et le passif. La doctrine moderne de la subrogation réelle s'est appuyée sur cette théorie afin d'ériger un nouveau fondement de la subrogation réelle. Selon cette doctrine, adoptée par Raymond Saleilles, René Demogue et Henri Capitant, le fondement de la subrogation réelle ne se trouve pas dans la théorie des universalités héritée des Bartolistes mais dans la conception nouvelle de la théorie du patrimoine ou des patrimoines d'affectation dont le maintien est garanti par la subrogation réelle[2].

Ainsi, le changement de fondement du concept de patrimoine suppose une nouvelle analyse de la subrogation réelle, qui joue un rôle considérable dans l'approche objectiviste du patrimoine[3], d'autant que la théorie moderne du patrimoine permet de se détacher des limites imposées au jeu de la subrogation réelle qui sont dérivées des adages romains. Cependant, le Code civil, inspiré par la théorie classique, semble ne pas tenir compte de cette évolution de la nature et du rôle de la subrogation réelle.

L'évolution jurisprudentielle en faveur du jeu étendu de la subrogation réelle. – Il n'en demeure pas moins que la jurisprudence de la Cour de cassation a fait preuve de souplesse en se détachant des limites imposées par l'idée de subrogation réelle fiction. L'extension jurisprudentielle du champ d'application de la subrogation réelle est opérée par deux procédés. Dans certains cas, elle s'effectue par une interprétation élargie des textes consacrant un cas de subrogation réelle. Il en est ainsi dans le cadre de l'ancien droit de retour de l'ascendant donateur régi par l'ancien article 747, alinéa 2 du Code civil, qui prévoyait le report uniquement sur la créance du prix de vente des biens donnés ou sur l'action en reprise, alors que la jurisprudence admettait le report de l'ancien droit de retour de l'ascendant donateur sur les biens acquis en emploi des sommes données[4].

La jurisprudence est allée encore plus loin en consacrant le jeu de la subrogation réelle en dehors de toute prévision de la loi. Il en est ainsi en matière d'indivision avec le célèbre arrêt *Chollet contre Dumoulin* rendu le 5

---

[1] BELLIVIER, Florence, « Brinz et la réception de sa théorie du patrimoine en France », *La science juridique française et la science juridique allemande de 1870 à 1918, sous la direction d'Olivier BEAUD et de Patrick WACHSMANN*, Annales de la Faculté de Droit de Strasbourg, Presses Universitaires de Strasbourg, 1997, pp. 165, 169.

[2] STORCK, Jean-Patrice, *Recherches sur le rôle de la destination des biens en droit positif français,* sous la direction de Danièle HUET-WEILLER, thèse Strasbourg, 1979, n°26, p. 29 ; XIFARAS, Mikhaïl, *op. cit.*, p. 245.

[3] BOLLON, Nicolas, *Étude critique de la notion de patrimoine en droit des régimes matrimoniaux et des successions*, sous la direction de Sylvie FERRÉ-ANDRÉ, thèse Lyon 3, 2008, p. 250.

[4] Cass. civ., 30 juin 1817, *Sirey*1817, I, 339 ; CA Lyon, 24 août 1871, *Sirey* 1872, II, 121.

décembre 1907[1], qui a consacré le principe de la subrogation réelle de plein droit au sein de la masse indivise. Cette décision a été codifiée par le législateur à l'article 815-10 du Code civil issu de la loi du 23 juin 2006.

Méthode de travail. – Nous avons procédé à une étude au cas par cas du jeu de la subrogation réelle dans différentes institutions en droit patrimonial de la famille. Cette entreprise juridique conduit à appréhender la subrogation réelle au-delà des particularités propres de son intervention dans une institution donnée. Cette méthode ne contredit pas l'intérêt du sujet ainsi que l'objectif poursuivi. Au contraire, elle contribue à dégager des règles communes et permet de constater la présence de conditions homogènes de réalisation de la subrogation réelle.

Plan. – En droit patrimonial de la famille, la subrogation réelle est marquée tantôt par une indépendance, tantôt par une dépendance à l'esprit et l'économie de l'institution au sein de laquelle elle s'inscrit.

La structure technique de certaines institutions juridiques se révèle favorable au jeu de la subrogation réelle car le droit subjectif à conserver se révèle indifférent à l'individualité physique de son objet. Il en est ainsi au sein des universalités de fait et de droit, où un ensemble de biens sont affectés en valeur à un usage déterminé. Le maintien de cette affectation est assuré par la subrogation réelle de plein droit, dont le fonctionnement ne s'oppose à aucun obstacle technique.

Cependant, il convient de mettre en lumière les limites qui s'imposent à l'extension du jeu de la subrogation réelle. Dans certaines institutions, le régime juridique de la subrogation réelle n'est pas neutre. Elle doit en effet se conformer à l'économie générale de l'institution au sein de laquelle elle s'inscrit. Dès lors, l'application de la subrogation réelle découlant d'un principe général semble impossible, dans la mesure où son intervention est clairement limitée ou exclue par la loi. Il en est ainsi dans le cadre de la succession anomale, dans laquelle la simple destination en valeur ne suffit pas à faire jouer la subrogation réelle car le droit conservé demeure attaché à l'individualité matérielle de son objet[2]. Il en va de même du maintien des patrimoines propres dans le cas de l'emploi ou du remploi, régis par les

---

[1] Cass., ch. réun., 5 décembre 1907, *DP* 1908, I, 113 ; *Sirey* 1908, I, 5 ; CAPITANT, Henri, TERRÉ, François, LEQUETTE, Yves, Ch. Réun. 5 décembre 1907, Chollet c. Dumoulin, *Les grands arrêts de la jurisprudence civile*, Tome I, Dalloz, 13e édition, 2015, n° 120, pp. 646, 647 ; Cass. civ. 1re, 26 octobre 1976, n° 74-12.930, *JCP* 1976, IV, 376 ; Cass. civ. 1re, 26 octobre 1967, *Dalloz* 1977, I.R., 50 ; CHAMPENOIS, Gérard, « Libéralités, Régimes matrimoniaux, Successions », Cass. civ. 1re, 26 octobre 1976, *Defrénois* 1977, art. 31467, § 67, p. 931. Cette solution n'est pas restée limitée en cas de licitation, elle est étendue en cas de vente, où le prix de la vente du bien est substitué au bien indivis : PATARIN, Jean, « Attribution préférentielle, subrogation réelle, effet déclaratif du partage et évaluation de la soulte due par l'attributaire », Cass. civ. 1re, 4 avril 1991, *RTD Civ.* 1992, p. 429 ; ZÉNATI, Frédéric, « Subrogation du bien attribué préférentiellement et vendu pendant le partage », *RTD Civ.* 1992, p. 791.

[2] LAURIOL, Marc, *op. cit.*, Tome II, n°612, p. 282.

articles 1434 et 1435 du Code civil, où le jeu de la subrogation réelle suppose une décision spéciale de destination en valeur afin d'intégrer la subrogation réelle dans l'institution concernée[1].

La consécration d'un principe général de la subrogation réelle semble concevable par une transformation de la subrogation réelle en droit patrimonial de la famille (**Première partie- l'application étendue de la subrogation réelle et la consécration d'un principe général de subrogation réelle**), tandis que son étendue se heurte à certaines limites dans d'autres institutions de droit patrimonial de la famille (**Seconde partie- le maintien de certaines limites à l'application de la subrogation réelle**).

[1] *Ibid.*, n°625, p. 297.

Première partie

L'application étendue de la subrogation réelle et la consécration d'un principe général de subrogation réelle

Les deux domaines principaux de la mise en œuvre de la subrogation réelle. – La théorie moderne de la subrogation réelle tend à la libérer de son caractère fictif et exceptionnel. Elle est fondée sur les deux notions d'affectation et de restitution, et appuyée sur les fins économiques et sociales auxquelles la subrogation réelle peut servir. La subrogation réelle est appelée à jouer dans certaines institutions du droit patrimonial de la famille dans lesquelles il existe initialement, sur un ou plusieurs biens, une affectation ou une obligation de restitution afin de soumettre le bien remplaçant à l'affectation ou à l'obligation de restitution qui grevait le bien remplacé.

Le rôle prépondérant de la subrogation réelle dite « parfaite » dans le cadre des valeurs d'affectation. – L'affectation signifie la soumission d'un ou plusieurs biens à un usage déterminé. Elle est différente selon que l'affectation grève les biens eux-mêmes ou leur valeur. Dans le cadre de l'affectation en valeur, le droit menacé se révèle indifférent à l'individualité physique de son objet. Les biens peuvent donc être grevés d'une affectation soit isolément, tel est le cas des biens propres des époux pendant le fonctionnement du régime matrimonial, soit comme des éléments d'une universalité de fait ou de droit ou encore des patrimoines d'affectation, tel est le cas des biens constituant la masse indivise successorale ou post-communautaire après la dissolution du régime matrimonial. Dans le cadre des valeurs d'affectation, la subrogation réelle parfaite intervient pour assurer l'intégralité et la permanence en valeur des universalités de fait ou de droit et des patrimoines d'affectation.

Le rôle prépondérant de la subrogation réelle dite « imparfaite » ou « liquidative » dans le calcul de la dette de valeur. – Une innovation est apparue lorsque le législateur a fait appel à la subrogation réelle imparfaite ou liquidative à l'occasion des réformes des liquidations matrimoniales et successorales opérées respectivement par la loi du 13 juillet 1965[1] et la loi du

[1] Loi n°65-570 du 13 juillet 1965 portant réforme des régimes matrimoniaux.

3 juillet 1971[1]. La subrogation réelle dite « imparfaite » ou « liquidative » permet de réévaluer le droit de créance en suivant les différents investissements de la valeur incluse afin de rapprocher le montant de l'obligation de restitution pécuniaire au droit réel. En effet, la subrogation réelle est le procédé technique de conservation et de réévaluation de la dette de valeur dans le règlement des créances de récompense et les créances entre époux et les partenaires d'un PACS, ainsi que dans le règlement successoral.

Dans les domaines de l'affectation en valeur et les restitutions des obligations monétaires, le jeu de la subrogation réelle est admis dans de nombreux textes de loi et a été consacré largement par la jurisprudence. L'application étendue de la subrogation réelle dans son rôle parfait, pour assurer la permanence des affectations en valeur (**titre premier- le principe de la subrogation réelle parfaite dans le cadre des affectations en valeur en droit patrimonial de la famille**), et son rôle imparfait, dans le calcul de la dette de valeur (**titre second- Le principe de la subrogation réelle imparfaite dans le cadre des restitutions en droit patrimonial de la famille**), lui confèrent une valeur de principe.

---

[1] Loi n°71-523 du 3 juillet 1971 modifiant certaines dispositions du Code civil relatives aux rapports à succession, à la réduction des libéralités excédant la quotité disponible et à la nullité, à la rescision pour lésion et à la réduction dans les partages d'ascendants.

Titre premier

Le principe de la subrogation réelle parfaite dans le cadre des affectations en valeur en droit patrimonial de la famille

La théorie de l'affectation comme fondement de la subrogation réelle dans sa conception moderne. – À la fin du XIXe siècle, de nombreux auteurs ont fait appel à l'idée d'affectation pour justifier l'intervention de la subrogation réelle. La subrogation réelle est largement sollicitée pour assurer la pérennité d'une affectation. Dans la théorie de l'affectation, les biens sont appréhendés par leur utilité plutôt que par leur individualité physique. Ainsi, le droit menacé par une fluctuation, d'ordre matériel ou juridique, se reporte-t-il sur les biens nouvellement acquis par l'effet de la subrogation réelle du fait de leur affectation à une destination commune.

Selon la théorie moderne de l'affectation, le champ d'application de la subrogation réelle de plein droit ne se limite pas uniquement au patrimoine comme une universalité juridique : il peut s'étendre aux autres universalités comme le portefeuille de valeurs mobilières, l'objet des libéralités graduelles et résiduelles ou la masse indivise, laquelle peut être qualifiée de patrimoine d'affectation (**chapitre premier- la permanence de l'affectation en valeur au sein des universalités par la technique de la subrogation réelle**).

L'intégralité et la cohérence en valeur du patrimoine propre affecté aux besoins personnels des époux sont assurées tantôt par la subrogation légale (l'article 1406, alinéa 2 et l'article 1407 du Code civil), tantôt par la subrogation réelle en l'absence de toute prévision légale ou conventionnelle, comme l'apport en nature des parts sociales. La subrogation réelle joue de plein droit et elle n'est subordonnée à aucune manifestation de volonté ou respect de formalités spécifiques. Le jeu immédiat et de plein droit de la subrogation réelle est fondé sur la relation de causalité directe entre la disparition du bien propre et l'acquisition du bien remplaçant tels que l'indemnité, ou le bien acquis en contre-échange (**chapitre second- la permanence d'une affectation en valeur portant sur des biens isolés par la technique de la subrogation réelle**).

Chapitre premier

La permanence de l'affectation en valeur au sein des universalités par la technique de la subrogation réelle

La théorie moderne de la subrogation réelle en matière de valeurs d'affectation. – La distinction classique entre la subrogation réelle générale, qui joue de plein droit dans l'universalité de droit et la subrogation réelle spéciale, opérant lorsqu'il s'agit d'un bien envisagé dans son individualité, a été établie sous l'influence des brocards de l'Ancien Droit[1]. Cette conception classique est abandonnée par la majorité de la doctrine moderne pour reconnaître un rôle important à la subrogation réelle, qui se rattache à l'idée d'affectation. La subrogation réelle a pour but de soumettre les biens nouveaux à la même destination et affectation que les biens qu'ils remplacent. L'affectation en valeur peut intervenir soit au sein d'une universalité de fait, soit dans le cadre d'une universalité de droit.

Le jeu de la subrogation réelle dans les universalités de fait et de droit. – Ces deux notions sont très voisines. L'universalité de fait, comme l'universalité de droit, comprend un ensemble de biens envisagés dans leur valeur pécuniaire, et affectés à un but déterminé[2]. La seule différence est que l'universalité de droit comporte des éléments actifs et passifs et constitue un patrimoine autonome, alors que l'universalité de fait ne comporte que des éléments actifs[3].

---

[1] HENRY, André, *De la subrogation réelle conventionnelle et légale*, thèse Nancy, 1913, p. 119 ; PAULMIER, Edgard, *De la subrogation réelle en droit romain et en droit français*, Orléans, Imprimerie de Georges Jacob, 1882, p. 79.

[2] HENRY, André, *op. cit.*, p. 5.

[3] AUBRY, Charles Marie Barbe Antoine, RAU, Charles Frédéric, *Cours de droit civil français d'après la méthode de Zachariæ*, Tome IX, 6e édition, Paris, 1953, § 573; CHÉNÉDÉ, François, « La mutation du patrimoine », *Gazette du palais* mai-juin 2011, p. 1923, § 7, p. 1925 ; CORNU, Gérard, *Droit civil, Introduction*, Montchrestien, 12e édition, 2005, n°862, p. 383, n°959, p. 415 ; DROSS, William, *Droit civil, Les choses*, LGDJ, 2012, §421-1, p. 777 ; GARY, Robert, *Essai sur les notions d'universalité de fait et d'universalité de droit dans leur état actuel*, Bordeaux, Imprimerie de l'Université, 1931, p. 318; MALAURIE, Philippe, AYNÈS,

Que ce soit dans une universalité de fait ou de droit, une identité juridique demeure entre les biens sortis de l'universalité et ceux qui les remplacent, malgré les diverses fluctuations des éléments patrimoniaux[1]. Ainsi, par l'effet de la subrogation réelle de plein droit, le bien nouveau suit le même régime juridique que le bien remplacé, l'un et l'autre étant appréhendés sous le même point de vue.

En droit patrimonial de la famille, l'intervention de la subrogation réelle est reconnue comme salutaire par la jurisprudence et le législateur dans le cas des libéralités portant sur un portefeuille de valeurs mobilières, dont la nature d'universalité de fait n'a pas manqué de soulever des controverses doctrinales. Il en va de même dans le cadre du patrimoine indivis comme un patrimoine d'affectation. Il convient donc de constater qu'il est possible d'attribuer une valeur de principe au jeu de la subrogation réelle au sein tant de l'universalité de fait (**section I- le principe de la subrogation réelle au sein de l'universalité de fait**) que de l'universalité de droit (**section II- le principe de la subrogation réelle au sein de l'universalité de droit**).

Section I.
Le principe de la subrogation réelle au sein de l'universalité de fait

Le portefeuille de valeurs mobilières, objet des libéralités graduelles. – La loi n° 2006-728 du 23 juin 2006 portant réforme des successions et libéralités a modifié le droit des substitutions permises. Désormais appelées « libéralités graduelles », elles sont régies par les articles 1048 et suivants du Code civil. Bien que le portefeuille ne soit pas visé dans l'alinéa 2 de l'article 1049, il reste évoqué indirectement. Ce dispositif prévoit que « lorsqu'elle porte sur des valeurs mobilières, la libéralité produit également son effet en cas d'aliénation, sur les valeurs mobilières qui y ont été subrogées ». Le législateur n'a pas recouru à la notion de portefeuille, mais les effets sont reconnus pour reporter la libéralité sur les valeurs mobilières acquises en remplacement de celles aliénées.

Le portefeuille de valeurs mobilières, objet des libéralités résiduelles. – Il en va de même pour les libéralités résiduelles régies par un régime spécifique pour le portefeuille. Le principe de la restitution en nature prévue par l'alinéa 1re de l'article 1049 n'était pas compatible, dès lors que la libéralité portait sur le portefeuille de valeurs mobilières. De ce fait, le

---

Laurent, *Droit des biens*, LGDJ, 7e édition, 2017, n° 16, p. 24; STRICKLER, Yves, *Les biens*, P.U.F., Collection Thémis, 1re édition, 2006, n°140, p. 201 ; TERRÉ, François, SIMLER, Philippe, *Droit civil, les biens*, Dalloz, 9e édition, 2014, n° 17, p. 24.

[1] CHAPUISAT, Françoise, « Vers une utilisation extensive de la subrogation réelle à propos des lois du 13 juillet 1965 et 3 juillet 1971 », *RTD Civ.* 1973, p. 643.

législateur s'est inspiré de la jurisprudence du 2 juin 1993[1] relative aux libéralités résiduelles et a ainsi permis à l'appelé d'invoquer son droit sur les valeurs mobilières subrogées[2].

Ainsi, l'exception énoncée à l'alinéa 2 de l'article 1049 s'inscrit dans la lignée des arrêts de la première chambre civile de la Cour de cassation, *Roland* du 2 juin 1993[3] et *Baylet* du 12 novembre 1998[4].

Cette consécration est due à la nature d'universalité de fait du portefeuille, qui rend favorable l'intervention de la subrogation réelle. Cette intervention est adéquate et justifiée pour assurer la cohérence et l'autonomie de l'universalité sur le plan théorique, suivant la théorie moderne de valeur d'affectation, mais aussi sur le plan technique, en dépit de la fongibilité des éléments composant l'universalité de fait.

La nature juridique du portefeuille de valeurs mobilières a été sujette à débats. Dans l'arrêt *Roland* du 2 juin 1993, la Cour de cassation a reconnu implicitement la nature d'universalité de fait du portefeuille de valeurs mobilières, objet du legs résiduel. Critiquée par la doctrine, cette qualification a néanmoins été entérinée par la jurisprudence postérieure, notamment par le célèbre arrêt *Baylet* du 12 novembre 1998, dans le cadre de l'usufruit sur le portefeuille de valeurs mobilières.

La cession des éléments composant le portefeuille n'entraîne pas la caducité du legs en raison de la nature d'universalité de fait du portefeuille de valeurs mobilières. Cela est implicitement reconnu par la jurisprudence de la Cour de cassation. Cette solution n'a pas manqué de soulever des questions

---

[1] Cass. civ. 1re, 2 juin 1993, n° 91-16.370, Bull. civ. I, n°204, *Dalloz* 1993, p. 613.

[2] GRIMALDI, Michel, « Les libéralités graduelles et résiduelles », *JCP N* 22 décembre 2006, n° 51-52, art. 1387, n°10, p. 2424 ; SAGAUT, Jean-François, « Les donations graduelles et résiduelles (C.civ., art. 1048 à 1061) », *JCP N* 22 décembre 2006, n° 51/52, art. 1388, n°17, p. 2427.

[3] Cass. civ. 1re, 2 juin 1993, n° 91-16.370, Bull. civ. I, n°204, *loc. citloc. cit.*

[4] AYNÈS, Laurent, Cass. civ. 1re, 12 novembre 1998, n° 96-18.041, *Dalloz* 1999, I, p. 167 ; FIORINA, Dominique, « Les pouvoirs et les obligations de l'usufruitier d'un portefeuille de valeurs mobilières », Cass. civ. 1re, 12 novembre 1998, n° 96-18.041, *Dalloz* 1999, II, p. 633 ; HOVASSE, Henri, « Usufruit, pouvoirs de l'usufruitier sur le portefeuille de valeurs mobilières », Cass. civ. 1re, 12 novembre 1998, n° 96-18.041, *JCP N* 19 février 1999, n°7, p. 351 ; LECUYER, Hervé, « Usufruit et portefeuille de valeurs mobilières », *Droit et patrimoine* 2005, n°137, p. 57 ; PATARIN, Jean, « Successions et libéralités », Cass. civ. 1re, 12 novembre 1998, n° 96-18.041, *RTD Civ.* 1999, n°2, p. 674 ; PIÉDELIÈVRE, Stéphane, « Valeurs mobilières, un portefeuille de valeurs mobilières constitue une universalité », Cass. civ. 1re, 12 novembre 1998, n° 96-18.041, *JCP* 10 février 1999, I, n° 6, art. 10027, p. 336 ; PÉRINET-MARQUET, Hugues, « Droit des biens », Cass. civ. 1re, 12 novembre 1998, n° 96-18.041, *JCP* 17 mars 1999, n° 11, I, chronique 120, n° 29. p. 524 ; ROUXEL, Sylvie, « Valeurs mobilières », Cass. civ. 1re, 12 novembre 1998, n° 96-18.041, *JCP E* 4 mars1999, I, n° 9-10, p. 426 ; SAGAUT, Jean-François, « Les nouvelles frontières du quasi-usufruit », *JCP N* 21 avril 2000, I, n° 16, p. 691 ; SAUVAGE, François, « L'administration par l'usufruitier d'un portefeuille de valeurs mobilières », Cass. civ. 1re, 12 novembre 1998, n° 96-18.041, *Droit et patrimoine* mai 1999, n° 71, p. 34 ; STORCK, Michel, « Portefeuille de valeurs mobilières », Cass. civ. 1re, 12 novembre 1998, n° 96-18.041, *RTD com.* 1999, p. 459.

quant à l'intervention de la subrogation réelle en cas de legs résiduel portant sur le portefeuille de valeurs mobilières.

Un portefeuille de titres, objet d'un legs *de residuo*. – La question de savoir si le legs *de residuo* porte sur les titres mobiliers acquis à la place des valeurs mobilières initialement léguées s'est posée dès avant la loi du 23 juin 2006[1]. Un arrêt de rejet de la première chambre civile de la Cour de cassation[2] a été rendu sur les possibilités de gestion de biens transmis à titre de legs *de residuo*. Le testateur, décédé le 6 décembre 1973, avait désigné dans son testament son épouse comme légataire de ses biens meubles et usufruitière viagère de ses immeubles. Le mari exprimait aussi le désir qu'à son décès « tout ce qui pourra rester en nature ou en créance représentant [sa] part dans ces mêmes biens reviendra pour un tiers à [sa] nièce et pour deux tiers à [son] neveu. [Son] épouse légataire sera dispensée de dresser état des immeubles, de fournir caution et de faire emploi des valeurs mobilières ». Le litige a porté sur les valeurs mobilières. Ces dernières ont été inventoriées et évaluées lors du décès à 140 056 F. Une fraction de ce portefeuille a été cédée en plusieurs fois puis a donné lieu à l'acquisition et/ou à la souscription de nouveaux titres par l'épouse légataire, propriétaire des titres. Cette dernière avait également réinvesti les revenus des divers titres nouveaux et anciens en valeurs.

Ainsi, le portefeuille remodelé atteignait-il une valeur globale de 474 225,25 F le 3 avril 1986, jour du décès de sa propriétaire, première légataire. Les légataires universels de la femme, non réservataires, soutenaient que *le residuom* ne portait que sur les titres et valeurs existant en nature au moment du décès de l'épouse. Ainsi, les titres acquis à l'aide du produit de la vente des valeurs et de la perception des divers coupons réinvestis en étaient exclus. Cependant, l'un des bénéficiaires et demandeur en premier instance – étant donné que les valeurs acquises par l'épouse représentaient les valeurs cédées dans le cadre de la gestion normale du portefeuille légué –revendiquait le portefeuille dans sa nouvelle composition. Dans un arrêt infirmatif, cet argument a été retenu par la Cour d'appel de Rennes le 19 février 1991[3]. Pour la Cour d'appel, il s'agissait d'une « saine gestion » des actifs reçus, et non pas d'un « acte de disposition dans la mesure où l'épouse en a assuré le remplacement normal ». En outre, limiter le *residuom* à des « valeurs strictement identiques à celles du portefeuille d'origine aurait pour effet de réduire arbitrairement la libéralité au mépris de la volonté de son auteur ».

Ce point a été contesté par le légataire universel de l'épouse, demandeur au pourvoi, qui affirmait que selon l'ancien article 1134 du Code civil, « sauf volonté expressément manifestée par le disposant, le *residuom* se limite aux choses qui, existant à son décès, se retrouvent au décès du premier gratifié, à l'exclusion de celles acquises en remplacement ». Le pourvoi formé a été

[1] Loi n° 2006-728 du 23 juin 2006 portant réforme des successions et des libéralités.
[2] Cass. 1re civ. 2 juin 1993, n° 91-16.370, Bull. civ. I, n°204, *loc. cit.*
[3] COUTURIER, Jean-Pierre, CA., Rennes, 19 février 1991, *Dalloz* 1992, II, p. 383.

rejeté par la Cour de cassation, qui a décidé que « les cessions de valeurs mobilières, dans la mesure où elles ont été suivies de leur remplacement par d'autres titres de bourse, s'analysent en des actes de gestion normale du portefeuille et doivent être assimilées à des actes d'administration et non à des actes de disposition ; dès lors, un portefeuille de titres, objet d'un legs *de residuo*, est composé, non des seuls titres qui subsistent parmi ceux le composant au décès du testateur, mais de ceux qui résultent des opérations réalisées depuis ce décès »[1].

Le portefeuille de valeurs mobilières, une entité autonome. – L'objet du legs peut être déterminé selon deux approches différentes. L'approche *ut singuli* des titres cédés suppose que les nouvelles valeurs mobilières acquises à l'aide des titres cédés seront exclues du *residuom*. Ainsi, seules les valeurs mobilières conservées par la légataire pourraient être revendiquées par les légataires bénéficiaires du *residuo*. Cette approche serait conforme à la nature du legs de *residuo* et au principe de l'exclusion de la subrogation réelle. Cependant, cette analyse n'a pas été adoptée par la Cour d'appel de Rennes, suivie par la première chambre civile de la Cour de cassation[2].

La Cour de cassation n'a pas pris en compte la cession et le remploi de chaque titre isolément. En effet, du point de vue juridique, la cession et le remploi de chaque titre, envisagé isolément, s'assimile à un acte de disposition et exclut les titres acquis du *residuom*[3]. Pour la Cour de cassation, le legs *de residuo* porte non sur les valeurs mobilières *ut singuli*, mais sur le portefeuille de valeurs mobilières comme entité autonome. De ce fait, l'aliénation des titres, le contenu, n'entraîne pas celle du portefeuille, le contenant[4]. La nature d'universalité de fait du portefeuille de valeurs mobilières caractérisée par la

---

[1] Cass. 1re civ. 2 juin 1993, n° 91-16.370, Bull. civ. I, n°204, *loc. cit.* ; BUFFETEAU, Pascale, Legs, Cass. Civ. 1re, 2 juin 1993, n° 91-16.370, *Defrénois*, 15 novembre 1993, n° 21, p. 1274 ; BUFFETEAU, Pascal, « Legs de *residuo* et valeurs mobilières », *JCP N*, 24 novembre 2006, n°47, 1359, §15, p. 2033 ; COUTURIER, Jean-Pierre, Cass. Civ. 1re, 2 juin 1993, n° 91-16.370, *JCP* 9 février 1994, n°6, II, 22206 ; GRIMALDI, Michel, ROUX, Jean-François, « La donation de valeurs mobilières avec réserve de quasi-usufruit », *Defrénois* 1994, art. 35677, n° 6, p. 6 ; GRIMALDI, Michel, *loc. cit.* ; HOVASSE, Henri, Cass. Civ. 1re, 2 juin 1993, n° 91-16.370, *Defrénois* 1993, art. 35674, n° 5, p. 1464 ; LE GUIDEC, Raymond, Cass. Civ. 1re, 2 juin 1993, n° 91-16.370, *JCP G* 6 juillet 1994, I, n°27, 3791, p. 431 ; MARTIN, Didier, « Interprétation d'un testament : quel doit être le contenu d'un legs de *residuo* », Cass. Civ. 1re, 2 juin 1993, n° 91-16.370, *Dalloz* 1993, 44e cahier, p. 613 ; 102e Congrès des notaires de France, *Les personnes vulnérables*, Strasbourg 21/24 mai 2006, n°4397, p. 881.

[2] COUTURIER, Jean-Pierre, CA., Rennes, 19 février 1991, *Dalloz* 1992, II, . 382 ; NAUDIN, Estelle, *Les valeurs mobilières en droit patrimonial de la famille*, Préface d'Alice TISSERAND-MARTIN, Defrénois, 2006, n° 503, p. 229.

[3] BUFFETEAU, Pascal, Legs, Cass.civ. 1re, 2 juin 1993, n° 91-16.370, *op. cit.*, p. 1276.

[4] GRIMALDI, Michel, *op. cit.*, n° 51-52, art. 1387, n°6, p. 2422 ; KILGUS, Nicolas, *L'usufruit des biens incorporels, contribution à la nature juridique de l'usufruit*, sous la direction du Professeur Estelle NAUDIN, thèse Strasbourg, 2016, n° 403, p. 363.

fongibilité de ses composants a été implicitement reconnue. Cela se déduit d'ailleurs de la volonté même du testateur[1].

Il en résulte que les arbitrages successifs effectués par le premier légataire n'ont pas d'incidence sur le droit des légataires de second rang, parce qu'ils sont des actes d'administration et de gestion. Ainsi, une conception extensive de l'acte d'administration est-elle consacrée par la Cour de cassation. Les impératifs d'une bonne gestion économique du portefeuille de valeurs mobilières sont mis en avant pour la qualification juridique[2]. La cession des titres en portefeuille constitue un acte d'administration dès lors que les titres sont remplacés[3]. Il convient encore de savoir si la nature d'universalité de fait du portefeuille implicitement consacrée par la Cour de cassation, et favorable au jeu de la subrogation réelle, est conforme ou non à l'esprit général du legs résiduel.

L'assimilation de la cession des titres en acte d'administration et l'exclusion de la subrogation réelle. – L'arrêt du 2 juin 1993 n'est pas pour autant exempt de critiques. Une question a suscité des débats : le caractère d'universalité de fait du portefeuille de valeurs mobilières, caractérisé par la fongibilité de ses éléments, a-t-il véritablement été consacré par cet arrêt ? La deuxième question consiste à savoir si la subrogation réelle se trouve en adéquation avec l'esprit du legs *de residuo* portant sur le portefeuille de valeurs mobilières.

Pour certains auteurs, la Cour de cassation, en déclassant la cession des titres initialement légués par d'autres titres en acte d'administration, n'a pas eu recours à la notion d'universalité de fait. Ces auteurs en déduisent que le légataire *de residuo* se voit priver d'invoquer la subrogation réelle. La raison en est que l'acte réalisé par le premier légataire ne constitue pas un acte de disposition mais d'administration. Ainsi, la subrogation réelle semble-t-elle exclue par l'arrêt de la Cour d'appel de Rennes, confirmé par la Cour de cassation[4] : elle entraînerait la conservation des biens en faveur du second légataire, ce qui est contraire à l'esprit du legs *de residuo*[5].

L'assimilation superflue de la cession des titres en acte d'administration. – La majorité des auteurs considèrent que l'assimilation des cessions de titres en acte d'administration n'est pas nécessaire, et

---

[1] CHARLIN, Jacques, DROSS, William, DURRLEMAN, Muriel, *Dictionnaire de droit patrimonial de la famille*, Ellipses, 2008, *cf.* Portefeuille de valeurs mobilières ; NAUDIN, Estelle, *op. cit.*, n° 503, p. 230.

[2] BUFFETEAU, Pascal, Legs, Cass.civ. 1re, 2 juin 1993, n° 91-16.370, *loc. cit.*; GRIMALDI, Michel, ROUX, Jean-François, *loc. cit.* ; NAUDIN, Estelle, *op. cit.*, n° 503, p. 229.

[3] BUFFETEAU, Pascale, Cass. civ. 1re, 2 juin 1993, n° 91-16.370, *op. cit.*, p. 1277 ; SAVOURÉ, Bertrand, « Les nouvelles donations : place aux libéralités graduelles et résiduelles ! », *Lamy Droit civil* 1er décembre 2006, Supplément 36, p. 27.

[4] COUTURIER, Jean-Pierre, CA., Rennes, 19 février 1991, *Dalloz* 1992, II, p. 383.

[5] COUTURIER, Jean-Pierre, Cass. civ. 1re, 2 juin 1993, n° 91-16.370, *JCP* 9 février 1994, II, 22206 ; LE GUIDEC, Raymond, Cass. civ. 1re, 2 juin 1993, n° 91-16.370, *JCP G* 6 juillet 1994, I, n°27, 3791, p. 431.

admettent l'intervention de la subrogation réelle au sein du portefeuille de valeurs mobilières. En effet, le recours à la distinction entre les actes d'administration et de disposition permet de justifier un acte illicite. Or, la question de la validité n'est pas posée dans les faits, par l'arrêt du 2 juin 1993. Rien n'empêche le légataire de premier rang de vendre les titres dont il est propriétaire. Le professeur Rémy Libchaber a constaté à juste titre qu'« il faut donc quelque peu réécrire l'attendu et présumer que la Cour a voulu dire que le fait de céder et racheter des titres n'aboutissait pas à appauvrir le *residuom*, dont la composition changeait mais pas l'affectation »[1]. On en déduit que c'est le *residuom* affecté par le testateur qui constitue une universalité de fait et non pas le portefeuille. C'est la subrogation des titres qui permet au deuxième légataire d'exercer son droit sur les titres qui sont substitués aux titres initialement légués[2].

L'arrêt du 2 juin 1993 offre, en effet, au premier légataire une liberté quant à la gestion de portefeuille de valeurs mobilières : ce dernier est donc libre de procéder à des arbitrages suivis de rachats sans altérer le portefeuille, objet du legs[3]. La qualification de la gestion normale ne semble pas limitée au remploi des valeurs mobilières puisque la première chambre civile de la Cour de cassation, dans un arrêt du 7 juin 2006, a jugé que le dépôt de la somme résultant de la vente des valeurs mobilières s'analysait également en un acte d'administration. Cette fois, la Cour a employé l'expression « simple opération de gestion », ce qui n'est pas loin de la formulation adoptée en 1993[4].

La subrogation du prix aux valeurs mobilières aliénées. – Dans l'arrêt du 7 juin 2006[5], la Cour de cassation est allée encore plus loin car, en fait, les titres avaient été vendus et l'argent perçu déposé sur un compte de succession ouvert au nom du premier légataire dans l'étude d'un notaire. Alors que la charge résiduelle ne concernait qu'une partie des titres cédés, la vente des titres a été analysée par la Cour de cassation comme étant assimilable à un acte d'administration nécessaire à la bonne gestion normale du portefeuille. De plus, puisque la somme d'argent issue de la vente avait été déposée sur un compte spécifique, elle restait dans le *residuom*[6].

---

[1] LIBCHABER, Rémy, « Le portefeuille de valeurs mobilières : Bien unique ou pluralité de biens ? », *Defrénois* 1997, art. 36464, n° 17, pp. 77-78.
[2] *Ibid.* ; MARTIN, Didier, *loc. cit.* ; NAUDIN, Estelle, *op. cit.*, n° 503, p. 231 ; ZÉNATI, Frédéric, « Universalités », Cass. civ. 1re, 2 juin 1993, n° 91-16.370, *RTD Civ.* 1995, p. 395.
[3] BUFFETEAU, Pascal, « Legs de *residuo* et valeurs mobilières », *loc. cit.*
[4] BUFFETEAU, Pascal, « Legs de *residuo* et valeurs mobilières », *ibid.* § 26, § 28, p. 2033.
[5] Cass. civ. 1re, 7 juin 2006, n° 04-10.616, *JCP G* 2006, IV, 2440 ; GRIMALDI, Michel, « Legs *de residuo* : du cas où légataire du *résiduum* a droit au prix de la vente du portefeuille légué », Cass. civ. 1re, 7 juin 2006, n° 04-10.616, *RTD Civ.* 2006, p. 807 ; LE GUIDEC, Raymond, Cass. civ. 1re, 7 juin 2006, n° 04-10.616, *JCP G* 16 janvier 2008, I, n°3, 108.
[6] BUFFETEAU, Pascal, « Legs de *residuo* et valeurs mobilières », *op. cit.*, §5, p. 2033.

De prime abord, cette décision[1] ne semble pas conforme à la réforme des successions réalisée par la loi du 23 juin 2006, qui prévoit, dans l'article 1058 du Code civil, que « lorsque les biens, objets de la libéralité résiduelle, ont été aliénés par le premier gratifié, les droits du second bénéficiaire ne se reportent ni sur le produit de ces aliénations ni sur les nouveaux biens acquis ». Cependant, la solution adoptée ne s'y oppose pas car le legs ne porte pas sur un portefeuille de valeurs mobilières, une universalité de fait, mais sur l'ensemble des biens du testateur, une universalité de droit. Comme la somme résultant de la vente des valeurs mobilières a été déposée sur un compte séparé, les juges du fond ont retenu la subrogation du prix aux valeurs mobilières aliénées[2].

La solution, critiquée sous l'empire de la réforme du 23 juin 2006. – Cette décision se heurte à certaines objections. La Cour de cassation a écarté la qualification d'acte de disposition, alors qu'il est question d'une vente de valeurs mobilières. Par ailleurs, le fait de placer la somme provenant de la vente de valeurs mobilières sur un compte ouvert au nom de la succession ne permet pas de qualifier l'opération réalisée d'« acte d'administration ». De cette décision résulte la subrogation réelle automatique, qui permet au légataire du *résiduum* d'exercer son droit sur le prix de vente des valeurs mobilières. Cette solution ne peut pas se maintenir sous l'empire de la loi 2006, en raison des articles 1058 et 1061 du Code civil, qui renvoient à l'article 1049, lequel apporte une solution opportune. Si la subrogation réelle est admise en cas d'arbitrage, il n'en est pas de même en cas de vente du portefeuille de valeurs mobilières. En l'absence de remploi du prix de cession des titres, la subrogation réelle est exclue[3].

L'article 1049 du Code civil, applicable aux libéralités graduelles et résiduelles, pose une exception au principe de la restitution en nature de l'objet de la libéralité établi par son premier alinéa. En cas d'aliénation des valeurs mobilières léguées, la libéralité portera sur les valeurs mobilières acquises en remploi des valeurs cédées. La subrogation réelle a vocation à s'appliquer par exception au sein du portefeuille de valeurs mobilières, objet de libéralités graduelles ou résiduelles. Cette solution suppose la qualification du portefeuille de valeurs mobilières en universalité de fait. Ceci a été explicitement consacré par le célèbre arrêt *Baylet* du 12 novembre 1998 de la première chambre civile de la Cour de cassation[4].

---

[1] Cass. 1re civ. 2 juin 1993, n° 91-16.370, Bull. civ. I, n°204, *loc. cit.*

[2] BICHERON, Frédéric, « Sort du legs de *residuo* lorsque les valeurs mobilières sont cédées mais conservées sur un compte « succession » », Cass. civ. 1re, 7 juin 2006, n° 04-10.616, *AJ Famille* 2006, p. 380.

[3] GRIMALDI, Michel, « Legs de *residuo*...*loc. cit.* ; LE GUIDEC, Raymond, Cass. civ. 1re, 7 juin 2006, n° 04-10.616, *JCP G* 16 janvier 2008, I, n°3, 108, p. 27 ; NAUDIN, Estelle, « Les libéralités graduelles et résiduelles », *LPA* 28 juin 2007, n°129, p. 21.

[4] AYNÈS, Laurent, *loc. cit.* ; FIORINA, Dominique, *loc. cit.* ; HOVASSE, Henri, « Usufruit, pouvoirs de l'usufruitier..., *loc. cit.* ; LECUYER, Hervé, *loc. cit.* ; PATARIN, Jean, *loc. cit.* ;

La nature juridique du portefeuille de valeurs mobilières a connu une évolution dans la jurisprudence. Elle débute par un arrêt rendu par la première chambre civile de la Cour de cassation le 2 juin 1993[1], et s'achève avec le célèbre arrêt *Baylet* du 12 novembre 1998[2]. La nature d'universalité de fait du portefeuille de valeurs mobilières est explicitement reconnue. Dans l'arrêt *Baylet*, l'usufruit portait sur le portefeuille de valeurs mobilières comme entité cohérente. La charge de la conservation portait sur le portefeuille en tant qu'universalité de fait et non sur les valeurs mobilières qu'il contenait[3]. Cette qualification a été également confirmée par la jurisprudence postérieure[4]. Il n'en demeure pas moins que la pertinence de cette qualification a soulevé des débats.

L'étendue du droit du nu-propriétaire du portefeuille de valeurs mobilières. – La question consistant à savoir si l'usufruitier dispose du pouvoir de vendre les valeurs mobilières grevées de son droit se pose. Dans l'arrêt du 12 novembre 1998, Mme Baylet bénéficiait de l'usufruit de l'universalité des biens de la succession de son époux prédécédé, Jean Baylet, dont un portefeuille de valeurs mobilières. Les trois enfants avaient recueilli la nue-propriété de la succession en indivision. Mme Malet, nue-propriétaire indivise avec ses cohéritiers du portefeuille de valeurs mobilières dépendant de la succession, a demandé à sa mère la communication des mouvements enregistrés sur le portefeuille.

La question suivante a été soulevée : les droits des nus-propriétaires sont-ils déterminés selon la composition du portefeuille de valeurs mobilières à la date de l'ouverture de la succession ou à la date de la demande en partage, ou encore à la date de l'extinction de l'usufruit ?

La Cour d'appel de Toulouse, dans un arrêt du 29 mai 1996, après avoir écarté l'application de l'article 587 du Code civil aux valeurs mobilières, a affirmé qu'il ne s'agissait pas d'un quasi-usufruit, et a considéré que c'est

---

PIÉDELIÈVRE, Stéphane, *loc. cit.* ; PÉRINET-MARQUET, Hugues, *loc. cit.* ; ROUXEL, Sylvie, *loc. cit.* ; SAGAUT, Jean-François,
« Les nouvelles...*loc. cit.* ; SAUVAGE, François, *loc. cit.* ; STORCK, Michel, *loc. cit.*

[1] Cass. 1re civ. 2 juin 1993, n° 91-16.370, Bull. civ. I, n°204, *loc. cit.*; BUFFETEAU, Pascale, Legs, Cass. civ. 1re, 2 juin 1993, n° 91-16.370, *Defrénois*, 15 novembre 1993, *loc. cit.*; BUFFETEAU, Pascal, « Legs de *residuo* et valeurs mobilières », *op. cit.* ; COUTURIER, Jean-Pierre, Cass. civ. 1re, 2 juin 1993, n° 91-16.370, *JCP* 9 février 1994, II, 22206 ; GRIMALDI, Michel, ROUX, Jean-François, *loc. cit.* ; GRIMALDI, Michel, « Les libéralités graduelles...*op. cit.*, n° 51-52, art. 1387, n°10, p. 2424 ; HOVASSE, Henri, Cass. civ. 1re, 2 juin 1993, n° 91-16.370, *Defrénois* 1993, art. 35674, n° 5, p. 1464 ; LE GUIDEC, Raymond, Cass. civ. 1re, 2 juin 1993, n° 91-16.370, *JCP G* 6 juillet 1994, I, n°27, 3791, p. 431 ; MARTIN, Didier, *loc. cit.* ; 102e Congrès des notaires de France, *Les personnes vulnérables*, Strasbourg 21/24 mai 2006, n°4397, p. 881.

[2] Cass. civ. 1re, 12 novembre 1998, n° 96-18.041.

[3] BRENNER, Claude, HUDE, Louis, « Les libéralités graduelles et résiduelles : du sommeil au réveil ? », *JCP N*, 17 juin 2016, n° 24, 1196, p. 53, § 14.

[4] PIÉDELIÈVRE, Stéphane, « Universalité et gestion d'un portefeuille de valeurs mobilières », *Droit et patrimoine* mai 2000, p. 96.

seulement à la date de l'extinction de l'usufruit que la conservation de la substance du portefeuille devrait être justifiée par l'épouse usufruitière en raison, d'une part, de la qualification d'universalité appliquée au portefeuille de valeurs mobilières et, d'autre part, de sa fongibilité. La demande du nu-propriétaire a donc été déclarée irrecevable[1].

La consécration de la qualification d'universalité de fait du portefeuille de valeurs mobilières. – La Cour de cassation a censuré l'arrêt de la Cour d'appel de Toulouse pour les motifs suivants : « d'une part, la nue-propriétaire indivise avec ses cohéritiers du portefeuille de valeurs mobilières dépendant de la succession pouvait prendre les mesures nécessaires à la conservation des biens indivis et en demander le partage; elle était donc fondée à demander à l'usufruitière de ce portefeuille, de lui en indiquer la consistance et la valeur, éléments nécessaires pour que la nue-propriété en soit partagée. D'autre part, si l'usufruitier d'un portefeuille de valeurs mobilières, lesquelles ne sont pas consomptibles par le premier usage, est autorisé à gérer cette universalité en cédant des titres dans la mesure où ils sont remplacés, il n'en a pas moins la charge d'en conserver la substance et de le rendre, la circonstance que l'usufruitier ait été dispensé de donner caution étant indifférente à cet égard »[2].

Le jeu de la subrogation réelle au sein du portefeuille de valeurs mobilières, une universalité de fait. – La qualification d'universalité de fait du portefeuille est explicitement retenue par la Cour de cassation. Les droits de l'usufruitier et du nu-propriétaire portaient sur le portefeuille de valeurs mobilières appréhendé comme un ensemble homogène, objet de l'obligation de restitution à la charge de l'usufruitier[3]. L'usufruitier d'un portefeuille est donc autorisé à céder les valeurs mobilières qui le composent, cet acte pouvant être qualifié d'acte d'administration nécessaire pour la gestion efficace du portefeuille. Ce droit est tout de même limité par une obligation de conserver la substance de l'universalité. De ce fait, l'usufruitier a l'obligation de remployer la valeur des titres cédés afin de ne pas altérer la substance et de ne pas porter atteinte aux droits du nu-propriétaire[4]. Ainsi, les titres acquis sont subrogés aux titres aliénés au sein du portefeuille de valeurs mobilières.

---

[1] NAUDIN, Estelle, *Les valeurs mobilières...op. cit.*, n° 504, p. 231.

[2] AYNÈS, Laurent, *loc. cit.* ; FIORINA, Dominique, *loc. cit.* ; HOVASSE, Henri, « Usufruit, pouvoirs de l'usufruitier..., *loc. cit.* ; LECUYER, Hervé, *loc. cit.* ; PATARIN, Jean, *loc. cit.* ; PIÉDELIÈVRE, Stéphane, «Valeurs mobilières, un portefeuille ...*loc. cit.* ; PÉRINET-MARQUET, Hugues, *loc. cit.* ; ROUXEL, Sylvie, *loc. cit.* ; SAGAUT, Jean-François, « Les nouvelles frontières...*loc. cit.* ; SAUVAGE, François, *loc. cit.* ; STORCK, Michel, *loc. cit.*

[3] AYNÈS, Laurent, *op. cit.*, I, n° 2, p. 168 ; NAUDIN, Estelle, *Les valeurs mobilières...op. cit.*, n° 504, p. 232 ; ROUXEL, Sylvie, *op. cit.*, I, n° 9-10, n° 3, p. 427 ; SAUVAGE, François, *op. cit.*, n° 71, p. 35.

[4] BOSGIRAUD, Pierre, NOËL, Luc, POIRAUD, Benoît « Donner un portefeuille de valeurs mobilières », *Gazette du palais* 27-29 février 2000, p. 376 ; GRIMALDI, Michel, ROUX, Jean-François, *op. cit.*, art. 35677, n° 6, p. 7 ; HOVASSE, Henri, , « Usufruit, pouvoirs de l'usufruitier..., *op. cit.*, p. 352 ; HOVASSE, Henri, « Qualification du portefeuille de valeurs

L'arrêt *Baylet* est un arrêt de principe consacrant la qualification d'universalité de fait du portefeuille. Ce principe a été confirmé par les juges du fond statuant sur renvoi. Dans un arrêt du 15 mai 2000, la Cour d'appel de Toulouse a décidé que « le portefeuille de valeurs mobilières dépendant de la succession de Jean Baylet, constitue une universalité distincte des éléments qui le composent (les valeurs mobilières) »[1]. Cette solution est retenue dans un arrêt de la première chambre civile de la Cour de cassation du 3 décembre 2002, sur saisine d'un nouveau pourvoi[2].

Ainsi, la nature d'universalité de fait du portefeuille de valeurs mobilières semble-t-elle admise en jurisprudence, puis consacrée par l'alinéa 2 de l'article 1049 du Code civil par la réforme du 23 juin 2006[3], qui admet le report du legs sur les valeurs mobilières subrogées.

Afin de constater l'opportunité de cette qualification, il convient de définir la notion d'universalité de fait et de délimiter les conditions requises pour la qualification du portefeuille en universalité de fait, puis d'exposer les critiques portées à la solution retenue par l'arrêt Baylet.

L'évolution doctrinale de la notion d'universalité de fait. – La notion d'universalité de fait a évolué en doctrine. Elle est définie comme « un ensemble de biens formant une collection ou une entité juridique complexe prise globalement comme un bien unique et soumise à un régime particulier »[4]. Les biens dotés d'une fonction et d'une individualité propres sont réunis dans un ensemble et appréhendés comme un bien unique. Cette définition omet néanmoins de préciser les conditions requises pour appréhender un groupement de biens divers en une entité cohérente[5]. La

---

mobilières », *Revue de droit bancaire et de la bourse* janvier-février1999, n° 71, p. 2 ; KILGUS, Nicolas, *op. cit.*, n° 573, p. 500, n° 592, p. 519 ; NAUDIN, Estelle, *Les valeurs mobilières... op. cit.*, n° 505, p. 232 ; PATARIN, Jean, *loc. cit.* ; PIÉDELIÈVRE, Stéphane, « Valeurs mobilières, un portefeuille... *op. cit.*, I, n° 6, art. 10027, n° 1, pp. 337, 338 ; SAGAUT, Jean-François, « Les nouvelles frontières... *op. cit.*, I, n°26, p. 694-695 ; SAUVAGE, François, *op. cit.*, n° 71, pp. 34, 36, 37 ; ZÉNATI, Frédéric, « Propriété et droits réels », *RTD Civ.* 1999, p. 422.

[1] FIORINA, Dominique, « L'obligation pour l'usufruitier d'un portefeuille de titres d'en conserver la substance », CA Toulouse, 15 mai 2000, *Droit de la famille* novembre 2001, chron. 25 ; NAUDIN, Estelle, *Les valeurs mobilières... loc. cit.*

[2] Cass. civ. 1re, 3 décembre 2002, n° 00-17.870, *Dalloz* 2003, p. 2495 ; FIORINA, Dominique, « Les droits du nu-propriétaire : de l'information au contrôle », *Dalloz* 2003, p. 2495 ; PIÉDELIÈVRE, Stéphane, « Valeurs mobilières », Cass. civ. 1re, 3 décembre 2002, n° 00-17.870, *JCP* 8 octobre 2003, n° 41, JP. 10158, p. 1785 ; REVET, Thierry, « Usufruit d'universalité », Cass. civ. 1re, 3 décembre 2002, n° 00-17.870, *RTD Civ.* 2003, p. 118.

[3] Loi n° 2006-728 du 23 juin 2006 portant réforme des successions et des libéralités.

[4] CORNU, Gérard, *Vocabulaire juridique*, Puf, 9e édition, 2011, *cf.* « universalité », 2°.

[5] NAUDIN, Estelle, *Les valeurs mobilières... op. cit.*, n° 508, p. 233.

notion d'universalité de fait évolue et se précise ; elle « se définit par le lien qui unit les différents éléments qui la composent »[1].

La volonté du propriétaire est, au demeurant, considérée comme l'un des critères de la qualification d'universalité de fait. Aubry et Rau ont présenté l'universalité de fait comme « des collections d'objets réunis par le propriétaire à l'effet de servir à une destination ou à un usage commun »[2].

Un autre critère de qualification émane de la communauté de destination, notamment économique, recherchée par leur propriétaire[3]. Cet élément provient de la définition proposée par Robert Gary et selon laquelle « l'idée de but contribue ainsi à caractériser l'universalité de fait »[4].

Enfin, il convient de définir l'universalité de fait comme un groupement de biens qui peut être affecté par la volonté de son propriétaire à une destination commune et être ainsi appréhendé en une entité juridique autonome soumise à un régime juridique cohérent[5]. Selon la Professeure Estelle Naudin, « trois traits pourraient se dégager pour révéler une universalité de fait : une destination commune à plusieurs choses, qui donne au tout une valeur ou une utilité distincte de celle de chaque élément, les composantes de l'universalité présentant une fongibilité dans les limites de leur affectation »[6].

La définition du portefeuille de valeurs mobilières. – Après avoir défini et délimité les critères de qualification de l'universalité de fait, il apparaît que le portefeuille de valeurs mobilières peut être qualifié d'universalité de fait. Il convient de définir, à présent, le portefeuille de valeurs mobilières. Pour le Professeur Michel Storck, « un portefeuille de valeurs mobilières est avant tout une structure constituée pour réaliser un placement financier : le titulaire du portefeuille (ou son mandataire) effectue au sein de ce portefeuille des arbitrages répondant à une stratégie de gestion dynamique ou prudente. Un portefeuille se caractérise par la diversité des valeurs qui le composent et par leur caractère interchangeable : l'investisseur a une vision globale de son portefeuille par les relevés de comptes qui lui sont adressés, avec mention du

---

1 MAZEAUD, Henri, MAZEAUD Léon, MAZEAUD, Jean, CHABAS, François, *Leçons de droit civil. Tome 1, Volume 1, Introduction à l'étude du droit,* par CHABAS, François, Montchrestien, 12e édition, 2000, p. 431.

2 AUBRY, Charles Marie Barbe Antoine, RAU, *op. cit.*, Tome II, 4e édition, Paris, 1869, § 162, p. 3.

3 NAUDIN, Estelle, *Les valeurs mobilières... op. cit.*, n° 509, p. 236.

4 GARY, Robert, *op. cit.*, p. 317.

5 DEMOLOMBE, Charles, cours de Code Napoléon-9- Traité de la distinction des biens, de la propriété, de l'usufruit et de l'habitation, Tome 1, Imprimerie générale 1875, n° 403, p. 249 ; DENIZOT, Aude, *L'universalité de fait*, Préface de Rémy LIBCHABER, LGDJ, 2008, n° 570, p. 400 ; MARLY, Pierre-Grégoire, *Fongibilité et volonté individuelle*, Préface de Philippe DELEBEQUE, LGDJ, 2004, n° 54, p. 67.

6 NAUDIN, Estelle, *Les valeurs mobilières... op. cit.*, n° 512, p. 241 ; Dans le même sens : MEILLER, Eric, « L'universalité de fait (1) », *RTD Civ.*, 2012, n° 6, p. 651.

solde provisoire »[1]. Les auteurs peinent à s'accorder sur l'opportunité de la qualification du portefeuille en une universalité de fait. Des critiques ont été formulées tant à l'encontre qu'en faveur de cette qualification adoptée par la jurisprudence.

L'opportunité de cette qualification est remise en cause par certains auteurs, qui estiment le recours à la notion d'universalité de fait inutile. En revanche, pour d'autres, cette qualification semble justifiée par des impératifs d'ordre économique telle que la gestion dynamique du portefeuille.

La critique de la qualification de l'universalité de fait du portefeuille. – La nature d'universalité de fait du portefeuille de valeurs mobilières, reconnue par la jurisprudence, n'est pas restée exempte de critiques. Le professeur William Dross a souligné que « l'universalité est une manière d'appréhender la pluralité sous le visage de l'unité, elle remodèle les choses, mais reste étrangère à la question des pouvoirs qui s'exercent sur elles. Or, c'est précisément pour résoudre une question de pouvoirs qu'on l'invoque »[2]. Pour cet auteur, il n'est pas évident de constater l'unité des composantes fondée par la destination commune. Par ailleurs, cette qualification ne semble pas opportune pour atteindre le résultat recherché.

La critique de la qualification de l'acte de disposition en un acte d'administration. – Pour certains auteurs, la Cour de cassation a reconnu la nature d'universalité de fait au portefeuille pour justifier le pouvoir de disposition de l'usufruitier sur les valeurs mobilières composant le portefeuille, mais la question ne s'est pas posée directement. La demande du nu-propriétaire consistait à connaître les actes de disposition réalisés par l'usufruitier. Un acte de disposition demeure un acte de disposition quel que soit le cadre dans lequel il se réalise[3]. Il convient d'abandonner la distinction traditionnelle entre acte de disposition et acte d'administration fondée sur la gravité de l'acte, en faveur d'une approche économique qui permet de justifier le pouvoir de l'usufruitier de disposer des valeurs mobilières[4], et ce d'autant que l'obligation de remploi, imposée à l'usufruitier pour conserver la substance, conduit à une disqualification de l'acte de disposition en un acte d'administration[5].

---

[1] STORCK, Michel, « La propriété d'un portefeuille de valeurs mobilières », *in Études offertes à Pierre CATALA, Le droit privé français à la fin de XXe siècle*, Litec, 2011, p. 698 ; Dans le même sens : « le portefeuille est un ensemble de titres affectés à une même stratégie spéculative, la réunion de plusieurs valeurs mobilières permettant de définir le profit du placement ainsi opéré, dont il résulte une fongibilité dans la mesure de cette destination. » : NAUDIN, Estelle, *Les valeurs mobilières... op. cit.*, n° 530, p. 253.

[2] DROSS, William, *op. cit.*, n° 425-2, p. 787.

[3] DENIZOT, Aude, *op. cit.*, n°298, p. 203.

[4] DROSS, William, *op. cit.*, n° 425-2, p. 788 ; VERDOT, René, « De l'influence du facteur économique sur la qualification des actes « d'administration » et des actes de « disposition », *RTD Civ.* 1968, p. 449.

[5] DENIZOT, Aude, *op. cit.*, n°286, p. 194.

Par ailleurs, cette solution suppose le changement de l'objet de l'obligation de conservation de la substance à la charge de l'usufruitier[1]. Ce n'est pas la substance des éléments mais l'universalité de fait qui doit être conservée comme substance de l'ensemble[2]. Or, il n'est parfois pas évident de déterminer la substance de l'ensemble. En outre, l'obligation de conserver la substance n'a pas la même teneur selon qu'elle porte sur l'ensemble ou sur un seul élément. Dans un portefeuille, la substance d'un titre se délimite par toutes les caractéristiques ; cependant, les caractéristiques de tous les titres sont nécessaires pour déterminer la substance du portefeuille[3].

La fongibilité des valeurs mobilières, le recours inutile à la notion d'universalité de fait. – Certains auteurs ont souligné le fait que l'obligation de conservation de la substance n'est pas compromise, dans la mesure où l'usufruit porte sur les valeurs mobilières fongibles ; il s'agit donc d'un quasi-usufruit permettant à l'usufruitier de réaliser les actes de disposition[4]. Il est donc inutile et inapproprié de solliciter la notion controversée d'universalité de fait[5].

Au demeurant, la solution de l'arrêt *Baylet* pouvait être adoptée sans avoir à recourir à la qualification d'universalité de fait. En effet, le droit de disposer des valeurs mobilières aurait pu être conféré à l'usufruitier sans recourir à la notion d'universalité de fait. Dans ce cas, l'aliénation des valeurs mobilières ne porte pas atteinte au principe de la conservation de la substance de l'objet de l'usufruit. Par ailleurs, l'obligation de remploi des titres est justifiée par la fongibilité et le jeu de la subrogation réelle, dès lors que la volonté de l'usufruitier tend à affecter les nouvelles valeurs acquises en remploi au même régime que les valeurs aliénées[6].

La justification de la qualification d'universalité de fait du portefeuille de valeurs mobilières. – Contrairement aux critiques émises par certains, la nature d'universalité de fait du portefeuille semble justifiée. La nature d'universalité de fait du portefeuille se caractérise par la fongibilité interne de ses composants car l'ensemble des valeurs mobilières est affecté à « une stratégie spéculative »[7]. La fongibilité des valeurs mobilières composant le

---

[1] L'article 578 du Code civil dispose que « l'usufruit est le droit de jouir des choses dont un autre a la propriété, comme le propriétaire lui-même, mais à la charge d'en conserver la substance ».

[2] FIORINA, Dominique, « L'usufruit d'un portefeuille de valeurs mobilières », *RTD Civ.* janvier-mars 1995, p. 63, §39.

[3] DENIZOT, Aude, *op. cit.*, n°288, p. 195.

[4] L'approche valoriste du portefeuille ne reste pas exempte de critiques. Le régime de quasi-usufruit met considérablement en péril les intérêts de nu-propriétaire, qui perd le droit de suite et de préférence sur la chose. Le quasi-usufruitier bénéficie d'un pouvoir étendu de gestion, notamment l'affectation de prix de cession des titres sans subir le contrôle de nu-propriétaire : *cf.* NAUDIN, Estelle, *Les valeurs mobilières... op. cit.*, n° 460, p. 210, n° 548, p. 264.

[5] DENIZOT, Aude, *op. cit.*, n°286, p. 202; DROSS, William, *loc. cit.*

[6] LECUYER, Hervé, *op. cit.*, n°137, p. 61.

[7] NAUDIN, Estelle, *Les valeurs mobilières... op. cit.*, n° 521, p. 247, n° 530, p. 253.

portefeuille permet ainsi de réaliser les arbitrages nécessaires à la gestion optimale du portefeuille[1].

La qualification d'universalité de fait du portefeuille, caractérisée par la fongibilité objective ou subjective. – Deux types de fongibilité sont envisageables : la fongibilité parfaite ou objective, qui résulte de la nature des choses, et la fongibilité imparfaite ou subjective, découlant de la volonté des individus, dès lors que les biens sont envisagés dans leur valeur[2]. Il peut s'agir de fongibilité par nature si les valeurs mobilières sont d'une même catégorie et attribuent à leur titulaire des droits identiques. Cependant, la fongibilité du portefeuille ne découle pas de la nature, dans la mesure où les valeurs mobilières proviennent d'émetteurs différents, de sorte qu'elles ne sont pas interchangeables. Dans ce cas, la fongibilité économique, ou en valeur, peut découler de la loi ou de la volonté des intéressés[3]. La fongibilité d'un portefeuille de valeurs mobilières est liée à sa nature d'universalité, qui favorise l'intervention de la subrogation réelle destinée à garantir sa pérennité malgré les diverses fluctuations des éléments qui la composent[4].

Dans la mesure où la fongibilité est établie, l'aliénation d'une valeur mobilière est qualifiée d'acte d'administration si elle se réalise au sein d'un portefeuille, à condition qu'elle soit remplacée par de nouveaux titres[5].

L'usufruitier est ainsi doté du droit de jouir de l'ensemble des utilités du bien grevé à condition de conserver la destination du bien. La conservation de la destination est assurée par l'obligation de remploi à la charge de l'usufruitier, qui ne doit pas différer du remploi des valeurs cédées afin de ne pas mettre en péril la substance de l'universalité[6].

---

[1] STORCK, Michel, « La propriété d'un portefeuille…*loc. cit.*

[2] FIORINA, Dominique, « Les pouvoirs et les obligations…*op. cit.*, II, n° 11, p. 635 ; MARLY, Pierre-Grégoire, *op. cit.*, n° 88, p. 97.

[3] LAUDE, Anne, « La fongibilité », *RTD com* avril-juin 1995, p. 309 ; STORCK, Michel, « La propriété d'un portefeuille…*loc. cit.* ; TRÉBULLE, François Guy, « Propos dissidents sur l'arrêt « Baylet » », Droit bancaire et financier, *in Mélanges AEDBF-France, sous la direction de Hubert DE VAUDLANE, Jean-Jacques DIAGRE*, Banque éditeur, 2001, p. 382, n°s 19, 20, 21.

[4] FIORINA, Dominique, « L'usufruit d'un portefeuille…*op. cit.*, n° 42, p. 64 ; LIBCHABER, Rémy, *op. cit.*, art. 36464, n° 6, p. 69 ; STORCK, Michel, « La propriété d'un portefeuille…*loc. cit.* ; ZÉNATI, Frédéric, « Propriété et droits réels », *RTD Civ.* 1994, p. 383.

[5] FIORINA, Dominique, « L'usufruit d'un portefeuille…*op. cit.*, p. 66, § 49; NAUDIN, Estelle, *Les valeurs mobilières…op. cit.*, n° 541, p. 261 ; STORCK, Michel, « La propriété d'un portefeuille…*op. cit.*, p. 699.

[6] DOCKÈS, Emmanuel, « Essai sur la notion d'usufruit », *RTD Civ.* 1995, p. 479 ; PIÉDELIÈVRE, Stéphane, « Universalité et gestion…*op. cit.*, p. 97 ; NAUDIN, Estelle, *Les valeurs mobilières…op. cit.*, n° 541, p. 261, n° 556, p. 267 ; REVET, Thierry, « Domaine de l'obligation, pour l'usufruitier, de remployer les fonds obtenus en contrepartie de valeurs mobilières réunies en un portefeuille », Cass. civ. 1re, 16 juin 2011, n° 10-17.898, Cass. civ. 1re, 17 mars 2010, n° 09-13.162, *RTD Civ.* 2011, p. 568 : Cass. civ. 1re, 16 juin 2011, n° 10-17.898, non publié au Bulletin ; Cass. civ. 1re, 17 mars 2010, n° 09-13.162, non publié au Bulletin ; STORCK, Michel, « La propriété d'un portefeuille…*op. cit.*, p. 705.

La qualification d'universalité de fait, conforme à la gestion dynamique du portefeuille. – La nature d'universalité de fait du portefeuille consacrée par l'arrêt *Baylet* découle de sa cohérence économique et non pas de considérations strictement juridiques[1]. La qualification d'universalité de fait du portefeuille, consacrée par la jurisprudence, a été confirmée par le législateur, notamment dans le cadre des libéralités. Cette qualification paraît conforme à une stratégie de gestion dynamique. Par cette qualification, des pouvoirs étendus sont accordés à l'administrateur pour une gestion souple et autonome, de même que pour garantir la pérennité du portefeuille[2].

Le domaine de la subrogation réelle de plein droit était limité aux universalités de droit selon la théorie classique, qui a réfuté le rôle de la subrogation réelle dans le cadre des universalités de fait. Cependant, cette restriction a été abandonnée par la théorie de valeur d'affectation tendant à moderniser la conception classique de la subrogation réelle, dont l'intervention semble par ailleurs indispensable et justifiée malgré la fongibilité des éléments composants l'universalité de fait. Si l'intervention de la subrogation réelle paraît salutaire dans le cadre de l'universalité de fait, il convient de constater qu'elle est susceptible de connaître une application élargie au sein des universalités de fait et de lui reconnaître, ainsi, une valeur de principe.

Du refus à la consécration, la mise en œuvre de la subrogation réelle est donc conforme à l'esprit général de l'universalité de fait sur le plan théorique. Sur le plan technique, la fongibilité des éléments composant de l'universalité de fait a soulevé des débats sur l'intérêt de l'intervention de la subrogation réelle au sein des universalités de fait. Si la fongibilité générale ou objective peut rendre la subrogation réelle superficielle, il n'en est pas ainsi en cas de fongibilité relative ou subjective.

Le principe de la subrogation réelle au sein de l'universalité de fait a connu une évolution. Sous l'Ancien Droit, l'étendue de la subrogation réelle de nature fictive a été limitée à la prévision de la loi ou de la convention des parties. Par la suite, certaines innovations ont été apportées à la conception classique de la subrogation réelle grâce à la théorie de valeur d'affectation.

La nature fictive et l'application limitée de la subrogation réelle sous l'Ancien Droit. – L'application de la subrogation réelle était de droit étroit dans l'Ancien Droit. Compte tenu de sa nature fictive, la subrogation réelle ne pouvait pas intervenir de plein droit ; elle devait résulter soit d'un texte, soit

---

[1] MARTIN, Didier, « Du portefeuille de valeurs mobilières considéré comme une universalité de fait », *La vie judiciaire* du 10 au 16 février 1992, n° 2392, p. 4 ; ROUXEL, Sylvie, *op. cit.*, I, n° 9-10, p. 426 ; TRÉBULLE, François Guy, *op. cit.*, p. 379, n° 16.

[2] NAUDIN, Estelle, *Les valeurs mobilières…op. cit.*, n° 533, p. 258 ; STORCK, Michel, « La propriété d'un portefeuille…*op. cit.*, p. 698.

de l'esprit formel de la loi[1]. En revanche, la subrogation réelle avait vocation à transférer largement et sans aucune limite la qualité de *res universitatis*[2].

L'application étendue de la subrogation réelle aux universalités juridiques. – Cette règle est reprise par les fondateurs de la théorie subjective du patrimoine, Aubry et Rau[3]. Ceux-ci admettent en effet, dans les universalités juridiques, le jeu de la subrogation réelle dont le fondement se trouve dans la fongibilité des éléments d'un même patrimoine. Il en est de même pour d'autres universalités qui revêtent le caractère de patrimoine, comme le patrimoine héréditaire en cas de séparation des patrimoines, ou le bénéfice d'inventaire, les successions anomales ou encore les biens de l'absent et les libéralités universelles. La subrogation réelle est donc un mécanisme clé du patrimoine, dont l'application est cependant rejetée au sein des universalités de fait, comme une bibliothèque, un troupeau, un fonds de commerce, sauf si elle est prévue par un texte de loi ou une convention[4].

L'acceptation de la subrogation réelle au sein des universalités de fait. – Ce rejet provient de la doctrine classique fondée sur le célèbre adage du droit romain « *in judiciis singularibus pretium non succedit loco rei nec res loco pretii* » : dans les universalités de fait, le prix ne remplace pas la chose, ni la chose le prix. Cet adage a pourtant été abandonné car il ne convenait plus à l'état du droit positif[5]. En matière d'universalités de fait, la subrogation réelle est destinée à faire survivre le droit qui porte sur un bien disparu et qui est remplacé par un autre bien du fait de son affectation à une fin donnée[6]. Ainsi, la subrogation est analysée essentiellement comme « une technique permettant la préservation des droits grevant une chose par-delà la disparition de leur objet »[7]. Selon la théorie moderne, la subrogation réelle peut donc jouer sur un bien singulier, en dehors des universalités.

La théorie des patrimoines d'affectation, terrain favorable au jeu de la subrogation réelle. – À la fin du XIXe siècle, certains auteurs ont eu recours à l'idée de l'affectation pour développer la mise en œuvre de la subrogation réelle, afin de rénover la conception classique de la subrogation réelle et de dénier son caractère fictif.

La théorie de valeur d'affectation a été émise par Saleilles en 1894. Il a eu recours à une notion connue du droit allemand, le patrimoine d'affectation, et

---

[1] PAULMIER, Edgard, *op. cit.*, 1882, p. 3.

[2] Cette règle provient de l'adage romain « *in judiciis universalibus pretium succedit loco rei et rest loco pretii* », qui signifie que dans les universalités de droit, la chose remplace le prix et que le prix remplace la chose. Cette maxime tire son origine de l'étude du Sénatus-consulte Juventien.

[3] AUBRY, Charles Marie Barbe Antoine, RAU, Charles Frédéric, *op. cit.*, § 573, p. 305.

[4] AUBRY, Charles Marie Barbe Antoine, RAU, Charles Frédéric, *op. cit.*, § 575, p. 343 ; Tome VI, 4e édition, Paris, 1873, § 575, p. 237-238.

[5] DENIZOT, Aude, *op. cit.*, n° 600 p. 420.

[6] HENRY, André, *op. cit.*, p. 379 ; PLANIOL, Marcel, Cass. civ., 20 avril 1901, *Dalloz, Recueil périodique et critique* 1902, p. 33 ; MAGNILLAT, André, *op. cit.*, p. 81.

[7] DROSS, William, *op. cit.*, § 432-2, p. 782.

très finement, a proposé de la généraliser en vue de reconnaître un élargissement considérable au champ d'application de la subrogation réelle. En effet, la théorie des patrimoines d'affectation[1] est une exception à la théorie classique du patrimoine et au principe de l'unité du patrimoine[2]. Dans la conception objective du patrimoine, contrairement à la théorie du patrimoine émise par Aubry et Rau, les éléments qui composent le patrimoine d'affectation ne sont pas fongibles[3] et l'élément clé n'est plus la personne, mais une affectation[4].

Saleilles a admis la maxime classique « *In judciis universalibus...* »[5] en constatant que les universalités juridiques ne se limitent pas au seul patrimoine établi par la loi. Les universalités juridiques émanent non seulement de la loi mais aussi des conventions privées, telles que les patrimoines des fondations. L'unité des universalités découle de leur affectation à un but déterminé dont la pérennité est assurée par la subrogation réelle[6].

Les valeurs d'affectation à titre particulier ou universel. – La deuxième étape est franchie en 1901 par Demogue, qui rejette tout rapport entre la subrogation réelle et la notion d'universalité[7]. L'universalité est caractérisée essentiellement par un lien unissant les parties d'un tout. Or, ce lien existe dans toutes les masses de biens dépourvues du caractère d'universalité. Pour Demogue, il n'existe pas de véritable universalité caractérisée par certains traits. La théorie de Demogue repose sur la notion d'affectation, qui est la première cause et le principal champ d'application de la subrogation réelle. Elle se produit dès lors qu'une valeur est affectée à un but, que le droit porte sur un bien isolé ou sur un ensemble. La subrogation réelle est destinée à assurer l'exécution de l'affectation. Contrairement à Saleilles, Demogue considère qu'un bien isolé peut également représenter une valeur d'affectation.

---

[1] La théorie des patrimoines d'affectation, *Zweckvermögen* en allemand, émise par Brinz et Bekker « déclare que les propriétés des personnes juridiques peuvent être vouées à certaines objets, auxquels elles sont juridiquement tenues, mais que ce sont des propriétés sans titulaire, sans propriétaire » : *cf.* FRIEDMANN, Wolfgang Gaston, *Théorie générale du droit*, Paris, Librairie générale de droit et de jurisprudence, 4e édition, 1965, p. 515. BRINZ, Aloïs, *Lehrbuch des Pandekten*, Andreas Deichert, 2ème édition, 1873, vol. 1, p. 200, cité par BELLIVIER, Florence, « Brinz et la réception de sa théorie du patrimoine en France », *La science juridique française et la science juridique allemande de 1870 à 1918, sous la direction d'Olivier BEAUD et de Patrick WACHSMANN*, Annales de la Faculté de Droit de Strasbourg, Presses Universitaires de Strasbourg, 1997, p. 165.

[2] CHÉNÉDÉ, François, *op. cit.*, p. 1923.

[3] THOMAS-RAYNAUD, Anne-Laure, « Le patrimoine d'affectation : réflexion sur une notion incertaine », *RLDC* 1er juin 2010, p. 65.

[4] ROCHFELD, Judith, *op. cit.*, p. 368; STRICKLER, Yves, *op. cit.*, n° 133, p. 194.

[5] « *In judiciis universalibus pretium succedit loco rei et rest loco pretii* » signifie que dans les universalités de droit, la chose remplace le prix et que le prix remplace la chose.

[6] SALEILLES, Raymond, Cass. civ., 29 avril 1901, *Sirey* 1903, p. 321.

[7] DEMOGUE, René, Essai d'une théorie générale de la subrogation réelle, Pichon, Paris, 1901, pp. 295 et suiv., p. 360 et suiv.

Planiol[1] a constaté que la subrogation réelle s'impose dès lors qu'un bien est affecté à un but déterminé. En effet, le but auquel le bien est affecté permet de reporter le droit du créancier sur le nouveau bien acquis en remplacement. La subrogation réelle tend à assurer l'affectation du bien à une destination particulière. La source de la subrogation réelle découle de l'affectation, qui met en avant l'utilité du bien par rapport à son individualité matérielle.

Le jeu de plein droit de la subrogation réelle au sein des patrimoines d'affectation. – La spécificité des éléments composant l'universalité de fait s'efface par leur affectation à une fonction. Le remplacement du bien se justifie car le bien de remplacement reflète la même fonction que le bien remplacé. L'intérêt de solliciter l'affectation consiste à permettre un recours à la subrogation réelle en l'absence de prévision par le législateur ou de clause expresse la prévoyant. Dans la mesure où le report du droit n'est pas formellement organisé par les parties, l'affectation justifie l'intervention de plein droit de la subrogation réelle[2].

La définition de la fongibilité. – Jusqu'à la réforme du droit des contrats du 10 février 2016[3], aucune définition des choses fongibles n'avait été proposée par le législateur. Le Code civil et le Code de commerce se contentaient d'y faire référence[4]. L'ancien article 1291 énonçait les conditions de la compensation légale, de même que l'ancien article 1326 concernant le droit de la preuve. Le caractère fondamental de la fongibilité évoqué par l'ancien article 1291 du Code civil résidait dans une égalité de pouvoir libératoire de deux choses. Ainsi, un auteur a-t-il souligné que « la fongibilité est le rapport d'équivalence existant entre deux ou plusieurs choses capables de remplir la même fonction libératoire »[5].

La fongibilité est désormais définie par l'alinéa 2 de l'article 1347-1 du Code civil, issu de la réforme opérée par l'ordonnance du 10 février 2016[6] : « sont fongibles les obligations de somme d'argent, même en différentes devises pourvu qu'elles soient convertibles, ou celles qui ont pour objet une quantité de choses du même genre ». L'ancien article 1291, alinéa 2, visait le cas des « prestations en grains ou denrées » compensables avec des sommes d'argent. Cette précision n'est plus nécessaire en raison de la définition qui a été formulée de la fongibilité.

---

[1] PLANIOL, Marcel, *loc. cit*

[2] DENIZOT, Aude, *op. cit.*, n° 601, p. 421.

[3] L'ordonnance n° 2016-131 du 10 février 2016 portant réforme du droit des contrats et du régime général de la preuve des obligations a été publiée au Journal Officiel le 11 février 2016.

[4] TORCK, Stéphane, *Essai d'une théorie générale des droits réels sur choses fongibles,* sous la direction de Hervé SYNVET, thèse Paris, 2001, n° 7, p. 11.

[5] HUMBERT, Henri, *Essai sur la fongibilité et la consomptibilité des meubles*, thèse Paris, 1940, p. 18-19. Dans le même sens : *cf.* TORCK, Stéphane, *op. cit.*, n° 8, p. 13.

[6] Ordonnance n° 2016-131du 10 février 2016 portant réforme du droit des contrats, du régime général et de la preuve des obligations.

En effet, dans le patrimoine, les circonstances économiques accordent plus d'importance à la valeur des biens qu'à leur matérialité physique. Par ailleurs, la dématérialisation du droit de propriété est renforcée par la fongibilité, qui tend à favoriser la circulation des richesses et la mobilité des fortunes[1].

Le jeu inutile de la subrogation réelle dans le cadre de la fongibilité objective. – Deux types de fongibilité sont envisageables : l'une subjective ; l'autre, objective. La fongibilité objective est caractérisée par la nature des biens qui sont matériellement identiques, dont les choses de genre. Au contraire, la fongibilité subjective résulte de la volonté des parties[2], dès lors que le bien est considéré dans sa valeur[3]. Pour Marc Lauriol[4], la fongibilité générale correspond à la fongibilité par nature, la subrogation réelle n'a pas d'intérêt à intervenir. Tandis que dans le cadre de la fongibilité relative, ou subjective, créée par la volonté, la subrogation réelle peut jouer en l'absence de texte ou de convention des parties[5].

Il convient de relever les conditions de réalisation de la subrogation réelle afin de montrer que le recours à la subrogation réelle n'est ni inutile, ni superficiel, dans le cadre d'une universalité dont les éléments composants sont fongibles. La réalisation de la subrogation réelle suppose la réunion de certaines conditions. D'abord, une fluctuation matérielle qui se tient par un événement d'ordre matériel tel que la destruction ou la perte, ou encore par un événement d'ordre juridique tel que l'aliénation[6]. La fluctuation matérielle entraîne, d'une part, la disparition de l'objet du droit que la subrogation réelle est destinée à conserver et, d'autre part, l'apparition d'un autre bien susceptible d'être l'objet du droit. Or, cette condition fait défaut dans le cadre de la fongibilité générale par son indifférence à la fluctuation. En effet, dans un ensemble, un bien peut être soumis au même régime qu'un autre bien, sans qu'il soit nécessaire de les substituer l'un à l'autre. Ainsi, la fongibilité générale, caractérisée par une équivalence entre le bien remplacé et le bien de remplacement, rend le jeu de la subrogation réelle superflu et inutile[7]. Ensuite, pour réaliser la subrogation réelle, l'opération de remplacement suppose l'individualisation de la valeur par sa destination[8]. La raison en est que le

---

[1] LAUDE, Anne, *op. cit.*, n° 3, p. 308.
[2] DROSS, William, *op. cit.*, n° 50-1, p. 97; LAUDE, Anne, *op. cit.*, n° 8, p. 311.
[3] LAUDE, Anne, *op. cit.*, n° 16, p. 315 ; TORCK, Stéphane, *op. cit.*, n° 9, p. 14.
[4] LAURIOL, Marc, *op. cit.*, Vol. 1, n°73, p. 66.
[5] LAUDE, Anne, *op. cit.*, n° 37, p. 327.
[6]MAGNILLAT, André, *op. cit.*, p. 258.
[7] DENIZOT, Aude, *op. cit.*, n°595, p. 416.
[8] Sur la condition de l'individualisation des valeurs mobilières : *cf.* BICHERON, Frédéric, « La détermination du *residuum* dans le legs de residuo », Cass. civ. 1re, 20 février 2008, n° 06-14.704, *AJ Famille* 2008, p. 217 ; DENIZOT, Aude, « Les legs de *residuo* imitant la libéralité résiduelle : vers une détermination restrictive des biens subsistants », Cass. civ. 1re, 20 février 2008, n° 06-14.704, *LPA* 31 juillet 2008, n° 153, p. 23 ; GRIMALDI, Michel, « De l'exclusion de la subrogation réelle dans le legs de *residuo*, quel qu'en soit l'objet », Cass. civ. 1re, 20 février 2008, n° 06-14.704, *RTD Civ.* 2008, p. 345 ; MALAURIE, Philippe, « Le legs de *residuo*

remplacement n'a de sens que si une place délimitée laissée vacante est ensuite occupée par un autre bien. Encore faut-il établir un lien de filiation direct entre les deux biens [1]. Le bien nouveau ou la contre-valeur individualisée provient de l'ancien[2]. Tandis qu'en matière de fongibilité générale, une chose est soumise au même régime qu'une autre, de sorte que l'individualité et l'origine des biens sont indifférentes[3]. Par conséquent, si la fongibilité générale exclut le jeu de la subrogation réelle, il n'en est pas ainsi pour la fongibilité relative.

L'intérêt du jeu de la subrogation réelle au sein des universalités de fait caractérisées par la fongibilité relative. – La subrogation réelle ne se réalise que si le droit à conserver convient à la fongibilité relative entre deux objets successifs équivalents en valeur et en affectation. Cela dépendra du degré d'adhérence du droit à la matérialité de son objet. Autrement dit, peu importe l'individualité matérielle sur laquelle porte le droit, l'essentiel est la valeur individualisée[4].

Le recours à la fongibilité « fondée sur un rapport d'équivalence » (objective ou par nature) n'est concevable que dans le cadre d'une universalité homogène composée de biens identiques. En revanche, la fongibilité conventionnelle (subjective) entre les éléments composant une universalité hétérogène permet de pérenniser l'existence et d'assurer l'évolution de l'universalité. En effet, l'affectation d'un bien à une destination précise entraîne son intégration au sein de l'universalité[5]. Cependant, la fongibilité relative ou subjective caractérisée par une simple équivalence entre les deux biens ne suffit pas pour reporter le droit en péril sur le bien nouveau. Le remplacement de deux biens dans une universalité de fait se justifie par la fongibilité. Or, cette fongibilité n'est pas suffisante pour reporter le droit ; de ce fait, il semble pertinent de solliciter la subrogation réelle, qui convient parfaitement à la figure de l'universalité de fait[6]. Le jeu de la subrogation réelle présente ainsi un intérêt dans le cadre de l'universalité de fait caractérisée par

---

et l'exclusion de la subrogation réelle », Cass. civ. 1re, 20 février 2008, n° 06-14.704, *Defrénois* 30 avril 2008, n° 8, p. 873 ; *Petits affiches*, 15 juillet 2008, n° 140, p. 15.

[1] DENIZOT, Aude, *L'universalité de… op. cit.*, n°599, p. 419 ; LAURIOL, Marc, *op. cit.*, Vol. 1, n° 69, p. 60.

[2] LAURIOL, Marc, *op. cit.*, Vol.1, n°73, p. 66.

[3] DENIZOT, Aude, *L'universalité de… op. cit.*, n°594, p. 416 ; DUTILLEUL-FRANCOEUR, Philippe, *La revendication*, sous la direction de Professeur LARROUMET Christian, thèse Paris, 2002, n° 31, p. 62 ; MARLY, Pierre-Grégoire, *op. cit.*, n° 204, p. 180 ; TORCK, Stéphane, *op. cit.*, n° 8, p. 13.

[4] LAURIOL, Marc, *op. cit.*, Vol.1, n°81, p. 73 ; MARLY, Pierre-Grégoire, *op. cit.*, n° 89, p. 99.

[5] BOFFA, Romain, *La destination de la chose*, Préface de Marie-Laure MATHIEU-IZORCHE, Lextenso, 2008, n° 577, p. 423.

[6] AYNÈS, Laurent, *op. cit.*, I, n° 10, p. 169 ; DENIZOT, Aude, *L'universalité de… op. cit.*, n°597, p. 418.

une fongibilité relative afin de reporter le droit menacé par la disparition de son objet sur le bien de remplacement.

Une interrogation est soulevée quant à la validité de la libéralité portant sur un portefeuille en cas d'arbitrage des valeurs le composant. Il convient également de traiter la possibilité d'étendre le domaine de la subrogation réelle aux universalités de fait autres que le portefeuille de valeurs mobilières prévu par le législateur.

L'universalité de fait, objet d'un legs. – Dans le cadre d'un legs portant sur une universalité de fait, une question se pose à propos de l'assiette du legs, dès lors que les nouveaux biens sont acquis à la suite de l'aliénation de certains éléments de l'universalité par le testateur entre la date du testament et celle du décès. Cette question peut se poser dans l'hypothèse d'un legs ordinaire ou d'un legs résiduel. L'article 1038 du Code civil relatif à la révocation des testaments dispose que « toute aliénation, celle même par la vente avec faculté de rachat ou par échange, que fera le testateur de tout ou partie de la chose léguée, emportera la révocation du legs pour tout ce qui a été aliéné, encore que l'aliénation postérieure soit nulle, et que l'objet soit rentré dans la main du testateur ». Ainsi, l'aliénation du bien légué par le testateur entre la date du legs et la date du décès entraîne la caducité du legs. Cependant, le maintien du legs est possible malgré l'aliénation des éléments, si la volonté du disposant exprimée au testament consiste à faire porter le legs, non sur les éléments le composant, mais sur une universalité de fait. Dans ce cas, le droit du légataire porte sur une universalité de fait dont le contenu est susceptible d'évoluer entre la date du testament et celle du décès. On en déduit que l'aliénation des éléments n'a pas d'incidence sur l'existence du legs [1]. Le legs d'une universalité de fait peut être illustré par certaines exemples, tels que le legs d'une collection[2], le legs d'une collection et d'un appartement, à charge d'y établir un musée[3], le legs d'un domaine[4], le legs d'un fonds de commerce[5], le legs de souvenirs de famille[6] ou encore le legs d'un portefeuille[7]. En effet, le legs reste valable en cas d'aliénation des valeurs composant le portefeuille,

---

[1] DENIZOT, Aude, *L'universalité de... op. cit.*, n° 273, p. 183, n° 492, p. 341.

[2] Affaire duc de Beauffremont contre/ Ministère de l'Instruction publique. Tribunal de la Seine, 24 mai 1927, inédit, extraits dans DEMOGUE, René « Les souvenirs de famille et leur condition juridique », *RTD civ.* 1928, p. 27, spéc., pp. 43-46 ; ROBINE, Claude, *Les souvenirs de famille en droit français, Notion et régime,* thèse Bordeaux, 1944, p. 135, §116.

[3] GRIMALDI, Michel, TGI Paris, 1re ch., 23 mars 1994, *Dalloz* 1995, 6e cahier, somm. 49.

[4] MARTIN, Didier, « Droit patrimonial de la famille », Cass. civ. 1re, 24 janvier 1979, *Dalloz* 1979, II, I.R. 494 ; CA Bourges, 1re ch., 15 novembre 1976, *JCP N* 1977, II, p. 202 ; CA Bourges, 1re ch. 15 novembre 1976, *RTD Civ.* 1978, §7, p. 178 ; DAGOT, Michel, « Testaments », TGI Nevers, 1re Ch., 5 mars 1975, *JCP* 1976, II, 18324.

[5] Cass. civ. 1ère, 8 avril 1986, Bull. Civ. I, n°80.

[6] TGI Paris, 29 juin 1988, juris-data 049236.

[7] VOIRIN, Pierre, « Testament », CA Amiens, 1re Ch., 7 novembre 1962, *JCP* 1963, II, 13018 ; SAVATIER, René, « Successions et libéralités », CA Amiens, 1re Ch., 7 novembre 1962, *RTD Civ.* 1963, §7, p. 391.

suivie de l'acquisition de nouvelles valeurs. Ainsi, la recherche de la volonté du disposant n'est-elle pas nécessaire car l'article 1038 du Code civil ne s'applique qu'en cas d'aliénation du portefeuille dans sa totalité et non en cas d'arbitrage des valeurs le composant. La cession des éléments composant une universalité de fait n'affecte pas la validité du legs, dès lors que les nouveaux éléments remplacent les biens aliénés. Par exemple, si le legs porte sur un fonds de commerce, les deniers issus de l'aliénation des marchandises, et le matériel acquis à l'aide des bénéfices réalisés, constitueront l'assiette du legs portant sur le fonds de commerce [1]. Cette règle trouve également son application dans le domaine du legs résiduel[2].

L'universalité de fait, l'objet du droit de retour. – La même interrogation est soulevée quant à la portée de la propriété du bénéficiaire du droit de retour légal et conventionnel appliqué à une universalité de fait. Pour déterminer l'assiette du droit de retour, il convient de prendre en compte la particularité de l'objet du retour légal ou conventionnel. Considérant l'universalité de fait comme une enveloppe, le droit de retour portera sur l'universalité de fait donnée, quelles que soient les opérations internes effectuées au sein de l'universalité entre la date de donation et la date du décès du donataire[3].

Les incertitudes de l'assiette du legs portant sur une universalité de fait. – En ce qui concerne les legs, dans certains cas, il n'est pas évident de déterminer son objet dans le testament. En effet, l'interprétation du testament relève de l'appréciation souveraine des juges du fond[4]. Les notaires jouent également un rôle important dans l'interprétation du testament. La première étape consiste à constater l'objet du legs à transmettre par le testateur. Ensuite, il convient de procéder à une comparaison entre le contenu de l'universalité et son contenu au moment du décès. Enfin, il faut analyser les liens entre l'ensemble et les éléments le composant[5].

Il est possible de constater que la volonté du testateur est de remplacer le legs par le bien acquis en remplacement, dès lors que l'individualité des éléments qui composent l'universalité n'est pas importante, puisque les

---

[1] GRIMALDI, Michel, ROUX, Jean-François, « La donation de valeurs mobilières avec réserve de quasi-usufruit », *Dalloz* 1994, chr. 219, §6 ; PACAUD, Bernard, « Le compte de titres démembrés », *Defrénois* 30 avril 2000, art. 37149, p. 465, §7 ; PIÉDELIÈVRE, Stéphane, « Valeurs mobilières, un portefeuille... *op. cit.*, I, n° 6, art. 10027, p. 336.

[2] Le legs résiduel, régi par les articles 1057 et suivants du Code civil, est étendu aux donations : sur la validité de la donation de residuo, avant la réforme du 23 juin 2006 n° 2006-728 : HOUIS, Arnaud, « La donation de residuo », *LPA* 19 mai 2000, n° 100, p. 25 ; Après la réforme du 23 juin 2006 n° 2006-728 : SAGAUT, Jean-François, « Les donations graduelles... *op. cit.*, n° 51/52, art. 1388, p. 2427.

[3] DENIZOT, Aude, *L'universalité de... op. cit.*, n° 275, p. 185.

[4] Cass. civ. 1re, 6 février 1968, Bull civ. I, n° 52, *JCP* 1968, n° 52 ; LE GUIDEC, Raymond, Cass. civ. 1re, 11 mars 2003, n° 00-16.663, *JCP G* 26 novembre 2003, I, n° 48, 180, p. 2090, §9.

[5] DENIZOT, Aude, *L'universalité de... op. cit.*, n° 493, p. 343.

éléments sont appréhendés quant à leur valeur[1]. En outre, le droit du légataire portera sur les biens acquis en remplacement, voire sur leur contre-valeur monétaire[2].

Cependant, la Professeure Aude Denizot, dans sa thèse consacrée à l'universalité de fait, souligne qu'« il est impossible de généraliser cette solution … par exemple l'aliénation de l'élément principal devrait entraîner la révocation du legs en son entier, à moins qu'il apparaisse que le testateur n'avait pas entendu léguer ce fonds, mais un fonds, ou simplement la valeur de ce fonds »[3].

La présomption légale de révocation du legs en cas d'aliénation de l'objet légué. – Si la lecture du testament ne permet pas de savoir si le legs porte sur l'universalité de fait dans sa composition au jour du testament ou au jour du décès, les juges s'opposent à ce que le legs porte sur le bien de remplacement ; le principe de la révocation reste ainsi valable à la suite de l'aliénation du bien légué[4]. En cas de doute sur la volonté du testateur, le principe est l'exclusion de la subrogation réelle. Il n'est donc pas possible de transposer systématiquement la solution de l'arrêt *Baylet* au régime de la révocation du legs : contrairement à l'usufruitier, le testateur n'est pas tenu de conserver les biens. Ce qui est d'ailleurs conforme à la règle énoncée par l'article 1038 du Code civil[5]. Le bien acquis grâce à la somme d'argent issue de la vente du bien légué ne relève pas de l'assiette du legs, même si les sommes ont été consignées sur un compte spécial[6]. Il en est de même pour un appartement acquis en remplacement d'un autre appartement qui ne convenait plus à la testatrice du fait de son état de santé[7].

Cependant, le Professeur Michel Grimaldi a fait remarquer que la jurisprudence admet le report du legs sur le bien de remplacement dès lors que ce dernier « fournit au légataire les mêmes utilités que le bien désigné par le testateur »[8].

Par conséquent, comme il n'est pas possible de poser une règle générale, il convient de procéder à une analyse au cas par cas en fonction de la volonté du testateur[9]. Cette solution s'accorde avec l'esprit de l'article 1038 du Code

[1] CA Pau, 2ème ch., 8 janvier 2001, Juris-data n° 2001-144969.
[2] Cass. civ. 1ère, 26 juin 1990, n° 88-17557.
[3] DENIZOT, Aude, *L'universalité de…loc. cit.*
[4] DAGOT, Michel, « Testaments », TGI Nevers, 1re Ch., 7 juillet 1976, *JCP N* 1977, II, p. 211 ; CA Montpellier, 3 juin 1947, *Dalloz* 1947, 40e cahier, 469.
[5] DENIZOT, Aude, *L'universalité de…op. cit.*, n° 494, p. 344.
[6] CA Bastia, 30 mai 1988, Juris Data n° 051108, le sens contraire : Cass. civ. 1re, 7 juin 2006, n° 04-10.616, JCP G 2006, IV, 2440 ; BICHERON, Frédéric, « Sort du legs de *residuo…loc. cit.* ; GRIMALDI, Michel, « Legs de *residuo…loc. cit.* ; LE GUIDEC, Raymond, Cass. civ. 1re, 7 juin 2006, n° 04-10.616, *JCP G* 16 janvier 2008, I, n°3, 108, p. 23 ; MASSIP, Jacques, Cass. civ. 1re, 7 juin 2006, n° 04-10.616, *Defrénois* juin 2006, n° 22, II, art. 38486, p. 1785.
[7] Cass. civ. 1re, 6 février 1968, Bull civ. I, n° 52, *JCP* 1968, IV, p. 44.
[8] GRIMALDI, Michel, « Legs de *residuo…op. cit.*, p. 807.
[9] DENIZOT, Aude, *L'universalité de…op. cit.*, n° 494, p. 345.

civil, introduit pour s'opposer à la position de l'Ancien Droit, selon lequel l'aliénation de l'objet du legs n'emporte pas sa révocation[1]. Une distinction était opérée entre le remplacement forcé, qui emportait le report du legs sur le bien nouveau, et le remplacement volontaire, qui entraînait la caducité du legs[2]. Néanmoins, une solution contraire a été adoptée par le législateur, qui pose le principe de la révocation du legs par l'aliénation de l'objet légué[3]. La nature d'universalité de fait de l'objet du legs ne prive pas d'effet cette règle introduite à l'article 1038 du Code civil[4], sauf si le testateur a expressément manifesté sa volonté de faire porter le legs sur un ensemble dont le contenu évolue[5]. La présomption légale de révocation des legs édictée par l'article 1038 trouve son application dans le cas du legs de corps certain et déterminé mais elle est écartée en cas de legs portant sur une universalité de biens[6].

Les arguments en faveur de la portée limitée de l'exception prévue à l'alinéa 2 de l'article 1049 du Code civil. – Une interrogation apparaît au sujet de l'élargissement du domaine de la subrogation réelle prévue à l'alinéa 2 de l'article 1049 applicable aux libéralités graduelles et résiduelles : la subrogation réelle peut-elle intervenir au sein des universalités de fait autres que le portefeuille de valeurs mobilières ? Autrement dit, est-il possible de prévoir une subrogation réelle conventionnelle ? Bien que certains auteurs y soient favorables[7], il convient de rappeler que le disposant entend instituer une transmission successive d'un bien déterminé par une clause graduelle ou résiduelle. En effet, l'article 1049 applicable aux libéralités graduelles et résiduelles prévoit l'obligation de restituer en nature au décès, laquelle obligation semble opposée à un domaine élargi de la subrogation réelle par une convention[8].

---

[1] DEMOLOMBE, Charles, *Cours de Code Napoléon XXII, Traité des donations entre-vifs et des testaments*, Tome V, Paris, 1876, § 210 à §212, pp. 183-185.

[2] *Ibid.*, § 237, pp. 199-200.

[3] FENET, Pierre-Antoine, *Recueil complet des travaux préparatoires du Code civil*, Tome XII, Imprimerie d'Hyppolyte Tilliard, 1856, p. 611 : La distinction entre l'aliénation volontaire et l'aliénation nécessaire a été abandonnée.

[4] DAGOT, Michel, « Testaments », TGI Nevers, 1re Ch., 7 juillet 1976, *JCP N* 1977, II, p. 211 : propose de modifier l'article 1038 compte tenu de l'essor de la subrogation réelle et des opérations d'échange.

[5] DENIZOT, Aude, *L'universalité de... op. cit.*, n° 494, p. 346.

[6] Cass. civ. 1re, 18 novembre 1986, n° 84-14.793, *Dalloz* 1987, somm. 126 ; BEIGNIER, Bernard, Cass. civ. 1re, 30 juin 2004, n° 02-13.623, Successions et libéralités, *Droit de la famille* octobre 2004, n° 186, p. 39.

[7] MALAURIE, Philippe, « Les libéralités graduelles et résiduelles », *Defrénois* 15 décembre 2006, n° 23, p. 1801, spéc. n° 28 ; MATHIEU, Jean-Michel, « Focus sur quelques difficultés et pistes pour une meilleure utilisation des libéralités substitutives », *JCP N* 27 avril 2012, n° 17, 1201, p. 74 ; NICOD, Marc, BOUCHÉ, Xavier, « La mise en œuvre des donations résiduelles », *JCP N* 6 mai 2016, N°18, 1146, p. 89, spéc. nos 10 et suiv.

[8] Voir en ce sens BRENNER, Claude, HUDE, Louis, *op. cit.*, n° 24, 1196, p. 51, spéc. nos 19 et suiv. ; VERNIERES, Christophe, *Les libéralités à trois personnes*, sous la direction de Professeur Michel GRIMALDI, thèse Paris, 2012, n° 359, p. 325 ; VERNIÈRES, Christophe,

L'esprit du Code civil s'oppose d'ailleurs à une application étendue de la subrogation réelle. En matière de libéralités résiduelles, le bénéfice de la subrogation réelle est expressément exclu par l'article 1058 du Code civil, qui dispose que « … les droits du second gratifié ne se reportent ni sur le produit de ces aliénations ni sur les nouveaux biens acquis ». Cette interdiction est atténuée par l'article 1061, qui fait renvoi à l'article 1049, lequel admet la subrogation réelle pour les valeurs mobilières. La Professeure Aude Denizot a souligné qu'« en dehors de cette hypothèse, et compte tenu de l'autonomie des éléments de l'universalité, le principe doit rester celui d'une absence de subrogation réelle. Il convient donc de vérifier si les biens existant au décès du défunt sont effectivement ceux-là mêmes dont il avait été gratifié. L'existence d'une universalité de fait ne dispense, en aucun cas, d'examiner le contenu de l'ensemble car il faut s'assurer que les composants se retrouvent en nature dans la succession »[1].

Les arguments en faveur de l'élargissement des universalités de fait autres que le portefeuille de valeurs mobilières. – Il n'en demeure pas moins que la volonté de l'auteur de la libéralité peut être de transmettre un ensemble évolutif donnant lieu au jeu de la subrogation réelle, d'autant que l'article 1058 du Code civil n'est pas d'ordre public. Le donateur peut donc prévoir la subrogation réelle et le report du legs ou le retour sur les biens acquis en remplacement [2]. Il nous semble ainsi possible d'admettre l'intervention de la subrogation réelle légale de plein droit au sein des universalités de fait autres que le portefeuille de valeurs mobilières. Autrement dit, il semble envisageable d'étendre l'exception prévue à l'alinéa 2 de l'article 1049 du Code civil à d'autres universalités de fait. En effet, l'alinéa 2 de l'article 1049 n'est pas véritablement indispensable, dans la mesure où le portefeuille de valeurs mobilières constitue une universalité de fait. Cette qualification permet de conserver en nature la substance du portefeuille malgré les divers arbitrages réalisés en son sein[3]. En d'autres termes, si la restitution en nature des valeurs composant le portefeuille est envisageable du fait de sa nature d'universalité de fait, elle ne constitue pas réellement une exception au principe de la restitution en nature. La subrogation réelle peut donc intervenir au sein des universalités de fait autres que les valeurs mobilières prévues à l'alinéa 2 de l'article 1049 du Code civil. Cette extension ne se heurte pas au principe de l'interprétation stricte des exceptions[4] en raison de la nature d'universalité de fait qui représente un terrain favorable à la subrogation réelle. En effet, dans le cadre de legs et de

---

BONNET, Gilles, « Réflexions pratiques sur les libéralités graduelles et résiduelles », *Defrénois* 15 janvier 2017, n° 01, p. 59.

[1] DENIZOT, Aude, *L'universalité de… op. cit.*, n° 495, p. 347.

[2] *Ibid.*

[3] NAUDIN, Estelle, « Les libéralités graduelles…*loc. cit.*

[4] *Exceptio est strictissimae interpretationis* signifie que les exceptions sont interprétées de manière stricte.

donations, le grevé et le donataire sont propriétaires et ils ne sont pas contraints de conserver l'objet de la libéralité. Cependant, le bien donné ou légué ne peut être restitué que s'il se trouve en nature lors du décès. Si le bien objet du legs ou de la donation est une universalité de fait considérée comme une enveloppe, les différentes opérations internes des éléments, composants de l'universalité, n'affectent pas le contenant qui se trouve en nature lors du décès du premier gratifié ou du donataire. Nous considérons qu'il est donc possible de prévoir une intervention étendue et de plein droit de la subrogation réelle, dès lors que le legs porte sur une universalité de fait, sauf volonté contraire du testateur ou du donateur.

La nature de l'universalité de fait reconnue au portefeuille de valeurs mobilières favorise l'intervention de la subrogation réelle, dont la mise en œuvre est en harmonie avec l'économie générale des universalités de fait, tant au plan théorique que technique. Le jeu de la subrogation réelle de plein droit n'est toutefois pas limité aux seules universalités de fait ou à l'universalité de droit comme le patrimoine, il peut s'étendre à d'autres universalités et patrimoines d'affectation, comme l'indivision successorale ou post-communautaire.

Section II.
Le principe de la subrogation réelle au sein de l'universalité de droit

Les diverses origines et objets de l'indivision. – Il y a indivision lorsque « plusieurs droits de nature identique s'exercent sur un même objet sans division matérielle des parts » [1]. L'indivision peut procéder d'origines diverses. Outre l'indivision successorale, qui constitue « l'indivision type », il existe d'autres indivisions, telles que l'indivision post-communautaire existant entre la dissolution et le partage de la communauté. La communauté des biens entre époux n'existe plus à la suite de la dissolution du régime matrimonial. Aux termes de l'article 1442 alinéa 1er du Code civil, « il ne peut y avoir lieu à continuation de la communauté, malgré toutes conventions contraires ». Souvent, cependant, la liquidation et le partage de la communauté n'interviennent pas dans un temps proche de la dissolution. Dans la mesure où la liquidation et le partage sont retardés, une indivision post-communautaire se forme et se développe. Il existe également l'indivision post-sociétaire entre la dissolution et le partage de la société, ou encore l'indivision conventionnelle dans le cadre du régime de séparation de biens

---

[1] DELMAS SAINT-HILAIRE, Philippe, « Il était une fois l'indivision familiale... », *in Mélanges en l'honneur du professeur Jean HAUSER*, Dalloz, 2012, p. 61 ; TERRÉ, François, LEQUETTE, Yves, GAUDEMET, Sophie, *Droit civil, les successions, les libéralités*, Dalloz, 4e édition, 2014, n° 822, p. 740.

ou entre les concubins ou les partenaires liés par un pacs[1]. L'indivision peut avoir pour objet soit une universalité, soit un bien unique. Elle peut porter sur des droits de propriété, sur l'usufruit ou encore sur la nue-propriété.

Le jeu de la subrogation réelle au sein du patrimoine indivis consacré par le droit commun de l'indivision. –Indépendamment de son origine ou de son objet, l'indivision est toujours régie par les mêmes principes directeurs[2]. La loi du 31 décembre 1976[3] a édifié le droit commun de l'indivision et a comblé ainsi l'absence de réglementation de l'état d'indivision dans le Code civil de 1804[4]. Par la suite, la loi du 23 juin 2006[5] a apporté des modifications considérables, en reconnaissant notamment le rôle de la subrogation réelle au sein du patrimoine indivis.

Antérieurement à la loi du 23 juin 2006, la jurisprudence avait admis le jeu de la subrogation réelle de plein droit en dehors de toutes prévisions législatives. Il en est ainsi lorsque la créance du prix ou le prix est subrogé au bien indivis aliéné, ou encore dans le cas de la subrogation de l'indemnité d'assurance au bien indivis détruit. Ce principe a d'abord été consacré par la jurisprudence de la Cour de cassation, puis confirmé par le législateur. Dans le cadre de l'emploi et du remploi du bien indivis, la subrogation réelle intervient de plein droit ; elle est cependant subordonnée au respect de certaines conditions de validité de l'aliénation en matière d'indivision.

La subrogation réelle est susceptible de jouer de plein droit au sein de l'universalité de droit. Cependant, dans notre droit positif, la masse indivise dépourvue de personnalité juridique n'est pas qualifiée comme une universalité de droit. Cette qualification peut être accordée à la masse indivise en sollicitant la théorie des patrimoines d'affectation. La théorie objective du patrimoine ou la théorie dite des patrimoines d'affectation, d'origine allemande, a été développée en droit français. Nous soutenons que les biens indivis affectés à l'intérêt collectif des individus forment un patrimoine autonome d'affectation. Les diverses opérations peuvent vider la masse indivise de son contenu ; dans ce cas, la subrogation réelle doit jouer afin de maintenir l'affectation et assurer la cohérence du patrimoine indivis.

La masse indivise, dépourvue de la personnalité juridique. – De manière traditionnelle, la masse indivise n'est pas reconnue comme une

---

[1] AUTEM, Delphine, « Quel(s) partage(s) pour l'indivision d'acquêts des partenaires ? », *Defrénois* 2014, p. 1157 ; BEIGNIER, Bernard, *Libéralités et successions*, Montchrestien, 2010, n° 610, p. 362 ; MALAURIE, Philippe, BRENNER, Claude, *Les successions, Les libéralités*, LGDJ, Lextenso, 7e édition, 2016, n° 792, p. 460 ; VERNIÈRES, Christophe, « Les conventions d'indivision », *AJ Famille* juillet- août 2010, p. 312.

[2] STORCK, Michel, « L'indivision successorale et la transmission d'entreprise », *Petites affiches* 28 juin 2007, n° 129, p. 111 ; VOIRIN, Pierre, GOUBEAUX, Gilles, *Droit civil, Régimes matrimoniaux, successions-libéralités*, Tome 2, LGDJ, 29e édition, 2016, n° 511, p. 230.

[3] Loi n° 76-1286 du 31 décembre 1976 relative à l'organisation de l'indivision.

[4] SEMERE, Thomas, « L'administration de l'indivision », *AJ famille* juillet-août 2010, p. 304.

[5] Loi n° 2006-728 du 23 juin 2006 portant réforme des successions et des libéralités.

universalité de droit dans notre droit positif. Selon la conception classique, la seule universalité de droit qui y soit reconnue est le patrimoine. L'indivision est dépourvue de personnalité juridique et donc, de la personnalité morale[1]. L'absence de personnalité morale de l'indivision est donc évoquée comme un obstacle à reconnaître l'indivision comme un patrimoine autonome. La Cour de cassation a affirmé que l'indivision n'était pas dotée de la personnalité morale dans le cadre d'une indivision successorale à propos de l'action en justice ; un indivisaire ne peut agir au nom de l'indivision[2]. Il en va de même en matière d'indivision post-communautaire à propos du traitement du conjoint mis en liquidation judiciaire[3]. En effet, l'indivision est une institution juridique marquée par une double affectation individuelle et collective[4]. Selon la conception classique issue du Droit romain[5], l'indivision est une situation passagère qui doit cesser d'exister le plutôt possible par le partage, qui fait disparaître rétroactivement l'indivision et entraîne ainsi l'affectation individuelle des biens indivis. Le législateur, inspiré de la conception classique, montre une préférence pour l'affectation individuelle de l'indivision, niant l'existence d'une réalité autonome à la masse indivise. Cette position, en contradiction avec l'évolution générale du droit des biens[6], a connu une évolution. Un mouvement législatif et jurisprudentiel en faveur de la personnification de l'indivision est apparu : il envisage l'indivision

---

[1]HILT, Patrice, Cass. civ. 1re, 25 octobre 2005, n° 03-20.382, *AJ famille* janvier 2006, p. 34 ; LIENHARD, Alain, Cass. civ. 1re, 25 octobre 2005, n° 03-20.382, *Dalloz* 2005, n° 41, p. 2873 : « mais attendu d'une part que l'indivision existant entre les ex-époux ne constituant pas une personne morale ayant la personnalité juridique... » ; BRÉMOND, Vincent, « Droit patrimonial de la famille juin 2007-mai 2008 : panorama 2008 », Cass. civ. 3ème, 3 octobre 2007, n° 06-16.716, *Dalloz* 2008, III, n° 32, p. 2250 ; PÉRINET-MARQUET, Hugues, « Droit des biens », Cass. civ. 3ème, 3 octobre 2007, n° 06-16.716, *JCP* 19 mars 2008, n° 12, p. 21, §8 ; PÉRINET-MARQUET, Hugues, « Droit des biens », Cass. civ. 2ème, 9 juin 2011, n° 10-19.241, *JCP* 21 novembre 2011, n° 47, 1298, p. 2320, §6 ; JULIENNE, Frédérique, Cass. civ. 2ème, 9 juin 2011, n° 10-19241, *Dalloz* 2011, III, n° 219 ; ZÉNATI-CASTAING, Frédéric, « La propriété collective existe-t-elle ? », *in Mélanges en l'honneur du Professeur Gilles GOUBEAUX*, LGDJ, 2009, p. 595.

[2] PATARIN, Jean, Cass. civ. 1re, 25 avril 2001, n°99-14.368, *RTD Civ.* janvier-mars 2002, § 1, p. 130 ; PÉRINET-MARQUET, Hugues, Cass. civ. 1re, 25 avril 2001, n°99-14.368, *JCP* 24 octobre 2001, N°43-44, I, 358, §2, p. 1988.

[3] DENIS-FANTÔME, Anne, Cass. civ. 1re, 25 octobre 2005, n° 03-20.382, *Dalloz* 2006, n°20, p. 1382 ; HILT, Patrice, Cass. civ. 1re, 25 octobre 2005, n° 03-20.382, *loc. cit.*; LE CORRE, P.M., Cass. civ. 1re, 25 octobre 2005, n° 03-20.382, *Dalloz* 2006, n°1, p. 87 ; LIENHARD, Alain, Cass. civ. 1re, 25 octobre 2005, n° 03-20.382, *loc. cit.*

[4] HIEZ, David, *Étude critique de la notion de patrimoine en droit privé actuel*, préface de Philippe JESTAZ, LGDJ, 2003, n°135, p. 88 ; GUINCHARD, Serge, *Essai d'une théorie générale de l'affectation des biens en droit privé français*, thèse Lyon, 1974 ; NERSON, Roger, « Observations sur quelques espèces particulières d'indivision », *in Mélanges offerts à René SAVATIER*, Dalloz, 1965, p. 707 et suiv.

[5] GAUDEMET, Jean, *Étude sur le régime juridique de l'indivision en droit romain*, thèse, Université de Strasbourg, 1934.

[6] HIEZ, David, *op. cit.*, n°126, p. 84.

comme titulaire de droits et obligations. Dès lors, l'indivision ne se réduit pas à une simple masse dépourvue d'une réalité autonome mais dotée d'une dimension subjective[1]. Il est donc possible d'attribuer le caractère autonome au patrimoine indivis moyennant la théorie des patrimoines d'affectation. L'indivision se présente comme un ensemble unitaire ; elle est qualifiée d'institution parce qu'elle est dotée d'une certaine autonomie, dans laquelle les intérêts individuels de chaque indivisaire se distinguent des intérêts de l'indivision[2].

La théorie du patrimoine d'affectation, inspirée du droit allemand. – Le juriste allemand du XIXe siècle Aloïs van Brinz a proposé une théorie du patrimoine différente de celle émise par Zachariae. Elle est à l'origine de la doctrine dite « des patrimoines d'affectation ». Contrairement à la théorie subjective du patrimoine, fondée par Aubry et Rau[3] et dont le point d'ancrage des biens est la personne sujet de droit, la théorie objective du patrimoine est fondée sur un but, facteur de cohésion, auquel les biens sont affectés[4]. En droit français, Henri Gazin[5], en 1910, a posé les fondements de la théorie dite des patrimoines d'affectation. Selon Gazin, le patrimoine est « un ensemble de biens dont l'affectation commune, imposée par la loi ou par la volonté humaine, fait un tout cohérent et plus ou moins autonome vis à vis d'autres masses dont la destination n'est point la même. Cette communauté d'affectation rend les biens qui composent un même patrimoine interdépendant : les dettes sont la contre-partie des biens actifs et n'en peuvent être séparées, même lorsque le patrimoine ou une fraction de celui-ci passe à un autre titulaire ou à une autre destination »[6]. Bien que Gazin ait tenté de concilier les théories allemandes et la théorie purement subjective, sa théorie n'a été reconnue ni par la jurisprudence, ni par le législateur. La raison en est qu'elle ne présente pas de « critère qui [permette] de déterminer dans quel cas le but est assez fort pour donner naissance à une véritable universalité juridique »[7].

L'analyse fonctionnelle de la notion d'affectation. – Une analyse fonctionnelle de la notion d'affectation a été proposée par le Doyen Guinchard. L'affectation est entendue comme « la soumission d'un bien à un usage

---

[1] TESTU, François Xavier, *Indivision*, Dalloz action, Droit patrimonial de la famille, 1996, p. 134.

[2] BERGEL, BRUCHI et CIMAMONTI, Traité de droit civil, Les biens, sous la direction de Ghestin, 2e édition, 2020, LGDJ, n°471, TESTU, François Xavier, *op. cit.*, p. 137.

[3] AUBRY, Charles Marie Barbe Antoine, RAU, Charles Frédéric, *op. cit.*, Tome VI, Paris, 1873, §573,575.

[4] BRINZ, Aloïs, *Lehrbuch des Pandekten*, Andreas Deichert, 2ème édition, 1873, vol. 1, p. 200, cité par BELLIVIER, Florence, *op. cit.*, p. 169.

[5] GAZIN, Henri, *Essai critique sur la notion de patrimoine dans la doctrine classique*, thèse Dijon, 1910.

[6] *Ibid.*, p. 478. Trois types de patrimoine y étaient distingués : les patrimoines à liquider, les patrimoines à conserver et les patrimoines à administrer.

[7] GUINCHARD, Serge, *Essai d'une théorie générale de l'affectation des biens en droit privé français*, thèse Lyon, 1974, n° 389, p. 335.

déterminé »[1]. Cette analyse se fonde sur les travaux de Becquart[2] pour établir une distinction entre les affectations réelles et les affectations personnelles. Ainsi « des affectations personnelles dont la caractéristique commune est l'utilisation d'un bien au profit d'une personne ou d'un groupe de personnes, et des affectations réelles qui tendent toutes à la réalisation d'une fonction sans que la personne soit prise en considération »[3]. Cette distinction s'opère en fonction de ses bénéficiaires, qui peuvent être des personnes ou des biens. Le caractère commun des affectations personnelles et réelles est d'assurer la cohésion d'une certaine quantité de biens. L'affectation à un intérêt collectif ou individuel permet ainsi de justifier l'autonomie patrimoniale de certaines masses de biens[4].

L'affectation de nature personnelle de la masse indivise. – En droit patrimonial de la famille, en droit des régimes matrimoniaux ou en droit des successions, les affectations sont de nature personnelle dès lors qu'un ou plusieurs biens sont soumis à un régime particulier du fait de leur affectation à une personne ou à un groupe de personnes[5]. Quant à la masse indivise, les biens indivis sont affectés à la satisfaction de l'intérêt collectif du groupe familial. Cette affectation entraîne la corrélation entre l'actif et le passif[6].

Les critiques à l'encontre de l'autonomie de la masse indivise. – L'autonomie juridique de l'indivision semble précaire et limitée car l'indivision se caractérise par un groupement de plusieurs personnes titulaires de droits sur un ou plusieurs biens indivis qui ne sont pas encore divisés. Les indivisaires sont donc propriétaires d'une quote-part du ou des biens indivis, de sorte que ces indivisaires ont la possibilité d'accomplir certains actes juridiques. Le caractère individuel des droits de chaque indivisaire est également confirmé par le législateur et illustré par l'article 815 du Code civil, qui dispose que « nul ne peut être contraint à demeurer dans l'indivision et le partage peut toujours être provoqué ». Par ailleurs, un adage latin, « *totum in toto et totum in qualibet parte* »[7], est cité par certains auteurs[8] pour montrer l'importance et l'étendue du droit individuel dont est doté chaque indivisaire.

---

[1] *Ibid.*, n° 23, p. 23.

[2] BECQUART, Joseph, *Les mots à sens multiples dans le droit civil français : contribution au perfectionnement du vocabulaire juridique*, Lille, PUF, 1928.

[3] GUINCHARD, Serge, *op. cit.*, n°53, p. 43.

[4] BOLLON, Nicolas, *Étude critique de la notion de patrimoine en droit des régimes matrimoniaux et des successions*, sous la direction de Sylvie FERRÉ-ANDRÉ, thèse Lyon 3, 2008, n°403, p. 226, n° 417, p. 234.

[5] *Ibid.*, n° 402, p. 225, n° 399, p. 222.

[6] *Ibid.*, n° 419, p. 235.

[7] « *Chacun en a sa part et tous l'on a tout entier* » : *cf.* CARBONNIER, Jean, *Droit civil, Les biens, Les obligations*, PUF-Quadrige, 2004, n°79.

[8] ATIAS, Christian, *L'indivision*, Édilaix, 2e édition, 2010, n°1 ; DELHAY, Francis, *La nature juridique de l'indivision : contribution à l'étude des rapports de la notion de l'indivision avec les notions de société civile et de personnalité morale*, Université de Lille, LGDJ, 1968, n°31.

Les coïndivisaires disposent d'un droit de propriété sur chacune de leurs parts et sur la totalité du bien indivis.

Les modifications relatives à la gestion des biens indivis en faveur de l'autonomie de la masse indivise. – Nonobstant les critiques formulées à propos de l'autonomie de l'indivision, il convient de constater qu'un mouvement législatif et jurisprudentiel de personnification de l'indivision est apparu en faveur du caractère autonome de l'indivision[1]. Les modifications relatives à la gestion des biens indivis, opérées par la loi du 23 juin 2006, ont favorisé le mouvement de personnification de l'indivision. En effet, la règle de l'unanimité est atténuée en faveur des décisions prononcées à la majorité renforcée, pour l'administration de certains actes afin d'établir une technique d'expression de nature collective. La règle de la majorité renforcée introduite par l'article 815-3 du Code civil contribue à reconnaître l'existence d'un intérêt collectif distinct de celui des indivisaires. Le caractère individuel de la propriété des indivisaires est donc tempéré pour préserver l'intérêt commun du groupement[2]. Cependant, certains auteurs[3] estiment que les assouplissements apportés à la règle de l'unanimité pour la gestion de l'indivision n'entraînent pas un changement de la nature de l'indivision, qui demeure dominée par le caractère individuel des droits des indivisaires.

L'indivision successorale, reconnue comme un sujet de droit par la jurisprudence. – Le mouvement de personnification de l'indivision résulte aussi d'un arrêt de la première chambre civile de la Cour de cassation rendu le 15 mai 2008[4]. La Cour de cassation a décidé que le gérant d'une indivision a commis une faute préjudiciable à « *l'indivision successorale* » en omettant de réclamer le paiement de loyers au locataire de l'immeuble indivis. Jusqu'à cet arrêt, un coïndivisaire ne pouvait être débiteur envers l'indivision, du fait de l'absence de personnalité juridique. Pour la Cour de cassation, la faute commise par l'indivisaire-gérant était préjudiciable à l'indivision successorale ; l'indemnité ne pouvait donc pas être allouée à l'indivisaire, mais à l'indivision successorale, qualifiée de victime de la faute de gestion, et appréhendée comme un sujet de droit[5].

La corrélation entre l'actif et le passif de la masse indivise. – La masse indivise ressemble de plus en plus à une universalité juridique comportant un

---

[1] SEUBE, Jean-Baptiste, Cass. 3ème, civ. 3 octobre 2007, n°06-16.716, *Droit et patrimoine*, N°172, Juillet-Août 2008, p. 96.

[2] ZÉNATI-CASTAING, Frédéric, « La propriété collective...*op. cit.*, p. 593,594 ; SEUBE Jean-Baptiste, Cass. 3ème, civ. 3 octobre 2007, n°06-16.716, *Droit et patrimoine*, *loc. cit.*

[3] ATIAS, Christian, *Droit civil, les biens*, LexisNexis, 12e édition, 2014, n°174 ; MATHIEU, Marie-Laure, *Droit civil, les biens,* Sirey, 2e édition, 2010, n°368 ; TERRÉ, François, SIMLER, Philippe, *Droit civil, les biens,* Dalloz, 8e édition, 2010, n°561.

[4] BICHERON, Frédéric, Cass. civ. 1re, 15 mai 2008, n° 07-17.645, *AJ Famille* 2008, p. 253 ; PÉRINET-MARQUET, Hugues, Cass. civ. 1re, 15 mai 2008, n° 07-17.645, *JCP* 8 octobre 2008, N°41, I, 194, §6, p. 20 ; REVET, Thierry, Cass. civ. 1re, 15 mai 2008, n° 07-17.645, *RTD Civ.* 2008, p. 515.

[5] REVET, Thierry, *ibid.*

actif et un passif en corrélation. En effet, malgré l'absence de personnalité juridique de l'indivision, il est possible de lui reconnaître une certaine autonomie patrimoniale permettant à trois catégories de créanciers de saisir les biens indivis. Ces catégories de créanciers sont fixées par la jurisprudence et le législateur pour assurer la pérennité des indivisions et leur autonomie croissante.

La masse indivise, comme assiette du droit de gage général des créanciers. – Trois sortes de créanciers peuvent saisir les biens indivis avant le partage et être payés par prélèvement sur la masse indivise[1]. D'abord, les créanciers dont la créance est née antérieurement à la naissance de l'indivision. C'est-à-dire les créanciers qui pouvaient poursuivre la saisie et la vente des biens dépendant de la communauté avant la naissance de l'indivision post-communautaire [2], ou les biens du défunt avant la naissance de l'indivision successorale. Cette règle découle de la jurisprudence *Frécon*, consacrée par l'alinéa premier de l'article 815-17 du Code civil, issu de la loi du 13 décembre 1976[3]. L'arrêt *Frécon*[4] du 24 décembre 1912 a consacré la règle selon laquelle les créanciers héréditaires peuvent poursuivre directement le paiement de l'intégralité de leur créance sur la masse successorale indivise aussi longtemps qu'elle n'a pas été partagée.

Afin de favoriser le fonctionnement et assurer la pérennité du patrimoine indivis, ce droit de gage indivisible est étendu à une deuxième catégorie des créanciers dont le titre provient de la conservation ou de la gestion des biens indivis[5]. Enfin, la troisième catégorie concerne les créanciers qui ont pour débiteur solidaire l'ensemble des indivisaires[6]. Ces trois catégories de créanciers ne sont pas tenues d'attendre l'issue des opérations de partage : ils seront payés par prélèvement sur l'actif indivis et ils peuvent poursuivre la saisie et la vente des biens indivis (art. 815-17, al. 1 C.civ.). Ils ne sont pas exposés au concours avec les créanciers personnels des indivisaires, dont la créance est née après la naissance de l'indivision, soit après l'ouverture de la succession ou de la dissolution de la communauté, ou encore les créanciers qui ne peuvent exercer leurs poursuites sur les biens communs (art. 1415 C.civ.).

Ainsi, les créanciers personnels de l'indivisaire ont-ils une situation inférieure à celle des créanciers de l'indivision ou du défunt car ils ne peuvent

---

[1] LE GUIDEC, Raymond, Cass. civ. 1re, 3 décembre 1996, n° 94-19.229, *JCP* 6 mai 1998, N°19, I, 133, §1, p. 806 ; GRIMALDI, Michel, Cass. civ. 1re, 3 décembre 1996, n°94-19.229, *Defrénois* 1997, art. 36526, p. 409.

[2] LIENHARD, Alain, Cass. civ. 1re, 13 décembre 2005, n°02-17.778, *Dalloz* 2006, n°4, p. 302.

[3] Loi n°76-1286 du 31 décembre 1976 relative à l'organisation de l'indivision.

[4] Cass. req., 24 décembre 1912, *Dalloz, Recueil périodique et critique* 1915, I, p. 45 ; Cass. req., 24 décembre 1912, *Sirey* 1914, p. 201.

[5] PATARIN, Jean, Cass. civ. 1re, 20 février 2001, n°98-13.006, *RTD Civ.* 2001, p. 642 ; PÉRINET-MARQUET, Hugues, Cass. civ. 1re, 25 avril 2001, n°99-14.368, *op. cit.*

[6] PÉRINET-MARQUET, Hugues, Cass. civ. 1re, 6 novembre 2001, n° 98-20.518, *JCP* 23 octobre 2002, N°43, I, 176, §3, p. 1899.

pas saisir la part de leur débiteur dans les biens indivis[1] (art. 815-17, al. 2 C.civ.). Ils peuvent cependant provoquer le partage (art. 815-17, al. 3 C.civ.) sous certaines conditions : d'abord, la créance doit être certaine ; ensuite, il faut que les créanciers soient exposés à un péril dans le recouvrement ou à une carence du débiteur à s'exécuter[2]. Enfin, le partage ne peut pas être provoqué par le créancier de l'indivisaire en présence d'une convention d'indivision à durée déterminée (art. 1873-3, al. 1er et 1873-15 al. 1er). L'alinéa 2 de l'article 1873-15 du Code civil permet au créancier personnel de saisir la quote-part de son débiteur dans l'indivision à condition que les droits du débiteur dans l'indivision ne soient pas absorbés par ses dettes et qu'il ait droit à des attributions dans le partage[3]. Il n'en demeure pas moins que l'action en partage provoquée peut être arrêtée par l'un des coïndivisaires, qui a la faculté de payer les dettes personnelles du débiteur. Ainsi, ils peuvent être remboursés par prélèvement sur les biens indivis (l'alinéa 3 de l'article 815-17 C.civ.).

Les créanciers de l'indivisaire ont aussi la possibilité de constituer une sûreté réelle sur la part indivise de leur débiteur, par exemple, une hypothèque[4] dont l'efficacité va dépendre des résultats du partage. Ils peuvent en outre demander la licitation d'un bien indivis en cas de carence délibérée et frauduleuse de leur débiteur[5].

L'organisation autonome du passif de la masse indivise. – Ces développements permettent, en effet, de qualifier le patrimoine indivis comme une universalité autonome qui ne se confond pas avec le patrimoine des indivisaires. Cette universalité est composée d'une masse comprenant un actif formé des biens indivis et de leurs fruits et un passif corrélatif, qui s'organise de façon autonome par rapport aux patrimoines des indivisaires. Il nous

---

[1] LE GUIDEC, Raymond, Cass. civ. 1re, 15 juillet 1999, n° 97-14.361, *JCP* 6 décembre 2000, N°49, I, 278, §3, p. 2233 ; PERROT, Roger, Cass. civ. 1re, 4 octobre 2001, *RTD Civ.* Janvier/Mars 2002, §8, p. 150 ; Cass. civ. 1re, 1re décembre 1999, n° 97-20.965, *Dalloz* 2000, n°1, IR 6 ; LE GUIDEC, Raymond, Cass. civ. 1re, 1re décembre 1999, n° 97-20.965, *JCP* 6 décembre 2000, N°49, I, 278, §2, p. 2234.

[2] Cass. 1re, civ., 23 mai 2006, Bull civ. I, n°263.

[3] BRETON, André, Cass. civ. 1re, 14 décembre 1983, *Defrénois* 1986, art. 33652, p. 120 ; Cass. civ. 1re, 14 décembre 1983, *Dalloz* 1984, p. 310 ; PATARIN, Jean, Cass. civ. 1re, 14 décembre 1983, *RTD Civ.* 1985, p. 191, §3.

[4] SAVATIER, René, Cass. civ. 1re, 20 novembre 1990, *Defrénois* 1991, art. 35107, p. 1054 ; VÉRON, M., Cass. civ. 1re, 20 novembre 1990, *Gazette du palais*, 1991, 2, somm. 265 ; ZÉNATI, Frédéric, Cass. civ. 1re, 20 novembre 1990, *RTD Civ.* janvier-mars 1992, §4, p. 147 ; Pour l'hypothèque judiciaire conservatoire : *cf.* JOLY, André, Cass. civ. 3ème, 2 novembre 1983, *JCP* 1985, II, p. 20354 ; AYNÈS, Laurent, Cass. civ. 1re, 14 juin 2000, n°98-10.577, *Dalloz* 2001, n°8, somm. 696, §2 ; SÉNÉCHAL, Jean-Pierre, Cass. civ. 1re, 14 juin 2000, n°98-10.577, *Defrénois* 2001, n°6/01, art. 37320, p. 368 ; STORCK, Michel, Cass. civ. 1re, 14 juin 2000, n°98-10.577, 28 mars 2001, N°13, I, 309, §4, p. 654 ; VAUVILLÉ, Frédéric, Cass. civ. 1re, 14 juin 2000, n°98-10.577, *JCP N* 16 novembre 2005, N°46, §14, p. 2109 ; BRÉMOND, Vincent, Cass. civ. 1re, 28 juin 2005, n° 02-20.452, *JCP N* 20 janvier 2006, N°3, 1025, p. 147 ; DÉLÉBÈQUE, Philippe, Cass. civ. 1re, 28 juin 2005, n° 02-20.452, *JCP* 16 novembre 2005, N°46, §14, p. 2109.

[5] Cass. civ. 3ème, 23 mai 2006, n° 05-18.065, *JCP* 2006, IV, 2321, p. 1252.

semble donc possible de qualifier le patrimoine indivis de patrimoine autonome d'affectation distinct de la notion de personnalité. L'unité du patrimoine repose sur la communauté de but auquel les biens sont affectés, et non pas sur leur commune possession par une même personne physique ou morale[1].

Le principe de la subrogation réelle de plein droit au sein de la masse indivise prend son origine dans la jurisprudence de la Cour de cassation par le célèbre arrêt *Chollet contre Dumoulin* du 5 décembre 1907.

Cette solution a été adoptée par le législateur, qui « n'a fait que codifier une évidence en affirmant que les biens indivis ont vocation à être subrogés »[2]. En effet, le patrimoine indivis susceptible d'être qualifié comme un patrimoine d'affectation forme un terrain favorable au jeu étendu de la subrogation réelle. Elle n'est pas destinée à établir la masse indivise mais à la pérenniser. Grâce à la subrogation réelle, l'indivision survit à la disparition d'un bien indivis.

Le rôle conservateur de la subrogation réelle. – Grâce au mécanisme de la subrogation réelle, l'étendue de l'actif de l'indivision post-communautaire composé de biens communs ne se réduit pas par les aliénations postérieures. Il en est de même dans le cas de l'indivision successorale. L'actif de la masse indivise, composé de tous les biens existants dont le défunt était propriétaire au moment du décès, a vocation à s'enrichir par la technique de la subrogation réelle[3].

L'admission de la subrogation de la créance du prix à l'immeuble indivis licité. – L'intervention de la subrogation réelle a été consacrée et largement admise en dehors de toutes les prévisions de la loi par le célèbre arrêt *Chollet contre Dumoulin* du 5 décembre 1907[4]. Cette décision concerne un immeuble successoral licité[5] au profit d'un tiers lorsque l'un des cohéritiers se voit attribuer la créance du prix lors du partage définitif, la question étant de savoir si la créance est soumise ou non à l'effet déclaratif du partage. L'arrêt Chollet contre Dumoulin a répondu : « si l'adjudication sur licitation d'un immeuble dépendant d'une hérédité doit, à l'égard de l'adjudicataire, quand il est un tiers étranger à l'indivision, être considérée comme une vente, elle constitue dans les rapports des cohéritiers entre eux une opération préalable au partage ; dès lors la créance de prix entre dans l'actif à partager pour y être soumise, comme l'aurait été l'immeuble qu'elle remplace, aux règles ordinaires du partage, notamment en ce qui concerne, soit les prélèvements autorisés par [ancien] article 830 du Code civil, au profit des

---

[1]DELMAS SAINT-HILAIRE, Philippe, *op. cit.*, p. 77 ; ROCHFELD, Judith, *op. cit.*, p. 375 ; STORCK, Michel, « L'indivision successorale… *op. cit.*, n° 129, p. 11.

[2] ZÉNATI-CASTAING, Frédéric, REVET, Thierry, *op. cit.*, n° 363, pp. 542, 543.

[3] GRIMALDI, Michel, *Droit des successions*, Lexis Nexis, 7e édition, 2017, n° 669, p. 530 ;0 ; TERRÉ, François, LEQUETTE, Yves, GAUDEMET, Sophie, *op. cit.*, n°827, p. 745.

[4] CAPITANT, Henri, TERRÉ, François, LEQUETTE, Yves, *loc. cit.*

[5] Cass. civ. 1re, 14 mars 1950, *Dalloz* 1950, p. 396.

cohéritiers à qui un rapport est dû en moins prenant, soit la formation et la composition des lots à chacun desquels il convient d'attribuer, suivant [ancien] article 832, la même quantité de créances héréditaires, ce qui exclut l'application en cette matière d'[ancien] article 1220 du Code civil, d'après lequel les créances se divisent de plein droit entre les héritiers des créanciers proportionnellement à leur part ([anciens] art. 832, 833 et 1220 C.civ.) »[1].

La décision de la Cour de cassation est fondée sur la théorie de la subrogation réelle ou, plus précisément, sur la subrogation de la créance du prix à l'immeuble indivis licité[2]. Les juges ont accordé « un effet de succession » à la créance du prix, subrogée à l'immeuble indivis. Il en résulte que l'hypothèque constituée sur l'immeuble indivis avant qu'il ne soit licité par l'héritier autre que l'attributaire de la créance du prix ne produit aucun effet[3]. La solution posée par l'arrêt *Chollet contre Dumoulin* a été confirmée à maintes reprises par la Cour de cassation[4]. Elle a par ailleurs été élargie en cas de subrogation du prix de vente d'un bien indivis.

L'admission de la subrogation du prix à l'immeuble indivis vendu. – La première chambre civile de la Cour de cassation a jugé que « les hypothèques inscrites sur la chose indivise du chef d'un coïndivisaire deviennent caduques, lorsque le bien grevé est mis dans le lot d'un autre coïndivisaire, et le créancier hypothécaire ne peut davantage faire valoir ses droits sur le prix de ce bien, adjugé à un tiers, dans le cas où ce prix est ultérieurement attribué dans le partage à un colicitant dont la part indivise n'était pas grevée d'hypothèque »[5]. Les juges ont donc admis la subrogation du prix d'adjudication à l'immeuble. Ils ont confirmé la solution de l'arrêt *Chollet* en estimant que le créancier hypothécaire ne peut faire valoir ses droits sur le prix de l'adjudication, sauf s'il lui est attribué par l'effet du partage[6].

La jurisprudence, favorable à l'extension de la portée de la subrogation réelle. – La solution adoptée en cas de licitation du bien indivis a été transposée en cas de vente car les juges ont estimé que le prix de la vente était substitué au bien indivis. En effet, l'arrêt du 4 avril 1991 a étendu la subrogation réelle à la liquidation de l'indivision[7]. L'opération n'est pas une licitation mais une simple vente ordinaire.

En l'espèce, le fonds de commerce, objet de l'attribution préférentielle, avait été vendu durant les opérations de partage : la question de la validité de

---

[1] CAPITANT, Henri, TERRÉ, François, LEQUETTE, Yves, *loc. cit.*

[2] *Ibid.*, n° 120, §4, p. 651 ; LAURIOL, Marc, *op. cit.*, Vol.1, n° 600, p. 267.

[3] GRIMALDI, Michel, FARGE, Claire, *op. cit.*,n° 272.43, p. 795.

[4] SAVATIER, René, Cass. req., 2 février 1925, Civ., 2 juillet 1925, *Dalloz, Recueil périodique et critique* 1926, I, p. 57.

[5] Cass. civ. 1re, 26 octobre 1976, n° 74-12.930, *Dalloz* 1977, I.R. p. 50 ; Cass. civ. 1re, 26 octobre 1976, n° 74-12.930, *JCP* 1976, IV, p. 376.

[6] CHAMPENOIS, Gérard, « Libéralités, Régimes matrimoniaux, Successions », Cass. civ. 1re, 26 octobre 1976, *Defrénois* 1977, art. 31467, § 67, p. 931.

[7] ZÉNATI, Frédéric, « Propriétés et droits réels », Cass. civ. 1re, 4 avril 1991, *RTD Civ.* octobre-décembre1992, p. 791.

l'aliénation du bien indivis par un seul indivisaire ne se posait donc pas, puisque l'indivisaire était également bénéficiaire d'une attribution préférentielle sur le bien vendu sans l'accord de l'ensemble des indivisaires. Il était certain que le fonds de commerce aliéné serait attribué à l'indivisaire ayant accompli seul l'acte de disposition[1].

La Cour de cassation a jugé que « la vente, pendant les opérations de partage du bien attribué préférentiellement par une décision devenue irrévocable n'a pas pour effet de rendre caduque cette attribution, le bien ou la créance de prix qui lui est subrogé ayant été nécessairement et définitivement placé dans le lot de l'attributaire dont les héritiers ont recueilli les droits de sorte que, par l'effet du partage, ils en seront propriétaires depuis l'origine de l'indivision »[2].

Cet arrêt tend à élargir la portée de la subrogation réelle car la licitation se distingue de la liquidation. La composition de l'indivision est modifiée par la subrogation de la créance du prix au fonds de commerce attribué préférentiellement à l'indivisaire. L'effet déclaratif du partage conduit à considérer que la créance du prix, ou le prix, appartient à l'indivisaire bénéficiaire de l'attribution préférentielle depuis la date à laquelle a débuté l'indivision. La créance, ou le prix issu de l'aliénation du fonds de commerce, se situe dans le lot du bénéficiaire de l'attribution préférentielle comme l'eut été le fonds de commerce lui-même[3].

Contrairement à l'opinion majoritaire de la doctrine, la jurisprudence de la Cour de cassation s'inscrit dans un contexte favorable à l'application de la subrogation réelle en dehors des textes légaux[4]. Dès lors, une valeur de principe est accordée au jeu de la subrogation réelle dans la masse indivise[5].

---

[1] CHAMPENOIS, Gérard, Cass. civ. 1re, 4 avril 1991, *Defrénois* 1991, p. 872 ; ZÉNATI, Frédéric, « Propriétés et droits réels », Cass. civ. 1re, 4 avril 1991, *RTD Civ.* octobre-décembre1992, p. 791.

[2] PATARIN, Jean, « Attribution préférentielle, subrogation réelle, effet déclaratif du partage et évaluation de la soulte due par l'attributaire », *RTD Civ.*1992, p. 429 ; ZÉNATI, Frédéric, « Propriétés et droits réels », Cass. civ. 1re, 4 avril 1991, *RTD Civ.* octobre-décembre1992, p. 791.

[3] PATARIN, Jean, « Attribution préférentielle...*op. cit.*, p. 431 ; CHAMPENOIS, Gérard, Cass. civ. 1re, 4 avril 1991, *Defrénois* 1991, p. 872 ; CHAMPENOIS, Gérard, Cass. civ. 1re, 31 mars 1992, n° 90-17.212, *Defrénois* 1992, 35348, p. 1121 ; LUCET, Frédéric, VAREILLE, Bernard, Cass. civ. 1re, 31 mars 1992, n° 90-17.212, *RTD Civ.* 1993, p. 401 ; MORIN, Georges, « Qui, de la communauté ou des époux, doit supporter les charges usufructuaires des biens propres ? », *in Mélanges offerts à André COLOMER*, Litec, 1993, § 6, p. 263 ; MORIN, Georges, « Qui, de la communauté ou des époux, doit supporter les charges usufructuaires des biens propres ? », *Defrénois* 1993, 35538, p. 545 ; PILLEBOUT, Jean-François, Cass. civ. 1re, 31 mars 1992, n° 90-17.212, *JCP G* 1993, n° 8, 22003, p. 71.

[4] ZÉNATI, Frédéric, « Propriétés et droits réels », Cass. civ. 1re, 4 avril 1991, *RTD Civ.* octobre-décembre1992, p. 792.

[5] RANOUIL, Véronique, *La subrogation réelle en droit civil français*, Librairie générale de droit et de la jurisprudence, 1985, p. 110.

Cette règle n'a pas été modifiée par la loi du 31 décembre 1976 relative à l'organisation de l'indivision[1]. Elle a d'ailleurs été confirmée par l'article 883 du Code civil (anc.) relatif à l'effet déclaratif du partage[2].

La pérennité de la masse indivise, assurée par la subrogation réelle. – Selon la théorie objective du patrimoine, la masse indivise peut être qualifiée de patrimoine dont l'autonomie résulte de l'affectation. Cependant, sans le concours de la subrogation réelle, cette autonomie est réduite à néant[3]. Dans le cadre de l'indivision, les créances et les indemnités qui remplacent les biens indivis sont indivis entre les héritiers par le jeu de la subrogation réelle[4]. La subrogation réelle intervient de plein droit et immédiatement dès lors qu'un bien est remplacé par un autre au sein de la masse indivise, pour maintenir l'intégralité de la masse indivise et ainsi, assurer l'égalité du partage[5].

Le principe de la subrogation de plein droit de la créance au bien indivis établi par l'arrêt Chollet et confirmé par la jurisprudence postérieure a été consacré par la loi du 23 juin 2006 en matière d'indivision successorale à l'alinéa premier de l'article 825 du Code civil, qui dispose que « la masse partageable comprend les biens existant à l'ouverture de la succession, ou ceux qui leur ont été subrogés, et dont le défunt n'a pas disposé à cause de mort, ainsi que les fruits y afférents ». Ce dispositif est confirmé par l'alinéa premier de l'article 815-10 du Code civil, qui prévoit que « sont de plein droit indivis, par l'effet d'une subrogation réelle, les créances et indemnités qui remplacent des biens indivis »[6]. Ainsi, le rôle de la subrogation réelle est-il expressément reconnu au sein du patrimoine indivis par la loi du 23 juin 2006. Cependant, le législateur n'est pas allé plus loin. Ce principe n'est établi qu'en matière d'indivision successorale, alors que la nature de l'indivision, qualifiée de patrimoine d'affectation, supposerait une acceptation large de la subrogation réelle.

---

1 Loi n° 76-1286 du 31 décembre 1976 relative à l'organisation de l'indivision.

2 L'ancien article 883 du Code civil disposait que « chaque cohéritier est censé avoir succédé seul et immédiatement à tous les effets compris dans son lot, ou à lui échus sur licitation, et n'avoir jamais eu la propriété des autres effets de la succession. Il en est de même des biens qui lui sont advenus par tout autre acte ayant pour effet de cesser l'indivision. Il n'est pas distingué selon que l'acte fait cesser l'indivision en tout ou partie, à l'égard de certains biens ou de certains héritiers seulement. Toutefois, les actes valablement accomplis soit en vertu d'un mandat des coïndivisaires, soit en vertu d'une autorisation judiciaire, conservent leurs effets quelle que soit, lors du partage, l'attribution des biens qui en ont fait l'objet ».

3 BOFFA, Romain, *op. cit.*, n° 47, p. 44 ; BOLLON, Nicolas, *op. cit.*, n°446, p. 253 ; GUINCHARD, Serge, *op. cit.*, n° 341, p. 313.

4 CHAMPENOIS, Gérard, Cass. civ. 1re, 4 avril 1991, *Defrénois* 1991, p. 868 ; PATARIN, Jean, « Attribution préférentielle...*op. cit.*, p. 429 ; ZÉNATI, Frédéric, « Propriétés et droits réels », Cass. civ. 1re, 4 avril 1991, *RTD Civ.* octobre-décembre1992, p. 791.

5 LAURIOL, Marc, *op. cit.*, Vol.1, n° 125, p. 118, Vol. II, n° 599, p. 265 ; MALAURIE, Philippe, BRENNER, Claude, *op. cit.*, n° 796, p. 461.

6 GASNIER, Flore, *L'organisation de la liquidation du passif successoral,* Préface de Claude BRENNER, Toulouse, Defrénois, 2013, n° 131, p. 83 ; TERRÉ, François, LEQUETTE, Yves, GAUDEMET, Sophie, *loc. cit.*

L'admission de la subrogation réelle dans le cadre de l'indivision post-communautaire. – Le domaine de principe de la subrogation réelle consacré par la loi du 23 juin 2006 est ainsi étendu, par la jurisprudence de la Cour de cassation, de l'indivision successorale à l'indivision post-communautaire.

La Cour de cassation a confirmé que « la masse indivise à partager, dans le cadre d'une indivision post-communautaire, était composée du prix d'un bien préalablement vendu, en l'occurrence un véhicule automobile »[1]. En l'espèce, le bien indivis est aliéné et les droits de l'indivision post-communautaire sont reportés sur les deniers provenant de l'aliénation du bien indivis par l'effet de la subrogation réelle[2].

Une solution analogue a été adoptée dans le cas de l'attribution d'une indemnité d'assurance en remplacement d'un bien indivis détruit. Dans ce cas, en effet, la Cour de cassation[3] a décidé que la masse indivise était composée du montant de l'indemnité d'assurance subrogée au bien détruit et non pas d'une somme représentative de la valeur du véhicule accidenté au cours de l'indivision post-communautaire, comme l'avait jugé, à tort, la Cour d'appel. Quant à la subrogation réelle, en cas d'échange d'un bien indivis, il est certain qu'elle s'applique au bien acquis en échange du bien indivis. Cette large admission de la subrogation réelle dans la masse indivise permet de déduire un principe général de la subrogation réelle au sein du patrimoine indivis[4].

Il y a matière à débat quant à la portée de la subrogation réelle au sein de la masse indivise. La réalisation de la subrogation réelle est-elle soumise au respect de certaines formalités telle que la manifestation de volonté, ou joue-t-elle de plein droit ? Cette question est tranchée par le législateur en posant

---

[1] CHAMOULAUD-TRAPIERS, Annie, « Indivision », Cass. civ. 1re, 11 mars 2009, n° 07-21.356, *Defrénois* 2009, n° 15/09, 38987, p. 1617 ; ARNAULT, Alexandra, Cass. civ. 1re, 11 mars 2009, n° 07-21.356, *Droit de la famille* mai 2009, comm. 55, p. 27 ; CAMPELS, Christian, « Le profit subsistant et la valeur travail en régime de communauté », Cass. civ. 1re, 11 mars 2009, n° 07-21.356, *Revue Lamy droit civil* septembre 2009, n° 63, 3547, p. 49 ; POULIQUEN, Élodie, « Récompense due à la communauté : méthode d'évaluation du profit subsistant », Cass. civ. 1re, 11 mars 2009, n° 07-21.356, *Revue Lamy droit civil* mai 2009, n° 60, 3434, p. 50 ; REVEL, Janine, « Droit patrimonial de la famille », Cass. civ. 1re, 11 mars 2009, n° 07-21.356, *Dalloz* 2009, p. 2508 ; VAREILLE, Bernard, Cass. civ. 1re, 11 mars 2009, n° 07-21.356, *RTD Civ.* 2009, p. 352.

[2] CHAMOULAUD-TRAPIERS, Annie, *op. cit.*, n° 15/09, 38987, p. 1618.

[3] CASEY, Jérôme, « Indivision post-communautaire : subrogation réelle entre l'indemnité d'assurance et le bien indivis assuré », Cass. civ. 1re, 19 mars 2014, n° 13-12.578, *Gazette du palais* 16 septembre 2014, n° 259, p. 333 ; JAMBORT, Sébastien, « La réforme de la gestion de la succession, à propos de la loi du 23 juin 2006 », *Droit de la famille* décembre 2006, Études 54, p. 13, §22 ; MARROCCHELLA, Julien, « Indemnité d'assurance subrogée au bien détruit et masse indivise à partager », Cass. civ. 1re, 19 mars 2014, n° 13-12.578, *Dalloz actualité* 7 avril 2014 ; MAYAUX, Luc, « Indivision post-communautaire : l'indemnité d'assurance remplace le bien détruit dans la masse indivise à partager », Cass. civ. 1re, 19 mars 2014, n° 13-12.578, *Revue générale du droit des assurances* mai 2014, n° 5, p. 259.

[4] RANOUIL, Véronique, *op. cit.*, p. 111.

le principe de la subrogation réelle de plein droit, soumise au principe de l'unanimité, dans le cadre de l'emploi et du remploi des biens indivis.

Le débat sur la portée de la subrogation réelle, légale ou volontaire, a été résolu par le législateur à la suite de la loi du 23 juin 2006.

Une volonté subrogatoire exigée. – Avant la loi du 23 juin 2006, la doctrine était divisée quant à la portée de la subrogation réelle dans la masse indivise, selon qu'il s'agissait d'une subrogation réelle légale qui se produisait de plein droit, ou d'une subrogation réelle volontaire qui exigeait l'accord de l'ensemble des indivisaires [1]. Pour le Professeur Philippe Malaurie [2], l'intention de subroger est requise en matière d'indivision en procédant à une analogie entre l'intervention de la subrogation réelle dans le patrimoine indivis et son fonctionnement dans les patrimoines propres en régime de communauté. Pendant la durée de la communauté, une double condition de fond et de preuve est exigée pour maintenir le caractère propre des biens en cas d'emploi ou de remploi, permettant ainsi d'écarter la présomption d'acquêts. Selon l'article 1434 du Code civil, il faut démontrer que le bien nouveau a été acquis avec des deniers propres dans l'intention d'opérer un emploi ou un remploi. À la suite de la dissolution de la communauté, une présomption de biens personnels se substitue à la présomption d'acquêts car le rôle de la subrogation réelle est de maintenir le caractère indivis des biens. Comme dans le cadre des patrimoines propres en régime de communauté, il faut observer la double condition de fond et de preuve, c'est-à-dire, démontrer le caractère indivis du bien ainsi que l'intention de subroger de l'indivisaire qui a effectué le remplacement.

La subrogation réelle automatique et de plein droit. – Cet argument fait l'objet de critiques. La Professeure Véronique Ranouil a souligné que « cet argument d'analogie, certes séduisant, ne nous semble pas s'imposer car il ne vaut, en toute logique, que pour l'indivision post-communautaire. Or, toutes les indivisions n'ont pas ce caractère, tant s'en faut. Et la règle est d'appliquer à l'indivision post-communautaire les principes qui régissent l'indivision successorale et non de procéder de manière inverse » [3]. Dès lors, la théorie restrictive exigeant l'intention de subrogation n'est consacrée ni par la jurisprudence, ni par le législateur, qui optent en faveur d'une subrogation réelle de plein droit et automatique.

La loi du 31 décembre 1976 relative à l'organisation de l'indivision n'a pas fait allusion à la subrogation réelle. En revanche la jurisprudence a admis le

---

[1] *Droit patrimonial de la famille, sous la direction de Michel GRIMALDI*, Dalloz action, 5e édition, 2015-2016, n° 251.133, p. 630.

[2] Cité par RANOUIL, Véronique, *op. cit.*, p. 192, note de bas de page n° 98 : « Cours de polycopié, licence, *Les régimes matrimoniaux*, 1983-1984, p. 310-311, édité par Les cours du droit ».

[3] RANOUIL, Véronique, *op. cit.*, p. 192.

jeu de la subrogation réelle dans la masse indivise successorale, dans un arrêt de la première chambre civile de la Cour de cassation du 6 novembre 1967[1].

En l'espèce, les héritiers ont vendu l'immeuble successoral indivis pour procéder à l'acquisition d'un fonds de commerce qui avait été lui-même revendu. Pour déterminer la masse indivise, la Cour d'appel d'Aix en Provence a tenu compte du montant à employer pour acquérir le fonds de commerce et non du prix de vente de ce dernier. Cet arrêt a été censuré, et la Cour de cassation[2] a appliqué la subrogation réelle du fonds de commerce à l'immeuble successoral indivis aliéné régulièrement par les héritiers avec l'accord de tous les indivisaires. En effet, la vente de l'immeuble successoral indivis, ainsi que l'acquisition du fonds de commerce en remploi, avaient été réalisées avec l'accord de l'ensemble des indivisaires. De ce fait, contrairement au raisonnement de la Cour d'appel d'Aix, il faut inclure dans la masse indivise le prix issu de la vente du fonds de commerce et non pas la somme employée à l'acquisition du fonds. Bien que la subrogation réelle ne soit pas expressément mentionnée dans la décision de la Cour de cassation, son application a bien été retenue[3].

Cette solution a été reprise dans un arrêt du 9 janvier 1979. La Cour d'appel de Riom avait exclu de l'indivision l'immeuble acquis en remploi d'un immeuble successoral, en se fondant sur l'absence de subrogation réelle légale dans une indivision successorale : elle estimait en effet que c'était le prix de vente de l'immeuble successoral qui faisait partie de l'indivision successorale. Cet arrêt a été censuré par la Cour de cassation, qui a décidé que « le partage ne peut porter que sur les biens qui figurent dans l'indivision et les modifications qui se produisent dans les éléments constitutifs de celle-ci, de l'accord de tous les indivisaires, profitent et nuisent à tous ceux-ci »[4].

Un arrêt équivoque avait décidé que la subrogation était volontaire[5], alors qu'il paraissait logique d'admettre la subrogation réelle de plein droit au sein de la masse indivise, comme cela était admis dans le patrimoine du *de cujus* avant son décès[6].

La subrogation réelle de plein droit, soumise aux règles de la gestion de la masse indivise. – La loi du 23 juin 2006 a mis un terme à ce débat doctrinal en créant l'article 825, qui admet le jeu de la subrogation réelle au sein de la masse partageable, et aussi l'alinéa 1re de l'article 815-10 du Code civil, qui précise que « sont de plein droit indivis, par l'effet d'une subrogation

---

[1] Cass. civ. 1re, 6 novembre 1967, *Dalloz* 1968, p. 36.
[2] *Ibid.*
[3] SAVATIER, René, « Successions et libéralités », Cass. civ. 1re, 6 novembre 1967, *RTD Civ.* 1968, p. 399.
[4] MARTIN, Didier, Cass. civ., 1re, 9 janvier 1979, *Dalloz* 1979, I.R. 254, 255 ; PATARIN, Jean, « Successions et libéralités », Cass. civ. 1re, 9 janvier 1979, *RTD Civ.* 1982, p. 178.
[5] PATARIN, Jean, « Successions et libéralités », Cass. civ. 1re, 20 février 1996, *RTD Civ.* 1996, § 2, p. 962.
[6] *Droit patrimonial de la famille, sous la direction de Michel GRIMALDI…loc. cit.*

réelle, les créances et indemnités qui remplacent des biens indivis, ainsi que les biens acquis, avec le consentement de l'ensemble des indivisaires, en emploi ou remploi des biens indivis ».

Cela étant, la validité de la subrogation réelle suppose le respect des règles de gestion de l'indivision dans le cadre de l'aliénation initiale, de même que dans le cadre de l'acquisition subséquente. En cas de contestation, il appartient à celui qui se prévaut de la subrogation réelle de démontrer que les règles de gestion de l'indivision ont été respectées[1].

L'emploi et le remploi des biens indivis, soumis à l'accord unanime des indivisaires. – Le caractère indivis d'un bien acquis en remploi avec l'accord de l'ensemble des indivisaires entraîne l'exclusion de la présomption de biens personnels par l'effet de la subrogation réelle. Contrairement à la présomption d'acquêts dans le régime matrimonial de la communauté, il existe une présomption de biens personnels dans la masse indivise. Tous les biens acquis à titre onéreux par un indivisaire sont présumés personnels à l'indivisaire, sauf s'il est démontré que l'aliénation et l'acquisition subséquente ont été réalisées avec l'accord de l'ensemble des indivisaires. Contrairement au régime matrimonial de la communauté, la subrogation réelle résultant de l'emploi ou du remploi des biens indivis n'est pas subordonnée au respect de formalités ; elle repose sur l'accord unanime de l'ensemble des indivisaires ; à défaut, le nouveau bien acquis serait un bien personnel à l'indivisaire acquéreur[2].

Le droit des indivisaires portant sur le même objet, l'emploi et le remploi sont soumis au principe de l'unanimité. L'absence de consentement unanime des coïndivisaires ne fait pas nécessairement obstacle au jeu de la subrogation réelle au sein de la masse indivise. Cependant, l'opposabilité de la subrogation réelle envers les tiers suppose certaines conditions supplémentaires, posées par la jurisprudence de la Cour de cassation.

L'exigence du consentement unanime des coïndivisaires a connu certaines atténuations voire une exclusion pour une gestion optimale du patrimoine indivis.

Les actes conservatoires et de disposition, soumis à des règles de gestion différentes. – La règle de l'unanimité applicable en droit antérieur a été reprise par la loi du 31 décembre 1976. Le législateur a opéré une distinction entre les actes conservatoires, qui relèvent d'un pouvoir individuel de chaque indivisaire, et les actes de disposition ou d'administration, dont la

---

[1] ROUQUET, Yves, « Sort de la vente d'un immeuble indivis faite par un seul des indivisaires », Cass. civ. 3ème, 12 mai 2010, n° 08.17-186, *AJDI* 2011, p. 237.

[2] MALAURIE, Philippe, BRENNER, Claude, *loc. cit.*

validité est soumise au consentement de tous les indivisaires [1]. Cette distinction a été opérée pour assurer la gestion dynamique de l'indivision[2].

Les actes de disposition, soumis à la règle de l'unanimité. – Les actes les plus graves, comme les actes de disposition, sauf la vente des meubles indivis pour acquitter les dettes et charges de l'indivision, requièrent l'accord unanime des indivisaires car ils mettent en péril la substance de la masse indivise. De ce fait, un acte accompli sur le bien indivis par l'un des indivisaires nécessite l'accord unanime des indivisaires[3], en raison du fait qu'ils exercent des droits de même nature sur le même objet afin de garantir le droit de propriété de tous les indivisaires et de permettre de conserver les intérêts de l'ensemble des indivisaires[4]. Cette limite imposée aux indivisaires se justifie par l'affectation des biens indivis à l'intérêt collectif des indivisaires[5]. Néanmoins, cette règle est exclue dès lors qu'est respectée la destination des biens dans un cadre de gestion raisonnable de l'indivision[6]. L'accord de l'ensemble des indivisaires est une condition de fond et de preuve, à défaut de laquelle le bien acquis en remploi sera personnel. L'acquéreur doit à la masse indivise une indemnité à hauteur des fonds empruntés ou de la valeur actuelle du bien aliéné si la vente n'a pas été annulée[7].

La règle de l'unanimité atténuée. – La règle de l'unanimité, entraînant le blocage et la paralysie dans la gestion de l'indivision, a subi certains tempéraments par la loi du 23 juin 2006[8]. En effet, cette loi s'efforce de trouver un équilibre entre la protection des intérêts des indivisaires et la nécessité d'une gestion dynamique de l'indivision. La gestion de l'indivision a été facilitée par l'infléchissement de la règle de l'unanimité[9]. Cette loi a donc réduit le domaine des actes soumis à la règle de l'unanimité pour dynamiser

---

[1] CATALA, Pierre, « L'indivision », *Defrénois* 1980, art. 32172, p. 1 ; CATALA, Pierre, « L'indivision entre époux », *in Mélanges offerts à Professeur Pierre HÉBRAUD*, Université des sciences sociales de Toulouse, 1981, p. 188 ; DAGOT, Michel, « Indivision (commentaire de la loi du 31 décembre 1976) », *JCP* 1977, I, 2858, n°s197, 200 ; JESTAZ, Philippe, « Législation française et communautaire en matière de droit privé (organisation de l'indivision) », *RTD Civ.* 1977, p. 388.

[2] DAGOT, Michel, « Indivision...*op. cit.*, I, 2858, n° 19 ; MARTIN, Didier, « Le droit de l'indivision (commentaire de la loi n° 76-1286 du 31 décembre 1976 relative à l'organisation de l'indivision) », *Dalloz* 1977, p. 225 ; MORIN, Georges, « Bref aperçu de la loi du 31 décembre 1976 relative à l'organisation de l'indivision (1) », *Defrénois* 1977, art. 31510, § 17, p. 1060.

[3] DAGOT, Michel, « Indivision...*op. cit.*, I, 2858, n°18.

[4] PATARIN, Jean, « La double face du régime juridique de l'indivision », *in Mélanges dédiés à Dominique HOLLEAUX*, Litec, 1990, p. 331.

[5] BOLLON, Nicolas, *op. cit.*, n° 600, p. 354.

[6] LEPROUVAUX, Jérôme, « Les nouvelles règles de gestion de l'indivision successorale issues de la loi du 23 juin 2006 », *JCP N* 15 décembre 2006, n° 50, 1381, §13, p. 2388.

[7] RANOUIL, Véronique, *op. cit.*, p. 188 ; WEILL, Alex, Cour d'appel Bordeaux, 18 février 1954, *Dalloz* 1955, p. 151.

[8] JAMBORT, Sébastien, *loc. cit.*

[9] LEPROUVAUX, Jérôme, *op. cit.*, n° 50, 1381, §14, p. 2388.

la gestion de l'indivision successorale. Le principe de l'accord unanime des indivisaires au cas d'aliénation des biens indivis est atténué par les deux exceptions prévues à l'article 815-3, 3°, relatif à l'aliénation des meubles indivis pour payer les dettes et charges de l'indivision et à l'article 815-5-1, issu de la loi du 12 mai 2009[1] et concernant la vente sur autorisation judiciaire d'un bien de l'indivision. Dans ces deux cas, il suffit d'obtenir le consentement du ou des indivisaires titulaires d'au moins deux tiers des droits indivis[2].

En outre, les mesures nécessaires à la conservation des biens indivis échappent à la règle de l'unanimité. Chaque indivisaire peut accomplir seul les mesures conservatoires sans qu'il soit nécessaire qu'elles présentent un caractère d'urgence. Selon l'article 815-3, n° 1 du Code civil, introduit par la loi du 23 juin 2006, la règle de l'unanimité a connu un assouplissement pour les actes d'administration, qui peuvent désormais être autorisés par les indivisaires à la majorité des deux tiers des droits indivis[3]. Cependant, selon l'alinéa 2 de l'article 815-3 du Code civil, une obligation d'informer est imposée aux indivisaires majoritaires pour protéger les droits des indivisaires minoritaires[4].

La règle de l'unanimité, critiquée. – Certaines critiques ont été formulées à l'encontre de la règle de l'unanimité, bien que la loi du 23 juin 2006 en ait tempéré les effets. En effet, le principe de la subrogation réelle de plein droit dans la masse indivise, soumis à la règle de l'unanimité, est susceptible de paralyser l'emploi ou le remploi des meubles incorporels tels que les valeurs mobilières. Il semble que le législateur, en 2006, ait retenu le principe de la subrogation réelle dans l'indivision provenant de la jurisprudence, sans tenir compte des règles nouvelles qui régissent l'administration des biens indivis[5].

L'éviction de la règle de l'unanimité grâce à l'universalité de fait. – La subrogation réelle est destinée à intervenir de plein droit sans réserve dès lors qu'il s'agit de disposer des éléments qui composent l'universalité de fait dépendant de l'indivision. En effet, il faut distinguer : si la cession n'est pas de nature à altérer la substance de l'universalité, mais qu'elle porte sur des

---

1 LAFOND, Jacques, « La vente d'un immeuble indivis contre le gré d'un indivisaire C. civ., art. 815-5 », *JCP N* 4 janvier 2008, n° 1, 1000, p. 19 ; LEBLOND, Nicolas, « La crise dans l'indivision », *Defrénois* 2010, n° 20/10, 39171, §7, 8, p. 2176 ; PIERRE, Nathalie, « La vente d'un bien indivis contre la volonté d'un indivisaire », *Petites affiches* 22 septembre 2009, n° 189, §21, p. 8.

2 COUZIGOU-SUHAS, Nathalie, CLAUX, Pierre-Jean, « La gestion de l'indivision successorale », *AJ famille* septembre 2006, p. 315 ; DELMAS SAINT-HILAIRE, Philippe, *op. cit.*, p. 60.

3 Les dispositions de la loi du 23 juin 2006 destinées à assouplir la gestion de l'indivision risquent cependant de susciter des contentieux de la part des indivisaires minoritaires. De ce fait, la gestion de l'indivision par un mandataire des indivisaires ou un mandataire successoral serait préférable : *cf.* STORCK, Michel, « L'indivision successorale…*loc. cit.*

4 SEMERE, Thomas, *op. cit.*, pp. 304, 305.

5 STORCK, Michel, « L'indivision successorale…*loc. cit.*

éléments la composant, pour payer les dettes et charges de l'indivision, la majorité des deux tiers des droits indivis est suffisante au sens de l'article 815-3, 3° du Code civil. Il n'en est pas de même si l'aliénation a pour objet de céder l'universalité elle-même, opération qui implique le consentement de tous les indivisaires selon l'article 815-3 alinéa 7 du Code civil.

La nature de l'universalité de fait du fonds de commerce, une dispense à la règle de l'unanimité. – Le principe de l'unanimité connaît ainsi certains tempéraments en matière d'indivision portant sur un fonds de commerce. La subrogation réelle de plein droit joue en l'absence d'accord unanime des indivisaires, dès lors qu'il s'agit d'aliéner des éléments détachables du fonds de commerce sans en altérer la substance[1]. En revanche, l'aliénation du fonds de commerce, indivis lui-même, requiert le consentement unanime des indivisaires[2].

En effet, la nature d'universalité de fait du fonds de commerce permet de maintenir sa cohésion. La disparition et le remplacement des éléments composant le fonds de commerce n'en affectent pas son unité ; il reste intact du fait que la communauté d'affectation en relie les différents éléments constitutifs[3]. En effet, tant que cette affectation établie par la volonté des indivisaires n'est pas altérée par les différentes opérations, il est possible de ne pas faire appel au principe de l'unanimité, qui peut empêcher la gestion optimale du fonds. Par ailleurs, nous considérons que si la cession des éléments du fonds de commerce a pour effet de conserver la substance de l'universalité de fait, l'acte de cession s'apparente à un acte de conservation qui échappe à la règle de la majorité renforcée, de sorte que chaque indivisaire peut l'accomplir seul. Cependant, le changement de destination du bien indivis implique le respect du principe de l'unanimité justifié par l'affectation des biens indivis à l'intérêt commun des indivisaires[4].

La cession des parts sociales indivises et la dérogation à la règle de l'unanimité. – Le principe de l'unanimité pour les actes de disposition a également connu un infléchissement par la jurisprudence dans le cadre de l'indivision post-communautaire portant sur les parts sociales[5]. À propos de

---

[1] COLOMER, André, *Les régimes matrimoniaux et le droit commercial*, Tome I, Préface de Jacques FLOUR, Defrénois, 1977, n° 532, pp. 480-481 ; RIPERT, Georges, Cour d'appel Besançon, 8 mars 1949, *Dalloz* 1949, p. 518 ; WEILL, Alex, Cour d'appel Besançon, 8 mars 1949, *JCP G* 1950, II, 5284.

[2] REYGROBELLET, Arnaud, DENIZOT, Christophe, *Fonds de commerce*, Dalloz Action, 2e édition, 2012-2013, § 46.31, p. 541.

[3] WEILL, Alex, Cour d'appel Besançon, 8 mars 1949, *JCP G* 1950, II, 5284.

[4] BOFFA, Romain, *op. cit.*, n° 241, p. 159 ; Cass. civ., 10 mai 1937, *Dalloz, Recueil hebdomadaire de jurisprudence* 1947, p. 346 ; BOLLON, Nicolas, *loc. cit.*; BURST, Jean-Jacques, Cass. com. 9 octobre 1972, *Dalloz* 1973, p. 273.

[5] BURST, Jean-Jacques, *loc. cit.* ; Cass. com., 9 juillet 1974, *Dalloz* 1974, II, I.R. 217 : « si pendant le cours de l'indivision post-communautaire des actions se trouvent substituées aux parts d'une SARL, à la suite d'une transformation de société, ces actions entrent dans la masse indivise ».

la cession des droits sociaux non-négociables (des parts sociales) pendant l'indivision post-communautaire, deux arrêts de rejet de la Cour de cassation[1] sont intervenus, au motif suivant : « à la dissolution de la communauté matrimoniale, la qualité d'associé attachée à des parts sociales non négociables dépendant de celle-ci ne tombe pas dans l'indivision post-communautaire qui n'en recueille que leur valeur, de sorte que le conjoint associé peut transmettre son titre sans recueillir l'accord du ou des co-indivisaires. Ces parts doivent être portées à l'actif de la communauté pour leur valeur au jour du partage ».

La distinction du titre et de la finance. – Cette solution n'est pas nouvelle : elle avait été consacrée par la Cour de cassation dans l'arrêt *Gelada* du 9 juillet 1991[2]. La première chambre civile avait décidé, à propos des parts d'un groupement agricole d'exploitation en commun, que « l'indivision successorale ne portait pas sur les parts sociales mais, comme l'ont a exactement décidé les premiers juges, uniquement sur la valeur de celle-ci, seule la finance des parts étant entrée en communauté ».

En effet, la jurisprudence de la Cour de cassation[3] illustre le principe classique de la séparation du titre et de la finance, selon lequel seule la valeur des parts sociales tombe dans la masse commune, puis intègre la masse indivise. Il est donc affirmé qu'à la dissolution de la communauté réduite aux acquêts, l'époux associé dispose du pouvoir de céder seul des parts sociales

---

[1] BRÉMOND, Vincent, Cass. civ. 1re, 12 juin 2014, n° 13-16.309, *Dalloz* 2014, p. 1905 ; MORTIER, Renaud, Cass. civ. 1re, 12 juin 2014, n° 13-16.309, *Droit des sociétés* décembre 2014, n° 12, comm. 183 ; ALBIGES, Christophe, Cass. civ. 1re, 22 octobre 2014, n° 12-29.265, *Gazette du palais* 11-12 février 2015, n°s 42-43, p. 472 ; DESBUQUOIS, Jean-François, CASEY, Jérôme, Cass. civ. 1re, 22 octobre 2014, n° 12-29.265, *AJ Famille* 2014, p. 707 ; HILT, Patrice, Cass. civ. 1re, 22 octobre 2014, n° 12-29.265, *JCP G* 3 novembre 2014, n° 45, 1137, p. 2010 ; MORTIER, Renaud, Cass. civ. 1re, 22 octobre 2014, n° 12-29.265, *Droit des sociétés* janvier 2015, n° 1, comm. 2 ; RANDOUX, Nicolas, Cass. civ. 1re, 22 octobre 2014, n° 12-29.265, *Defrénois* 15 janvier 2015, n° 1, p. 21 ; ZALEWSKY-SICARD, Vivien, Cass. civ. 1re, 22 octobre 2014, n° 12-29.265, *LPA* 20 novembre 2014, n° 232, p. 6.

[2] Cass. civ. 1re, 9 juillet 1991, n° 90-12.503, *JCP G* 1991, n° 41, IV, p. 354 ; LE CANNU, Paul, Cass. civ. 1re, 9 juillet 1991, n° 90-12.503, *Defrénois* 1991, art. 35152, p. 1333 ; SAVATIER, Xavier, Cass. civ. 1re, 9 juillet 1991, n° 90-12.503, *Defrénois* 1992, art. 35202, p. 236 ; SIMLER, Philippe, Cass. civ. 1re, 9 juillet 1991, n° 90-12.503, *JCP G* 1992, I, n° 40, 3614, p. 407, §8.

[3] CHAMPENOIS, Gérard, « Libre disposition des parts sociales par l'époux associé pendant l'indivision post-communautaire », Cass. civ. 1re, 12 juin 2014, n°13-16.309, Cass. civ. 1re, 22 octobre 2014, n° 12-29.265, *Defrénois* 30 juin 2015, n° 12, p. 680 ; GARÇON, Jean-Pierre, « De la distinction du titre et de la finance en matière de droits sociaux non négociables », Cass. civ. 1re, 12 juin 2014, n° 13-16.309, Cass. civ. 1re, 22 octobre 2014, n° 12-29.265, *JCP N* 6 février 2015, 1072, p. 39 ; SIMLER, Philippe, Cass. civ. 1re, 12 juin 2014, n° 13-16.309, Cass. civ. 1re, 22 octobre 2014, n° 12-29.265, *JCP G* 1er décembre 2014, n° 49, 1265, p. 2236 ; SIMLER, Philippe, Cass. civ. 1re, 12 juin 2014, n° 13-16.309, Cass. civ. 1re, 22 octobre 2014, n° 12-29.265, *JCP N* 9 janvier 2015, n° 1-2, 1001, p. 46.

sans obtenir l'accord de son conjoint[1]. La raison en est que la qualité d'associé ne tombe pas dans l'indivision post-communautaire. Seule la valeur patrimoniale des droits sociaux non négociables alimente la masse commune, puis intègre la masse indivise[2]. En cas d'aliénation à titre onéreux, le prix subroge les parts cédées. Dans ce cas, l'intérêt de l'indivisaire est préservé, dans la mesure où l'aliénation n'est pas entachée de fraude ou de lésion[3]. Il n'en est pas ainsi pour la donation des parts, car l'intérêt de l'ex-conjoint indivisaire ne peut être préservé en cas d'insolvabilité de l'indivisaire cédant, qui reste débiteur de valeur[4].

La justification de la distinction du titre et de la finance. – La distinction du titre et de la finance semble justifiée car lorsqu'un seul des époux possède la qualité d'associé des parts sociales souscrites pendant le mariage, l'actif de communauté comprend uniquement leur valeur. Dès lors, le partage en nature des parts sociales est écarté car elles ne peuvent être attribuées qu'à l'époux associé, puisque la qualité d'associé détermine l'attribution des droits sociaux à l'époux ayant le titre d'associé dans le partage futur de la communauté[5].

La justification de l'éviction de la règle de l'unanimité. – La cession des parts réalisée durant l'indivision post-communautaire n'étant pas remise en cause, leur aliénation se trouvera consolidée rétroactivement par l'effet déclaratif du partage. Ainsi, l'époux associé sera réputé avoir été le propriétaire *ab initio* des parts ou des actifs qui leur sont subrogés et mises dans son lot. Dès lors, l'effet déclaratif du partage et le mécanisme de

---

[1] GARÇON, Jean-Pierre, *loc. cit.* ; SIMLER, Philippe, Cass. civ. 1re, 12 juin 2014, n° 13-16.309, Cass. civ. 1re, 22 octobre 2014, n° 12-29.265, *JCP G* 1er décembre 2014, n° 49, 1265, p. 2236 ; SIMLER, Philippe, Cass. civ. 1re, 12 juin 2014, n° 13-16.309, Cass. civ. 1re, 22 octobre 2014, n° 12-29.265, *JCP N* 9 janvier 2015, n° 1-2, 1001, p. 46

[2] NAUDIN, Estelle, « L'époux associé et le régime légal de la communauté réduite aux acquêts », *in Mélanges en l'honneur du professeur Gérard CHAMPENOIS*, Lextenso, 2012, p. 628.

[3] CHAMPENOIS, Gérard, « Libre disposition… *loc. cit.*

[4] BARABÉ-BOUCHARD, Véronique, « Parts sociales communes et donation par le conjoint survivant », Cass. civ. 1re, 12 juin 2014, n° 13-16.309, *Defrénois* 30 octobre 2014, n° 20, p. 1093.

[5] Cass. com. 23 décembre 1957, *Dalloz* 1958, p. 267 ; AZINCOURT, Jean-Didier, Cass. civ. 1re, 4 juillet 2012, n°11-13.384, *JCP N* 30 novembre 2012, n°48, 1382, p. 41 ; BARABÉ-BOUCHARD, Véronique, Cass. civ. 1re, 4 juillet 2012, n°11-13.384, *Dalloz* 25 octobre 2012, n°37, p. 2493 ; DAURIAC, Isabelle, Cass. civ. 1re, 4 juillet 2012, n°11-13.384, *Revue des sociétés* décembre 2012, n°12, p. 717 ; HILT, Patrice Cass. civ. 1re, 4 juillet 2012, n°11-13.384, *AJ Famille* octobre 2012, p. 508 ; LÉPINE, Thibaut, « Le sort des parts sociales dans la liquidation et le partage de communauté », Cass. civ. 1re, 4 juillet 2012, n°11-13.384, *JCP N* 9 novembre 2012, n°45, 1364, p. 37 ; NAUDIN, Estelle, Cass. civ. 1re, 4 juillet 2012, n°11-13.384, *Bulletin Joly sociétés* septembre 2012, 354, p. 608 ; PAISANT, Gilles, Cass. civ. 1re, 4 juillet 2012, n°11-13.384, *Droit de la famille* octobre 2012, 158, p. 33.

l'attribution des parts à l'époux associé lui permettent de céder les parts au cours de l'indivision, sans l'accord de son conjoint[1].

Le manque de cohérence du régime des droits sociaux avant et après la dissolution de la communauté. – Cette solution témoigne d'un manque de cohérence dans le régime des droits sociaux, qui ne sont pas régis de manière identique avant et après la dissolution de la communauté. Une fois que la communauté est dissoute, le conjoint peut valablement disposer seul des parts acquises au cours du régime sans l'accord de son conjoint. L'application de l'article 1424 du Code civil est ainsi écartée. Or, cette solution de la libre disposition des parts sociales par l'époux associé pourrait également être admise pendant la durée de la communauté, en se fondant sur la distinction du titre et de la finance. Cependant, il n'en est pas ainsi car aux termes de l'article 1424 du Code civil, durant la communauté, la cession des droits sociaux non négociables (les parts sociales) requiert l'accord du conjoint de l'époux ayant le titre d'associé. En effet, l'article 1421 alinéa 2 du Code civil autorise l'époux exerçant une profession séparée à accomplir seul les actes de disposition nécessaires à l'exercice de sa profession. Néanmoins, l'article 1424 apporte une exception formelle à ce principe en précisant que les époux ne peuvent pas, l'un sans l'autre, aliéner des droits sociaux non négociables. Ainsi, la distinction du titre et de la finance ne conduit-elle pas à l'exclusion de la cogestion imposée par l'article 1424 durant le régime de la communauté. Selon ce dispositif, les époux ne peuvent pas, l'un sans l'autre, aliéner ou grever de droits réels les immeubles, fonds de commerce et exploitations dépendant de la communauté, non plus que les droits sociaux non négociables et les meubles corporels, dont l'aliénation est soumise à publicité. Le législateur entend soumettre à la cogestion les biens les plus importants en valeur au sein du patrimoine du couple[2]. Cette solution est approuvée par la jurisprudence de la Cour de cassation qui, en faisant abstraction de la distinction du titre et de la finance, a jugé, en vertu de l'article 1424 du Code civil, qu'un époux commun en biens ne peut aliéner sans le concours de son conjoint des droits sociaux non négociables dépendant de la communauté, alors même que cette aliénation serait nécessaire à la poursuite de son activité professionnelle et n'appauvrirait pas la communauté[3].

---

[1] NAUDIN, Estelle, Cass. civ. 1re, 4 juillet 2012, n°11-13.384, *Bulletin Joly sociétés* septembre 2012, 354, p. 611 ; NAUDIN, Estelle, « L'époux associé et…*op. cit.*, pp. 628-629.

[2] NAUDIN, Estelle, « Que sont les notions…*op. cit.*, n°18, p. 474.

[3] CHAMPENOIS, Gérard, Cass. civ. 1re, 28 février 1995, n°92-16.794, *Defrénois* 1995, art. 36214, §171, p. 1489 ; GRIMALDI, Michel, Cass. civ. 1re, 28 février 1995, n°92-16.794, *Dalloz* 1995, 39e cahier, p. 327 ; SIMLER, Philippe, Cass. civ. 1re, 28 février 1995, n°92-16.794, *JCP G* 1995, n°37, 3869, n°11, p. 362 ; VAREILLE, Bernard, Cass. civ. 1re, 28 février 1995, n°92-16.794, *RTD Civ.* avril-juin 1996, n°3, p. 462 ; dans le même sens : *cf.* BARABÉ-BOUCHARD, Véronique, Cass. civ. 1re, 9 novembre 2011, n°10-12.123, *Dalloz* 16 février 2012, n°7, p. 483 ; BOULANGER, David, Cass. civ. 1re, 9 novembre 2011, n°10-12.123, *JCP N* 17 février 2012, n°7, 1107, p. 33 ; HILT, Patrice, Cass. civ. 1re, 9 novembre 2011, n°10-

La soumission de la cession des actions indivises à la règle de l'unanimité. – Au contraire des droits sociaux non négociables, les droits sociaux négociables (actions) sont des biens communs en nature. La distinction entre le titre et la finance n'est pas opérée : ces droits peuvent être aliénés durant la communauté selon l'article 1421 du Code civil. En revanche, à la dissolution du régime, l'accord du conjoint est requis. Leur aliénation est donc soumise au principe de l'unanimité posé par l'article 815-3 du Code civil. La professeure Estelle Naudin a fait observer à juste titre que « si la validité des actes de disposition est justifiée, pendant la durée de l'indivision, pour les droits sociaux non négociables, il devrait en être de même pour les valeurs mobilières » [1].

Ce raisonnement devrait de la même façon être appliqué à tous les biens soumis à la distinction entre le titre et la finance tels que les fonds de commerce, les fonds agricoles, artisanaux, libéraux et autres exploitations communes[2]. Le législateur est donc invité à prévoir un régime juridique cohérent pour tous ces droits sociaux[3].

La subrogation réelle intervient de plein droit dans la masse indivise. Il en est ainsi en cas d'échange d'un bien indivis, de même que du prix ou de la créance du prix provenant de la vente du bien indivis, qui sont eux-mêmes indivis selon l'alinéa 1er de l'article 815-10 du Code civil issu de la loi du 23 juin 2006. Le bien acquis en remploi du bien indivis revêt le caractère indivis par l'effet de la subrogation réelle avec l'accord de tous les indivisaires[4]. Il n'en demeure pas moins que l'opposabilité de la subrogation réelle envers les coïndivisaires et les tiers a suscité des débats.

La volonté subrogatoire tacite des indivisaires. – L'emploi et le remploi de biens indivis se réalisent de plein droit sans avoir à respecter des formalités spécifiques. La seule condition imposée par l'alinéa 1er de l'article 815-10 du

---

12.123, *AJ Famille* janvier 2012, p. 55 ; PAISANT, Gilles, Cass. civ. 1re, 9 novembre 2011, n°10-12.123, *JCP G* 6 février 2012, n°6, 131, p. 244.

[1] NAUDIN, Estelle, « Gestion et cession des droits sociaux communs », *Droit et patrimoine*, N°279, 1er avril 2018, p. 25. Dans le même sens : *cf.* CASEY, Jérôme, Cass. civ. 1re, 7 octobre 2015, n° 14-22.224, *AJ Famille* novembre 2015, p. 616 ; CROS, Olivia, Cass. civ. 1re, 7 octobre 2015, n° 14-22.224, *Gazette du palais* 19 avril 2016, nos 15, p. 11097 ; EGÉA, Vincent, Cass. civ. 1re, 7 octobre 2015, n° 14-22.224, *RJPF* 2015-12/18, p. 26 ; HOFFSTETTER, Célia, Cass. civ. 1re, 7 octobre 2015, n° 14-22.224, *RLDC* 1er février 2016, n° 6130 ; MORTIER, Renaud, Cass. civ. 1re, 7 octobre 2015, n° 14-22.224, *Droit des sociétés* décembre 2015, n° 12, comm. 208 ; NAUDIN, Estelle, Cass. civ. 1re, 7 octobre 2015, n° 14-22.224, *Bulletin Joly Sociétés* février 2016, p. 77 ; SIMLER, Philippe, Cass. civ. 1re, 7 octobre 2015, n° 14-22.224, *JCP N* 8 janvier 2016, 1002, p. 51 ; TARDOS, Antoine, Cass. civ. 1re, 7 octobre 2015, n° 14-22.224, *Defrénois* 15 mars 2016, n°5, p. 236 ; TORRICELLI-CHRIFI, Sarah, Cass. civ. 1re, 7 octobre 2015, n° 14-22.224, *Droit de la famille* décembre 2015, comm. 222, p. 28.

[2] TERRÉ, François, SIMLER, Philippe, *Régimes matrimoniaux et statut patrimonial des couples non mariés*, Dalloz, 8e édition, 2019, n°617, p. 505.

[3] NAUDIN, Estelle, « Cession d'actions et... *loc. cit.*

[4] ATIAS, Christian, *L'indivision... op. cit.*, p. 98 ; MARTIN, Didier, Cass. civ., 1re, 9 janvier 1979, *Dalloz* 1979, I.R. 254, 255.

Code civil est le consentement de tous les indivisaires avec possibilité de recours au juge en cas de difficulté dans la gestion (articles 815-5 et 815-6 du Code civil). Ce dispositif a conduit à se demander si le consentement requis pour le jeu de la subrogation réelle devait être exprès. L'accord tacite des indivisaires sera-t-il suffisant pour se prévaloir de la subrogation réelle ? En effet, si les indivisaires ont pu prendre connaissance de l'opération sans manifester leur opposition, la volonté subrogatoire pourrait être présumée. Cependant, il s'agira d'une présomption simple. Une marge d'appréciation est laissée au juge lorsque l'intention de l'acquéreur est douteuse car il est possible de présumer sa volonté de réaliser un acte pour le compte de l'indivision. Il en est ainsi lorsque les coïndivisaires ont confié ou abandonné la gestion du bien à l'acquéreur[1].

La subrogation réelle *a posteriori*. – La subrogation réelle *a posteriori* est également admise si tous les indivisaires ont ratifié l'acte de disposition qui avait été pris par un seul indivisaire[2]. À cet égard, la Cour de cassation a rejeté le pourvoi et a confirmé l'arrêt de la Cour d'appel qui avait déclaré que « l'indivisaire gérant n'avait pas agi contre la volonté de son coïndivisaire, lequel au contraire avait donné sa ratification tacite, et même expresse puisqu'il se prévalait de cette subrogation ». La Cour de cassation a ainsi confirmé l'application de la subrogation réelle en cas d'indivision et décidé que « la masse indivise peut s'accroître des acquisitions réalisées à l'aide des deniers indivis »[3].

La sanction de l'absence de consentement, de la nullité à l'inopposabilité. – Certains remèdes sont concevables pour qualifier les nouveaux biens indivis par l'effet de la subrogation réelle à défaut de l'accord unanime des indivisaires. En effet, la sanction de l'absence de consentement unanime des indivisaires a connu une évolution jurisprudentielle. Longtemps, la Cour de cassation a opté pour la nullité d'une vente de quote-part à autrui[4]. Cette solution a fait l'objet de critiques car la nullité ne peut pas être invoquée par les coïndivisaires en raison de son caractère relatif[5]. Par la suite, la Cour de cassation s'est prononcée en faveur de l'inopposabilité[6], en précisant toutefois que l'inopposabilité n'est que partielle car elle ne porte que sur les

---

[1] PATARIN, Jean, « Successions et libéralités », Cass. civ. 1re, 9 janvier 1979, *RTD Civ.* 1982, p. 180.
[2] ZÉNATI-CASTAING, Frédéric, REVET, Thierry, *op. cit.*
[3] LE GUIDEC, Raymond, Cass. civ. 1re, 20 février 1996, *JCP* 1996, I, 3968, n°4 ; PATARIN, Jean, Cass. civ. 1re, 20 février 1996, *RTD Civ.* 1996, § 2, p. 961.
[4] Cass. civ., 23 avril 1879, *Dalloz, Recueil périodique et critique* 1879, I, p. 212 ; Cass. civ., 28 février 1894, *Dalloz, Recueil périodique et critique* 1894, I, p. 235 ; Cass. req., 3 juillet 1922, *Sirey* 1923, p. 105 ; Cass. civ., 22 novembre 1926, *Dalloz, Recueil périodique et critique* 1929, I, p. 1123 ; WEILL, Alex, Cour d'appel Bordeaux, 18 février 1954, *Dalloz* 1955, pp. 151,153.
[5] ZÉNATI, Frédéric, Cass. civ. 1re, 7 juillet 1987, *RTD Civ.* juillet-septembre 1989, p. 582.
[6] Cass. req., 15 janvier 1934, *Sirey* 1934, p. 188 ; Cass. civ. 1re, 17 juillet 1958, *Dalloz* 1958, p. 619.

quotes-parts de ceux des coïndivisaires qui n'avaient pas consenti à la vente[1]. Enfin, la Cour de cassation a retenu une inopposabilité pour toute la cession de biens indivis[2]. Ces décisions ont été rendues par application de l'article 883 du Code civil, motif pris de ce que : « la cession d'un bien indivis qui n'a pas été consentie par tous les indivisaires n'est pas nulle, mais seulement inopposable aux autres indivisaires et son efficacité est subordonnée au résultat du partage ». Néanmoins, cette solution n'est pas restée à l'abri des critiques. Pour le Professeur Frédéric Zénati, l'article 883 ne s'applique que lorsque le sort de l'acte est remis en cause après le partage. Si la validité de l'acte est contestée pendant l'indivision, l'inopposabilité doit être fondée sur l'article 544 du Code civil. L'indivisaire qui dispose seul du bien indivis ne peut agir que sur sa part ; mais la vente reste inopposable aux autres indivisaires. L'acte de vente s'analyse ainsi en une cession de parts dont la validité requiert le respect de certaines formalités. La vente unilatérale d'un bien indivis est nulle en raison de la violation du droit de préemption de l'article 815-14 du Code civil[3].

La notion d'inopposabilité partielle est reprise par la première chambre civile de la Cour de cassation dans son arrêt du 5 avril 2005[4] : « la cession d'un bien indivis par un seul indivisaire est opposable aux coïndivisaires à concurrence de la quote-part de son auteur, de sorte que c'est à bon droit que la cour d'appel a déclaré inopposable à Mme Z... les apports de Mme X... à la SCEA, en ce qu'ils portaient sur la moitié indivise du matériel agricole et des valeurs mobilières ».

L'inopposabilité partielle et provisoire, par l'effet rétroactif du partage. – Il est possible de présumer qu'un acte réalisé par un indivisaire sur un bien indivis concerne sa quote-part. Ainsi, la cession d'un bien indivis par un seul indivisaire est opposable aux coïndivisaires à hauteur de la quote-part

---

[1] Cass. civ. 1re, 1re mars 1960, Bull. civ. I, n° 141 ; Cass. civ. 1re, 15 janvier 1968, *Dalloz* 1968, I, p. 263 ; Cass. civ. 1re, 17 octobre 1973, Bull. civ. I, n° 271 ; Cass. civ. 1re, 15 juin 1994, *Dalloz* 1994, 27e cahier, I.R. 186 ; PATARIN, Jean, Cass. civ. 1re, 15 juin 1994, *RTD Civ.* avril-juin 1995, p. 411 ; ZÉNATI, Frédéric, Cass. civ. 1re, 7 juillet 1987, *RTD Civ.* juillet-septembre 1989, p. 582.

[2] DAGOT, Michel, Cass. civ. 1re, 9 mai 1978, Bull. civ. I, n° 183, *JCP* 1979, II, 19257 ; BÉNABENT, Alain, Cass. civ. 1re, 4 juillet 1984, Bull.civ. I, n° 218, *Dalloz* 1985, I, p. 214 ; BRETON, André, Cass. civ. 1re, 10 octobre 1984, *Dalloz* 1985, I, p. 197 ; MARTIN, Didier, Cass. civ. 1re, 10 octobre 1984, *Dalloz* 1985, I, p. 3 ; PATARIN, Jean, Cass. civ. 1re, 10 octobre 1984, *RTD Civ.* 1985, p. 601 ; Cass. civ. 1re, 11 décembre 1984, Bull.civ. I, n° 331 ; Cass. civ. 1re, 27 mai 1986, *Dalloz* 1986, I.R. 297 ; BRETON, André, Cass. civ. 1re, 2 juin 1987, Bull. civ. I, n° 181, *Dalloz* 1988, p. 137 ; JOURDAIN, Patrice, Cass. civ. 1re, 7 juillet 1987, *JCP* 1988, I, n° 19, 20999 ; Cass. civ. 1re, 20 octobre 1987, n° 85-17.739 ; Cass. civ. 1re, 14 février 1990, n° 88-15.583 ; Cass. civ. 1re, 18 mai 1994, n° 92-14.786 ; Cass. civ. 1re, 10 mars 1998, n° 96-11.632 ; Cass. civ. 1re, 6 mars 2001, n° 98-16. 462 ; Cass. civ. 1re, 2 mai 2001, n° 98-21. 936 et n° 99-10.515 ; Cass civ. 3e, 29 avril 2002, n° 01-01.220.

[3] ZÉNATI, Frédéric, « Propriétés et droits réels », Cass. civ. 1re, 7 juillet 1987, *RTD Civ.* juillet-septembre 1989, p. 583.

[4] REVET, Thierry, Cass. civ. 1re, 5 avril 2005, n° 02-15.459, *RTD Civ.* 2005, p. 801.

de son auteur. Cette solution est entérinée par la jurisprudence postérieure[1], qui énonce que « la vente d'un immeuble indivis faite par un seul des indivisaires est valable pour la portion indivise qui lui appartient ». Il s'agit d'une inopposabilité partielle mais aussi provisoire puisque le sort de l'acte litigieux dépendra des résultats du partage. Selon que le bien est attribué ou non à l'auteur de l'acte, il sera rétroactivement validé ou annulé en cas de vente de la chose d'autrui, par l'effet déclaratif du partage[2]. Le partage, considéré comme un acte déclaratif, produit un effet rétroactif qui permet de régulariser des actes de disposition effectués antérieurement[3].

Aux termes de l'article 883 du Code civil, si le bien indivis aliéné entre dans le lot de l'indivisaire qui a effectué l'acte de disposition, il est censé en avoir toujours eu la propriété, et les autres indivisaires sont censés ne l'avoir jamais eue. Dans ce cas de figure, l'acte de disposition est consolidé au partage, même s'il est irrégulièrement réalisé, du fait de l'absence d'accord unanime des indivisaires. À l'opposé, si le bien aliéné par un seul indivisaire n'est pas mis dans son lot lors du partage, l'acte de disposition irrégulièrement accompli sera annulé. L'efficacité de l'acte de disposition d'un bien indivis est donc soumise au résultat du partage. De ce fait, l'acte de disposition d'un bien indivis se rapproche d'un acte conclu, sous condition suspensive de l'attribution du bien à son auteur dans le partage à intervenir[4]. Il s'agit d'une condition suspensive dont la rétroactivité repose sur l'effet déclaratif du partage indépendamment des stipulations du nouvel article 1304-6 du Code civil[5].

Cette règle a également trouvé son application dans le cas de la promesse de vente d'un immeuble indivis réalisée par un seul des indivisaires ; elle demeure valable pour la portion indivise qui lui appartient[6]. La Cour de

---

[1] CHAMOULAUD-TRAPIERS, Annie, « Indivisions, successions, libéralités, panorama 2010 », Cass. civ. 3ème, 12 mai 2010, n° 08-17.186, *Defrénois* 2010, n° 22/10, art. 39184, p. 2384 ; PÉRINET-MARQUET, Hugues, « Droit des biens », Cass. civ. 3ème, 12 mai 2010, n° 08.17-186, *JCP* 22 novembre 2010, n° 47, 1162, p. 2185, §10 ; PIÉDELIÈVRE, Stéphane, « Droit de l'immeuble », Cass. civ. 3ème, 12 mai 2010, n° 08-17. 186, *JCP N* 15 octobre 2010, n° 41, p. 28, §17 ; DE LA VAISSIÈRE, François, Cass. civ. 1re, 3 février 2016, *AJDI* 2016, p. 709.

[2] BRÉMOND, Vincent, « Droit patrimonial de la famille : panorama 2005 », Cass. civ. 1re, 5 avril 2005, n° 02-15.459, *Dalloz* 2005, p. 2121.

[3] JOURDAIN, Patrice, Cass. civ. 1re, 7 juillet 1987, *JCP* 1988, I, n° 19, 20999 ; JOURDAIN, Patrice, *RTD Civ.* 1987, n° 6, p. 510 ; PATARIN, Jean, « La double face du régime juridique…*loc. cit.*

[4] JOURDAIN, Patrice, Cass. civ. 1re, 7 juillet 1987, *JCP* 1988, I, n° 19, 20999.

[5] Depuis l'ordonnance n° 2016-131 du 10 février 2016 portant réforme du droit des contrats et du régime général de la preuve des obligations, l'article 1304-6 du Code civil exige une stipulation expresse pour que la condition suspensive rétroagisse.

[6] BERGEL, Jean-Louis, « La promesse de vente d'un immeuble indivis faite par un seul indivisaire est valable pour la portion indivise qui lui appartient », Cass. civ. 3ème, 21 juin 1995, n° 93-17.522, *RDI* 1995, p. 715 ; Cass, civ. 3e, 12 mai 2010, n° 08-17.186, *Dalloz*, 17 juin 2010, n°23, p. 1417 ; PÉRINET-MARQUET, Hugues, « Droit des biens », Cass. civ. 3ème, 12 mai

cassation confirme la jurisprudence antérieure, en rappelant le principe selon lequel un indivisaire peut valablement réaliser un acte juridique sur la quote-part indivise dont il est titulaire. Cette sanction de l'inopposabilité partielle a fait l'objet de critiques parce qu'en pratique, elle ne semble souhaitable ni pour l'acquéreur qui n'obtient pas l'intégralité du bien, ni pour les indivisaires, qui se trouvent en indivision avec un « étranger ». En outre, si cette solution conduit à atténuer la règle de l'unanimité, elle va néanmoins à l'encontre du droit de préemption prévu à l'article 815-14 du Code civil. Si le droit de préemption ne s'applique pas dans le cas de la vente du bien indivis, il n'en est pas de même en cas de cession de quotes-parts. Or, la Cour de cassation déclare la vente valable à hauteur de la quote-part de l'indivisaire cédant[1].

La preuve de l'origine indivise des deniers ou des biens faisant l'objet de l'emploi ou du remploi. – La subrogation réelle qui intervient au sein de la masse indivise n'intéresse pas seulement les indivisaires mais aussi les tiers. L'opposabilité de la subrogation réelle à l'égard des tiers, notamment les créanciers personnels des indivisaires, est soumise à certaines formalités. En effet, la Cour de cassation[2] pose une condition supplémentaire en exigeant que les indivisaires apportent la preuve de l'origine indivise des deniers ou des biens faisant l'objet de l'emploi ou du remploi pour opposer la subrogation réelle d'un immeuble au bien indivis aliéné aux tiers créanciers personnels des indivisaires afin de faire échapper l'immeuble à la saisie. L'opposabilité de la subrogation réelle envers les tiers suppose non seulement une mention de l'emploi ou du remploi de bien indivis portée à l'acte d'acquisition, dûment publié, mais encore faut-il établir qu'il existait bien des fonds à employer ou des biens à remployer[3].

La subrogation réelle de plein droit, opposable aux indivisaires. – L'une des conditions de réalisation de la subrogation réelle est la fluctuation d'ordre soit matériel, soit juridique. La fluctuation par suite d'un événement d'ordre juridique comme l'aliénation exige le consentement unanime de l'ensemble des indivisaires. Le principe de l'unanimité se trouve justifié dès lors que le patrimoine indivis contient les biens affectés à l'intérêt commun des indivisaires. Ainsi, la réalisation de la subrogation réelle dans le patrimoine indivis dépend d'une aliénation régulière selon les règles de

---

2010, n° 08.17-186, *JCP* 22 novembre 2010, n° 47, 1162, p. 2185, §10 ; PIÉDELIÈVRE, Stéphane, « Droit de l'immeuble…*loc. cit.* ; ROUQUET, Yves, *loc. cit.*

[1] CHAMOULAUD-TRAPIERS, Annie, « Indivisions, successions…*op. cit.*, p. 2384, § 5 ; PIÉDELIÈVRE, Stéphane, « Droit de l'immeuble…*loc. cit.*

[2] BRETON, André, Cass. civ. 1re, 4 janvier 1980, *Defrénois* 1980, art. 32403, pp. 1153, 1154 ; Cass. civ. 1re, 4 janvier 1980, *JCP N* 1980, II, pp. 628, 629 ; COLLARD, Fabrice, LAFOND, Jacques, *L'indivision*, Préface de Claude BRENNER, Lexis Nexis, 1re édition, 2017, n° 152, p. 68 ; PATARIN, Jean, Cass. civ. 1re, 4 janvier 1980, *RTD Civ.* 1982, p. 180 ; ZÉNATI-CASTAING, Frédéric, REVET, Thierry, *op. cit.*, n° 363, pp. 542, 543.

[3] BRETON, André, Cass. civ. 1re, 4 janvier 1980, *Dalloz* 1980, II, p. 425 ; BRETON, André, Cass. civ. 1re, 4 janvier 1980, *Defrénois* 1980, art. 32403, pp. 1153, 1154 ; Cass. civ. 1re, 4 janvier 1980, *JCP N* 1980, II, pp. 628, 629.

gestion de l'indivision. Il n'en demeure pas moins que le principe de l'unanimité imposé par les règles de gestion du patrimoine indivis n'affecte pas l'automaticité de la subrogation réelle. La mise en œuvre de la subrogation n'est pas laissée au libre arbitre de l'indivisaire qui procède au remplacement du bien. En effet, l'absence d'intention subrogatoire lors de l'emploi ou du remploi des deniers indivis entraîne la transformation du droit réel des indivisaires en droit personnel, ou en un droit au versement d'une indemnité. Au contraire, en optant pour une subrogation automatique, les indivisaires ne s'exposent ni à l'insolvabilité de l'indivisaire, ni à venir en concours avec ses créanciers personnels. Ainsi, la subrogation réelle automatique garantit-elle au mieux le droit des indivisaires. Néanmoins, si les opérations ne leur semblent pas avantageuses, ils peuvent toujours se soustraire aux effets de la subrogation en exerçant une action en inopposabilité[1].

La protection des droits des tiers, notamment celle des créanciers des indivisaires. – La subrogation réelle joue de plein droit et le maintien du caractère indivis du bien acquis en emploi ou remploi des deniers indivis ne dépend pas de l'intention de l'indivisaire. De ce fait, il est souhaitable d'attribuer une valeur de principe au jeu de la subrogation réelle dans le patrimoine indivis. Il convient cependant de souligner que si l'opposabilité de la subrogation réelle à l'égard des coïndivisaires n'est soumise à aucune intention subrogatoire, il en va autrement à l'égard des tiers, notamment des créanciers des indivisaires dont les intérêts ne sont pas suffisamment préservés. Puisque le législateur n'a pas prévu la double condition de preuve comme en matière de biens propres en régime de communauté ; l'intention de subroger est requise pour l'opposabilité aux tiers de l'emploi et du remploi de biens propres, réglés par le respect des formalités prévues à l'article 1434 du Code civil. Le législateur est ainsi invité à prévoir des formalités similaires pour préserver les droits des tiers, afin que le fonctionnement de la subrogation réelle dans le patrimoine indivis ne risque pas de porter atteinte aux droits des tiers.

L'admission étendue de la subrogation réelle au sein du patrimoine indivis par la jurisprudence de la Cour de cassation puis par le législateur permettrait de lui attribuer une valeur de principe. Le patrimoine indivis analysé comme un patrimoine d'affectation constitue un terrain favorable au jeu de la subrogation réelle, qui intervient de plein droit pour garantir la permanence et la cohérence de la masse indivise post-communautaire ou successorale en valeur.

Le domaine de la subrogation réelle, dans sa conception moderne en matière de valeurs d'affectation, n'est pas limité au seul patrimoine, universalité de droit ; elle peut également intervenir dans le cadre des universalités de fait, voire d'autres universalités de droit en droit patrimonial de la famille.

---

[1] RANOUIL, Véronique, *op. cit.*, p. 193.

La subrogation réelle de plein droit opère pour assurer la cohérence et l'autonomie du portefeuille de valeurs mobilières, l'objet des libéralités graduelles et résiduelles qui sont appréhendées comme des universalités de fait. Le jeu de la subrogation réelle est également consacré en matière d'indivision successorale et post-communautaire par le droit commun de l'indivision. La masse indivise est dépourvue de personnalité juridique, de sorte qu'en droit positif, elle ne peut être qualifiée d'universalité de droit. Cependant, le mouvement législatif et jurisprudentiel de personnification a reconnu à la masse indivise une certaine autonomie. Cela conduit à soutenir que la masse indivise composée des biens affectés à l'intérêt collectif des indivisaires peut être assimilée à un patrimoine d'affectation dont la cohésion est garantie par le jeu de plein droit de la subrogation réelle. Le rôle conservateur de la subrogation réelle est ainsi assigné dans le cadre des autres universalités que le patrimoine reconnu par les théories classiques ; il peut s'étendre au sein de nouvelles universalités de fait et de droit reconnues par l'évolution jurisprudentielle et législative afin de maintenir leurs cohérences en valeur. Il n'en demeure pas moins que le rôle conservateur de la subrogation réelle n'est pas limité aux universalités, il est également sollicité pour assurer la permanence d'une affectation en valeur portant sur des biens isolés.

Chapitre second

La permanence d'une affectation en valeur portant sur des biens isolés par la technique de la subrogation réelle

Selon la théorie de valeur d'affectation, la subrogation réelle est destinée à conserver une affectation en valeur dont l'existence est menacée par la disparition du bien sûr lequel elle portait. Sous le régime légal de la communauté réduite aux acquêts, la subrogation réelle assure la conservation en valeur des patrimoines propres, comme des masses autonomes, affectées aux besoins personnels de l'époux. La substitution entre le bien subrogé et le bien de remplacement se réalise par une fluctuation matérielle, l'un des éléments constitutifs de la subrogation réelle. Certaines fluctuations sont prévues par le législateur, d'autres ne le sont pas. Les fluctuations matérielles prévues par le législateur, comme les cas de la vente et de l'échange, produisent la subrogation réelle directe, selon les dispositions de l'article 1406, alinéa 2 et de l'article 1407 du Code civil.

La subrogation de la créance et du prix se produisent soit par l'acte juridique de l'aliénation, ou de l'échange, soit par un fait juridique, la destruction ou l'expropriation, qui donne lieu à l'attribution d'une indemnité. Dans toutes ces hypothèses, la subrogation réelle opère sans obligation de respecter les formalités de l'article 1434 du Code civil. Il s'agit donc de cas de subrogation réelle directe ou immédiate prévus par le législateur afin de préserver les patrimoines propres des époux et de maintenir ainsi l'équilibre entre les patrimoines propres et la communauté (**section I- les cas légaux de subrogation réelle automatique et de plein droit**).

D'autres fluctuations matérielles ne sont pas prévues par le législateur ; cela n'empêche pas, pour autant, de reconnaître la subrogation réelle directe et de préserver ainsi la qualité propre des biens des époux. Il en est ainsi en cas d'apport de biens propres en société contre l'attribution de parts sociales. La qualité propre des parts de société est retenue par la jurisprudence, unanime, par l'application générale de la subrogation réelle immédiate (**section II- l'apport en société des biens propres : une fluctuation matérielle originale ?**).

Section I.
Les cas légaux de subrogation réelle automatique et de plein droit

Le rôle conservateur de la subrogation réelle : le maintien de l'intégrité des diverses masses. – Le rôle de la subrogation réelle au sein du régime légal de la communauté réduite aux acquêts consiste à préserver l'intégrité des patrimoines propres de chacun des époux afin d'éviter que les biens propres de ceux-ci ne tombent dans la masse commune par l'effet de la présomption de communauté. Elle tend à préserver l'équilibre entre la masse commune et les patrimoines propres de chaque époux en permettant la libre circulation des biens.

Deux hypothèses de subrogation réelle automatique et de plein droit sont prévues par le législateur. La première hypothèse est prévue à alinéa 2 de l'article 1406 du Code civil, qui vise les créances et indemnités qui remplacent des propres : il s'agit de la créance du prix de vente d'un bien propre, de l'indemnité d'assurance due pour la destruction ou la détérioration d'un bien, des dommages-intérêts dus par le responsable du sinistre, ou encore de l'indemnité d'expropriation. La seconde hypothèse est visée par l'article 1407 du Code civil à propos de l'échange, qui dispose que « le bien acquis en échange d'un bien qui appartenait en propre à l'un des époux est lui-même propre ».

Depuis la réforme du 13 juillet 1965 ayant établi le régime légal de la communauté réduite aux acquêts, l'article 1406, dans son alinéa 2, dispose que « forment aussi des propres, par l'effet de la subrogation réelle, les créances et indemnités qui remplacent des propres… ». Ce texte ne prévoit toutefois pas le cas de la subrogation du prix aux biens propres. La consécration du principe de la subrogation du prix au bien propre est en effet confrontée aux problèmes probatoires, du fait de la fongibilité des deniers et de la présomption d'acquêts. En matière d'indemnité d'assurance, la provenance, qui est l'une des conditions de réalisation de la subrogation réelle, a suscité des débats. Le lien de causalité entre le bien propre détruit et l'indemnité d'assurance n'est pas évident, du fait que les primes ont été versées pour assurer le bien propre en cas de sinistre.

Le jeu de la subrogation du prix perçu par suite de la vente d'un bien propre n'est pas prévu à l'alinéa 2 de l'article 1406 du Code civil. Cette consécration se heurterait à la présomption d'acquêts et à la fongibilité des deniers. En l'absence d'individualisation et d'indentification, les deniers provenant de la vente d'un bien propre intègrent la masse commune. Pourtant, il ne s'agit pas d'un obstacle inhérent au jeu de la subrogation réelle car cet obstacle serait levé par le simple dépôt des deniers propres sur un compte bancaire ouvert au nom de l'époux concerné.

La fluctuation matérielle découlant de la vente, déclencheur de la subrogation réelle de plein droit. – Dans le cadre de l'emploi et du remploi des deniers propres, la subrogation réelle, dite « indirecte » ou « volontaire », intervient car elle ne produit ses effets qu'en respectant les formalités de la double déclaration d'origine des deniers et d'affectation, exprimant la volonté d'effectuer un remploi (l'article 1434 du Code civil). En revanche, en cas de vente, la créance du prix subroge le bien propre sans aucune déclaration de volonté de l'époux concerné ou formalité. La subrogation réelle directe et immédiate de la créance du prix au bien propre vendu intervient de plein droit en vertu de l'alinéa 2 de l'article 1406 du Code civil.

La raison en est que la mise en œuvre de la subrogation réelle immédiate et de plein droit suppose la substitution directe et immédiate du bien disparu par le bien de remplacement dans le patrimoine propre de l'époux. Dans le cadre de la subrogation réelle au premier degré, le lien de filiation entre le bien subrogé et le bien de remplacement, appelé « provenance », est établi par l'acte ou le fait juridique par lequel le remplacement ou la fluctuation matérielle opère dans le patrimoine propre de l'époux[1].

L'acte juridique de vente est l'une des formes de la fluctuation matérielle, l'un des éléments constitutifs de la subrogation réelle qui entraîne la substitution du bien subrogé par un autre bien. Ainsi, la fluctuation contractuelle de la vente entraîne-t-elle le remplacement du bien vendu par la créance du prix dans le patrimoine du vendeur. Il existe une corrélation directe et immédiate entre le bien vendu et la créance du prix. Par ailleurs, la créance du prix représente la même valeur que le bien vendu, ce qui caractérise une contre-valeur type[2]. Il est ainsi possible de soutenir que la subrogation de la créance au bien propre vendu s'impose par la force des choses, de sorte qu'elle revêt un caractère de principe.

La subrogation réelle du prix au bien propre, un oubli du législateur ? – Si la subrogation réelle de plein droit de la créance du prix au bien propre vendu est consacrée par le législateur, il en va autrement pour la subrogation réelle du prix au bien propre vendu, qui a suscité des controverses non seulement sous l'ancien régime légal de la communauté de meubles et acquêts, mais aussi sous le régime légal de la communauté réduite aux acquêts. Une question est ainsi soulevée : pourquoi le législateur a-t-il limité la subrogation à la créance du prix du bien propre ? S'agit-il d'un oubli ?

Sous l'ancien régime légal de la communauté de meubles et acquêts. – Sous l'ancien régime légal de la communauté de meubles et acquêts, avant la

---

[1] La provenance est définie par Lauriol de la manière suivante : elle tient à ce que « la disparition d'un bien rattaché à un patrimoine déterminé doit être, sur un plan strictement réel, la cause directe de l'apparition d'un bien nouveau dans le même patrimoine » : *cf.* LAURIOL, Marc, *La subrogation réelle*, préface d'André BRETON, Vol.1, Alger, Recueil Sirey, 1954, n°236, p. 250.

[2] *Ibid.*, n° 236, p. 249, n° 237, p. 250- 251.

réforme du 13 juillet 1965[1], la communauté jouissait de l'usufruit des biens propres. Les deniers propres étaient qualifiés de « propres imparfaits » car les deniers propres, notamment ceux issus de l'aliénation des biens propres, étaient absorbés par la communauté. Ainsi, le droit de propriété de l'époux se transformait-il en une créance de récompense due à l'époux à la dissolution de la communauté[2]. Dès lors, la subrogation du prix au bien propre vendu ne pouvait pas opérer car la subrogation réelle du prix ne correspondait pas à l'économie générale de l'ancien régime légal de la communauté de meubles et acquêts.

Sous le régime légal de la communauté réduite aux acquêts. – Il semblait que la limite imposée à la subrogation du prix au bien propre, liée à l'usufruit de la communauté sur les biens mobiliers, soit levée sous le régime légal de la communauté réduite aux acquêts établi par la réforme du 13 juillet 1965. Or, il n'en est rien. En effet, sous ce régime, le même problème subsiste, de sorte que les deniers propres peuvent encore être qualifiés de « propres imparfaits » car en l'absence d'individualisation, ils sont susceptibles d'être absorbés par la masse commune par l'effet de la présomption d'acquêts. En d'autres termes, les deniers intègrent la communauté, sauf si l'époux propriétaire prend les mesures nécessaires afin de les individualiser[3].

La subrogation réelle du prix versé individualisé. – La subrogation du prix au bien propre vendu n'est envisagée ni sous l'ancien, ni sous l'actuel régime légal. Cependant, il convient de relever que si le jeu de la subrogation du prix au bien propre vendu s'oppose à l'économie générale de l'ancien régime de la communauté de meubles et acquêts, il en va autrement sous le régime légal de la communauté réduite aux acquêts. En effet, sous le régime légal, le caractère imparfait des deniers propres n'est pas un obstacle de fond à la réalisation de la subrogation. La conclusion valable d'un contrat de vente d'un bien propre entraîne le transfert du caractère propre sur le prix perçu par l'effet de la subrogation réelle de plein droit sur le fondement de l'équité[4].

La fongibilité de la somme d'argent ne s'oppose pas au jeu de la subrogation du prix au bien propre, qui produit ses effets à la suite de la fluctuation matérielle de la vente[5]. La seule difficulté qui se pose pour admettre la subrogation du prix au bien propre est la preuve car la preuve de la provenance, c'est-à-dire la preuve du lien entre le prix perçu et l'aliénation

---

[1] Loi n° 65-570 du 13 juillet 1965 portant réforme des régimes matrimoniaux.

[2] MAGNILLAT, André, *De la subrogation réelle*, Lyon, Imprimerie Paul Legendre et Cie, 1912, p. 91 ; STORA, Charles, *De la subrogation réelle*, Paris, Librairie nouvelle de droit et de jurisprudence Arthur Rousseau, 1901, p. 251.

[3] LAURIOL, Marc, *op. cit.*, n°308, p. 348.

[4] CAPITANT, Henri, *op. cit.*, pp. 390, 412.

[5] FLACH, Jacques, *De la subrogation réelle*, thèse Paris, 1870, pp. 47-48.

du bien propre, est délicate à apporter dans la mesure où le bien de remplacement est une somme d'argent, fongible et difficile à individualiser[1].

Dès lors, la subrogation réelle est écartée par la présomption de communauté combinée avec la fongibilité de la somme d'argent perçue, qui intègre la masse commune. En revanche, la subrogation du prix au bien propre vendu peut être invoquée par l'époux intéressé dans la mesure où la somme d'argent représente une individualité suffisante au moment où celle-ci est versée.

Le placement en compte-épargne, non soumis au formalisme du remploi. – Les fonds déposés sur un compte bancaire ouvert avant le mariage et qui n'a pas fonctionné durant le mariage restent propres à l'époux titulaire du compte[2]. Quant aux deniers propres placés durant le mariage sur le compte personnel de l'époux, la première chambre civile de la Cour de cassation, le 3 novembre 1983[3], a retenu la qualité propre du prix d'un bien propre, placé sur un compte-épargne sans respecter les formalités du remploi[4].

Une femme, sous le régime de la communauté réduite aux acquêts dissoute par le décès de son mari, avait déposé des deniers propres (120 000 F) sur un compte-épargne dont la qualité commune était réclamée par l'un des héritiers (la fille commune des époux). Pour l'héritière, l'opération en cause devait être assimilée à une immobilisation dans un investissement qui exigeait le respect des formalités du remploi, à défaut desquelles formalités la somme d'argent déposée tombait dans la communauté. La Cour de cassation a rejeté cette analyse au motif que « ... une somme d'argent reste une somme d'argent, de sorte que le placement dont il s'agit ne constitue pas l'acquisition d'un bien nouveau et ne relève pas des prescriptions de l'article 1434 du Code civil »[5].

Le compte bancaire personnel, insuffisant pour prouver l'origine propre des deniers employés. – L'origine propre des deniers employés ne

---

[1] LAURIOL, Marc, *op. cit.*, n°236, p. 248 ; RANOUIL, Véronique, *La subrogation réelle en droit civil français*, Librairie générale de droit et de la jurisprudence, 1985, pp. 102, 250.

[2] Cass. civ. 1re , 28 octobre 2003, n° 01-17.031 ; NACHBAUM, Anne-Laure, *Les comptes bancaires des époux mariés sous le régime légal,* Mémoire de Master II recherche mention droit de la famille, sous la direction de Estelle NAUDIN, Université Robert Schuman, Strasbourg III, 2007, p. 42.

[3] Cass. civ. 1re, 3 novembre 1983, n°82-13.221, *JCP N* 1984, p. 274 ; CHAMPENOIS, Gérard, Cass. civ. 1re, 3 novembre 1983, n°82-13.221, *Defrénois* 1984, art. 33379, n° 99, p. 1083 ; MARTIN, Didier, Cass. civ. 1re, 3 novembre 1983, n°82-13.221, *Dalloz* 1984, p. 275.

[4] Cass. civ. 1re, 5 décembre 2018, n° 18-11.794, *JCP N* 21 décembre 2018, n°51-52, Act. 956 ; Cass. civ. 1re, 5 décembre 2018, n° 18-11.794, *Dalloz* 27 décembre 2018, n°44, Act. 2415 ; GUIGUET-SCHIELÉ, Quentin, Cass. civ. 1re, 5 décembre 2018, n° 18-11.794, *Dalloz Act.* 17 janvier 2019 ; VAREILLE, Bernard, Cass. civ. 1re, 5 décembre 2018, n° 18-11.794, *RTD Civ.* 2019, p. 171.

[5] Le Doyen Didier Martin a souligné que la somme d'argent est propre par l'effet de la subrogation réelle de la créance qui remplace un bien propre en application de l'article 1406, alinéa 2 du Code civil. Ainsi, la qualité de créancier est conférée à l'épouse à la suite du dépôt des deniers lui appartenant en propres sur un compte-épargne auprès de la banque :*cf.* MARTIN, Didier, *loc. cit.*

peut être prouvée par le simple dépôt sur un compte bancaire personnel. La Cour de cassation[1] a opéré une distinction entre les règles de pouvoir et celles de la propriété, s'agissant du compte bancaire personnel des époux. Elle a déclaré que les deniers déposés sur le compte personnel de l'époux sont présumés être des acquêts de la communauté.

En effet, en faveur de l'indépendance et de l'émancipation de la femme mariée, la loi du 13 juillet 1965 a introduit l'article 221 du Code civil, énonçant que « chacun des époux peut se faire ouvrir, sans le consentement de l'autre, tout compte de dépôt ou tout compte de titre en son nom personnel ». L'alinéa second, inséré par la loi du 23 décembre 1985, prévoit qu'« à l'égard du dépositaire, le déposant est toujours réputé, même après la dissolution du mariage, avoir la libre disposition des fonds et des titres en dépôt ».

Ainsi, quant aux règles de pouvoir, seul l'époux titulaire du compte bancaire dispose-t-il du pouvoir de gérer son compte personnel, alors que selon la règle de la présomption de communauté posée par l'article 1402 du Code civil, les deniers déposés sur un compte bancaire personnel de l'époux sont présumés acquêts[2]. Le pouvoir exclusif de l'époux sur son compte bancaire personnel est indépendant de la nature commune ou propre des fonds déposés sur ledit compte durant la communauté[3]. En effet, le simple fait que les deniers employés pour le remboursement d'une partie du crédit immobilier commun proviennent d'un compte bancaire au nom personnel de l'épouse n'est pas suffisant à établir le caractère propre des deniers, de sorte que les deniers employés déposés sur le compte personnel sont présumés communs par l'effet de la présomption d'acquêts régie par l'article 1402 du Code civil.

Par conséquent, la présomption de communauté (présomption de propriété) l'emporte sur la présomption bancaire (présomption de pouvoir)[4].

---

[1] SIMLER, Philippe, Cass. civ. 1re, 9 juillet 2008, n° 07-16.545, *JCP G* 22 octobre 2008, I, n° 43, doctr. 202, spéc. 7.

[2] HILT, Patrice, « Les deniers déposés sur le compte bancaire d'un époux sont présumés être des acquêts », Cass. civ. 1re, 9 juillet 2008, n° 07-16.545, *AJ famille* 2008, p. 438 ; NAUDIN, Estelle, « Les comptes bancaires et la famille », *AJ famille* 2006, p. 273.

[3] BOULOC, Bernard, Cass. civ. 1re, 8 juillet 2009, n° 08-17.300, Dépôt. Fonds prélevés par le conjoint. Restitution des fonds, *RTD Com.* 2010, p. 416 ; BRÉMOND, Vincent, Cass. civ. 1re, 8 juillet 2009, n° 08-17.300, *Dalloz* 2010, p. 2392 ; CHÉNEDÉ, François, Cass. civ. 1re, 8 juillet 2009, n° 08-17.300, *AJ Famille* 2009, p. 404 ; DOUVILLE, Thibault, Cass. civ. 1re, 8 juillet 2009, n° 08-17.300, *JCP N* 4 décembre 2009, n° 49, p. 1329 ; EGÉA, Vincent, Cass. civ. 1re, 8 juillet 2009, n° 08-17.300, *Dalloz* 2010, p. 360 ; LALANDE CHAMPETIER DE RIBES, Stéphanie, « L'organisation des comptes bancaires des époux à l'épreuve de la rupture du lien conjugal (1)», *AJ Famille* 2011, p. 400 ; LEMOULAND, Jean-Jacques, VIGNEAU, Daniel, « Droit des couples », *Dalloz* 2010, p. 728 ; NAUDIN, Estelle, Cass. civ. 1re, 8 juillet 2009, n° 08-17.300, *JCP G* 19 octobre 2009, n° 43, n°353, p. 18 ; WIEDERKEHR, Georges, Cass. civ. 1re, 8 juillet 2009, n° 08-17.300, *JCP G* 26 octobre 2009, n°44, n° 391, spéc. 5, p. 40.

[4] FERRÉ-ANDRÉ, Sylvie, « Du caractère inapproprié du régime de communauté à la préservation des intérêts économiques d'un époux actionnaire (illustrations du jeu de la

Cependant, il ne s'agit que d'une simple présomption d'acquêts susceptible d'être renversée par une preuve contraire. L'époux titulaire du compte peut prouver que les sommes déposées sur son compte bancaire personnel lui sont propres. La nature propre des deniers déposés sur le compte personnel de l'époux peut être établie par un écrit, en vertu de l'alinéa 2 de l'article 1402 du Code civil, qui peut être soit une preuve préconstituée telle qu'une déclaration d'emploi ou de remploi, une déclaration d'apport dans un contrat de mariage, un inventaire notarié ou sous seing privé, soit par d'autres écrits tels que les documents de banque[1].

Un compte bancaire *ad hoc* de neutralisation et d'identification des deniers propres. – Le compte bancaire réservé au dépôt des deniers propres n'est pas, à lui seul, un moyen suffisant pour individualiser les deniers propres et écarter la présomption de communauté. En effet, un fonctionnement spécifique du compte bancaire personnel de l'époux est exigé afin de « neutraliser et identifier les deniers propres »[2]. Il est conseillé de déposer les fonds sur un compte personnel dans une autre banque que celle où le couple dispose de ses comptes joints. En outre, le compte réservé ne doit pas fonctionner comme un compte ordinaire, de sorte qu'aucune opération ne doit y être réalisée sauf l'emploi ou le remploi, en observant les formalités de la double déclaration[3]. Il faut donc cloisonner soigneusement le compte personnel réservé aux deniers propres de l'époux en vue de maintenir le caractère propre des deniers et éviter toute confusion avec les fonds communs par l'effet de la présomption d'acquêts[4]. Le maintien d'une trace claire des opérations bancaires est donc requis en cas de virement de ce compte vers un compte commun. De plus, le compte personnel doit être immobile, de sorte qu'il ne faut encaisser sur ce compte aucun revenu du travail, ou produit de la vente d'un bien commun ou de revenu d'un bien propre. En outre, les intérêts produits par le compte personnel doivent être versés sur un autre compte ouvert à cette fin car les revenus des biens propres ont le caractère de biens communs[5]. Ainsi, il n'est pas évident de maintenir l'étanchéité du compte

---

subrogation réelle) », *in Mélanges en l'honneur du professeur Gérard CHAMPENOIS*, Defrénois, 2012, p. 262.

[1] HILT, Patrice, *loc. cit.*

[2] BEIGNIER, Bernard, Cass. civ. 1re, 8 novembre 2005, n° 03-14.831, *Droit de la famille* décembre 2005, comm. 274, p. 29 ; REVEL, Janine, Cass. civ. 1re, 8 novembre 2005, n° 03-14.831, *Dalloz* 2006, n°30, p. 2069 ; VAREILLE, Bernard, 8 novembre 2005, n° 03-14.831, *RTD Civ.* octobre/décembre 2006, n°4, p. 814.

[3] BEIGNIER, Bernard, Cass. civ. 1re, 15 février 2012, n° 11-10.182, *Droit de la famille* avril 2012, comm. 70, p. 27 ; VAREILLE, Bernard, 8 novembre 2005, n° 03-14.831, *RTD Civ.* octobre/décembre 2006, n°4, p. 815.

[4] SAVATIER, René, « La communauté conjugale nouvelle », *Dalloz* 1970, n° 85, p. 179 ; VAREILLE, Bernard, Cass. civ. 1re, 9 juillet 2008, n° 07-16.545, *RTD Civ.* 2009, p. 158.

[5] BEIGNIER, Bernard, Cass. civ. 1re, 20 février 2007, n°05-18.066, *Droit de la famille* avril 2007, comm. 88, p. 44 ; CHAMPENOIS, Gérard, Cass. civ. 1re, 20 février 2007, n°05-18.066, *Defrénois* 2008, n°03, art. 38719, p. 307 ; HILT, Patrice, Cass. civ. 1re, 20 février 2007, n°05-

bancaire alimenté par les deniers propres, de sorte que la majorité des comptes bancaires des époux unis sous le régime légal de la communauté réduite aux acquêts sont qualifiés de richesses communes[1].

La subrogation réelle, le fait générateur de la créance de récompense. – En l'absence d'individualisation, les deniers propres intègrent la masse commune à charge de récompense au profit de l'époux dont le bien propre a été aliéné. L'empreinte de la subrogation réelle mérite d'être soulignée à travers l'exercice du droit à récompense. Une question peut être soulevée : est-il concevable d'admettre la subrogation de la créance de récompense aux deniers provenant de l'aliénation d'un bien propre ?

Certes, les deniers, choses de genres, sont susceptibles de se faire absorber par la masse commune. Cependant, ils représentent toujours une valeur propre introduite dans la communauté[2]. De ce fait, l'article 1433 du Code civil dispose que : « la communauté doit récompense à l'époux propriétaire toutes les fois qu'elle a tiré profit de biens propres. Il en est ainsi, notamment, quand elle a encaissé des deniers propres ou provenant de la vente d'un propre, sans qu'il en ait été fait emploi ou remploi ». Le droit à une récompense due par la communauté prend la place du bien propre ou de la valeur représentant des propres dans le patrimoine de l'époux dont la communauté a profité par l'effet de la subrogation réelle[3]. Ainsi, la qualité propre des deniers est conservée par l'effet de la subrogation réelle lors de l'opération de vente, mais elle survit également durant le fonctionnement de la communauté, jusqu'à la dissolution par le biais de la théorie des récompenses. Nous pouvons ainsi soutenir que la subrogation réelle ne parvient pas à conserver la portée du droit de l'époux sur les deniers, à savoir le droit réel en raison de la fongibilité des deniers combinée avec la présomption d'acquêts. Néanmoins, la qualité propre des valeurs propres incluses dans la masse commune est préservée à travers la subrogation de la créance de récompense aux deniers propres[4].

La provenance controversée de l'indemnité d'assurance au bien propre détruit. – La consécration d'un principe général de subrogation réelle à titre particulier suppose la substitution directe et immédiate du bien disparu par le bien de remplacement dans le patrimoine propre de l'époux. Cette provenance est établie par l'acte ou le fait juridique par lequel le remplacement ou la

---

18.066, *AJ famille* mai 2007, p. 230 ; NICOD, Marc, Cass. civ. 1re, 20 février 2007, n°05-18.066, *Dalloz* 2007, n°22, p. 1578 ; REVEL, Janine, Cass. civ. 1re, 20 février 2007, n°05-18.066, *Dalloz* 2007, n°30, p. 2126 ; SIMLER, Philippe, Cass. civ. 1re, 20 février 2007, n°05-18.066, *JCP* 21 novembre 2007, n°47, I, 208, §11, p. 35 ; VAREILLE, Bernard, Cass. civ. 1re, 20 février 2007, n°05-18.066, *RTD Civ.* juillet/septembre 2007, n°2, p. 618.

[1] GRARE-DIDIER, Clothilde, PICHARD, Marc, « L'argent en compte et la famille », *in Mélanges en l'honneur du professeur Gérard CHAMPENOIS*, Lextenso, 2012, n° 11, p. 390.

[2] JAUBERT, Pierre, *Les propres mobiliers dans la communauté légale*, Bordeaux, Imprimerie Bière, 1942, n° 107, p. 132.

[3] *Ibid.*, n° 107, p. 132, n° 122, pp. 152-153.

[4] RIPERT, Georges, BOULANGER, Jean, *Traité élémentaire de droit civil de Planiol*, T. IV, LGDJ, 1959, n°944, p. 314.

fluctuation matérielle opère dans le patrimoine propre de l'époux. Cependant, la condition de provenance a suscité des débats, notamment en matière d'indemnité d'assurance allouée à un époux dont le bien propre est sinistré. En effet, le lien de filiation entre le bien subrogé et le bien disparu n'est pas évident à établir en raison des primes versées pour assurer le bien propre en cas de sinistre. Se pose aussi cette question : l'indemnité trouve-t-elle sa cause[1] dans les primes versées par l'assuré ou dans la destruction survenue?

Pour certains auteurs[2], la nature de capitalisation de contrat d'assurance empêche d'établir le lien entre l'indemnité d'assurance et le bien propre détruit. La cause de l'allocation de l'indemnité d'assurance se trouve dans la compensation de la prime annuelle payée par l'assuré, de sorte qu'elle ne représente le bien propre sinistré que de manière imparfaite.

La destruction du bien assuré, cause réelle de l'allocation de l'indemnité. – Cette position n'est pas restée à l'abri des critiques. Certes, l'origine économique de l'indemnité d'assurance se trouve dans les primes versées, et non pas dans le sinistre. Cependant, l'origine économique n'est pas déterminante pour établir le lien de provenance nécessaire au jeu de la subrogation réelle[3]. En effet, il convient d'opérer une distinction entre la cause contractuelle et la cause réelle de l'allocation de l'indemnité d'assurance. Si la cause contractuelle de l'indemnité se trouve dans le versement des primes, la cause réelle, quant à elle, se trouve dans la destruction du bien qui caractérise la fluctuation non contractuelle, la cause de la subrogation de l'indemnité au bien sinistré[4].

La destruction du bien assuré, cause directe de l'allocation de l'indemnité. – En principe, le montant de l'indemnité est égal à la valeur du bien détruit. À cet égard, l'article 28 de la loi du 13 juillet 1930 prévoit que le contrat d'assurance n'est pas destiné à entraîner un enrichissement pour l'assuré ; mais à réparer le dommage causé au patrimoine de l'assuré. L'indemnité sera égale à la valeur de la chose assurée lors du sinistre, même si la valeur des primes versées excède la valeur du bien assuré. Il s'en déduit que l'indemnité est allouée en raison de la destruction du bien, et non du

---

[1] L'ordonnance n° 2016-131 du 10 février 2016 a supprimé le terme de « cause ». Ce terme est remplacé par celui du « but » du contrat (art. 1162 C.civ.) et le terme de « contrepartie » (art. 1169 C.civ.) que nous visons ici pour désigner la prestation obtenue grâce à l'obligation.

[2] Cass. civ., 28 juin 1831, *Sirey* 1831, I, 290 ; CA Gronoble, 27 février 1834, *Sirey* 1834, II, 367 ; CA Paris, 8 décembre 1879, *Dalloz* 1881, II, 23 ; CA Pau, 1re mai 1893, *Dalloz* 1895, II, 10 ; BAUDRY-LACANTINERIE, Gabriel, DE LYONES, P., *Traité théorique et pratique de droit civil, du nantissement des privilèges et hypothèques et de l'expropriation forcée,* Troisième édition, Tome I, Sirey, 1906, nos 281, 291; TROPLONG, Raymond, Théodore, *Droit civil expliqué, des privilèges et hypothèques ou commentaire du titre XVII du livre III du Code civil,* 5e édition, Paris, 1854, IV, n°890.

[3] LAURIOL, Marc, *op. cit.*, n° 256, p. 277.

[4] *Ibid.*, n° 257, p. 280.

versement des primes[1]. La condition de l'équivalence entre le montant de l'indemnité ou la contre-valeur et le bien disparu permet de déterminer la provenance[2]. Dès lors, la cause directe de l'allocation de l'indemnité d'assurance est la destruction du bien assuré et la cause indirecte en sont les primes versées, car l'indemnité est versée dès la destruction du bien assuré. L'assuré verse les primes afin de préserver son patrimoine ou un bien précis. Sur le plan psychologique et objectif du contrat d'assurance, les primes ne sont que la cause indirecte de l'indemnité. Celle-ci trouve sa cause directe et immédiate dans la destruction du bien assuré[3]. Il existe donc un lien entre l'indemnité d'assurance et la destruction du bien assuré, comme cela existe dans le cadre de l'indemnité de responsabilité.

L'origine et la destination, deux critères permettant d'établir la provenance. – Pour Marc Lauriol, la provenance est dotée de deux aspects, l'origine et la destination, qui ne s'opposent pas, mais qui se complètent en matière d'indemnité d'assurance. Dans le cas de la vente, l'origine est suffisante pour établir la provenance car l'origine de la créance du prix est le bien vendu dans le patrimoine du vendeur. Il n'est pas nécessaire de vérifier la destination de la créance du prix pour établir la provenance. Personne ne doute que la créance du prix soit destinée à compenser la vente du bien dans le patrimoine du vendeur. En revanche, en matière d'indemnité d'assurance, le critère de l'origine n'est pas suffisant pour démontrer la provenance. L'origine est donc renforcée par la destination de la contre-valeur. Il faudrait rechercher la raison de l'acquisition du nouveau bien. L'indemnité d'assurance est destinée à compenser la perte d'un bien assuré dans le patrimoine de l'assuré. Dès lors, c'est à travers la destination du nouveau bien que son origine est démontrée ; en corolaire, la provenance est établie. L'indemnité d'assurance est destinée à compenser la disparition du bien assuré à la suite du sinistre. Elle trouve son origine dans le bien détruit dans le patrimoine de l'assuré. En outre, l'apparition de l'indemnité d'assurance dans le patrimoine de l'assuré est la cause directe et réelle de la destruction du bien assuré[4].

Le caractère propre de l'indemnité par l'effet de la subrogation réelle, indépendant de la source de financement des primes. – Depuis sa réforme par la loi du 13 juillet 1965, l'article 1406 alinéa 2 du Code civil prévoit la subrogation réelle directe et de plein droit de l'indemnité au bien propre. Pour le législateur, la source de financement des primes est indifférente pour la qualité propre de l'indemnité d'assurance. Elle provient directement et immédiatement de la disparition du bien dans le patrimoine propre de l'époux,

---

[1] HENRY, André, *De la subrogation réelle conventionnelle et légale*, thèse Nancy, 1913, p. 276 ; LAURIOL, Marc, *op. cit.*, n° 254, p. 273-274.

[2] LAURIOL, Marc, *op. cit.*, n° 243, p. 263.

[3] *Ibid.*, n° 255, p. 275.

[4] *Ibid.*, n° 258, p. 283.

que les primes soient financées par la communauté ou par le patrimoine de l'époux intéressé. L'indemnité, que ce soit une indemnité d'assurance, une indemnité due par le responsable d'un dommage, ou une indemnité d'expropriation[1], ou encore une indemnité gracieuse allouée par l'État ou le département à la suite d'un sinistre ou d'une catastrophe[2] survenue, intègre le patrimoine de l'époux par l'effet de la subrogation réelle de plein droit.

Le bien acquis en contre-échange d'un bien propre revêt la qualité de bien propre de plein droit en vertu de l'article 1407 du Code civil. Le lien entre le bien propre et le bien de remplacement acquis en contre-échange est évident. Il n'est pas nécessaire de recourir aux formalités du remploi. La provenance est avérée en raison de la nature de l'acte juridique par lequel le remplacement se réalise. Dans la majorité des cas, la valeur du bien acquis en contre-échange excède celle du bien propre ; de ce fait, une soulte reste à la charge de la masse commune afin de rattraper l'absence d'équivalence. En doctrine, cela a suscité des débats quant à la qualité propre ou commune du bien qui remplace le bien propre en cas d'échange inégal.

Par ailleurs, la portée de la subrogation réelle dans l'opération d'échange et le caractère d'ordre public ou facultatif du dispositif de l'article 1407 du Code civil a suscité des débats en doctrine.

Le jeu de la subrogation réelle en l'absence d'équivalence de la contre-valeur. – La subrogation réelle se caractérise par une fluctuation matérielle (élément fluctuant) et la destination en valeur (élément stable). L'élément fluctuant se compose de deux éléments : l'élément passif, ou le bien remplacé, et l'élément actif, ou le bien de remplacement. Ce dernier représente en effet la valeur du bien remplacé. La contre-valeur se caractérise par l'exigence d'une équivalence et d'une provenance. Dans le cadre de l'opération d'échange, déclencheur du jeu de la subrogation réelle de plein droit, l'équivalence existe de la manière la plus parfaite entre les deux biens, ce qui ressort de la nature même de l'opération. Le bien acquis en échange représente la même valeur que le bien ancien. Cependant, dans la majorité des cas, la valeur du bien acquis en échange est supérieure à celle du bien propre aliéné. Dans ce cas, l'époux emprunte des deniers à la communauté pour rattraper cette différence de valeur. Il s'agit donc d'un cas d'échange inégal.

Il convient d'éclaircir le cas de l'échange inégal avec certaines illustrations : lorsque la valeur du bien acquis en échange est inférieure à celle du bien propre cédé, la subrogation réelle opère en totalité, malgré l'absence d'équivalence entre le bien disparu et le bien de remplacement. Si, par exemple, le bien acquis en échange vaut 500 Euros alors que le bien propre en

[1] MAGNILLAT, André, *op. cit.*, p. 102 : l'indemnité d'expropriation s'assimile au prix d'un bien propre qui emprunte la qualité de propre ; PAULMIER, Edgard, *De la subrogation réelle en droit romain et en droit français*, Orléans, Imprimerie de Georges Jacob, 1882, p. 132.
[2] Cass. civ. 1re, 6 janvier 1981, *Dalloz* 1981, somm. 95, p. 463 ; CHAMPENOIS, Gérard, Cass. civ. 1re, 6 janvier 1981, n° 79-13.670, *Defrénois* 1981, art. 32750, n° 97, p. 1313.

valait 300, la soulte fournie par la communauté sera de 200 Euros. Dans ce cas, la soulte est inférieure à la valeur du bien propre cédé. La subrogation opère en totalité, alors que la condition de l'équivalence n'est pas remplie, car la soulte n'est pas significative. La question se complique lorsque la soulte fournie par la communauté excède notablement la valeur du bien propre aliéné. Dans ce cas, la question consiste à savoir si la condition de l'équivalence de la contre-valeur ou du bien de remplacement est obligatoire ou abandonnée. Le bien de remplacement doit-il représenter la même valeur que le bien remplacé par l'échange ? La subrogation opère-t-elle en l'absence d'équivalence de la contre-valeur ? Avant de s'intéresser à la position prise par le législateur sur cette question depuis la réforme du 13 juillet 1965, il convient de traiter les théories émises sous l'empire du droit antérieur à la réforme du 13 juillet 1965. Cela permettra de mettre en évidence les nécessaires modifications apportées par cette loi

Trois opinions ont été proposées. Selon la première théorie, émanant des premiers rédacteurs du Code civil, le bien acquis est propre en totalité, et l'exigence de l'équivalence est abandonnée. La deuxième théorie présentée par Pothier, admise par la majorité des auteurs, démontre que le bien revêt une double nature : propre et acquêt. Dans cette théorie, l'équivalence est respectée de la manière la plus rigoureuse. La troisième théorie a inspiré le législateur dans sa loi du 13 juillet 1965 : elle qualifie le bien acquis de propre, ou d'acquêt, en fonction de la qualification donnée à l'opération.

Le jeu de la subrogation réelle en l'absence d'équivalence de la contre-valeur. – Selon cette théorie, le bien acquis en échange était propre en totalité, quelle que soit l'importance de la soulte. Cette théorie méconnaissait l'exigence de l'équivalence et toute la conception quantitative de la valeur. La provenance faisait autorité sur l'équivalence, de sorte que la subrogation réelle jouait quelle que soit l'importance de la soulte [1]. Cette théorie, attachée à la lettre de l'ancien article 1407 du Code civil[2], avait pour objectif d'empêcher l'indivision entre l'époux et la communauté et d'éviter ainsi les conflits éventuels entre époux[3].

Cette théorie n'était pourtant pas à l'abri de critiques. L'absence de distinction selon l'importance de la soulte permettait aux époux de se constituer des propres à leur gré au cours du mariage aux dépens de la

---

[1] LAURIOL, Marc, *op. cit.*, n°285, p. 316.

[2] L'ancien article 1407 du Code civil de 1804 disposait que : « l'immeuble acquis pendant le mariage, à titre d'échange contre l'immeuble appartenant à l'un des époux, n'entre point en communauté, et est subrogé aux lieu et place de celui qui a été aliéné ; sauf la récompense s'il y a soulte ».

[3] AURENGE, Joseph, *La subrogation réelle*, thèse Paris, 1910, p. 86 ; MASSERON, Gustave, *De la subrogation réelle en droit romain et en droit français*, thèse Bordeaux, 1876, p. 101.

communauté[1], ce qui était contraire à l'esprit du régime de la communauté et au principe de l'immutabilité des conventions matrimoniales[2].

Le caractère mixte du bien acquis en contre-échange inégal. – Selon la théorie de Pothier, si la soulte était égale ou supérieure à la valeur de l'héritage propre, le contrat avait un caractère mixte d'échange, au prorata de la valeur de l'héritage propre, et le caractère de vente pour le surplus. Le bien était propre jusqu'à concurrence de la valeur du bien propre aliéné par l'effet de la subrogation réelle ; pour le surplus, il tombait dans la communauté. Le contrat revêtait donc un caractère mixte mêlé de vente et d'échange[3]. La subrogation réelle jouait dans cette théorie en partie, de sorte que le bien avait le double caractère de propre et d'acquêt. La condition d'équivalence de la contre-valeur était donc respectée de manière rigoureuse car le bien acquis était propre jusqu'à la valeur représentant le bien propre, et pour le surplus représentant la soulte, le bien était acquêt[4]. Cette opinion était cependant critiquée malgré l'adhésion majoritaire des auteurs, car le caractère mixte du bien entraînait un état d'indivision entre l'époux propriétaire du bien propre cédé et la communauté, que le législateur n'estimait pas souhaitable[5].

Le caractère commun ou propre du bien en fonction de l'importance de la soulte. – La troisième opinion a été présentée par Guillouard ; d'après l'adage « *Major pars trahit ad se minorem* »[6]. Selon cette théorie, le bien acquis était qualifié de propre ou d'acquêt pour le tout, en fonction du caractère donné au contrat, que ce soit l'échange ou la vente. Si la soulte était supérieure à la moitié de la valeur du bien acquis, l'opération ne s'analysait plus en un échange mais en un achat ; le surplus était réglé avec de l'argent[7].

La provenance prépondérante permettait de déterminer l'origine du bien acquis en fonction de la valeur émise par les masses respectives, propre ou commune. Lorsque la contribution de la communauté excédait celle de la masse propre, le bien acquis provenait principalement de la masse commune et prenait la même qualité. Dès lors, la provenance prépondérante établie à l'égard de la masse commune faisait obstacle à l'intervention de la subrogation réelle pour reporter le caractère propre du bien aliéné[8].

L'équivalence, une condition facultative. – Le législateur, après la réforme du 13 juillet 1965, a adopté la théorie présentée par Guillouard, en application de la règle *majors pars trahit ad se minorem*. L'alinéa 2 de l'article

---

[1] RIPERT, Georges, BOULANGER, Jean, *Traité élémentaire de droit civil de Planiol*, Tome III, Régimes matrimoniaux, succession-libéralités, 4e édition, Paris, 1951, n°345, p. 122.

[2] PAULMIER, Edgard, *De la subrogation réelle en droit romain et en droit français*, Orléans, Imprimerie de Georges Jacob, 1882.

[3] POTHIER, Robert-Joseph, *Traité de la communauté*, Tome I, Paris, 1773, n°197, p. 224.

[4] LAURIOL, Marc, *op. cit.*, n°285, p. 315.

[5] *Ibid.*, n°285, p. 316.

[6] « La plus grande partie entraine à elle la moindre ».

[7] RIPERT, Georges, BOULANGER, Jean, *op. cit.*, n°343, p. 122.

[8] LAURIOL, Marc, *op. cit.*., n° 285, p. 318 ; VOIRIN, Pierre, Cass, civ. 1re, 6 mars 1962, *JCP* 1962, II, 12838.

1407 du Code civil dispose que « si la soulte mise à la charge de la communauté est supérieure à la valeur du bien cédé, le bien acquis en échange tombe dans la masse commune, sauf récompense au profit du cédant ». La question se pose alors : est-ce l'absence d'équivalence qui entraîne l'exclusion de la subrogation réelle et conduit à qualifier le bien acquis à l'aide d'une soulte importante comme acquêt ? La négative s'impose car l'absence d'équivalence existe aussi lorsque la valeur du bien acquis est inférieure à celle du bien propre cédé ou encore, lorsque la soulte mise à la charge de la communauté est minime. Dans ces deux hypothèses, la subrogation réelle opère en totalité, malgré l'absence d'équivalence et la présence d'une provenance totale dans la première hypothèse, partielle dans la deuxième. Dans la troisième, celle de l'échange à l'aide d'une soulte supérieure à la valeur du bien propre aliéné, la subrogation réelle est écartée selon l'article 1407 du Code civil, malgré la présence d'une provenance partielle. Dans cette hypothèse, l'équivalence fait défaut mais une provenance partielle est établie entre le bien acquis et le bien propre cédé, qui fait obstacle au jeu de la subrogation réelle.

L'importance de la soulte et la transformation de la nature juridique de l'opération. – Lorsque la soulte fournie par la masse commune est minime, l'opération s'analyse en un échange, car la soulte n'est qu'un accessoire qui suit le principal. Ainsi, le bien acquis en contre-échange intègre-t-il le patrimoine propre de l'époux par l'effet de la subrogation réelle. Néanmoins, lorsque la soulte excède la valeur du bien propre, l'opération se transforme en une vente avec dation en paiement pour une partie du prix. En revanche, lorsque la soulte excède notablement la valeur du bien propre cédé, elle ne peut plus être considérée comme l'accessoire du contrat. La valeur considérable de la soulte par rapport à celle du bien propre aliéné vient influencer la nature juridique de l'opération et la transforme en une vente : il ne s'agit plus d'un échange qui déclencherait le jeu de la subrogation réelle. La subrogation réelle est donc totalement écartée en raison de la provenance prépondérante émanant de la masse commune. Ce n'est donc pas l'absence d'équivalence qui empêche l'intervention de la subrogation réelle, mais le fait que le bien acquis prenne son origine majoritairement de la masse commune en raison de la présence d'une soulte considérable fournie par cette dernière[1]. Il s'agit d'un recul de l'équivalence en faveur de la provenance[2]. L'équivalence de la contre-valeur n'est donc plus une condition obligatoire et absolue pour faire jouer la subrogation réelle[3].

---

[1] LAURIOL, Marc *La subrogation réelle*, préface d'André BRETON, Vol.1, Alger, Recueil Sirey, 1954.

[2] *Ibid.*, n°282, p. 311.

[3] BACH, Eugène-Louis, *La subrogation réelle dans les régimes matrimoniaux où coexistent biens propres et biens communs*, thèse Paris, 1959, p. 95.

La prise en compte des frais d'acquisition d'un bien en contre-échange pour la qualification et le calcul de la récompense. – Une question n'est pourtant pas réglée par l'article 1407 du Code civil concernant les frais d'acquisition. Ne faudrait-il pas prendre en compte les frais d'acquisition pour déterminer les contributions respectives de chaque masse dans le financement du nouveau bien ? L'article 1407 du Code civil demeure silencieux sur ce point, à l'opposé de l'article 1436 du même code, relatif à l'emploi et au remploi et qui prend en compte non seulement le prix, mais aussi les frais d'acquisition pour déterminer la contribution de chaque masse dans l'acquisition du bien nouveau. S'agit-il de la volonté du législateur ou d'un simple oubli ? Pour la doctrine, il faut procéder par analogie et étendre la solution préconisée par l'article 1436 du Code civil, introduit par la loi du 28 décembre 1985, en cas d'échange. Il faudrait donc prendre en compte le prix ainsi que les frais d'acquisition, afin de calculer la récompense et déterminer la qualification du bien selon les contributions respectives des différentes masses dans l'acquisition du bien par échange[1].

Le caractère obligatoire ou facultatif de la subrogation réelle, controversé en doctrine. – L'étendue de la subrogation réelle de plein droit dans le cadre de l'opération d'échange soulève cette question : les époux sont-ils libres d'écarter la règle posée par l'article 1407 du Code civil ? Le dispositif de l'article 1407 du Code civil revêt-il un caractère d'ordre public ?

Écarter la règle de l'article 1407 du Code civil ne suscite pas de difficulté lorsqu'il en a été ainsi disposé par les époux, avant la célébration du mariage, par une stipulation contractuelle. Dans ce cas, la subrogation réelle est écartée, ce qui n'est contraire ni à l'ordre public ni aux bonnes mœurs, ni au principe de la liberté des conventions matrimoniales prévu à l'article 1387 du Code civil[2]. En revanche, l'absence d'une telle stipulation contractuelle soulève la question de savoir si les époux peuvent écarter ce dispositif et renoncer ainsi à la subrogation réelle. Une fois que les conditions de la réalisation de la subrogation réelle sont remplies, est-elle obligatoire ou facultative ? Les auteurs sont partagés sur cette question apparue avant et depuis la réforme du 13 juillet 1965, qui n'apporte aucune précision sur ce point.

Pour Aubry et Rau, l'article 1407 du Code civil ne fait que présumer la volonté des époux : il s'agit en effet d'une présomption de subrogation réelle. Il est donc loisible aux époux d'écarter l'application de cette règle, malgré l'absence de stipulation contractuelle, et de renoncer ainsi à la subrogation

---

[1] FLOUR, Jacques, CHAMPENOIS, Gérard, *Les régimes matrimoniaux*, Armand Colin, 2e édition, 2001, n°291, p. 283 ; CABRILLAC, Rémy, *Droit des régimes matrimoniaux*, 7e édition, Montchrestien, 2011, n°151, p. 141 ; TERRÉ, François, SIMLER, Philippe, *Droit civil, Les régimes matrimoniaux*, Dalloz, 7e édition, 2015, n° 353, p. 279.

[2] MAGNILLAT, André, *op. cit.*, p. 109.

réelle[1]. Baudry-Lacantinerie a pris une position opposée : pour lui, la solution préconisée par Aubry et Rau porterait atteinte au principe de l'immutabilité des conventions matrimoniales et permettrait aux époux d'éluder toutes les autres règles du régime de la communauté légale. Dès lors, pour cet auteur, l'article 1407 du Code civil s'impose aux époux, unis sous le régime légal de la communauté, qui ne peuvent échapper aux effets de la subrogation réelle et au principe de l'immutabilité des conventions matrimoniales[2].

Le dispositif de l'article 1407, une clause d'affectation. – L'article 1407 du Code civil est une clause d'affectation, destinée à affecter les biens à un but déterminé, les besoins personnels des époux, qui sont libres d'en limiter les effets, par une clause dérogatoire, dans leur contrat de mariage[3]. Il est donc possible de déroger à l'article 1407 du Code civil dans le contrat du mariage, mais lorsque la célébration du mariage est intervenue, l'article 1407 du Code civil participe à l'immutabilité du régime matrimonial, de sorte que les époux ne peuvent y déroger à l'occasion d'un acte d'échange déterminé[4].

Le législateur a consacré le jeu de la subrogation réelle au sein des patrimoines propres, laquelle intervient de plein droit dans le cadre d'opérations comme l'acte de vente ou d'échange, ainsi que le fait juridique de destruction ou de détérioration des biens propres. Cependant, l'étendue de la subrogation réelle automatique ne se limite pas aux cas légaux : elle s'étend en dehors des prévisions de la loi et de la convention des parties.

Section II. L'apport en société de biens propres : une fluctuation matérielle originale ?

L'application de la subrogation réelle à titre particulier, destinée à préserver les patrimoines propres des époux, est-elle limitée aux cas légaux prévus à l'alinéa 2 de l'article 1406 et à l'article 1407 du Code civil ? Cette interrogation a suscité des débats quant à la qualification des droits sociaux attribués, moyennant l'apport d'un bien propre en nature ou en numéraire par un époux uni sous le régime de communauté. Cela a attiré l'attention des

---

[1] AUBRY, Charles Marie Barbe Antoine, RAU, Charles Frédéric, *Cours de droit civil français d'après la méthode de Zachariæ,* Tome V, 4e édition, Paris, 1872, §503, p. 257, note 23 ; FLACH, Jacques, *op. cit.*, pp. 40,138.

[2] AURENGE, Joseph, *loc. cit.*; BAUDRY-LACANTINERIE, Gabriel, COURTOIS, Jean-Baptiste, SURVILLE, Fernand, *op. cit.*, n°94, p. 128 ; MAGNILLAT, André, *op. cit.*, p. 110 ; LAURENT, François, *Principes de droit civil français*, Tome XXI, Paris, 1876, p. 87.

[3] HENRY, André, *op. cit.*, pp. 146,191.

[4] AUBRY, Charles Marie Barbe Antoine, RAU, Charles Frédéric, *loc. cit.* ; CABRILLAC, Rémy, *Droit des régimes matrimoniaux*, 7e édition, Montchrestien, 2011, n°151, p. 141 ; COLOMER, André, *Droit civil-Régimes matrimoniaux*, Litec, 12e édition, 2004, n°669, p. 309 ; FLOUR, Jacques, CHAMPENOIS, Gérard, *loc. cit.* ; LAURIOL, Marc, *op. cit.*, n°678, p. 373 ; RANOUIL, Véronique, *op. cit.*, p. 181 ; STORA, Charles, *op. cit.*, p. 245.

différents auteurs et a fait l'objet d'une jurisprudence abondante depuis 1935. Pour certains, déclarer la qualité de propre des parts de société suppose le recours à l'un des cas légaux de la subrogation réelle directe et l'interprétation souple de ceux-ci. Tandis que d'autres admettent la nature propre des parts de société par l'application générale de la subrogation réelle directe, sans s'efforcer d'assimiler l'apport à l'une des fluctuations matérielles prévues par le législateur.

La question de la qualité propre ou commune des parts de société a fait l'objet de divers arrêts dont les faits d'espèce, dans la majorité des cas, restent similaires. La question essentielle relève de la subrogation des parts sociales au bien propre apporté par l'époux. Pour certains, la subrogation réelle directe des parts de société au bien propre apporté n'opère qu'en assimilant l'opération de l'apport, tantôt à l'échange prévu à l'article 1407 du Code civil, tantôt à la vente déclencheur de la subrogation de la créance du prix d'un bien propre énoncé à l'alinéa 2 de l'article 1406 du Code civil.

Les parts sociales subrogées au fonds de commerce propre apporté à la société, sous le régime légal de la communauté réduite aux acquêts. – Pour la première fois, un conflit est apparu en 1935 sur la qualification des parts sociales attribuées à l'époux moyennant l'apport d'un fonds de commerce propre à la société[1]. En l'espèce, l'un des époux, uni sous le régime de la communauté réduite aux acquêts, a apporté un fonds de commerce propre à une société et a reçu des actions en contrepartie. Cet époux a décidé, dans son testament, d'écarter la qualité propre des actions reçues en contrepartie du fonds de commerce propre apporté à la société, afin de faire tomber les actions dans la communauté. Le 18 décembre 1935, la Cour de cassation[2] a déclaré ce testament nul, car il portait atteinte aux droits des enfants issus du premier mariage du testateur. La Cour de cassation retient le caractère propre des parts sociales par l'effet de la subrogation, en application de l'article 1407 du Code civil, en ce qu'elles représentent le fonds de commerce propre apporté par l'époux à la société.

Les parts sociales subrogées au fonds de commerce propre apporté à la société, sous l'ancien régime légal de la communauté de meubles et acquêts. – Cette solution est reprise[3] par un arrêt de la première chambre civile de la Cour de cassation, du 10 juillet 1996. En l'espèce, les époux étaient unis sous l'ancien régime légal de la communauté de meubles et acquêts, de sorte que tous les biens meubles tombaient dans la masse commune quel que soit l'origine, la date ou le mode d'acquisition. Le mari a apporté des immeubles lui

---

[1] RADEAU, Gabriel, *Les parts sociales sous le régime de la communauté*, Paris, Sirey, 1929, n° 289, p. 339.

[2] Cass. civ. 1re, 18 décembre 1935, *Defrénois* 1936, I, art. 24541, p. 467 ; FRÉJAVILLE, Marcel, Cass. civ. 1re, 18 décembre 1935, *Dalloz* 1936, I, p. 129.

[3] SAVATIER, René, Cass. civ. 1re, 27 mai 1968, II, 15662 ; MARTIN, Didier, Cass. civ. 1re, 21 novembre 1978, *Dalloz* 1979, p. 254 ; CA Nancy, 5 avril 1979, *JCP* 1980, IV, p. 178 ; Cass. civ. 1re, 27 mai 2010, N° 09-11894.

appartenant en propre à une société civile agricole et il a reçu en contrepartie des parts dont la qualification a donné lieu à litige. La Cour de cassation[1] a retenu le caractère propre des parts sociales par l'effet de la subrogation réelle directe, en application de l'ancien article 1407 du Code civil. Or, aux termes de ce dispositif, seul l'immeuble acquis en échange d'un immeuble propre revêtait le caractère de propre. La Cour de cassation est ainsi allée au-delà de la lettre de ce dispositif pour déclarer les parts sociales propres par l'effet de la subrogation réelle directe, malgré leur nature mobilière. L'apport est assimilé à un échange car l'immeuble propre est apporté à la société en vue d'acquérir des parts sociales. Ces dernières sont substituées immédiatement et directement au bien propre. Cette opération peut être rattachée à l'échange caractérisé par une substitution directe et immédiate entre le bien acquis et le bien subrogé, de sorte qu'aucune manifestation de volonté n'est nécessaire pour déclencher la subrogation réelle[2].

Des critiques à l'encontre de l'assimilation de l'apport en société à l'échange. – Cette assimilation a fait l'objet de critiques. Selon Gabriel Radeau[3], l'apport en société ne peut être assimilé à un échange au sens propre du terme. Pour cet auteur, l'échange et l'apport se rapprochent, non pas sur la nature juridique, mais sur le régime applicable, car les deux opérations déclenchent le jeu de la subrogation réelle directe du bien de remplacement au bien remplacé. Néanmoins, le simple fait que les deux opérations déclenchent le jeu de la subrogation réelle directe n'est pas suffisant pour qualifier les parts sociales de propres en application de l'article 1407 du Code civil.

Ainsi, deux critiques sont formulées à l'encontre de l'assimilation de l'apport à l'échange[4]. La première concerne la nature juridique de l'apport et de l'échange. La seconde porte sur l'objet de remplacement.

Dans le cadre de l'échange, le remplacement des deux biens dans le patrimoine de l'échangiste est exigé, tandis qu'en matière d'apport, les parts de société ne sont pas des biens en elles-mêmes du point de vue économique, car l'époux n'acquiert pas un bien en retour, mais un droit de créance conditionnel[5] « subordonné à la réalisation de bénéfices durant la société et à l'existence d'un actif net à la dissolution, ce qui est tout à fait incertain. Cette combinaison ne saurait être qualifiée d'échange »[6].

---

[1] Cass. civ. 1re, 10 juillet 1996, n° 94-17.471.

[2] GRIMALDI, Michel, Cass. civ. 1re, 10 juillet 1996, n° 94-17.471, *Dalloz* 1996, p. 394 ; SIMLER, Philippe, Cass. civ. 1re, 10 juillet 1996, n° 94-17.471, *JCP N* 1997, p. 1292 ; SIMLER, Philippe, Cass. civ. 1re, 10 juillet 1996, n° 94-17.471, *JCP* 12 mars 1997, n° 11, I, 4008, n° 9 ; SIMLER, Philippe, Cass. civ. 1re, 27 mai 2010, *JCP* 6 décembre 2010, n° 49, doctr. 1220, n° 9 ; VAREILLE, Bernard, Cass. civ. 1re, 10 juillet 1996, *RTD Civ.* 1998, p. 454.

[3] RADEAU, Gabriel, *op. cit.*, n° 289, pp. 340-341.

[4] BLAISE, Henry, *L'apport en société*, préface de Roger HOUIN, Rennes, Sirey, 1955, n° 95 ; FRÉJAVILLE, Marcel, *loc. cit.*

[5] Cass. civ. 1re, 18 décembre 1935, *Defrénois* 1936, I, art. 24541, p. 468.

[6] RADEAU, Gabriel, *op. cit.*, n° 289, p. 340.

Concernant la nature juridique du contrat d'échange et de l'apport, il est soutenu que contrairement au contrat d'échange, contrat commutatif, l'apport en société est un contrat aléatoire pour ces raisons : « l'apport d'un fonds de commerce est un contrat conclu à titre onéreux (il y a une contrepartie à l'apport), aléatoire (la valeur des titres ne sera pas forcément en rapport avec la valeur du bien apporté), à durée limitée (la durée de la société). De plus, l'objet de l'apport peut être repris (à certaines conditions) par l'associé apporteur lors de la dissolution de la société »[1].

Cependant, une opinion contraire a été soutenue en faveur de la nature commutative de l'apport, dont l'étendue des prestations respectives fournie par chacun, à savoir l'apport du fonds de commerce, d'une part, et la perception des actions, de l'autre, est déterminée dès la conclusion du contrat[2]. Il présente simplement un élément aléatoire quant à la valeur des parts sociales attribuées à l'apporteur, car la valeur des parts sociales varie en fonction des résultats obtenus par la société. Le risque de surévaluation ou sous-évaluation, élément aléatoire lié à l'activité de la société, ne transforme pas la nature de l'apport, qui demeure un acte juridique de caractère commutatif[3].

L'apport en société et l'échange : deux opérations différentes, déclenchant le jeu de la subrogation réelle de plein droit. – Certes, la substitution directe et immédiate s'opère entre le bien propre et le bien de remplacement dans le cadre des deux opérations juridiques de l'échange et de l'apport. Cet élément commun n'est toutefois pas suffisant pour assimiler l'apport à l'échange. Il s'agit de deux opérations distinctes qui déclenchent le jeu de la subrogation réelle directe. La substitution directe et immédiate, condition de la réalisation de la subrogation réelle directe, caractérise certaines opérations, telles que l'échange, la vente d'un bien propre, ou encore l'apport d'un bien propre en nature par l'époux. Il s'agit donc d'un remplacement subrogatoire qui permet de transmettre la qualité de propre d'un bien sûr un autre directement dans un patrimoine.

Il n'est donc pas nécessaire d'assimiler l'apport à l'échange pour qualifier les parts sociales propres par l'effet de la subrogation réelle immédiate. L'apport répondant aux conditions de la réalisation de la subrogation réelle permet de transmettre la qualité propre aux droits sociaux. Il est donc possible de se prévaloir de la subrogation réelle immédiate à titre particulier sans prévision de la loi ou des parties.

L'équivalence de valeur entre les parts perçues et le bien propre apporté : le critère d'assimilation. – Les parts sociales attribuées en contrepartie de l'apport d'un bien propre à une société sont assimilées à une

---

[1] CASEY, Jérôme, Cass. civ. 1re, 27 mai 2010, *Gazette du palais* 10-11 septembre 2010, p. 2942.

[2] CORNU, Gérard, *Vocabulaire juridique*, Puf, 9e édition, 2011, p. 231.

[3] CHAMPENOIS, Gérard, Cass. civ. 1re, 27 mai 2010, *Defrénois* 2011, n° 4, 39206, spéc. 8, p. 384 ; BLAISE, Henry, *op. cit.*, n° 54, pp. 79-80.

créance du prix d'un bien propre. L'apport est donc rattaché à l'acte de vente donnant lieu à la créance du prix du bien propre en vertu de l'alinéa 2 de l'article 1406 du Code civil. Contrairement à l'échange, qui se fait le plus souvent à l'aide d'une soulte, il y a une équivalence de valeur entre le bien sorti du patrimoine propre et les parts sociales attribuées[1].

Les critiques à l'encontre de l'assimilation de l'apport et de la vente. – Cette assimilation est critiquable, puisque la valeur des titres attribués ne correspond pas nécessairement à la valeur du bien propre apporté. En revanche, dans le cas de la vente, il y a une corrélation entre la valeur du bien aliéné et le montant perçu, ou la créance du prix. La créance et l'indemnité remplacent de manière définitive le bien propre disparu. Tandis qu'en matière d'apport d'un fonds de commerce, par exemple, l'apporteur peut reprendre le fonds de commerce lors de la dissolution de la société, s'il s'y trouve en nature. Cela distingue l'apport de l'hypothèse de la vente prévue à l'alinéa 2 de l'article 1406 du Code civil[2].

Les cas légaux de subrogation réelle de plein droit ont fait l'objet d'une interprétation souple pour déclarer propres les parts sociales perçues en contrepartie d'un bien propre apporté. Cette position de la Cour de cassation est fondée sur la conception classique de la subrogation réelle, dont l'application était limitée en raison de sa nature fictive et de son caractère exceptionnel. Il convient cependant de constater la nouvelle tendance de la jurisprudence de la Cour de cassation pour admettre la subrogation réelle de plein droit sans invoquer un fondement légal ou conventionnel dans le cadre de l'apport en société en nature.

La jurisprudence de la Cour de cassation en faveur de la subrogation réelle de plein droit sans fondements légaux ou conventionnels. – Est-il possible d'admettre le caractère propre des parts sociales par l'effet de la subrogation réelle de plein droit sans se fonder sur des cas légaux tels que l'alinéa 2 de l'article 1406 ou l'article 1407 du Code civil ? Peut-on déclarer des parts sociales propres par l'application générale de la subrogation réelle directe en dehors des cas prévus par le législateur ou par les époux ?

De nombreux arrêts de la Cour de cassation[3] ont déclaré les titres sociaux propres par l'effet de la subrogation réelle directe du bien propre apporté en nature par l'époux à la société sans viser les articles 1407 ou 1406, alinéa 2 du Code civil. La Cour de cassation s'est prononcée en faveur de l'application

---

[1] CHAMPENOIS, Gérard, « Libéralités - Régimes matrimoniaux, successions », Cass. civ. 1re, 21 novembre 1978, *Defrénois* 1979, 32038, spéc. 43, p. 945 ; LE GUIDEC, Raymond, Cass. civ. 1re, 21 novembre 1978, *JCP* 1980, II, 19451.

[2] CASEY, Jérôme, *op. cit.*, pp. 2942-2943.

[3] SAVATIER, René, Cass. civ. 1re, 27 mai 1968, II, 15662 ; MARTIN, Didier, Cass. civ. 1re, 21 novembre 1978, *Dalloz* 1979, p. 254 ; CA Nancy, 5 avril 1979, *loc. cit.,*; HILT, Patrice, « L'automaticité de la subrogation réelle », Cass. civ., 1er, 27 mai 2010, n°09-11.894 (inédit), *AJ Famille* 2010 p. 400 ; SERRA, G., « Subrogation d'un bien propre », Cass. 1er civ. 27 mai 2010, n° 09-11.894, D, *Lamy Droit civil* 2010, n°75.

générale de la subrogation réelle sans se préoccuper du fondement juridique. Bien que l'apport en société, et l'attribution des parts sociales en contrepartie, ne puisse pas être assimilé au contrat d'échange ou de vente, les parts sociales revêtent tout de même un caractère propre par l'application générale de la subrogation réelle.

Le caractère dérogatoire et fictif de la subrogation réelle, un obstacle à son application élargie. – Cette solution en faveur de l'application étendue de la subrogation réelle est confrontée à des limites imposées par la théorie classique de la subrogation réelle. Selon cette théorie, la subrogation réelle de nature fictive n'est pas dotée d'une valeur de principe. En outre, l'application générale de la subrogation réelle, conçue comme une dérogation à la présomption d'acquêts, est condamnée en droit des régimes matrimoniaux. Elle est donc soumise à une interprétation stricte. Son application reste par conséquent limitée aux prévisions du législateur ou à celles des parties. Par ailleurs, selon cette opinion, le jeu étendu de la subrogation réelle vide la communauté de sa substance, et de l'industrie personnelle des époux au cours du mariage. De ce fait, en l'absence des formalités de l'article 1434 du Code civil, la subrogation réelle directe des parts sociales au bien propre en nature ne devrait pas opérer. Les titres sociaux devraient dépendre de la communauté[1]. Pour tempérer ces inconvénients, il est proposé de faire une interprétation souple des cas légaux de la subrogation réelle directe pour retenir la qualité propre des parts de sociétés, sans pour autant consacrer une application générale de la subrogation réelle directe en droit des régimes matrimoniaux[2].

Il convient cependant de relever que conférer le caractère propre aux parts sociales ne vide pas la communauté de sa substance. En qualifiant de « communes » les parts sociales, l'époux qui a fourni, par exemple, le fonds de commerce propre, peut prétendre à une récompense due par la communauté. Peu importe la qualification propre ou commune des parts, le résultat sera identique du point de vue de leur valeur[3]. Le remploi et la récompense calculée sur le profit subsistant entraînent le même résultat en valeur.

La subrogation réelle de plein droit sans fondements légaux ou conventionnels. – Contrairement à l'opinion hostile à la consécration d'un principe général de subrogation réelle, nous soutenons qu'il n'est pas nécessaire d'assimiler l'apport à l'un des deux cas légaux de subrogation réelle de plein droit pour retenir la qualité propre des parts de société. Cela

---

[1] CASEY, Jérôme, *op. cit.*, p. 2943.

[2] CHAMPENOIS, Gérard, Cass. civ. 1re, 27 mai 2010, *Defrénois* 2011, n° 4, 39206, spéc. 8, p. 386.

[3] NAUDIN, Estelle, « Apport en numéraire de deniers propres et absence de formalités du remploi », Cass. civ. 1re, 8 octobre 2014, n° 13-24.546, *Revue des sociétés* avril 2015, spéc. 9, p. 249.

peut découler de l'opération d'apport, elle-même, qui revêt une nature originale.

L'apport en société en nature et en numéraire, soumis à des régimes juridiques distincts. – L'apport, opération juridique par laquelle l'associé met en commun certains biens et reçoit en contrepartie des droits sociaux, se réalise sous trois formes : en numéraire, en nature, ou en industrie[1]. La subrogation réelle directe joue dans le cadre de l'apport en nature d'un bien propre. Alors que dans le cas de l'apport en numéraire de deniers propres, la subrogation réelle est soumise au respect des formalités de l'emploi ou de remploi. En matière d'apport en nature, la corrélation entre la disparition du bien dans le patrimoine propre de l'époux et son remplacement par des titres sociaux permet d'établir un lien de filiation entre le bien propre apporté et les parts reçues. Ainsi, l'opération d'apport par elle-même fait-elle présumer la volonté subrogatoire de l'apporteur. Les droits sociaux acquis en contrepartie de l'apport d'un bien propre en nature, corps certain, empruntent la qualité propre par l'effet de la subrogation réelle automatique[2].

En revanche, dans le cas de l'apport en numéraire de deniers propres, le lien entre les deniers et les parts sociales attribuées n'est pas évident à établir en raison de la fongibilité de la somme d'argent et de la présomption de communauté. Dans cette hypothèse, la subrogation réelle est soumise à une déclaration de volonté de l'époux lors de l'opération d'apport relative à l'origine propre des deniers et à leur destination. Cette déclaration permet de qualifier les parts sociales de propres à l'égard des tiers et du conjoint de l'apporteur[3]. En cas d'oubli, les époux peuvent procéder à un remploi *a posteriori*, pour déclarer propres les droits sociaux acquis en contrepartie de l'apport de deniers propres. Le remploi *a posteriori* n'a pas d'effet qu'entre les époux ; il n'est pas opposable aux tiers[4].

La distinction entre l'apport en nature et l'apport en numéraire est soulignée par un arrêt de la première chambre civile de la Cour de cassation[5] :

---

[1] BLAISE, Henry, *op. cit.*, n° 3, p. 4, n° 5, p. 8, n°6, p. 13.

[2] MAZEAUD, Henri, MAZEAUD, Léon, MAZEAUD, Jean, DE JUGLART, Michel, *Leçons de droit civil, régimes matrimoniaux*, Tome IV, Volume 1, Montchrestien, 5e édition, 1982, n° 171-172 ; CA Nancy, 5 avril 1979, *loc. cit.*

[3] CHAMPENOIS, Gérard, Cass. civ. 1re, 5 mars 1991, n° 87-18.298, *Defrénois* 1992, art. 35220, 39, p. 400 ; DUMONT, Grégory, Cass. civ. 1re, 8 octobre 2014, n° 13-24.546, *Gazette du palais* 3 février 2015, pp. 457-459 ; NAUDIN, Estelle, « Apport en numéraire…*op. cit.*, spéc. 6, p. 249 ; ROMAN, Brigitte, Cass. civ. 1re, 8 octobre 2014, n° 13-24.546, *JCP N* 2015, I, 1107, I, 1107, n°11, p. 28 ; SIMLER, Philippe, Cass. civ. 1re, 10 juillet 1997, *JCP N* 1997, p. 1292 ; SIMLER, Philippe, Cass. civ. 1re, 10 juillet 1996, *JCP* 12 mars 1997, n° 11, I, 4008, n° 9 ; VAREILLE, Bernard, Cass. civ. 1re, 10 juillet 1996, *RTD Civ.* 1998, p. 454.

[4] COLOMER, André, « La nature juridique des parts de société au regard du régime matrimonial (1) », *Defrénois* 15 juin 1979, n° 11, Art. 32020, n° 52, p. 819.

[5] NAUDIN, Estelle, « Apport en numéraire de deniers propres et absence de formalités du remploi », Cass. civ. 1re, 8 octobre 2014, n° 13-24.546, *loc. cit.;* REVEL, Janine, « Droit patrimonial de la famille juin 2014-juin 2015 », Cass. civ. 1re, 8 octobre 2014, n° 13-24.546, *Dalloz* 22 octobre 2015, n°36, p. 2096 ; ROMAN, Brigitte, Cass. civ. 1re, 8 octobre 2014, n°

un époux, uni sous le régime légal de la communauté réduite aux acquêts, avait apporté en numéraire des deniers provenant de la vente d'un immeuble propre, en vue d'obtenir des parts sociales dont la qualité propre était contestée par son épouse à la suite de leur divorce. La Cour d'appel d'Aix-en-Provence, le 21 mars 2013, a retenu la qualité propre des parts sociales attribuées en contrepartie de l'apport des deniers propres car l'époux était titulaire d'une créance propre contre la SCI par l'effet de la subrogation réelle automatique. Cet arrêt a été censuré par la Cour de cassation pour fausse application de l'alinéa 2 de l'article 1406, et refus d'application de l'article 1434 du Code civil. Pour la Cour de cassation, les parts sociales reçues en contrepartie de l'apport en numéraire de deniers propres à la société ne constituent pas des propres, à défaut de la déclaration du remploi ou de l'accord *a posteriori* des époux[1]. Si, selon l'alinéa 2 de l'article 1406 du Code civil, la créance du prix de vente d'un bien propre revêt le caractère propre, il n'en est pas ainsi pour le bien acquis à l'aide de deniers provenant de l'aliénation d'un bien propre, qui intègre la communauté faute de la déclaration de remploi prescrite à l'article 1434 du Code civil. Il n'en demeure pas moins que la solution serait différente si les deniers propres étaient apportés à la société à titre d'avance sur le compte courant de l'époux associé, ce qui entraînerait la reconnaissance d'une créance contre la société en faveur de l'époux. Cette créance aurait la qualité de propre, en application de l'alinéa 2 de l'article 1406 du Code civil[2].

L'apport en nature, déclencheur du jeu de la subrogation réelle de plein droit sans fondements légaux ou conventionnels. – La subrogation réelle directe et de plein droit des parts sociales attribuées moyennant l'apport d'un bien propre en nature est désormais admise. Bien que l'apport en société ne se rattache pas aux cas de la subrogation réelle directe légale prévus aux articles 1407 et 1406, alinéa 2 du Code civil, il déclenche tout de même le jeu de la subrogation réelle directe des parts sociales au bien propre apporté en nature à la société, dès que les conditions de réalisation de la subrogation réelle directe sont réunies. La substitution directe et immédiate d'un bien par un autre dans un patrimoine sans passer par un intermédiaire monétaire favorise le jeu de la subrogation réelle de plein droit[3].

L'opération de l'apport d'un bien propre en nature à une société revêt un caractère original, qui déclenche le jeu automatique de la subrogation des parts

---

13-24.546, *loc. cit.* Dans le même sens : CHAMPENOIS, Gérard, Cass. civ. 1re, 5 mars 1991, n° 87-18.298, *Defrénois* 1992, art. 35220, 39, p. 400.

[1] BRÉMOND, Vincent, NICOD, Marc, REVEL, Janine, « Droit patrimonial de la famille, juin 2014-juin 2015 », *ibid.*, p. 2094.

[2] NAUDIN, Estelle, « Apport en numéraire…*op. cit.*, p. 249.

[3] COLOMER, André, « La nature juridique…*op. cit.*, n° 11, Art. 32020, n° 54, pp. 822-823 ; JAUBERT, Pierre, *op. cit.*, n° 120, pp. 151-152 ; CHAPUISAT, François, « Vers une utilisation extensive de la subrogation réelle à propos des lois du 13 juillet 1965 et 3 juillet 1971 », *RTD Civ.* 1973 ; HILT, Patrice, Cass. civ. 1re, 27 mai 2010, *AJ famille* 2010, p. 400.

sociales perçues en contrepartie, malgré l'absence de fondement légal ou conventionnel

L'acceptation du principe général de la subrogation réelle à titre particulier a fait l'objet de contestations durant des siècles, tantôt du fait de sa nature fictive, dans sa conception classique, tantôt en raison de la force de la présomption de communauté. Contrairement à la théorie classique, qui a attribué un caractère fictif et exceptionnel à la subrogation réelle, la théorie moderne a accordé une place importante au jeu de la subrogation réelle comme technique conservatoire des valeurs. Selon cette théorie, la subrogation réelle n'est pas destinée à reporter le caractère propre sur le bien substitué, mais elle permet de maintenir une affectation en valeur. En effet, les biens propres sont affectés à une destination particulière, à savoir servir aux besoins personnels des époux. Tandis que les biens communs sont affectés aux besoins du ménage et sont ainsi qualifiés d'« acquêts de la communauté ». Il ne s'agit pas d'une affectation en nature mais en valeur, car ce qui importe est leur valeur économique et non pas leur individualité matérielle. Il s'agit donc de l'affectation des valeurs à une destination particulière ou commune, qui détermine respectivement la nature propre ou commune des biens. Ainsi, cette évolution théorique a-t-elle favorisé l'intervention de la subrogation réelle, dont le rôle conservateur permet de maintenir la cohérence du patrimoine propre en valeur.

Par ailleurs, contrairement à ce qui pourrait sembler être le cas, le jeu de la subrogation réelle ne se heurte pas à la présomption d'acquêts sous le régime légal de la communauté, car la subrogation réelle vise à conserver les valeurs propres, et non pas à en créer de nouvelles. Elle tend simplement à garder les patrimoines propres intacts du point de vue de leur valeur. Malgré les diverses fluctuations matérielles, les actes ou les faits juridiques survenus, les valeurs propres ne disparaissent pas du fait d'une absorption par la masse commune au détriment de la masse propre. Sans doute la subrogation réelle se réalise-t-elle par la fluctuation matérielle, un acte juridique à titre onéreux, pendant le mariage, ce qui procure une contre-valeur. Cependant, cette contre-valeur ne rentre pas dans la masse commune, car à l'opposé d'un acquêt, la subrogation réelle ne procure pas des valeurs nouvelles, mais elle conserve des valeurs propres anciennes à travers les différentes fluctuations matérielles.

La subrogation réelle immédiate et de plein droit est prévue par le législateur dans certains cas précis, tels que la vente, qui donne lieu à la créance du prix, l'échange ou l'indemnité perçue pour la destruction du bien propre. Il s'agit des cas de subrogation réelle au premier degré, car les fluctuations matérielles s'opèrent en un trait de temps, sans interface monétaire. Sans aucun doute, la créance du prix provient du bien vendu et le bien acquis en contre-échange du bien propre aliéné. Enfin, l'indemnité d'assurance provient de la destruction d'un bien. Dès lors, dans le cadre de la subrogation réelle au premier degré, la provenance est établie par l'acte ou le fait juridique caractérisant la fluctuation, l'occasion de la subrogation réelle.

Au demeurant, nous avons montré que l'application de la subrogation réelle dans le but de maintenir l'affectation en valeur à titre particulier n'est pas limitée aux prévisions légales. Il s'agit de cas d'application d'un principe général de subrogation réelle dont l'étendue dépasse les prévisions de la loi. En effet, rien ne s'oppose à l'admission d'une application étendue de la subrogation réelle en dehors des cas prévus par le législateur ou les parties, dès lors que les conditions de réalisation de la subrogation réelle de plein droit sont réunies. Il en est ainsi dans le cas de l'attribution de parts sociales moyennant l'apport d'un bien propre en nature. Les titres sociaux revêtent la qualité de propre par subrogation réelle et ne dépendent pas de la communauté. Le respect des formalités prescrites par l'article 1434 du Code civil n'est pas requis pour l'opposabilité de la subrogation des parts sociales car l'opération d'apport, en elle-même, suffit à établir le lien de filiation entre le bien remplacé et le bien de remplacement.

Selon la théorie classique issue du droit romain, la subrogation réelle de nature fictive ne pouvait intervenir que si elle était prévue par un texte de loi ou la convention des parties. Dès la fin du XIXe siècle, de nombreux auteurs ont eu recours à la théorie des patrimoines d'affectation permettant de libérer la subrogation réelle de ses limites et d'élargir son champ d'application.

La conception moderne de la subrogation réelle est donc fondée sur l'idée d'affectation. En droit patrimonial de la famille, les biens peuvent être grevés d'une affectation en valeur, soit isolément, tel est le cas des biens propres des époux pendant le fonctionnement du régime, soit comme éléments d'une universalité, tel est le cas des biens constituant la masse indivise successorale ou post-communautaire, ou encore les élements composant un portefeuille de valeurs mobilières. Le rôle de la subrogation réelle n'est pas de reporter la qualité du bien remplacé sur le bien remplaçant, mais de conserver un droit dont le support disparu est remplacé par un autre bien du fait de son affectation à une destination particulière. Le report du droit sur le bien remplaçant se justifie donc par l'effet de la subrogation réelle du fait de leur affectation à un but commun. À cet égard, Planiol a souligné que lorsqu'un « bien reçoit une affectation de ce genre, (...), il devient un simple moyen de réaliser le but voulu, et sa conservation n'est nécessaire que dans ce but ; il peut donc être remplacé par un autre, mais alors la subrogation s'impose ; pour assurer l'exécution de la charge ou de l'objet auquel ce bien était affecté, le bien qui le remplace doit recevoir la même destination que lui »[1].

Ainsi, le jeu de plein droit de la subrogation réelle peut-il s'étendre à d'autres universalités que le patrimoine, comme le portefeuille de valeurs mobilières, l'objet des libéralités graduelles et résiduelles et la masse indivise successorale ou post-communautaire. La subrogation réelle intervient en l'absence de clause expresse la prévoyant pour assurer la cohérence et l'autonomie des universalités.

---

[1] PLANIOL, Marcel, Cass. civ. 20 avril 1901, *Dalloz* 1902, 2e cahier, I, p. 33.

Sous le régime légal de la communauté réduite aux acquêts, le jeu étendu et de plein droit de la subrogation réelle peut s'appuyer sur deux fondements. Le premier fondement repose sur l'idée de l'affectation. Le patrimoine propre des époux unis sous le régime légal de la communauté réduite aux acquêts est affecté à la satisfaction des besoins personnels des époux, qui disposent d'une liberté de jouissance et de gestion. La subrogation réelle vise à maintenir l'intégralité des patrimoines propres en valeur, malgré les diverses fluctuations survenues, et à préserver l'équilibre entre les patrimoines propres et le patrimoine commun des époux.

Le second fondement relève de la nature de l'opération par laquelle la substitution s'opère dans les patrimoines propres des époux. La mise en œuvre de la subrogation réelle n'est soumise à aucune formalité, dès lors que la substitution qui consiste en la disparition de biens propres et l'apparition d'une contre-valeur s'opère sans interface monétaire.

Le recours à ces fondements permet d'élargir le champ d'application de la subrogation réelle, contrairement à l'approche classique, qui ne limitait le domaine de la subrogation réelle à titre particulier qu'en présence d'un texte de loi ou de la convention des parties. Le jeu de plein droit de la subrogation réelle n'est pas limité aux cas légaux de l'échange ou de la vente de biens propres : il peut intervenir dans le cadre de l'apport d'un bien propre en nature en société. Il est donc admis d'appliquer la subrogation réelle à titre particulier de manière générale dès lors que le bien de remplacement provient directement et immédiatement du bien remplacé. L'application élargie de la subrogation réelle, lui attribuant une valeur de principe, n'est pas restreinte aux affectations en valeur. Il est également possible de lui attribuer une valeur de principe dans son rôle imparfait ou liquidatif dans le cadre des restitutions en droit patrimonial de la famille.

Titre second

Le principe de la subrogation réelle imparfaite dans le cadre des restitutions en droit patrimonial de la famille

La place prédominante de la théorie de la dette de valeur en droit patrimonial de la famille. – Les restitutions constituent le domaine d'élection de la subrogation réelle, qui intervient comme une technique de conservation de la valeur. Cette affirmation a soulevé la question consistant à déterminer si le caractère subsidiaire et exceptionnel de la subrogation réelle dans les conceptions classiques est atténué. En effet, la restitution, dans le cadre des récompenses, du rapport et de la réduction, est soumise à un ensemble de règles cohérentes [1]. La restitution en valeur offre moins de sécurité aux créanciers que la restitution en nature, puisqu'ils deviennent tributaires de la solvabilité du débiteur et qu'ils supportent un risque de dépréciation monétaire. Pour pallier cet inconvénient et protéger le droit des créanciers à restitution, une place prédominante est accordée à la théorie de la dette de valeur en droit patrimonial de la famille.

La théorie de la dette de valeur, complétée par la subrogation réelle. – Avec la loi du 13 juillet 1965[2], la théorie de la dette de valeur intervient pour assurer l'efficacité du mécanisme des récompenses, mécanisme destiné à organiser les rétablissements financiers rendus nécessaires par les flux patrimoniaux intervenus entre la communauté et les patrimoines propres des époux. Quant au règlement successoral, en cas de rapport et ou de réduction, depuis la loi du 3 juillet 1971[3], la théorie de la dette de valeur tend aussi à conserver la substance de la masse héréditaire et contribue à maintenir l'égalité entre les cohéritiers. Cependant, la technique de la dette de valeur se révèle insuffisante, notamment dans le cas des fluctuations d'ordre matériel ou juridique, telles que la destruction ou l'aliénation du bien donné et légué.

[1] MALAURIE, Marie, *Les restitutions en droit civil*, sous la direction de Gérard CORNU, thèse Paris, 1990, p. 32.
[2] Loi n°65-570 du 13 juillet 1965 portant réforme des régimes matrimoniaux.
[3] Loi n°71-523 du 3 juillet 1971 modifiant certaines dispositions du Code civil relatives aux rapports à la succession, à la réduction des libéralités excédant la quotité disponible et à la nullité, à la rescision pour lésion et à la réduction dans les partages d'ascendants.

De ce fait, pour garantir l'efficacité de la dette de valeur, la fonction liquidative de la subrogation réelle est sollicitée afin de réaliser un transfert de valeur dans le temps[1].

La subrogation réelle est dite « imparfaite » ou « liquidative », car elle est inférieure à la subrogation réelle « parfaite », qui remplit sa fonction classique de préservation des droits réels en leur apportant une garantie en nature. Inspirée de l'ancienne théorie de la dotalité incluse[2], la subrogation réelle imparfaite ou liquidative a pour but de préserver un droit en valeur. Dans les diverses hypothèses envisagées par l'article 1469, alinéa 3 du Code civil pour le règlement de la créance de récompenses (**chapitre premier- le principe de la subrogation réelle liquidative en droit des régimes matrimoniaux**) ainsi que dans les articles 860, 869 et 922, relatifs au règlement successoral (**chapitre second- le principe de la subrogation réelle liquidative dans le règlement successoral**), la fonction liquidative de la subrogation réelle consiste à maintenir intacte la valeur « réelle » de la créance, malgré les fluctuations variées que le bien peut subir entre la naissance de l'obligation en valeur et son exécution.

---

[1] PIERRE-FRANÇOIS, Georges, L., *La notion de la dette de valeur en droit civil, essai d'une théorie,* sous la direction de Henry SOLUS, thèse Paris, 1975, n°461, p. 366.

[2] PATARIN, Jean, MORIN, Georges, *La réforme des régimes matrimoniaux, Étude de la loi n°65-570 du 13 juillet 1965,* Tome I, Defrénois, 4e édition, 1977, n°300, p. 286 ; « Cette théorie a été consacrée par la jurisprudence, dès la seconde moitié du XIXème siècle. Une dot est payée en argent ; les deniers sont remis au mari qui, grâce à eux, achète un immeuble. L'immeuble n'est pas dotal mais paraphernal. Cependant la Cour de cassation estime qu'il inclut une valeur dotale pour la partie qui a été achetée avec les deniers dotaux. Le mécanisme a pour caractéristique de préserver en valeur la masse des biens dotaux » *in* RANOUIL, Véronique, *La subrogation réelle en droit civil français*, Librairie générale de droit et de la jurisprudence, 1985, p. 232.

Chapitre premier

Le principe de la subrogation réelle liquidative en droit des régimes matrimoniaux

La théorie de la dette de valeur a été consacrée par la loi du 13 juillet 1965[1] afin de pallier les inconvénients de la dépréciation monétaire et de permettre au mécanisme des récompenses de jouer son rôle principal, à savoir reconstituer les masses de biens, propres et communes en valeur. Les créanciers de récompenses restent ainsi à l'abri de la dévaluation de leurs créances grâce au système de la dette de valeur, qui offre un recours étendu à la fonction liquidative de la subrogation réelle. Ainsi, le profit subsistant porte sur la valeur du bien subrogé pour réaliser l'équivalence de la valeur nominale à la valeur réelle. Le législateur n'a pas imposé de formalités pour la réalisation de la subrogation réelle liquidative, laquelle joue de plein droit pour reporter le profit subsistant sur le nouveau bien acquis en remploi (**section I- la subrogation réelle liquidative étendue à la suite de la consécration élargie de la dette de valeur**).

Par ailleurs, le recours au mécanisme de la dette de valeur et le rôle liquidatif de la subrogation réelle ne sont pas limités au règlement de la créance de récompenses. Par souci d'équité, le législateur a étendu l'application de ces mécanismes pour la revalorisation des créances personnelles entre époux dans les régimes de communauté et dans le régime conventionnel de séparation de biens. Au demeurant, le rôle liquidatif de la subrogation réelle est sollicité en l'absence d'un texte de loi dans le cadre des récompenses croisées (**section II- la portée de la subrogation réelle liquidative en droit des régimes matrimoniaux**).

[1] Loi n°65-570 du 13 juillet 1965 portant réforme des régimes matrimoniaux.

Section I.
La subrogation réelle liquidative étendue à la suite de la consécration élargie de la dette de valeur

Le principe du nominalisme monétaire a connu un recul en faveur de la théorie de la dette de valeur en droit patrimonial de la famille, notamment pour le règlement de la créance de récompense. En tenant compte de l'érosion monétaire, la théorie de la dette de valeur a été consacrée pour permettre au mécanisme des récompenses de maintenir l'équilibre entre les patrimoines propres et commun. Cet objectif ne peut être atteint qu'à l'aide de la subrogation réelle, dont la fonction liquidative est sollicitée pour compléter le mécanisme de la dette de valeur et ainsi, accorder une valeur réelle à la créance de récompense.

Le droit patrimonial de la famille est le terrain d'élection de la théorie de la dette de valeur[1]. Une multiplication des dérogations au nominalisme monétaire est apparue en droit des régimes matrimoniaux pour l'évaluation de la créance de récompense. La dette de valeur reposant sur une distinction entre l'état et la valeur du bien revêt le caractère d'un principe conforme à un certain réalisme économique, dès lors qu'un intervalle de temps considérable s'est écoulé entre la naissance et l'exécution de l'obligation[2].

Le mécanisme des récompenses ne garantit pas le droit réel de l'époux. Cependant, cette créance revêt un caractère réel grâce à la théorie de la dette de valeur, destinée à mettre la créance de l'époux à l'abri des dépréciations monétaires. Elle contribue ainsi à l'efficacité du mécanisme des récompenses, dont la finalité principale consiste à maintenir l'équilibre entre les patrimoines propres et commun.

Le fondement de la théorie des récompenses. – La notion de récompense est apparue dans la Coutume de Paris dès le XVIe siècle, en même temps que la théorie du remploi[3]. Elle s'est progressivement développée au XVIIIe

---

[1] LIBCHABER, Rémy, *Recherches sur la monnaie en droit privé*, préface de Pierre MAYER, LGDJ, 1992, n°348, p. 282.

[2] PILLEBOUT, Jean-François, « Observations pragmatiques sur la dette de valeur », *in Mélanges dédiés à Dominique HOLLEAUX*, Litec, 1990, n°8, p. 360 ; VAREILLE, Bernard, *Volonté, rapport et réduction*, Préface de Pierre SPITÉRI, PUF, 1988, n°48, p. 41.

[3] L'article 232 de la coutume de Paris, réformée en 1580, disposait que « si durant le mariage on vend aucun héritage ou rente propre, appartenant à l'un ou à l'autre des conjoints par mariage, ou si ladite rente est rachetée, le prix de vente ou rachat est repris sur le bien de la communauté au profit de celui à qui appartenait l'héritage ou rente, encore qu'en vendant il n'eût été convenu du remploi ou récompense et qu'il n'y ait eu convenu du remploi ou récompense et qu'il n'y ait eu aucune déclaration sur ce fait », *in* FREMONT, F., *Histoire de la théorie des récompenses en matière de communauté entre époux*, thèse Paris, 1899, p. 33 ; DENECKER, Jean-Gabriel, *La théorie générale des récompenses et son application aux libéralités faites par les époux communs en biens*, thèse Lille, 1943, p. 15.

siècle[1]. Enfin, elle a été consacrée par le Code civil de 1804. Le fondement de la théorie des récompenses a suscité des débats. Sous l'Ancien Droit, la théorie des récompenses était fondée sur le principe de la prohibition des donations entre époux, aboli par le Code civil[2]. Un autre argument avancé était le principe de l'immutabilité des régimes matrimoniaux, car l'absence de récompense entraînerait une altération de la consistance du patrimoine des époux durant le fonctionnement du régime matrimonial. Cependant, ce principe s'est trouvé affaibli en droit contemporain depuis les lois du 13 juillet 1965, du 23 décembre 1985 et du 23 juin 2006, qui ont supprimé tout obstacle aux contrats entre époux et ont largement permis de changer de régime matrimonial. L'argument le plus pertinent réside dans la notion d'enrichissement injustifié[3] et le principe d'équité[4]. Il existe, de manière fréquente, des mouvements de valeurs entre le patrimoine commun et les patrimoines propres. Deux règles symétriques prévoient les causes de récompenses énoncées aux articles 1433, alinéa 1 et 1437 *in fine*. D'une part, « la communauté doit récompense à l'époux propriétaire toutes les fois qu'elle a tiré profit des biens propres ». D'autre part, « toutes les fois que l'un des époux a tiré un profit personnel des biens de la communauté, il en doit la récompense ».

La récompense due par la communauté à un époux (art. 1433 C.civ.). – La communauté est débitrice de la récompense, lorsqu'une dette commune à titre définitif est payée à l'aide des deniers propres. Ou encore, lorsqu'une acquisition commune est financée en tout ou partie avec les deniers propres comme le paiement d'une soulte pour l'acquisition ou l'échange d'un propre dont la valeur excède celle du bien échangé, le bien acquis intègre la masse commune à charge de récompense. Le dernier cas concerne l'amélioration ou la conservation d'un bien commun à l'aide des fonds propres.

La récompense due par un époux à la communauté (art. 1437 C.civ.). – L'époux est débiteur de la récompense lorsqu'une dette lui étant définitivement personnelle a été honorée par la communauté ou encore lorsqu'une dépense d'acquisition, de conservation ou d'amélioration relative à un bien propre a été financée par la communauté.

---

[1]AUBRY, Charles Marie Barbe Antoine, RAU, Charles Frédéric, *Droit civil français, sous la direction de ESMEIN, Paul, PONSARD, André, Régimes matrimoniaux,* par André PONSARD, Tome VIII, *Librairie* technique, 7e édition, 1973, n°259, pp. 431, 432, § 518, note 3 ; CORNU, Gérard, *Les régimes matrimoniaux*, PUF, 9e édition, 1997, n° 96, p. 491.

[2] SAUJOT, Colette, « Le fondement des récompenses », *RTD Civ.* 1970, p. 689.

[3] Depuis l'ordonnance n°2016-131 du 10 février 2016, l'enrichissement sans cause est devenu l'enrichissement injustifié (articles. 1303 à 1303-4 C.civ.).

[4] AUBRY, Charles Marie Barbe Antoine, RAU, Charles Frédéric, *op. cit.*, n° 260, p. 433, § 518 ; CHAVANNE, Albert, *Essaie sur la notion de compte en droit civil,* thèse Lyon, 1947, n°89, p. 118 ; COLIN, Ambroise, CAPITANT, Henri, JUILLIOT DE LA MORANDIÈRE, Léon, *Cours élémentaire de droit civil français,* Tome III, Dalloz, 8e édition, 1936, n° 479, p. 275; CORNU, Gérard, *op. cit.*, n° 94, p. 481 ; DENECKER, Jean-Gabriel, *op. cit.*, p. 51 ; FREMONT, F., *op. cit.*, pp. 22, 34.

Le maintien de l'équilibre en valeur des patrimoines propres et de la masse commune par le mécanisme de récompense. – La récompense intervient dès lors qu'une masse s'est indûment enrichie au détriment de l'autre. Le procédé de récompense vise à maintenir en valeur l'intégrité des masses propres et de la masse commune. L'équilibre entre les divers patrimoines se rétablit par les indemnités de récompenses dues à la communauté ou à l'un des époux. Il existe ainsi un lien avec la technique de l'emploi et du remploi destinée à assurer une cohérence des divers patrimoines dans le régime matrimonial et à rétablir l'équilibre des patrimoines momentanément rompu.

Le valorisme, conforme à la finalité de la théorie des récompenses. – Le mode de calcul de la créance de récompense a fait l'objet d'une évolution, du nominalisme au valorisme. En principe, le droit à récompense est né pendant la durée de la communauté, qui peut être éloignée de la dissolution et plus encore de la liquidation du régime de la communauté. Le Code civil n'avait pas pris en compte le phénomène de la dépréciation monétaire. En effet, jusqu'en 1965, trois règles régissaient le calcul et l'évaluation des récompenses. Tout d'abord, les récompenses devaient être calculées au moment du fait générateur. Ensuite, un double plafond s'appliquait : le montant de la récompense ne devait dépasser ni l'enrichissement du patrimoine débiteur, ni l'appauvrissement du patrimoine créancier. En pratique, dans la majorité des cas, le montant de la récompense était calculé sur la dépense faite. Aux termes du principe du nominalisme monétaire[1], le montant de la récompense était égal à la somme empruntée au patrimoine créancier[2]. Ainsi, ces sommes ne pouvaient pas être réévaluées[3]. Durant la première moitié du XXe siècle, la dépréciation monétaire constante empêcha le mécanisme des récompenses de jouer son rôle principal, à savoir compenser le mouvement de valeur d'un patrimoine à un autre, et reconstituer les masses de biens en valeur[4]. Cet objectif ne pouvait pas être atteint compte tenu de l'érosion monétaire qui avait rendu injuste le régime des récompenses.

---

[1] MAZEAUD, Jean, Cass. civ. 1re, 11 avril 1964, JCP 1965, II, 14101.

[2] CABRILLAC, Rémy, *op. cit.*, n° 289, p. 228 ; DENECKER, Jean-Gabriel, *op. cit.*, p. 7 ; FREMONT, F., *op. cit.*, p. 67 ; LE GUIDEC, Raymond, *op. cit.*, n° 144.51, p. 277 ; SAVATIER, René, *op. cit.*, n°98, p. 203 ; TERRÉ, François, SIMLER, Philippe, *op. cit.*, n° 667, p. 524.

[3] SAVATIER, René, « Le vocabulaire du nouvel article 1469 C.C. français », *in Mélanges Louis BAUDOUIN, Problèmes de droit contemporain, sous la direction d'Adrian, POPOVICI*, Les presses de l'Université de Montréal, 1974, p. 206.

[4] Les règles d'évaluation des récompenses avant la loi du 13 juillet 1965 ont été critiqué par la doctrine : AUBRY, Charles Marie Barbe Antoine, RAU, Charles Frédéric, *op. cit.*, n°267, p. 442, § 518 ; FLOUR, Jacques, CHAMPENOIS, Gérard, *op. cit.*, n°571, p. 529 ; Cass. civ. 1re, 11 avril 1964, *Dalloz* 1965, 24e cahier, somm. 65, p. 17 ; MAZEAUD, Jean, Cass. civ. 1re, 11 avril 1964, *loc. cit.*; DEDIEU, Jean, Cass. civ. 1re, 19 juillet 1966, *Dalloz* 1966, p. 713 ; NERSON, Roger, Cass. civ. 1re, 19 juillet 1966, *RTD civ.* 1967, §5, p. 620.

La théorie de la dette de valeur dans le calcul de la créance de récompense. –La doctrine avait suggéré le recours à la clause d'échelle mobile[1]. Cependant, à défaut de dispositions législatives, la jurisprudence se prononçait selon le principe du nominalisme monétaire admis dans notre droit. Enfin, pour pallier les inconvénients de la dépréciation monétaire et pour corriger les effets des fluctuations économiques et monétaires, le calcul et l'évaluation des récompenses ont été modifiés par la loi du 13 juillet 1965[2], qui a adopté la théorie de la dette de valeur. Cette loi s'est inspirée de réformes antérieures relatives à d'autres obligations de sommes d'argent tel que l'article 555 du Code civil, issu de la loi du 17 mai 1960 au sujet de l'indemnité due en cas d'accession.

Le calcul de la récompense due. – Une règle assortie d'une double exception est énoncée à l'article 1469 du Code civil, issu de la loi du 13 juillet 1965. Le principe du double maximum est prévu par l'alinéa premier de l'article 1469 du Code civil, qui dispose que « la récompense est, en général, égale à la plus faible des deux sommes que représentent la dépense faite et le profit subsistant ». Ce principe est emprunté à la théorie de l'enrichissement injustifié[3], suivant laquelle « l'indemnité due par celui qui s'est enrichi aux dépens d'autrui est doublement limitée par le montant de l'appauvrissement et par celui de l'enrichissement corrélatif »[4]. En effet, la dette monétaire est évaluée au jour où elle a été contractée et le profit subsistant (la dette de valeur), au jour de la liquidation. Ce principe ainsi énoncé ne permettrait pas de déjouer l'effet de la dépréciation monétaire, car si le montant du profit subsistant était supérieur à celui de la dépense faite, la récompense ne serait que du montant nominal de la dépense. Pour atténuer cet inconvénient, deux exceptions au principe du double maximum sont prévues[5]. La première

---

[1] COLOMER, André, *L'instabilité monétaire et les régimes...op. cit.*, n°180, p. 198; FREYRIA, C., « Les moyens d'éviter dans les contrats de mariage les conséquences de la dépréciation de la monnaie », *RTD Civ.* 1951, p. 331 ; HUBRECHT, Georges, *La dépréciation monétaire et la stabilisation, leurs effets sur l'exécution des obligations,* Les éditions universitaires de Strasbourg, 1928, p. 328 ; HÉBRAUD, Pierre, « L'instabilité monétaire et les règlements d'intérêts familiaux », *in Études offertes à Georges RIPERT, Le droit privé français au milieu du XXe siècle*, Tome I, Paris, 1950, p. 520 ; KUHNMUNCH, Olivier, *op. cit.*, n°25, p. 215 ; LIBCHABER, Rémy, *op. cit.*, n° 339, p. 276 ; PIERRE-FRANÇOIS, Georges, L., *La notion de la dette de valeur en droit civil, essai d'une théorie,* sous la direction de Henry SOLUS, thèse Paris, 1975, n°111, p. 92.

[2] COLOMER, André, « Vérité juridique, vérité économique et régimes matrimoniaux », *in Études dédiées à Alex WEILL*, Dalloz-Litec, 1983, p. 170 ; TISSERAND, Alice, « Régime légal : la liquidation-partage », *JCP N* 10 juillet 2015, n°28, 1123.

[3] AUBRY, Charles Marie Barbe Antoine, RAU, Charles Frédéric, *op. cit.*, n° 267, p. 443, § 518 ; COLOMER, André, *Droit civil-Régimes... op. cit.*, n° 963, p. 453 ; GRIMALDI, Michel, Cass. civ. 1re, 13 janvier 1993, *Dalloz* 1993, 25e cahier, somm. 220.

[4] PATARIN, Jean, MORIN, Georges, *La réforme des régimes matrimoniaux, Étude de la loi n°65-570 du 13 juillet 1965,* Tome I, Defrénois, 4e édition, 1977, n° 291, p. 267.

[5] BEIGNIER, Bernard, TORRICELLI-CHRIFI, Sarah, *op. cit.*, n° 164, p. 211.

exception, inspirée de la théorie des impenses en droit des biens[1] énoncée par l'alinéa 2 de l'article 1469 du Code civil, prévoit que la récompense ne peut « être moindre que la dépense faite quand celle-ci était nécessaire ». La seconde exception au principe du double maximum est posée à l'alinéa 3 de l'article 1469 du Code civil, qui dispose que la récompense « ne peut être moindre que le profit subsistant, quand la valeur empruntée a servi à acquérir, à conserver ou à améliorer un bien qui se retrouve, au jour de la liquidation de la communauté, dans le patrimoine emprunteur. Si le bien acquis, conservé ou amélioré a été aliéné avant la liquidation, le profit est évalué au jour de l'aliénation ; si un nouveau bien a été subrogé au bien aliéné, le profit est évalué sur ce nouveau bien ». Cette exception forme l'innovation majeure de la réforme du 13 juillet 1965. Des aménagements limités ont été apportés par la loi du 23 décembre 1985. Ainsi, le système de la dette de valeur est introduit dans le droit des régimes matrimoniaux. Les méfaits de la dépréciation monétaire sont neutralisés, de sorte que le créancier de la récompense n'est pas exposé au risque de dévaluation. Les récompenses constituent désormais une dette de valeur, c'est-à-dire « une obligation dont l'objet est une valeur incluse dans un bien et dont le montant sera déterminé seulement au jour du règlement »[2].

La portée du principe de nominalisme monétaire. – La notion de dette de valeur (*Wertschuld*), à l'opposé de la dette de monnaie (*Geldschuld*), a été inventée par les juristes allemands lors de l'apparition de l'inflation dans les années 1920 afin de protéger les créances contre l'érosion monétaire. Le valorisme s'oppose au principe du nominalisme monétaire illustré, pour le prêt, par l'article 1895 du Code civil, qui dispose que « l'obligation qui résulte d'un prêt en argent n'est toujours que de la somme énoncée au contrat ». Le principe du nominalisme est la traduction juridique de l'expression proverbiale : « un franc est un franc »[3] ou « un euro est un euro »[4]. Selon ce principe, une dette de somme d'argent est payée en fonction de son montant

---

[1] COLOMER, André, *Droit civil-Régimes... op. cit.*, n° 970, p. 455 ; LE GUIDEC, Raymond, *op. cit.*, n° 144.61, p. 279 ; PIÉDELIÈVRE, Stéphane, *op. cit.*, n°323, p. 376 ; TERRÉ, François, SIMLER, Philippe, *op. cit.*, n° 671, p. 525.

[2] COLOMER, André, *Droit civil-Régimes... op. cit.*, n° 973, p. 457.

[3] Cela signifie que « *l'existence des dettes de somme d'argent se fait en fonction de leur montant nominal, et non de la valeur de la monnaie* » *cf.* LIBCHABER, Rémy, *op. cit.*, n° 259, p. 211 ; PIERRE-FRANÇOIS, Georges, L., *op. cit.*, n°458, p. 362 ; RAYNAUD, Pierre, « Les dettes de valeur en droit français », *in Mélanges offerts à Jean BRETH DE LA GRESSAYE*, Bordeaux, 1969, §3, p. 612 ; SAVATIER, René, *La théorie des obligations en droit privé économique*, Dalloz, 4e édition, 1979, n°82, p. 105 ; SPAHR, Stéphane, *op. cit.*, p. 10.

[4] BÉNABENT, Alain, *Droit des obligations*, LGDJ, 15e édition, 2016, n°164, p. 713 ; TERRÉ, François, SIMLER, Philippe, LEQUETTE, Yves, CHÉNEDÉ, François, *Droit civil, Les obligations,* Dalloz, 12e édition, 2018, n° 1465, p. 1543.

nominal[1]. Ainsi, le principe du nominalisme interdit la modification du *quantum* de l'obligation monétaire lors du paiement. Il s'oppose donc au valorisme, destiné à intégrer la valeur à l'intérieure de la dette de monnaie[2]. Il n'en demeure pas moins que la portée du principe du nominalisme a connu des atténuations. En effet, la Cour de cassation, dans son fameux arrêt *Guyot* du 27 juin 1957[3], déclare que si le juge ne peut substituer une monnaie à la monnaie nationale, les parties peuvent cependant faire le choix d'une autre monnaie que leur monnaie nationale pour évaluer leurs créances. La Cour de cassation a admis la validité de la clause d'indexation et considère que l'article 1895 du Code civil ne revêt pas de caractère d'ordre public : il peut donc être écarté par les parties à une convention. Le caractère supplétif du principe de nominalisme est également confirmé depuis la réforme du 10 février 2016[4] à l'alinéa 1er de l'article 1343 nouveau du Code civil. Cette solution a entraîné le développement du valorisme, qui doit être soit conventionnel, comme l'indexation, soit légal, réalisé par le mécanisme de la dette de valeur[5].

La nature de la technique de la dette de valeur. – La dette de valeur s'oppose à la dette de somme d'argent fixée immuablement au montant de sa valeur nominale. La dette de valeur n'est pas évaluée en argent mais en fonction de la valeur d'un bien sujet à variation[6], de sorte que l'objet de la créance reste à l'abri de toute fluctuation de la monnaie et échappe à l'érosion monétaire[7] car le montant de la dette de valeur est évalué lors de son exécution et elle n'est convertie en argent qu'au jour du paiement effectif[8]. La dette de valeur est de nature hybride, elle est intermédiaire entre l'obligation de payer une somme d'argent et l'obligation de fournir une prestation en nature. En effet, les dettes de valeur ont un objet non monétaire à leur naissance mais elles s'exécutent par le versement d'une somme d'argent. La monnaie n'est jamais *in obligatione* mais toujours *in solutione*[9]. Ainsi, les dettes de valeur s'apparentent, d'une part, à des obligations en nature par leur objet non

---

[1] PIGNARRE, Louis-Frédéric, *Les obligations en nature et de somme d'argent en droit privé, Essai de théorisation à partir d'une distinction*, Préface de Jean-Pierre TOSI, LGDJ, 2010, n° 113, p. 86.
[2] LIBCHABER, Rémy, *op. cit.*, n°286, p. 231 ; MALINVAUD, Philippe, MEKKI, Mustapha, SEUBE, Jean-Baptiste, *Droit des obligations,* Lexis Nexis, 15e édition, 2019, n°441, p. 398.
[3] CARBONIER, Jean, Cass. civ. 1re, 27 juin 1957, *RTD Civ.* 1957, p. 553 ; RIPERT, Georges, Cass. civ. 1re, 27 juin 1957, *Dalloz* 1957, p. 649.
[4] Ordonnance n°2016-131 du 10 février 2016 portant réforme du droit des contrats, du régime général et de la preuve des obligations.
[5] FLOUR, Jacques, « Pot-pourri autour d'un arrêt Civ. 1re, 15 février 1973, Casier », *Defrénois* 1975, art. 30854, p. 186.
[6] HUBRECHT, Georges, *op. cit.*, p. 243 ; PIERRE-FRANÇOIS, Georges, L., *op. cit.*, n°1, p. 2, n°6, p. 66 ; PIGNARRE, Louis-Frédéric, *op. cit.*, n°154, p. 120 ; SAVATIER, René, « Le vocabulaire du nouvel article... *op. cit.*, p. 210.
[7] PIGNARRE, Louis-Frédéric, *op. cit.*, n°114, p. 86 ; RAYNAUD, Pierre, *op. cit.*, §5, p. 613.
[8] MALINVAUD, Philippe, MEKKI, Mustapha, SEUBE, Jean-Baptiste, *op. cit.*, n°19, p. 11.
[9] *Ibid.*, n°315, p. 252 ; PIERRE-FRANÇOIS, Georges, L., *op. cit.*, n°6, p. 5, n°143, pp. 121,122, n°518, p. 407 ; PIGNARRE, Louis-Frédéric, *op. cit.*, n° 186, p. 140.

monétaire et, d'autre part, à une obligation de somme d'argent lors de leur exécution[1].

L'utilité de la technique de la dette de valeur. –Le recours au mécanisme de la dette de valeur permet au créancier de rester à l'abri des conséquences de la dévaluation monétaire, car un laps de temps peut s'être écoulé entre la naissance d'une créance de somme d'argent et son paiement, qui entraînerait un déséquilibre entre le montant de la dette initiale et celui de son règlement. Il faut donc recourir au valorisme, qui suppose le recours à une valeur qui servira de mesure à la créance et dont l'efficacité implique le jeu de la subrogation réelle liquidative en cas d'aliénation du bien.

La subrogation réelle liquidative est appelée à reporter le profit subsistant sur le bien acquis en remploi du bien servant d'étalon à la dette de valeur. La restitution sur le fondement du profit subsistant vise à rechercher la valeur incluse ou la valeur subrogée dans le patrimoine enrichi. La réalisation de la subrogation réelle liquidative comme technique de conservation de la dette de valeur n'exige pas de condition particulière.

L'ampleur et l'efficacité de la dette de valeur dépendent de l'étendue de la subrogation réelle liquidative. Mais le problème reste de savoir si la subrogation réelle dont le rôle liquidatif consiste à mettre à l'abri des obligations en valeur de la cristallisation monétaire peut intervenir automatiquement pour conserver la valeur réelle de la dette et assurer ainsi l'efficacité de la dette de valeur.

La subrogation réelle apparaît comme un instrument technique du transfert de valeur qui assure la conservation en valeur de la créance[2]. La permanence de la dette de valeur est assurée par le jeu de la subrogation réelle, dans la mesure où un nouveau bien a été substitué au bien acquis, conservé ou amélioré. Par ailleurs, le jeu de la subrogation réelle liquidative se trouve en conformité avec le mécanisme des récompenses car, à l'opposé de la subrogation réelle parfaite, la subrogation réelle imparfaite ou liquidative tend à maintenir l'équilibre en valeur entre les patrimoines propres et communs. Dès lors, la théorie des récompenses constitue un terrain propice au développement du jeu de la subrogation réelle.

Le rôle de la subrogation réelle dans le calcul de la créance de récompense. – L'alinéa 3 de l'article 1469 recourt à la notion de dette de valeur[3] lorsque la dépense est faite pour l'acquisition, l'amélioration ou la conservation d'un bien. La créance de récompense ne porte pas sur une somme d'argent cristallisée dans son montant mais sur une valeur égale au profit subsistant qui consiste dans le calcul de la plus-value procurée au patrimoine emprunteur par la valeur tirée du patrimoine créancier de la récompense[4]. Ce

---

[1] PIERRE-FRANÇOIS, Georges, L., *op. cit.*, n°142, p. 121 ; PIGNARRE, Louis-Frédéric, *op. cit.*, n°164, p. 127 ; SPAHR, Stéphane, *loc. cit.*

[2] PIERRE-FRANÇOIS, Georges, L., *op. cit.*, n°474, p. 377.

[3] RAYNAUD, Pierre, *op. cit.*, p. 611.

[4] FLOUR, Jacques, CHAMPENOIS, Gérard, *op. cit.*, n°574, p. 531 ; LE GUIDEC, Raymond, *op. cit.*, n° 144.55, p. 278 ; PIGNARRE, Louis-Frédéric, *op. cit.*, n°159, p. 124.

calcul ne présente pas de difficulté dans la mesure où les biens acquis, conservés ou améliorés subsistent dans le patrimoine emprunteur ou lorsqu'ils ont été aliénés sans réinvestissement du prix obtenu. En revanche, certaines difficultés peuvent apparaître si ces biens ont été remplacés par d'autres. Ainsi, l'alinéa 3 de l'article 1469 envisage trois hypothèses pour clarifier la date ainsi que le mode d'évaluation du profit subsistant.

La première hypothèse vise le cas du bien se trouvant dans le patrimoine emprunteur au jour de la liquidation de la communauté. La deuxième concerne celui du bien acquis, conservé ou amélioré, ayant été aliéné avant la liquidation. Enfin, la troisième hypothèse qui nous intéresse concerne la subrogation réelle. Il s'agit du cas d'un nouveau bien qui a été substitué au bien acquis, conservé ou amélioré. La situation envisagée par l'alinéa 3 de l'article 1469 du Code civil repose sur trois opérations successives : d'abord, une dépense faite pour l'acquisition, l'amélioration, ou la conservation du bien. Cette dépense doit avoir été acquittée, en tout ou en partie, grâce à une valeur empruntée à un autre patrimoine. Ensuite, ledit bien doit avoir été aliéné. Enfin, un nouveau bien doit avoir été acquis pour remplacer le premier[1]. Dans cette hypothèse, si la dépense d'acquisition, d'amélioration ou de conservation d'un bien propre est réalisée, en tout ou en partie, à l'aide d'une contribution de la communauté, une valeur commune sera incluse dans ce bien. Inversement, si une dépense d'acquisition, d'amélioration ou de conservation d'un bien commun a été réalisée, en tout ou en partie, moyennant la contribution propre de l'un des époux, une valeur propre sera incluse dans ce bien. Le procédé des récompenses permet de conserver l'origine de cette valeur, qui revient sous la forme d'une créance de récompense au patrimoine qui l'a fournie.

Aux termes de l'alinéa 3 de l'article 1469 du Code civil, lorsque le prix du bien acquis, conservé ou amélioré a été remployé dans une autre acquisition, la dette de valeur a pour mesure le nouveau bien subrogé[2]. Cette règle s'applique dans tous les cas, pour la subrogation réelle au premier degré, comme l'échange ou pour la subrogation réelle au second degré, comme le remploi.

Le caractère supplétif de l'article 1469 du Code civil. – Il convient de souligner que le mode légal d'évaluation des récompenses prévu à l'article 1469 du Code civil n'est pas d'ordre public. Il s'agit d'une règle supplétive de la volonté des époux[3]. Les époux peuvent y déroger *a priori* par le contrat de

---

[1] SPAHR, Stéphane, *op. cit.*, p. 88.

[2] DAURIAC, Isabelle, *op. cit.*, n°552, p. 301 ; KUHNMUNCH, Olivier, *op. cit.*, n° 23, p. 209 ; PIÉDELIÈVRE, Stéphane, *op. cit.*, n° 332, p. 385 ; RAYNAUD, Pierre, *op. cit.*, §12, p. 616.

[3] À propos d'une convention modifiant les règles de calcul, MORIN, Georges, Cass. civ. 1re, 28 juin 1983, *Dalloz* 1984, 254. AUBRY, Charles Marie Barbe Antoine, RAU, Charles Frédéric, *op. cit.*, n° 334, p. 555, §527 *bis* ; BEIGNIER, Bernard, TORRICELLI-CHRIFI, Sarah, *op. cit.*, n° 166, p. 218. GUILLAUD-BATAILLE, Sylvain, KUHN, Céline, « Liberté et

mariage[1] ou *a posteriori* par une convention liquidative[2] après la dissolution du régime[3]. Toutefois, l'évaluation des récompenses participe de l'immutabilité du régime matrimonial, de sorte que l'on ne peut y déroger par une convention ordinaire, au cours du régime.

L'étendue du régime établi par l'article 1469 du Code civil. – Le régime établi par l'article 1469 du Code civil a été transposé à d'autres hypothèses avec certaines différences, par exemple dans le cadre du rapport ou de la réduction des libéralités (art. 860 à 869 du Code civil issus de la loi du 3 juillet 1971[4]), ainsi que pour l'évaluation de l'indemnité due à l'indivisaire qui a amélioré le bien indivis : la subrogation réelle est sollicitée pour évaluer le montant de l'indemnité due à un indivisaire qui a amélioré ou conservé un bien indivis grâce à ses deniers personnels, aux termes de l'article 815-13 issu de la loi du 31 décembre 1976. Il en va de même pour les créances entre époux, en application de l'alinéa 2 de l'article 1479 issu de la loi du 23 décembre 1985[5].

La fonction de la dette de valeur, complétée par la subrogation réelle. – Le législateur recourt à la technique de la dette de valeur, qui implique le jeu de « la subrogation réelle imparfaite »[6]. Il faut suivre la valeur empruntée à travers ses incarnations éventuelles successives. Dans ce cas, la valeur du bien subrogé sert d'étalon à l'estimation du profit subsistant. La raison en est

---

modalités de calcul en droit patrimonial de la famille, récompenses et rapports », *JCP N* 4 décembre 2015, n°49, 1228, p. 46.

[1] MORIN, Georges, Cass. civ. 1re, 15 février 1973, *Dalloz* 1973, 558 ; SAVATIER, René, Cass. civ. 1re, 15 février 1973, *JCP* 1973, II, 17580 : Contrat de mariage antérieur de la loi de 1965 : PATARIN, Jean, CA Paris, 2e Ch., 27 janvier 1976, *JCP* 1979, II, 19194 ; PATARIN, Jean, CA Paris, 2e Ch., 10 mars 1976, *JCP* 1979, II, 19194 ; LE GUIDEC, Raymond, CA Lyon, 4 octobre 1978, *JCP* 1980, II, 19443. Au sujet de la modification du mode de calcul *cf.* MORIN, Georges, Cass. civ. 1re, 28 juin 1983, *ibid.;* MATHIEU, Michel, PILLEBOUT, Jean- François, « Contrat de mariage, communauté, clauses de liquidation, clauses relatives à la liquidation », *JCP N* 11 septembre 1998, N°37, p. 1249.

[2] POUDEROUX, J., Cass. civ. 1re, 6 novembre 1984, *Defrénois* 1985, art. 33489, §32, p. 460, art. 33560, §66, p. 862. Une telle convention ne peut être établie au cours du mariage, afin de ne pas porter atteinte au principe de l'immutabilité du régime matrimonial (art. 1396 C.civ.). Celui-ci ne peut être modifié que par l'utilisation de la procédure de changement de régime matrimonial prescrite par l'article 1397 du Code civil. MORIN, Georges, Cass. civ. 1re, 28 juin 1983, *loc. cit.*; PILLEBOUT, Jean-François, Cass. civ. 1re, 28 juin 1983, JCP 1985, II, 20330.

[3] CABRILLAC, Rémy, *op. cit.*, n°281, p. 232 ; COLOMER, André, *Droit civil-Régimes... op. cit.*, n° 935, p. 443 ; DAURIAC, Isabelle, *op. cit.*, n°536, p. 291 ; LE GUIDEC, Raymond, *op. cit.*, n° 144.52, p. 278 ; MALAURIE, Philippe, AYNÈS, Laurent, *op. cit.*, n°605, p. 284.

[4] Loi n°71-523 du 3 juillet 1971 modifiant certaines dispositions du Code civil relatives aux rapports à succession, à la réduction des libéralités excédant la quotité disponible et à la nullité, à la rescision pour lésion et à la réduction dans les partages d'ascendants.

[5] Loi n° 85-1372 du 23 décembre 1985 relative à l'égalité des époux dans les régimes matrimoniaux et des parents dans la gestion des biens des enfants mineurs.

[6] COLOMER, André, « Vérité juridique, vérité...*loc. cit.*; MALAURIE, Philippe, CA 19 novembre 1966, *loc. cit.*; compa. SAVATIER, René, *La communauté conjugale... op. cit.*, n°102, p. 210 ; CHAPUISAT, Françoise, « Vers une utilisation extensive de la subrogation réelle à propos des lois du 13 juillet 1965 et 3 juillet 1971 », *RTD Civ.* 1973, p. 643 et suiv.

que le patrimoine emprunteur a bénéficié de la plus-value procurée par le bien substitué au bien initialement acquis, conservé ou amélioré. Il en va de même si la substitution s'opère après la dissolution de la communauté. Avant la réforme du 23 décembre 1985, selon l'alinéa 3 de l'article 1469 et l'article 1473, le profit subsistant s'évaluait à la dissolution de la communauté. Néanmoins, pour la jurisprudence, l'évaluation de la récompense devait avoir lieu au jour de la liquidation[1]. Ainsi, la loi de 1985 a adopté cette solution issue de la jurisprudence. L'existence et le montant du profit subsistant sont déterminés au jour de la liquidation. De ce fait, le montant de la récompense diminue ou s'accroît compte tenu des plus ou moins-values fortuites survenues pendant l'indivision post-communautaire. Ainsi, le mécanisme de la récompense et celui de la subrogation réelle se rapprochent, car ils donnent lieu à des résultats identiques en valeur[2]. Ces deux techniques ont pour but de maintenir l'équilibre entre les masses propres et la communauté. La rupture de l'équilibre sera compensée par une restitution en valeur dans les rapports entre époux. Il convient de rechercher la valeur incluse à travers les diverses fluctuations par le biais de la subrogation réelle imparfaite[3]. Ce qui importe, ce n'est pas le bien dans sa matérialité mais sa valeur patrimoniale[4].

L'alinéa 3 de l'article 1469 du Code civil ne prévoit aucune condition pour le jeu de la subrogation réelle imparfaite ou liquidative, destinée à jouer pour chaque nouvelle substitution afin de reporter le profit subsistant sur le nouveau bien acquis. Aux termes de ce dispositif, la subrogation réelle liquidative est appréhendée dans un sens élargi comme une substitution de fait, car il s'agit d'un simple remplacement d'un bien par un autre[5]. Cette interprétation étendue est conforme à l'esprit de la loi, qui exige de suivre la valeur empruntée à travers les biens qui se succèdent les uns aux autres dans la masse enrichie[6].

Cependant, nous estimons que la réalisation de la subrogation réelle imparfaite est soumise à certaines conditions et qu'elle ne se réduit pas à un simple substitut de fait d'un bien par un autre. La subrogation réelle est sollicitée par la théorie des dettes de valeur comme un instrument technique destiné à substituer la valeur du profit subsistant à la valeur empruntée incluse dans le bien que cette dépense a permis d'acquérir pour assurer la permanence

---

[1] PATARIN, Jean, Cass. civ. 1re, 16 juillet 1969, *loc. cit.* ; SAVATIER, René, Cass. civ. 1re, 16 juillet 1969, *loc. cit.*
[2] MALAURIE, Philippe, AYNÈS, Laurent, *op. cit.*, n° 614, p. 291.
[3] FLOUR, Jacques, *loc. cit.*
[4] DURAND, Jean-Max, *op. cit.*, pp. 44, 46.
[5] FLOUR, Jacques, CHAMPENOIS, Gérard, *op. cit.*, n°594, p. 553 ; également en ce sens COLOMER, André, *Droit civil-Régimes... op. cit.*, n° 990, p. 464 ; CORNU, Gérard, *op. cit.*, n° 94, p. 484 ; PATARIN, Jean, MORIN, Georges, *op. cit.*, n° 300, p. 287 ; TERRÉ, François, SIMLER, Philippe, *op. cit.*, n°683, p. 537 ; PIERRE-FRANÇOIS, Georges, L., *op. cit.*, n°467, p. 371.
[6] COLOMER, André, *Droit civil-Régimes... loc. cit.*

de la valeur réelle de la créance de récompense, de même que pour réaliser l'équivalence de la valeur nominale à la valeur réelle[1].

Le rôle de la subrogation réelle liquidative dans la technique de la dette de valeur. – Il s'agit là d'une subrogation réelle dite « imparfaite » ou « liquidative »[2] car elle n'est pas appelée à conserver le caractère propre du bien acquis avec les deniers propres, de sorte que le créancier ne dispose pas de droit réel sur le nouveau bien subrogé ; il est donc exposé au risque d'insolvabilité du débiteur. Cependant, la subrogation réelle imparfaite ou liquidative permet de préserver la permanence de la dette de valeur tout en maintenant la variabilité de l'expression monétaire de la dette de valeur. Le créancier demeure ainsi à l'abri de la dépréciation monétaire et des fluctuations économiques. Par ailleurs, le jeu de la subrogation réelle liquidative se trouve en adéquation parfaite avec la théorie de la dette de valeur. À l'instar du mécanisme de la dette de valeur, elle poursuit le fondement de la valeur incluse dans le bien, objet de la restitution, car elle est destinée à affecter la valeur empruntée lors de l'acquisition d'un bien[3]. Enfin, les deux sont fondés sur l'idée d'équilibre et de restitution pour préserver l'intégrité des patrimoines, dès qu'il y a un mouvement de valeur entre deux patrimoines. La subrogation réelle imparfaite est fondée sur l'idée d'équité pour éviter l'enrichissement injustifié d'un époux au détriment de l'autre. Ainsi, le libre fonctionnement de la subrogation réelle liquidative est admis en raison de sa conformité avec le mécanisme des récompenses ainsi que la théorie de la dette de valeur[4].

La preuve de la subrogation réelle. – Pour bénéficier de la revalorisation de la créance de récompense, il faut établir la preuve de la subrogation réelle, notamment dans le cas du remploi de fonds provenant de l'aliénation du bien acquis, conservé ou amélioré ou du bien qui lui avait été antérieurement substitué[5].

Le jeu de la subrogation réelle exige la présence d'une filiation financière ou patrimoniale entre le bien nouveau et le bien antérieurement acquis, amélioré ou conservé[6]. La preuve de la subrogation réelle ne soulève pas de difficulté en cas de récompense en faveur de la communauté, car la subrogation de biens communs n'est soumise à aucune condition compte tenu

---

[1] PIERRE-FRANÇOIS, Georges, L., *op. cit.*, n°461, p. 366.

[2] MALAURIE, Philippe, CA 19 novembre 1966, *loc. cit.*

[3] PIERRE-FRANÇOIS, Georges, L., *op. cit.*, n°456, p. 361, n°458, pp. 363, 364, n°460, p. 365 ; RANOUIL, Véronique, *La subrogation réelle en droit civil français*, Librairie générale de droit et de la jurisprudence, 1985, p. 162 ; SPAHR, Stéphane, *op. cit.*, p. 71.

[4] DURAND, Jean-Max, *op. cit.*, pp. 40, 52.

[5] AUBRY, Charles Marie Barbe Antoine, RAU, Charles Frédéric, *op. cit.*, n°270, p. 449, § 518 ; COLOMER, André, *Droit civil-Régimes... loc. cit.* ; FLOUR, Jacques, CHAMPENOIS, Gérard, *op. cit.*, n°594, p. 552.

[6] DESOUS, George, *La question de l'emprunt dans les régimes matrimoniaux,* sous la direction de Jean PATARIN, Tome II, thèse Paris, 1982, n° 258, p. 713 ; MARTIN, Didier, *op. cit.*, p. 77.

de la présomption d'acquêts[1]. En revanche, en ce qui concerne la possible revalorisation de la créance de récompense à la mesure du profit subsistant, dans le cadre du remploi de biens propres, la preuve de la subrogation réelle a suscité des débats. Les règles relatives aux modes d'administration de la preuve en matière de subrogation réelle sont inhérentes, d'une part, à l'institution dans laquelle elle joue, et d'autre part, au but poursuivi par cette subrogation. Or en l'occurrence, ni l'institution (le régime matrimonial) ni le but poursuivi (le calcul du profit subsistant) n'exigent une formalité particulière. Néanmoins, il faut établir que le bien est acquis à l'aide de deniers recueillis lors de l'aliénation d'un bien propre initial ou à l'aide de deniers donnés. La condition de la provenance est implicitement affirmée par l'arrêt *Casier* du 15 février 1973. La Cour de cassation a décidé que des dépenses faites après la dissolution de la communauté, pendant l'indivision post-communautaire, engendrent des créances soumises aux règles de l'indivision ordinaire et non à celles des récompenses[2].

La preuve de l'origine des deniers et la provenance. – Il faut donc apporter la preuve de l'origine des deniers, ce qui constitue une condition *sine qua non*[3]. Encore faut-il établir l'indivisibilité entre la contribution effectuée et l'acquisition, l'amélioration ou la conservation d'un bien. La filiation financière et patrimoniale est un fait juridique, elle peut être prouvée par tous moyens par le créancier de la récompense[4]. Cependant, il est difficile d'en rapporter la preuve si l'enchaînement des opérations n'a pas été simultané ou encore rapproché dans le cadre de la subrogation réelle au second degré[5].

Aucune forme spéciale n'est prescrite par l'alinéa 3 de l'article 1469 du Code civil pour constater la substitution des biens et pour identifier et suivre la valeur empruntée à travers les aliénations successives[6]. Cependant, il faut que la valeur empruntée au patrimoine appauvri soit « spécialement et sûrement identifiable. Il appartiendra au créancier de la récompense d'apporter la

---

[1] CABRILLAC, Rémy, *op. cit.*, n° 288, p. 237 ; PATARIN, Jean, MORIN, Georges, *loc. cit.* ; PIÉDELIÈVRE, Stéphane, *op. cit.*, n° 332, p. 386 ; TERRÉ, François, SIMLER, Philippe, *op. cit.*, n°666, p. 523 ; Contraire : AUBRY, Charles Marie Barbe Antoine, RAU, Charles Frédéric, *loc. cit.* Dans le patrimoine commun, le jeu de la subrogation réelle ne présente pas d'intérêt en raison de la présomption d'acquêt.

[2] L'arrêt *Casier* : *cf.* SAVATIER, René, Cass. civ. 1re, 15 février 1973, *Dalloz* 1975, 30e cahier, p. 509 ; PIERRE-FRANÇOIS, Georges, L., *op. cit.*, n°484, p. 386 ; RANOUIL, Véronique, *op. cit.*, pp. 177, 188.

[3] CHAPUISAT, François, *op. cit.*, p. 661 ; PIERRE-FRANÇOIS, Georges, L., *op. cit.*, n°484, p. 385.

[4] DURAND, Jean-Max, *op. cit.*, p. 49 ; GRIMALDI, Michel, « Donation de titres sociaux et subrogation réelle », *Defrénois* 30 mars 2015, n° 6, §7, p. 298 ; MARTIN, Didier, *op. cit.*, p. 78 ; PIERRE-FRANÇOIS, Georges, L., *op. cit.*, n°486, p. 387 ; SPAHR, Stéphane, *op. cit.*, p. 85.

[5] PATARIN, Jean, CA Paris, 2e Ch., 10 mars 1976, *JCP* 1979, II, 19194 ; FLOUR, Jacques, CHAMPENOIS, Gérard, *op. cit.*, n°605, p. 562 ; REMY, Philippe, *op. cit.*, p. 257 ; TERRÉ, François, SIMLER, Philippe, *op. cit.*, n° 683, p. 537.

[6] SPAHR, Stéphane, *op. cit.*, p. 99.

preuve certaine de cette identification »[1]. À défaut de cette preuve, la créance de récompense sera évaluée selon le prix d'aliénation du bien acquis, amélioré ou conservé par les valeurs empruntées[2].

La liberté probatoire de la subrogation réelle liquidative. – Le Doyen Savatier a suggéré de combiner les articles 1469 et 1434 du Code civil et d'exiger le respect des formalités du remploi pour constater la réalisation de la subrogation réelle liquidative. Dans ce cas, en l'absence des formalités du remploi, le bien acquis avec des capitaux propres serait intégré dans la masse commune. La récompense serait représentée par la valeur vénale du bien. En cas de vente de ce bien, l'époux pourrait procéder au remploi de sa créance à l'égard de la communauté pour bénéficier d'une récompense égale au prix de vente, et non pas au prix d'achat[3].

La subrogation réelle liquidative de plein droit. – Cette position n'a pas été adoptée par la jurisprudence ni par la doctrine. Le 10 mars 2011, la Cour d'appel de Versailles a refusé l'application de l'alinéa 3 de l'article 1469, jugeant qu'en l'absence de clause de remploi dans l'acte d'acquisition, la preuve de la subrogation réelle n'était pas apportée. Pour la Cour de Versailles, les deniers propres du mari employés dans la première acquisition étaient différents de ceux investis dans la seconde. De ce fait, la communauté était redevable de deux récompenses distinctes : la première, pour l'acquisition du premier immeuble commun financé partiellement par les fonds propres de l'un des époux et la deuxième créance de récompenses, pour la seconde acquisition issue de l'aliénation du premier immeuble[4]. Ce raisonnement n'a pas reçu l'approbation de la Cour de cassation, car la subrogation réelle peut être prouvée par tous moyens, démontrant que le nouveau bien est acquis à l'aide des deniers issus de l'aliénation d'un bien financé partiellement par les deniers propres, donc, comme en l'espèce, par les relevés bancaires.

La preuve de la subrogation réelle, par tous moyens. – Le respect des formalités du remploi n'est donc pas requis pour constater la subrogation réelle liquidative, qui peut être prouvée par tous moyens[5]. Ainsi, la concordance

---

[1] SAVATIER, René, *La communauté conjugale... op. cit.*, n° 103, p. 212.

[2] DESOUS, Georges, *op. cit.*, n° 248, p. 689 ; REMY, Philippe, *loc. cit.* ; SAVATIER, René, *La communauté conjugale... op. cit.*, n° 103, p. 213.

[3] SAVATIER, René, *La communauté conjugale... op. cit.*, n° 103, p. 212. Comp : CHAMPENOIS, Gérard, Cass. civ. 1re, 15 juin 1994, n°92-20.201, *Defrénois* 1995, art. 36040, §47, p. 439 ; SIMLER, Philippe, Cass. civ. 1re, 15 juin 1994, n° 92-20.201, *JCP G,* 1995, I, n°5, 3821, §14, p. 70. Dans le même sens *cf.* RANOUIL, Véronique, *op. cit.*, pp. 142, 261, 262.

[4] Cass. civ. 1re, 20 juin 2012, n° 11-18.504, *Dalloz* 5 juillet 2012, n°26, 1676 ; TISSERAND-MARTIN, Alice, Cass. civ. 1re, 20 juin 2012, n° 11-18.504, *JCP* 17 décembre 2012, n°51, 1389, §14, p. 2235 ; VAREILLE, Bernard, « Régimes matrimoniaux », Cass. civ. 1re, 20 juin 2012, n° 11-18.504, *RTD Civ.* juillet/septembre 2012, §1, p. 559.

[5] CORNU, Gérard, *loc. cit.* ; DURAND, Jean-Max, *op. cit.*, pp. 50, 159 ; HILT, Patrice, « Évaluation de la récompense lorsqu'un nouveau bien a été substitué au bien acquis », Cass.

relative des dates et des montants respectifs de l'encaissement et de la dépense permet d'établir que le prix de l'aliénation du bien donnant lieu à récompense a été investi dans l'acquisition nouvelle. Il rend la preuve de la subrogation réelle vraisemblable. Dès lors, il faut établir, par tous moyens, que le bien nouveau a été financé moyennant le prix de celui qui avait été aliéné. Ce dernier (le bien aliéné) a été précédemment acquis, conservé ou amélioré par la contribution de l'un des patrimoines propres. Grâce à cette preuve, le profit subsistant, en faveur de l'époux créancier de la récompense, sera évalué sur le bien nouveau à la date de la liquidation. À défaut de cette preuve, le profit subsistant s'évalue sur le bien aliéné à la date de l'aliénation[1]. Néanmoins, face à l'inconvénient de la fongibilité des deniers qui se confondent avec les deniers communs, la preuve de l'origine propre du nouveau bien peut être préconstituée par une déclaration faite dans l'acte d'acquisition, déclaration qui aurait pour effet de faciliter la preuve de l'emploi et du remploi[2].

L'efficacité et la permanence de la dette de valeur dans le règlement des créances de récompense sont assurées par la subrogation réelle liquidative, lorsqu'un nouveau bien a été substitué au bien acquis, conservé ou amélioré. La portée du rôle liquidatif de la subrogation réelle ne se limite pas au règlement des créances de récompense, il est également sollicité pour la revalorisation des créances entre époux et les partenaires d'un PACS, ainsi que pour le calcul de la créance de participation dans le régime conventionnel de la participation aux acquêts.

Section II.
La portée de la subrogation réelle liquidative en droit des régimes matrimoniaux

La subrogation réelle peut opérer de manière totale ou partielle. Elle est totale dès lors que le prix d'aliénation du bien suffit à financer l'acquisition du nouveau bien subrogé. Cependant, dans la majorité des cas, le prix d'aliénation est insuffisant et doit être complété par l'apport d'une autre masse. La subrogation réelle partielle donne lieu à différentes hypothèses. Le prix de l'aliénation du bien peut être réinvesti totalement ou partiellement, avec ou sans changement de nature des biens acquis en remploi en respectant ou omettant les formalités de la double déclaration. Ainsi, il convient de

---

civ. 1re, 20 juin 2012, n° 11-18.504, *AJ famille* septembre 2012, p. 468, pp. 468, 469 ; TERRÉ, François, SIMLER, Philippe, *op. cit.*, n°665, p. 522

[1] FLOUR, Jacques, CHAMPENOIS, Gérard, *op. cit.*, n°594, p. 553.

[2] AUBRY, Charles Marie Barbe Antoine, RAU, Charles Frédéric, *loc. cit.*; GRIMALDI, Michel, *op. cit.*, n° 6, §4, p. 297 ; PILLEBOUT, Jean-François, *op. cit.*, n°25, p. 367 ; TERRÉ, François, SIMLER, Philippe, *op. cit.*, n°683, p. 537 ; SIMLER, Philippe, « Régimes matrimoniaux », CA Fort-de-France, 28 mai 1999, Juris-Data n°043433, *JCP G* 12 juillet 2000, n°28, I, 245, §13, p. 1370.

déterminer la portée de la subrogation réelle liquidative dans le cadre des opérations successives. Le rôle liquidatif de la subrogation réelle comme support de la dette de valeur est également sollicité au-delà de la théorie des récompenses pour évaluer les créances entre époux et les partenaires d'un PACS ainsi que pour le calcul de la créance de participation dans le régime conventionnel de la participation aux acquêts.

La subrogation réelle partielle et le réinvestissement partiel dans une acquisition avec changement de nature des biens. – Il convient de déterminer la portée de la subrogation réelle imparfaite dans la théorie des récompenses dans le cadre des opérations successives. Il peut arriver qu'un époux possède un bien propre dont l'acquisition a été partiellement financée par la communauté. Ce bien propre est aliéné et le prix de vente est utilisé pour acheter un nouveau bien sans procéder aux formalités du remploi, de sorte que le nouveau bien intègre la communauté.

Prenons l'exemple d'un époux ayant acquis un bien d'une valeur de 800 Euros. Ce montant est payé à hauteur de 600 Euros par des fonds propres, en respectant les formalités du remploi. Il est payé à hauteur de 200 Euros par des biens communs. Ce bien est revendu 1600 Euros et son prix est réinvesti dans l'acquisition d'un nouveau bien d'une valeur de 2000 Euros sans respecter les formalités du remploi. Le solde de 400 Euros a été financé par les fonds communs. Au jour de la liquidation, le bien vaut 6 000 Euros.

Deux méthodes de calcul de la créance de récompense. – Deux systèmes de calcul de récompense peuvent être proposés, l'un qui correspond à la lettre de l'article 1469 et l'autre, qui nous intéresse, se conciliant mieux avec l'esprit du droit des récompenses[1]. Il s'agit de deux dépenses d'acquisition. Le premier bien est propre à l'époux. En revanche, le second bien est commun, faute de respect des formalités du remploi. Concernant la première dépense d'acquisition, l'époux est débiteur d'une récompense à l'égard de la communauté à hauteur du profit subsistant : 200 ÷ 800 x 1600 = 400. Quant à la seconde acquisition, le bien étant commun, c'est l'époux qui bénéficie d'une récompense à l'encontre de la communauté à hauteur du profit subsistant : 1600 ÷ 2000 x 6000 = 4800 pour la balance des récompenses : il ressort un excédent de récompense au profit de l'époux d'un montant de 4800 – 400 = 4400.

Cette méthode présente un avantage, celui de la simplicité, et un inconvénient, celui de ne pas tenir compte du fait que dans la seconde acquisition, la part de bien propre comporte une part de valeur commune. Cela est désavantageux pour la communauté. De ce fait, une deuxième méthode est proposée : elle supposerait d'apprécier la portée de la subrogation réelle liquidative dans le cadre des opérations successives. Ainsi, la question

---

[1] DAVID, Stéphane, JAULT, Alexis, *Liquidation des régimes matrimoniaux,* Dalloz Référence, 4e édition, 2018, n°112.179, p. 89 ; FLOUR, Jacques, CHAMPENOIS, Gérard, *loc. cit.*

suivante peut être soulevée : l'époux dont les capitaux propres sont utilisés pour l'acquisition d'un bien commun peut-il prétendre à une récompense égale au profit subsistant en vertu de l'article 1469, alinéa 3 du Code civil, réinvesti dans l'acquisition du bien commun, ou doit-il simplement se contenter de la somme propre encaissée par la communauté ? Autrement-dit, est-il possible de prendre en compte le profit subsistant en matière de remploi de la créance de récompense de l'époux dont les fonds propres sont utilisés pour l'acquisition d'un bien commun (faute du respect des formalités du remploi) ?[1]

Le Doyen René Savatier a apporté une réponse positive à cette question : « à partir du moment où cette valeur a été, au cours d'un intervalle donné, représentée légalement par celle d'un bien, la valeur remployable doit être considérée comme égale au profit subsistant que s'était incorporé ce bien »[2].

Les arguments en faveur du jeu de la subrogation réelle, en l'absence de prévision légale. – Aucune disposition légale n'établit de lien entre le remploi des deniers propres et le mode de calcul des récompenses. Cependant, le mécanisme de la subrogation réelle en cas de remploi de la créance de récompense dans l'acquisition d'un bien commun et la théorie des récompenses suivent une finalité identique à celle de la conservation des patrimoines propres des époux, mise en péril par les divers mouvements de valeurs intervenus au cours de la communauté[3].

Par ailleurs, la subrogation réelle liquidative permet de suivre la valeur propre incluse dans le bien acquis dans le cadre des acquisitions successives afin de déterminer le montant de la récompense due par la communauté. Le deuxième bien de caractère commun est acquis en remploi de la créance de récompense de l'époux. L'objet de la créance de récompense est déterminé par l'inclusion de sa valeur dans le bien acquis en remploi des deniers propres[4]. Ainsi, lorsque les deniers propres sont utilisés pour l'acquisition d'un bien commun, faute de déclaration de remploi, il est possible de prendre en compte, pour le remploi, le profit subsistant résultant de l'investissement, et non pas simplement les fonds propres encaissés par la communauté.

L'intervention de la subrogation réelle de la créance de récompense, conforme à l'esprit du droit des récompenses. – Une seconde méthode, correspondant davantage à l'esprit du droit des récompenses, doit être proposée. Elle peut être utilisée dans le cadre des récompenses croisées dès lors qu'il existe une imbrication de récompenses unies par un lien de connexité.

---

[1] MATHIEU, Michel, « À propos de la créance virtuelle de récompense », *JCP N* 1995, n°39, p. 1357.

[2] SAVATIER, René, *La communauté conjugale... op. cit.*, n°102, p. 210.

[3] MORIN, Georges, « L'incidence du droit des récompenses sur le mécanisme du remploi dans les régimes communautaires (a) », *Defrénois* 1979, art. 32106, §6, p. 1287.

[4] PÈNE, Abdou, *Méthodologie des liquidations-partages en droit patrimonial de la famille*, Litec, 2005, n° 53, pp. 37, 38 ; ZALEWSKI, Vivien, « Succession d'opérations et récompense », *LPA*, 25 janvier 2012, n°18, p. 5.

Selon cette méthode, la seule récompense due est celle de la communauté au profit du patrimoine propre, car les opérations réalisées ont permis, en définitive, à la communauté d'acquérir un bien grâce à des deniers propres de l'un des époux (art. 1433 C.civ.). Cependant, il faut prendre en compte le fait que les deniers propres employés pour la seconde acquisition renferment une valeur commune. Ainsi, pour déterminer la contribution effective de l'époux à l'acquisition du bien commun, il faut constater que, parmi 1600 Euros de fonds propres employés, les 3/4 (soit 1200 Euros) sont de caractère propre. De ce fait, le profit subsistant est le montant de la récompense de la communauté à l'égard de l'époux dans le cadre d'une dépense d'acquisition, soit 1200 ÷ 2000 x 6000 = 3600.

En effet, cette méthode de calcul consiste à considérer que la récompense était due depuis l'origine par la communauté à l'époux. Il convient donc de tenir compte de la contribution de l'époux à la première acquisition et de la revaloriser, du fait d'une succession d'acquisition avec la subrogation réelle. Une seule récompense est calculée en occultant le caractère propre du premier bien. Il y a lieu de déterminer la part de l'investissement propre de l'époux dans la première, puis dans la seconde acquisition : 600 (contribution des deniers propres) ÷ 800 (coût global d'acquisition) = 0/75 x 1600 (valeur du premier bien au jour de la vente) = 1200 Euros.

En effet, la contribution des deniers propres de l'époux revalorisée a été réinvestie dans l'acquisition du second bien avec un investissement global de 2000 Euros. Dès lors, la contribution revalorisée de l'époux à l'acquisition du second bien (le profit subsistant) constitue le montant de la récompense due par la communauté s'élevant à 1200 ÷ 2000 x 6000 (valeur du second bien au jour de la liquidation) = 3600 Euros[1].

Le recours de la dette de valeur au rôle liquidatif de la subrogation réelle n'est pas limité au droit des récompenses pour neutraliser les mouvements de valeur entre les patrimoines propres ou commun ; il s'étend également aux mouvements de valeur entre les patrimoines propres ou personnels des époux. Pour un motif d'équité, en 1985, le législateur a étendu l'application de l'alinéa 3 de l'article 1469 aux créances entre époux, tant dans le régime légal de la communauté réduite aux acquêts (al. 2 de l'art. 1479 C.civ.), que dans les régimes conventionnels et notamment le régime de la séparation de biens (art. 1543 C.civ.). Le législateur fait un renvoi intégral au droit des récompenses pour l'évaluation des créances des partenaires liés par PACS.

Les créances entre époux, soumises au droit commun des obligations. – Contrairement aux récompenses, qui sont les créances et les dettes de la communauté vis-à-vis de l'un des époux durant la communauté (art. 1468 C.civ.), les créances entre époux résultent de transferts de valeurs entre les

---

[1] PÈNE, Abdou, « La problématique des chaînes de récompenses : esquisse d'une méthodologie de la valeur didactique de la méthode des cas (1) », *JCP N*, 17 septembre 1999, n°37, p. 1325.

patrimoines propres des époux. Ainsi, les règles qui forment la théorie des récompenses ne s'appliquent pas aux créances ou aux dettes entre époux. Elles sont donc soumises au droit commun des obligations. La raison en est que le paiement des créances entre époux peut être poursuivi pendant la durée du régime sur les biens propres du conjoint débiteur. Leur paiement n'est donc pas différé à la liquidation. Elles peuvent également être payées isolément, sauf en cas de compensation. Enfin, les créances entre époux ne produisent d'intérêts qu'à compter de la sommation de payer[1].

Le lien matrimonial et le souci d'équité entraînant la revalorisation des créances entre époux. – L'application du droit commun des obligations n'est pas toujours adaptée, compte tenu du lien matrimonial entre le créancier et son débiteur. De ce fait, la distinction entre la théorie des récompenses et les créances entre époux s'est estompée depuis la loi du 23 décembre 1985[2], laquelle a permis un alignement partiel de l'évaluation des créances entre époux sur celles des récompenses. Depuis cette loi, les créances entre époux, comme les récompenses, sont vouées à une revalorisation. L'article 1479, alinéa 2 du Code civil dispose que « sauf convention contraire des parties, elles sont évaluées selon les règles de l'article 1469 troisième alinéa, dans les cas prévus par celui-ci ; les intérêts courent alors du jour de la liquidation »[3]. Par souci d'équité, sauf convention contraire des parties[4], l'article 1479 trouve application pour la revalorisation des créances entre époux unis sous le régime conventionnel de séparation de biens, par renvoi de l'article 1543 du Code civil [5].

Le renvoi partiel au droit des récompenses. – Pour la revalorisation des créances entre époux, en 1985, le législateur n'a procédé qu'à un renvoi partiel au seul alinéa 3 de l'article 1469 du Code civil. Ainsi, le mécanisme de la dette de valeur, complété par la subrogation réelle, est-il sollicité pour la revalorisation des créances entre époux. Le montant de la créance ne peut être

---

[1] COLOMER, André, *Droit civil-Régimes...op. cit.*, n° 1013, p. 472 ; FLOUR, Jacques, CHAMPENOIS, Gérard, *op. cit.*, n° 678, p. 627 ; HILT, Patrice, « De la prétendue simplicité du régime juridique applicable aux créances entre époux », *JCP* 6 juin 2016, n°23, 669, p. 1146 ; PATARIN, Jean, MORIN, Georges, *op. cit.*, n°354, p. 326 ; TERRÉ, François, SIMLER, Philippe, *Droit civil, Les régimes matrimoniaux*, Dalloz, 7 e édition, 2015, n° 650, p. 506.

[2] Loi n°85-1372 du 23 décembre 1985 relative à l'égalité des époux dans les régimes matrimoniaux et des parents dans la gestion des biens des enfants mineurs.

[3] Le renvoi partiel au droit des récompenses suscite de nombreuses difficultés : *cf.* HILT, Patrice, « De la prétendue simplicité...*op. cit.*, n°23, 669, p. 1146.

[4] HILT, Patrice, « L'évaluation des créances entre époux selon la règle du profit subsistant », Cass. civ. 1re, 4 mars 2015, n° 14-10.660, *AJ Famille* 2015, p. 233 ; YILDIRIM, Gulsen, Cass. civ. 1re, 4 mars 2015, n° 14-10.660, *LPA*, 29 mai 2017, n°106, p. 11.

[5] BEIGNIER, Bernard, Cass. civ. 1re, 8 juin 1999, 97-14.417, *Droit de la famille* janvier 2000, 12, p. 23 ; CLAUX, Pierre-Jean, « La liquidation du régime de la séparation de biens », *AJ famille* mai 2005, p. 185 ; DEPONDT, Axel, « La liquidation du régime de la séparation de biens », *JCP N* 11 décembre 2009, n°50, 1334, §30, pp. 23, 24 ; LIPINSKI, Pascal, *La liquidation dans le régime de la séparation de biens,* Préface de Gérard CHAMPENOIS, LGDJ, 2002, n°211, p. 188.

moindre que le profit subsistant lorsque la valeur empruntée à un patrimoine propre ou personnel a servi à acquérir, à conserver ou à améliorer un bien qui se retrouve dans le patrimoine de l'époux emprunteur, au jour de la liquidation. Si le bien acquis, conservé ou amélioré a été aliéné avant la liquidation, le profit est évalué au jour de l'aliénation. Enfin, si le bien acquis, conservé ou amélioré est subrogé, le profit est égal à la valeur du bien subrogé à la liquidation, ou à la valeur de la fraction du bien subrogé financé à l'aide du prix de vente du bien acquis, conservé ou amélioré. Cette règle n'a pas soulevé de difficulté lorsque le profit subsistant se révèle supérieur à la dépense faite, provenant des capitaux propres ou personnels de l'époux dont la créance est égale au profit subsistant. En revanche, l'hypothèse inverse a suscité des interrogations.

La portée de la revalorisation des créances entre époux. – En effet, une question s'est posée quant à la portée de la revalorisation des créances entre époux séparés ou communs en biens, lorsque la somme prêtée par l'époux créancier a permis à son conjoint d'acquérir, de conserver ou d'améliorer un bien personnel, mais que le profit subsistant à la liquidation du régime se révèle soit inexistant, soit inférieur à la dépense faite.

Or, pour l'évaluation de la créance de récompense, la plus forte des deux sommes de la dépense faite et du profit subsistant n'est retenue que si la dépense d'acquisition, d'amélioration ou de conservation est qualifiée de « dépense nécessaire ». Les règles prévues aux alinéas 1 et 2 de l'article 1469 du Code civil ne s'appliquent pas pour l'évaluation des créances entre époux, faute de renvoi par les articles 1479, alinéa 2 et 1543 du Code civil.

Le nominal de la dépense faite, un seuil minimum. – Cette difficulté a été tranchée par un arrêt de la première chambre civile de la Cour de cassation du 24 septembre 2008, qui énonce dans un attendu de principe que « lorsque les fonds d'un époux séparé de biens ont servi à améliorer un bien personnel de l'autre, qui l'a aliéné avant la liquidation, sa créance ne peut être moindre que le profit subsistant au jour de l'aliénation, qu'en l'absence de profit subsistant, la créance est égale au montant nominal de la dépense faite »[1]. En effet, en matière de créances entre époux, le nominalisme monétaire retrouve son empire lorsque le profit subsistant est moindre que le nominal de la créance. En application du droit commun, la créance est égale au nominal de la dépense faite, qui forme le seuil minimum. Il faut donc retenir le montant maximum entre la dépense faite et le profit subsistant pour les dépenses

[1] BARABÉ-BOUCHARD, Véronique, Cass. civ. 1re, 24 septembre 2008, n°07-19.710, *Dalloz* 2008, n°43, p. 3050 ; DOUVILLE, Thibault, Cass. civ. 1re, 24 septembre 2008, n°07-19.710, *Droit de la famille* décembre 2008, 174, p. 31 ; DOUVILLE, Thibault, Cass. civ. 1re, 24 septembre 2008, n°07-19.710, *JCP N* 30 janvier 2009, n°5, 1053, p. 18 ; HILT, Patrice, Cass. civ. 1re, 24 septembre 2008, n°07-19.710, *AJ famille* novembre 2008, p. 437 ; STORCK, Michel, Cass. civ., 1re, 24 septembre 2008, n°07-19.710, *JCP G* 22 octobre 2008, n°43, I, 202, p. 30 ; VAREILLE, Bernard, Cass. civ. 1re, 24 septembre 2008, n°07-19.710, *RTD Civ.* janvier/mars 2009, n°4, p. 162.

d'acquisition, d'amélioration et de conservation, même si la dépense n'est pas nécessaire. Cette règle permet à l'époux créancier d'être au moins assuré de retrouver le montant nominal de sa créance en application du droit commun des obligations[1]. En outre, il profite des plus-values de sa créance sans subir le risque de moins-value[2].

Le renvoi intégral au droit des récompenses, pour la revalorisation des créances des partenaires liés par un PACS. – Pour éviter les controverses précédemment exposées, un renvoi intégral à l'article 1469 a été fait au dernier alinéa de l'article 515-7 du Code civil, pour la liquidation des créances entre partenaires liés par un Pacte civil de solidarité. Dès lors, un traitement différent de celui des époux mariés est prévu pour les partenaires liés par un PACS. Or, le régime patrimonial supplétif des partenaires, depuis la loi du 23 juin 2006, est le régime de la séparation de biens. Cette divergence semble donc critiquable. Certes, le mode de réévaluation des créances entre époux présente un caractère supplétif, de sorte qu'il peut être aménagé tant par le contrat de mariage que par l'acte générateur de la créance au cours du mariage[3]. Cependant, pour instaurer une cohérence, un renvoi intégral à l'article 1469 du Code civil, pour l'évaluation de toutes les créances entre époux unis sous les régimes communautaires ou séparatiste, serait souhaitable.

Le rôle liquidatif de la subrogation réelle est sollicité pour la revalorisation du patrimoine originaire dans le cadre de calcul de la créance de participation. La règle de la revalorisation ne s'applique pas aux créances entre époux, qui sont inscrites au patrimoine final soumis au principe du nominalisme monétaire.

Le fonctionnement du régime de la participation aux acquêts. – Le régime de la participation aux acquêts fonctionne comme un régime de séparation de biens durant le régime et se teinte d'un esprit communautaire lors de sa liquidation. À la dissolution, chacun des époux sera associé à l'enrichissement de l'autre au cours du régime, par le biais d'une créance de participation. Il convient de mesurer l'enrichissement de chacun des époux puis de le compenser avec la valeur des acquêts réalisés par son conjoint. Ainsi, celui qui s'est le moins enrichi a droit à une créance de participation égale à la moitié de la valeur de l'excédent d'acquêts réalisé par l'autre. Cette opération se réalise en trois étapes : il faut d'abord déterminer la composition et l'évaluation du patrimoine originaire et du patrimoine final de chacun des époux et, enfin, calculer la créance de participation.

---

[1] BARABÉ-BOUCHARD, Véronique, Cass. civ. 1re, 24 septembre 2008, n°07-19.710, *Dalloz* 2008, n°43, p. 3051.

[2] STORCK, Michel, Cass. civ. 1re, 24 septembre 2008, n°07-19.710, *AJ famille* novembre 2008, n°43, I, 202, p. 31 ; VAREILLE, Bernard, Cass. civ. 1re, 24 septembre 2008, n°07-19.710, *Dalloz* 2008, n°43, p. 164.

[3] GRIMALDI, Michel, Cass. civ. 1re, 20 février 1996, *Dalloz* 1996, 44e cahier, somm. 392 ; YILDIRIM, Gulsen, Cass. civ. 1re, 4 mars 2015, n° 14-10.660, *LPA*, 29 mai 2017, n°106, p. 11.

La revalorisation du patrimoine originaire. – La technique de la dette de valeur associée à la subrogation réelle (art. 1469, al. 3 C.civ.) est empruntée pour réévaluer l'actif et le passif du patrimoine originaire (art. 1571 C.civ.), afin d'obtenir une équivalence des résultats en valeur de la liquidation de la créance de participation de celle de la communauté légale[1]. Le patrimoine originaire comprend les biens dont les époux avaient la propriété au moment du mariage ou qu'ils ont acquis par succession ou libéralité (art. 1570 C.civ.) et les biens qui leur sont subrogés (art. 1571 C.civ.)[2]. L'alinéa première *in fine* de l'article 1571 du Code civil dispose que « si de nouveaux biens ont été subrogés aux biens aliénés, on prend en considération la valeur de ces nouveaux biens ». Ainsi, si les biens originaires sont aliénés avec subrogation, il faut prendre en compte la valeur des biens nouveaux subrogés en cas d'échange d'un bien originaire ou en remploi à l'aide des deniers provenant de l'aliénation d'un bien originaire[3]. La valeur de ce nouveau bien sera appréciée d'après son état au jour de l'acquisition et selon sa valeur à la date de la liquidation, et non pas au jour du mariage. Cette règle vise à éviter de comptabiliser la plus-value prise par le bien originaire, qui apparaît à la fois comme un acquêt à l'actif du patrimoine originaire et à l'actif du patrimoine final.

L'absence de revalorisation des créances entre époux unis sous le régime conventionnel de la participation aux acquêts. – La loi du 23 décembre 1985 a formellement prévu la revalorisation des créances personnelles entre époux dans les régimes communautaires (art. 1479 C.civ.) ainsi que dans celui de la séparation de biens (art. 1543 C.civ.), lorsque les fonds prêtés ont servi à acquérir, à conserver ou à améliorer un bien (renvoi à l'alinéa 3 de l'article 1469 C.civ.). En revanche, aucune disposition analogue n'est prévue pour le régime de la participation aux acquêts[4].

Sous le régime conventionnel de la participation aux acquêts, les créances entre époux sont inscrites au patrimoine final[5], soumis au principe du

---

[1] FLOUR, Jacques, CHAMPENOIS, Gérard, *op. cit.*, n^{os}778-784, pp. 735-742 ; MALAURIE, Philippe, AYNÈS, Laurent, *op. cit.*, n°866, p. 370 ; NAUDIN, Estelle, « La participation aux…*op. cit.*, §10, p. 64 ; TERRÉ, François, SIMLER, Philippe, *Régimes matrimoniaux et statut patrimonial des couples non mariés*, Dalloz, 8e édition, 2019, n°828, p. 720.

[2] COLOMER, André, *op. cit.*, n°1283, p. 590 ; DAURIAC, Isabelle, *op. cit.*, n° 674, p. 360 ; FLOUR, Jacques, CHAMPENOIS, Gérard, *ibid.*, n° 773, p. 730.

[3] CHAMPENOIS, Gérard, « La loi du 23 décembre 1985 relative à l'égalité des époux dans les régimes matrimoniaux (Loi n°85-1372 du 23 décembre 1985) (a) », *op. cit.*, §223, p. 1141 ; DURAND, Jean-Max, *La dette de valeur en droit français*, *op. cit.*, p. 179 ; MORIN, Georges, « Participation aux acquêts.- Liquidation. - Comparaison des règles liquidatives prévues par la loi du 1965 avec celles résultant de la loi de 1985 », *Defrénois* 1987, art. 33836, p. 34.

[4] NAUDIN, Estelle, « La participation aux acquêts », *JCP N* 10 juillet 2015, n°28, 1125, §12, p. 64.

[5] HILT, Patrice, « Calcul de la créance de participation : la nécessaire prise en compte des créances entre époux », Cass. civ. 1re, 3 octobre 2018, n°17-26.585, *AJ famille* décembre 2018, p. 700.

nominalisme (art. 1574, al. 2 C.civ) : il ne fait pas l'objet d'une revalorisation, sauf en présence d'une clause contraire du contrat de mariage.

Pour certains auteurs[1], la règle de la revalorisation ne s'étend pas en dehors des cas expressément prévus par la loi du 23 décembre 1985 (art. 1479, art. 1543, C.civ.). Par ailleurs, le silence du législateur n'est pas dû à une inadvertance, car en général, sous le régime conventionnel de la participation aux acquêts, la revalorisation de la créance ne semble pas utile puisque l'époux prêteur bénéficie des plus-values réalisées par le conjoint emprunteur[2].

L'absence de revalorisation, justifiée. – L'absence de revalorisation des créances entre époux unis sous le régime de la participation aux acquêts est justifiée car la créance entre époux va être prise en compte deux fois lors du calcul de la créance de participation : elle va apparaître à la fois à l'actif du patrimoine final de l'époux créancier (art. 1572, al. 1er), et au passif du patrimoine final de l'époux débiteur (art. 1574, al. 2). Le règlement de la créance entre époux va interférer avec le règlement de la créance de participation. La créance entre époux sera imputée sur la créance de participation et soumise au même règlement (art. 1575, al. 3). La créance de participation sera diminuée de la dette de l'époux envers son conjoint, ou sera majorée s'il en est créancier[3]. Dès lors, l'absence de revalorisation n'est pas préjudiciable lorsque les fonds prêtés proviennent des acquêts.

L'absence de revalorisation, préjudiciable. – Il n'en va pas de même dans l'hypothèse inverse, c'est-à-dire si les fonds prêtés proviennent du patrimoine originaire d'un époux, car la compensation ne se produit pas de la même façon. Les créances entre époux apparaîtront trois fois lors du calcul de la créance de participation : dans l'actif du patrimoine final de l'époux créancier, dans le passif de l'époux débiteur, et comme les fonds prêtés proviennent du patrimoine originaire, elles vont aussi apparaître à l'actif originaire de l'époux créancier, de sorte que le résultat sera différent en présence ou en l'absence de revalorisation. Ainsi, l'absence de revalorisation est préjudiciable à l'époux créancier, dont les fonds originaires ont été prêtés à son conjoint[4].

Le correctif d'équité. – Un palliatif à l'absence de revalorisation des créances entre époux est prévu à l'article 1579 du Code civil, qui énonce qu'à la demande d'un époux, le juge peut déroger aux règles d'évaluation prévues

---

[1] CORNU, Gérard, *op. cit.*, n°127, p. 670 ; FLOUR, Jacques, CHAMPENOIS, Gérard, *op. cit.*, n° 800, p. 757 ; HILT, Patrice, « Calcul de la créance...*loc. cit.*, p. 700.

[2] CHAMPENOIS, Gérard, *op. cit.*, §242, p. 1160 ; FLOUR, Jacques, CHAMPENOIS, Gérard, *loc. cit.*

[3] FLOUR, Jacques, CHAMPENOIS, Gérard, *op. cit.*, n° 799, p. 756 ; MALAURIE, Philippe, AYNÈS, Laurent, *op. cit.*, n°868, p. 371 ; TERRÉ, François, SIMLER, Philippe, *Régimes matrimoniaux et... op. cit.*, n°841, p. 729.

[4] FLOUR, Jacques, CHAMPENOIS, Gérard, *ibid.*, n°800, pp. 757-759 ; TERRÉ, François, SIMLER, Philippe, *ibid.*, n° 841, p. 730.

aux articles 1571 et 1574 du Code civil, dont l'application stricte entraîne un résultat contraire à l'équité.

La portée de la subrogation réelle liquidative dépasse le cadre du règlement des créances de récompense : elle s'étend non seulement pour la revalorisation des créances entre époux et des partenaires d'un PACS, mais aussi pour l'évaluation de la composition du patrimoine originaire dans le cadre du calcul de la créance de participation.

Grâce à la technique de la dette de valeur, le passage d'une restitution en nature à une restitution en valeur s'opère sans risque de dévalorisation des créances qui se prolongent dans le temps. La dette de valeur s'exécute comme une obligation de somme d'argent, mais elle est évaluée d'après une valeur réelle, appréciée au jour de l'échéance. Elle reste ainsi, comme l'obligation en nature, à l'abri de la dépréciation monétaire. La technique de la dette de valeur est donc utilisée par la théorie des récompenses ainsi que dans le règlement des créances entre époux pour mettre en échec la dépréciation des créances, qui constitue le principal inconvénient d'une restitution en valeur.

Il n'en demeure pas moins que la technique de la dette de valeur ne produit sa pleine efficacité que si elle est associée à la subrogation réelle, dont le rôle liquidatif est indispensable en cas d'aliénation du bien acquis, amélioré ou conservé suivi d'une nouvelle acquisition. En théorie, selon le principe du nominalisme monétaire, la dette devrait être égale au montant nominal des sommes employées. Cependant, de nombreux dispositifs, en droit des régimes matrimoniaux, ont prévu que la restitution devait être évaluée sur la valeur incluse dans le bien par le biais de la subrogation réelle liquidative.

La subrogation réelle liquidative intervient également dans le règlement successoral pour assurer l'efficacité de la technique de la dette de valeur.

Chapitre second

Le principe de la subrogation réelle liquidative dans le règlement successoral

Deux institutions du droit des successions, le rapport et la réduction des libéralités, ont pour fonction respective de rétablir l'égalité entre les cohéritiers et protéger la réserve héréditaire. Afin de garantir une conservation en valeur des biens dans la famille et de faciliter la circulation des richesses, le principe du rapport et de la réduction en valeur s'est substitué au principe du rapport et de la réduction en nature. Ce passage de la restitution en nature à une restitution en valeur pourrait entraîner une dépréciation de la créance du cohéritier ou des réservataires. Pour éviter une telle dévaluation des créances, le législateur a eu recours à la théorie de la dette de valeur, renforcée par la subrogation réelle liquidative (**section I- le rôle liquidatif de la subrogation réelle à la suite de la généralisation du principe du rapport et de la réduction en valeur**).

En matière de règlement successoral, la subrogation réelle liquidative n'est pas destinée à préserver un droit réel, mais à assurer la survie de la dette de valeur et à reporter la créance sur le nouveau bien subrogé afin de mettre les créanciers à l'abri de l'érosion monétaire. Ainsi, un recours élargi est opéré au rôle liquidatif de la subrogation réelle, qui apparaît comme le complément indispensable des restitutions, notamment dans les règlements successoraux (**section II- une application élargie de la subrogation réelle liquidative : le support de la dette de valeur dans le règlement successoral**).

Section I.
Le rôle liquidatif de la subrogation réelle à la suite de la généralisation du principe du rapport et de la réduction en valeur

Le principe du rapport et de la réduction en nature a évolué au profit du principe du rapport et de la réduction en valeur, qui vise à reconstituer la masse successorale en valeur[1]. Les deux institutions essentielles du rapport et de la réduction sont respectivement destinées à rétablir l'égalité en valeur entre les copartageants et à protéger la réserve héréditaire en valeur sur le fondement de la théorie de la dette de valeur complétée par la subrogation réelle liquidative.

Les modalités du rapport des libéralités ont évolué, le législateur ayant favorisé le passage du principe du rapport en nature, au principe du rapport en valeur. Les règlements successoraux posent des problèmes d'évaluation dans le cadre non seulement du partage comme opération ultime mais aussi dans la reconstitution du patrimoine du *de cujus* pour déterminer la valeur des biens à rapporter. Afin de garantir une équivalence économique entre le rapport en nature et le rapport en valeur, l'appel au valorisme s'effectue par le mécanisme de la dette de valeur, par l'évaluation du montant du rapport sur le nouveau bien, par le jeu de la subrogation réelle imparfaite.

Le principe du rapport en nature et l'exception du rapport en valeur sous l'empire du Code civil de 1804. – Le Code Napoléon, attaché à l'égalité en nature, a posé le principe du rapport en nature pour les immeubles, qui tendait à une remise réelle du bien donné dans la masse successorale[2] (anc. art. 859 C.civ.). Ce principe a connu certaines exceptions au profit du rapport en valeur comme le rapport des meubles, des legs ou encore, selon la volonté du donateur, de dispenser le donataire du rapport en nature. Enfin, lorsque l'immeuble avait péri, le donataire devait verser une indemnité (anc. art. 860 C.civ.).

La création d'une méthode d'évaluation originale. – Afin de remédier aux conséquences de la dépréciation monétaire et de l'inflation, la loi du 3 juillet 1971 a établi, dans le cas du rapport des libéralités, « une méthode

[1] CATALA, Pierre, *Les règlements successoraux depuis les réformes de 1938 et l'instabilité économique,* Montpellier, Sirey, 1954, p. 11 ; DURAND, Jean-Max, *La dette de valeur en droit français*, thèse Paris, 1972, p. 204 : « l'égalité est l'âme des partages » ; MALAURIE, Marie, *Les restitutions en droit civil*, sous la direction de Gérard CORNU, thèse Paris, 1990, p. 137 ; MARTY, Gabriel, « Observations sur la réduction en valeur », Le droit privé français au milieu du XXe siècle, *in Études offertes à Georges RIPERT*, Paris, 1950, §9, p. 533 ; PIGNARRE, Louis-Frédéric, *Les obligations en nature et de somme d'argent en droit privé, Essai de théorisation à partir d'une distinction*, Préface de Jean-Pierre TOSI, LGDJ, 2010, n° 439, p. 361.

[2] MALAURIE, Philippe, BRENNER, Claude, *Droit des successions et des libéralités*, LGDJ, Lextenso, 8e édition, 2018, n°885, p. 524.

d'évaluation distinguant les plus ou moins-values dues à l'activité du donataire et celles qui procèdent de l'évolution des prix et des facteurs économiques généraux »[1]. Cette loi distingue la date à laquelle il faut se placer pour apprécier la consistance matérielle et juridique du bien. L'évaluation d'un bien donné se fait à la date du partage d'après son état au jour de la libéralité. (art. 860 C.civ.)[2].

Le principe du rapport en valeur et l'exception du rapport en nature établis par la loi du 23 juin 2006. – Ce système original a été conservé par la loi du 23 juin 2006, qui a établi le principe du rapport en valeur à l'article 843 pour les legs stipulés rapportables, et à l'alinéa 1er de l'article 858 pour les donations. Selon ce dispositif, le rapport se fait en valeur et autant qu'il est possible, en moins prenant. Le rapport en nature peut intervenir dans deux cas. Selon l'alinéa 2 de l'article 858 du Code civil, le donateur peut imposer le rapport en nature par une stipulation expresse de l'acte de donation afin de garantir une égalité parfaite entre ses héritiers. Le donataire peut également décider de rapporter le bien en nature, à condition « qu'il soit libre de toute charge ou occupation dont il n'aurait déjà été grevé à l'époque de la donation ». La Cour de cassation précise également que le rapport en nature ne peut intervenir si une clause de la donation avait expressément imposé le rapport en valeur[3].

Ainsi, le principe du rapport en nature a fait l'objet d'une évolution vers un principe de rapport en valeur, que la libéralité soit mobilière ou immobilière, entre vifs ou à cause de mort. Cela conduit à reconstituer la masse successorale dans sa valeur d'ensemble et non pas dans son identité physique et à consolider ainsi les libéralités. La raison en est que l'exigence d'une égalité en nature du partage a été assouplie en faveur d'une égalité en valeur. En outre, la fortune mobilière a reçu une importance aussi considérable que la fortune immobilière[4].

Le principe du nominalisme en cas d'aliénation du bien donné. – L'alinéa 1er de l'article 860 du Code civil prévoit expressément que le rapport est dû de la valeur du bien donné à l'époque du partage, d'après son état à l'époque de la donation. Aux termes de l'alinéa 2 de cet article, si le bien a été aliéné avant le partage, il faut tenir compte de sa valeur à l'époque de l'aliénation. La dette de valeur se transforme alors en une dette ordinaire de

---

1 MALAURIE, Philippe, BRENNER, Claude, *Les successions, Les libéralités*, 8e édition, LGDJ, Lextenso, 2018, n°740, p. 434.

2 RAYNAUD, Pierre, *Droit civil, Les successions et les libéralités,* Sirey, 1983, n°429, p. 327.

3 AUTEM, Delphine, Cass. civ. 1re, 12 janvier 2011, n°09-15.298, *Defrénois* 2011, art. 39226, p. 773 ; BEIGNIER, Bernard, Cass. civ. 1re, 12 janvier 2011, n°09-15.298, *Droit de la famille* mars 2011, comm. 40, p. 35 ; GRIMALDI, Michel, Cass. civ. 1re, 12 janvier 2011, n°09-15.298, *RTD Civ.* juillet/septembre 2011, n°2, p. 573 ; LE GUIDEC, Raymond, Cass. civ. 1re, 12 janvier 2011, n°09-15.298, *JCP G* 20 février 2012, n°8, §7, p. 393 ; VERNIÈRES, Christophe, Cass. civ. 1re, 12 janvier 2011, n°09-15.298, *AJ Famille* mars 2011, p. 164.

4 TERRÉ, François, LEQUETTE, Yves, GAUDEMET, Sophie, *Droit civil, les successions, les libéralités*, Dalloz, 4e édition, 2014, n° 1071, p. 944.

somme d'argent évaluée au jour où le bien donné sort du patrimoine du donataire[1].

Le valorisme en cas d'emploi et de remploi par l'effet de la subrogation réelle liquidative. –Le principe du nominalisme cède en cas d'emploi de la somme d'argent (art. 860-1 C.civ.) ou de remploi (art. 860, al. 2 C.civ.) par l'effet de la subrogation réelle dite « imparfaite » ou « liquidative ». Le rôle liquidatif de la subrogation réelle est assigné pour assurer le maintien de la dette de valeur et tenir en échec le principe du nominalisme monétaire. Le rapport aura pour mesure la valeur provenant du bien aliéné incluse dans le bien nouveau. Ainsi, le donataire doit-il rapporter la valeur du nouveau bien subrogé à l'époque du partage mais compte tenu de son état à l'époque de son acquisition. Dès lors, il faut prendre en considération la valeur du bien subrogé et non son prix, car la valeur et le prix ne coïncident pas nécessairement. Si les cohéritiers parviennent à démontrer que la valeur du bien donné, aliéné à titre onéreux, était supérieure au prix d'aliénation, le rapport ne portera pas sur le prix d'aliénation, mais sur la valeur du bien[2].

L'exclusion de la subrogation réelle. – La subrogation réelle est écartée si le bien acquis avec les deniers issus de l'aliénation du bien donné est un bien de consommation dont la dépréciation est inéluctable selon les termes de l'alinéa 2 de l'article 860 du Code civil. Le rapport portera sur la valeur du bien aliéné à l'époque de l'aliénation, d'après son état au jour de la donation, car il ne s'agit plus d'un remploi mais d'une simple dépense[3].

Le caractère supplétif de la règle d'évaluation. – Il convient de relever que les règles régissant le régime légal du rapport ne revêtent pas le caractère d'ordre public, de sorte que les parties peuvent déroger au régime légal du rapport et stipuler qu'en cas d'aliénation du bien donné, sa valeur au jour de l'aliénation sera rapportée. La subrogation réelle est ainsi exclue. Cette solution peut sembler pertinente à l'égard du donataire, qui ne voit pas la raison pour laquelle ses cohéritiers devraient bénéficier des plus-values advenues à un bien qu'il a acquis[4].

L'égalité entre les copartageants constitue l'un des principes fondamentaux des liquidations successorales. L'égalité, originellement en nature, s'est peu à peu transformée en égalité en valeur. Cette évolution a substitué au principe

---

[1] CATALA, Pierre, *La réforme des liquidations successorales (Loi n°71-523 du 3 juillet 1971)*, Préface de Jean CARBONNIER, Defrénois, 2e édition, 1975, n° 40, p. 86 ; GRIMALDI, Michel, *Droit des successions*, Lexis Nexis, 7e édition, 2017, n°764, p. 603.

[2] GRIMALDI, Michel, *loc. cit.* ; PIÉDELIÈVRE, Stéphane, *op. cit.*, n°280, p. 344 ; TERRÉ, François, LEQUETTE, Yves, GAUDEMET, Sophie, *op. cit.*, n° 1077, p. 949.

[3] SPAHR, Stéphane, *Valeur et valorisme en matière de liquidations successorales,* Éditions universitaires Fribourg Suisse, 1994, p. 216.

[4] GRIMALDI, Michel, *op. cit.*, n°768, p. 607 ; GUILLAUD-BATAILLE, Sylvain, KUHN, Céline, « Liberté et modalités de calcul en droit patrimonial de la famille, récompenses et rapports », *JCP N* 4 décembre 2015, n°49, 1228, p. 46.

de la réduction en nature le principe de la réduction en valeur. Corrélativement au principe de la réduction en valeur, la monnaie joue un rôle important dans le cadre des règlements successoraux. Cependant, l'appel fréquent à l'étalon monétaire au sein des liquidations successorales soulève des problèmes comme la dépréciation monétaire, qui forme une composante économique constante et prévisible et qui conduit à la libération partielle du débiteur. De ce fait, le législateur a consacré la théorie de la dette de valeur afin de pallier les conséquences fâcheuses de l'érosion monétaire.

La transformation de la finalité de la réduction. – La réduction vise à rétablir la réserve héréditaire, puisqu'elle neutralise les libéralités qui portent atteinte à la réserve héréditaire. La réduction se conçoit en nature ou en valeur. La réduction en nature vise à reconstituer la réserve en corps héréditaire : elle consiste à restituer à la succession la libéralité ou la portion de libéralité qui a porté atteinte à la réserve héréditaire. En d'autres termes, la réduction en nature permet à la réserve héréditaire de remplir ses deux fonctions principales, qui sont la conservation des biens dans la famille, menacée par les libéralités consenties aux étrangers, ainsi que le maintien d'une égalité entre les enfants, égalité anéantie par les libéralités bénéficiant à l'un d'eux. Cependant, ces deux finalités ont connu des transformations. La conception classique de la conservation en nature et de l'égalité en nature a évolué en faveur d'une conservation en valeur des biens dans la famille afin de faciliter la circulation des richesses. Il en va de même pour la fonction de l'égalité en valeur, assurée par un partage en valeur entre les enfants[1].

La transformation du principe de réduction en nature en principe de réduction en valeur. – Sous l'empire du Code civil de 1804, la restitution s'exécutait en principe en nature pour conserver les biens dans la famille, maintenir l'égalité en nature et rétablir ainsi la réserve héréditaire[2]. Certaines exceptions ont été apportées au principe de réduction en nature à partir du décret-loi du 17 juin 1938 et de la loi du 19 décembre 1961. Enfin, la loi n°71-523 du 3 juillet 1971 relative au rapport, à la réduction et aux partages d'ascendants a accordé une large place au règlement en moins-prenant et à la réduction en valeur des libéralités faites à un successible (art. 866, 867 et 924 combinés du Code civil). Elle avait prévu un domaine de principe pour chaque mode de réduction[3]. Le principe de réduction en nature a été maintenu pour

---

[1] GRIMALDI, Michel, *op. cit.*, n°866, p. 669.

[2] FERRÉ-ANDRÉ, Sylvie, MAZERON-GABRIEL, Hélène, « La réduction en valeur des libéralités : évolution ou révolution ? », *in Études offertes à Jacques COMBRET*, Defrénois, 2017, p. 142 ; TERRÉ, François, LEQUETTE, Yves, GAUDEMET, Sophie, *op. cit.*, n°1210, p. 1083.

[3] Concernant l'évolution antérieure à la loi du 3 juillet 1971 : *cf.* CATALA, Pierre, *Les règlements successoraux depuis les réformes de 1938 et l'instabilité économique*, Montpellier, Sirey, 1954 ; HÉBRAUD, Pierre, « L'instabilité monétaire et les règlements d'intérêts familiaux », *in Études offertes à Georges RIPERT, Le droit privé français au milieu du XXe siècle*, Tome I, Paris, 1950, p. 499 ; MARTY, Gabriel, *op. cit.*, p. 525 ; JEANTET, Fernand-Charles, *Le droit à la réserve en nature,* sous la direction d'Henry SOLUS, thèse paris, Dalloz,

les libéralités faites à des non successibles (anc. art. 929 et 930 C.civ.) ainsi que pour les legs consentis à un successible (anc. art. 867 C.civ.). Au contraire, la donation faite à un successible a été soumise au principe de la réduction en valeur (art. 866 C.civ.).

La loi du 23 juin 2006 a quant à elle renversé le principe de la réduction en nature à la réduction en valeur inscrit à l'alinéa 1er de l'article 924 du Code civil. Ce dispositif prévoit que lorsque la libéralité excède la quotité disponible, le gratifié successible ou non successible, doit indemniser les héritiers réservataires à concurrence de la portion excessive de la libéralité, quel que soit cet excédent. La réduction en valeur reconstitue la réserve en argent : ainsi, le gratifié peut conserver la propriété du bien donné ou légué moyennant le versement d'une indemnité compensatrice de l'excédent.

La généralisation de la réduction en valeur et le maintien à titre subsidiaire de la réduction en nature. – L'une des innovations majeures de la réforme de 2006 consiste à généraliser la réduction en valeur, indépendamment de la nature de la libéralité, de l'étendue du dépassement ou encore de la qualité du gratifié, successible ou non successible (art. 924, al. 1er C.civ.)[1]. La réduction en valeur s'exerce sous forme d'une indemnité qui doit être autant que possible équivalente à la libéralité réductible ou à la portion excédentaire de la libéralité (art. 924-2 C.civ.). Néanmoins, la réduction en nature n'a pas complètement disparu. Elle est maintenue à titre subsidiaire car elle peut être imposée par la volonté du disposant ou du gratifié sous certaines conditions prévues aux articles 924-1 et 924-4 du Code civil, ou en raison de l'insolvabilité du gratifié à la suite de l'aliénation du bien donné ou légué, permettant au réservataire de poursuivre le tiers acquéreur.

Le valorisme dans le calcul du montant de l'indemnité de réduction. – L'application de la réduction suppose une double évaluation. Il convient, avant l'opération de partage, d'évaluer la masse de calcul de la réserve héréditaire au jour de l'ouverture de la succession afin de connaître l'importance de la quotité disponible ainsi que l'étendue de la partie réductible des libéralités.

L'évaluation de la masse de calcul de la réserve héréditaire. – L'alinéa 2 de l'article 922 du Code civil prescrit la réunion fictive des biens donnés entre vifs d'après leur état à l'époque de la donation et leur valeur à l'ouverture de la succession, après déduction des dettes et des charges. Ce système risquerait d'appauvrir le donataire dans l'hypothèse où le bien donné aurait été aliéné et où sa valeur ne se trouverait plus dans son patrimoine. De ce fait, le même dispositif prévoit qu'en cas d'aliénation du bien donné avant l'ouverture de la succession, il doit être tenu compte de sa valeur (vénale) à

1939 ; PERNEY, Danièle, *La nature juridique de la réserve héréditaire*, Université de Nice, 1976, p. 182 et suiv.

[1] GRIMALDI, Michel, « Présentation de la loi du 23 juin 2006 portant réforme des successions et des libéralités », *Dalloz* 2006, n°37, n°5, p. 2553.

l'époque de l'aliénation. S'il y a eu subrogation, il faut tenir compte de la valeur du bien subrogé au jour de l'ouverture de la succession, d'après son état à la date de l'acquisition.

Cependant, selon l'alinéa 2 de l'article 922 du Code civil, lorsque la dépréciation du bien nouvellement acquis découle de sa nature, inéluctable au jour de l'acquisition, la subrogation réelle est écartée. Dès lors, la réunion fictive porte, non pas sur la valeur, au décès, du nouveau bien, mais sur le nominal de la somme donnée. Il en va de même si le bien nouveau est un bien de consommation, acquis en remploi des deniers issus de l'aliénation du bien donné[1].

L'évaluation du montant de l'indemnité de réduction. – Après avoir procédé à la première évaluation opérée au décès, afin de mesurer une atteinte à la réserve héréditaire résultant éventuellement des libéralités consenties par le défunt, il convient d'opérer une seconde évaluation au jour du partage pour fixer l'indemnité de réduction due par le gratifié. En application de la théorie de la dette de valeur, l'indemnité de réduction se calcule d'après la valeur des biens donnés ou légués à l'époque du partage ou au jour de leur aliénation par le gratifié et en fonction de leur état au jour de la libéralité (924-2 C.civ.). Si le bien donné est aliéné, l'indemnité de réduction se calcule sur la valeur du bien au jour de son aliénation (art. 924, al. 1 C.civ.). En cas d'aliénation du bien donné par le donataire, suivie de l'acquisition d'un nouveau bien en remplacement, la subrogation réelle liquidative intervient. Afin de calculer l'indemnité de réduction, il faut tenir compte de la valeur du nouveau bien subrogé à l'époque du partage, d'après son état à l'époque de son acquisition[2]. Néanmoins, depuis la loi du 23 juin 2006, lorsque la dépréciation du nouveau bien était, en raison de sa nature, inéluctable au jour de son acquisition, il n'est pas tenu compte de la subrogation réelle (art. 924-2 *in fine* C.civ.)[3].

Le rôle liquidatif de la subrogation réelle est donc consacré pour assurer la permanence de la technique de la dette de valeur, laquelle intervient à deux stades : d'une part, pour évaluer l'importance de l'atteinte à la réserve héréditaire au jour du décès. D'autre part, pour fixer l'indemnité de réduction en fonction de la valeur des biens au jour du partage.

L'évolution du principe du rapport et de la réduction en nature en faveur de celui en valeur rend l'intervention de la subrogation réelle liquidative favorable. Dès lors, la technique de la dette de valeur associée avec la

---

[1] LEVILLAIN, Nathalie, FORGEARD, Marie-Cécile, BIOCHÉ, Alexandre, *Liquidation des successions*, Dalloz référence, 4e édition, 11 avril 2018, n° 314.153, p. 178.

[2] Avant la loi de 1971 : *cf.* Cass. civ. 1re, 22 mai 1951, *Dalloz* 1951, p. 771 ; LENOAN, Roger, Cass. civ. 1re, 30 mai 1951, *Dalloz* 1951, p. 617.

[3] Ce qui vise les biens de consommation au sens large, par exemple, un véhicule automobile ; comp. BEIGNIER, Bernard, Cass. civ. 1re, 27 juin 2000, n°98-14.886, *loc. cit.*; LE GUIDEC, Raymond, Cass. civ. 1re, 27 juin 2000, n°98-14.886, *loc. cit.*; VAREILLE, Bernard, Cass. civ. 1re, 27 juin 2000, n°98-14.886, *loc. cit.*

subrogation réelle liquidative contribue à reconstituer la masse successorale en valeur.

Section II.
Une application élargie de la subrogation réelle liquidative : le support de la dette de valeur dans le règlement successoral

Le principe de la réduction en nature, initialement consacré, contribuait à la protection de la réserve héréditaire et à la conservation des biens dans la famille. Depuis la loi du 23 juin 2006, le principe de la réduction en nature est renversé en faveur du principe de la réduction en valeur, qui semble altérer la nature de la réserve héréditaire.

Cependant, il convient de constater que le principe de la réduction en valeur n'a pas transformé la nature de la réserve héréditaire en une réserve en valeur, car certaines garanties sont offertes aux héritiers réservataires. Ces garanties corrigent les principaux inconvénients d'une restitution en valeur telle que la dépréciation monétaire en recourant à la théorie de la dette de valeur, dont la permanence est maintenue par la subrogation réelle liquidative, qui est largement sollicitée en cas d'aliénation du bien. Il n'en demeure pas moins que la portée de la subrogation réelle a soulevé des interrogations, notamment dans le cadre du rapport des donations portant sur une somme d'argent ainsi que de l'indemnité qui est subrogée au bien donné lorsque celui-ci a péri.

La subrogation réelle liquidative représente l'une des pièces maîtresses des réformes des liquidations. L'objectif d'égalité entre les cohéritiers et la protection de la réserve sont atteints par l'équivalence des modes de restitution en nature et en valeur grâce à la technique de la dette de valeur, dont la survie est assurée par la subrogation réelle, en cas d'aliénation des biens donnés ou légués. Corrélativement au rôle considérable attribué à la théorie de la dette de valeur dans le règlement successoral, une fonction étendue est accordée à la subrogation réelle.

Le principe de la réduction en valeur a affecté l'efficacité de la réserve héréditaire, notamment en présence d'un legs universel à un non successible. Les héritiers réservataires ne bénéficient plus d'une garantie en nature mais seulement d'une indemnisation en valeur. Le droit des héritiers réservataires ne se réduit toutefois pas à une simple créance de somme d'argent, car la théorie de la dette de valeur et le rôle liquidatif de la subrogation réelle permettent d'aboutir à une équivalence en valeur entre la réduction en valeur et la réduction en nature.

Les conséquences du principe de la réduction en valeur. – La réduction en valeur ne remet pas en cause l'effet translatif des libéralités. Elle contribue à la libre circulation des biens et accélère le règlement des successions. Le gratifié conserve la propriété de la chose donnée ou léguée. En cas de donation, le confort du donataire et la sécurité des tiers sont préservés. Le bénéficiaire de la libéralité excessive peut conserver les biens donnés, à charge pour lui de verser une indemnité à la succession.

La réduction en valeur d'un legs universel. – Quant aux legs, le légataire universel a vocation à recevoir l'universalité de la succession. Il peut donc conserver la totalité des biens existants au décès, à charge d'indemniser l'héritier réservataire[1]. Par ailleurs, la Cour de cassation[2], en application de l'article 924 du Code civil, a jugé qu'« en principe, le legs est réductible en valeur et non en nature de sorte qu'il n'existe aucune indivision entre le légataire universel et l'héritier réservataire ». Elle[3] a adopté la même solution dans le cadre de l'action en retranchement et a décidé qu'il n'existe pas d'indivision entre le conjoint attributaire de la communauté universelle et les enfants agissant en retranchement. Ainsi, la réduction en valeur respecte tant la volonté du défunt que la sécurité du gratifié. L'effet translatif du legs reste acquis, de sorte que l'héritier réservataire qui obtient la réduction d'un legs universel ne peut prétendre ni à l'attribution préférentielle, ni à la licitation des parcelles dépendant de la succession[4].

L'impact du principe de la réduction en valeur sur la nature de la réserve héréditaire. – La loi du 23 juin 2006 a modifié en profondeur le droit des héritiers réservataires en substituant au principe de la réduction en nature des libéralités excédant la quotité des biens dont le défunt pouvait disposer celui d'une réduction en valeur. En effet, la réalité juridique de la réserve héréditaire est modifiée, voire dénaturée. La réduction en valeur des libéralités excessives affecte la réserve héréditaire dont l'analyse classique est modifiée, car un legs universel consenti à un non successible peut entièrement priver l'héritier réservataire de ses droits sur les biens héréditaires en nature[5]. L'héritier réservataire n'a plus droit à une part de la succession en corps

---

[1] NICOD, Marc, « Variations sur la substance de la réserve héréditaire », *in Mélanges en l'honneur du Professeur Jean HAUSER*, Dalloz, 2012, n°6, p. 461 ; SAUVAGE, François, « Le déclin de la réserve héréditaire précipité par la loi du 23 juin 2006 », *JCP N* 18 juillet 2008, n°29, 1248, n°31, p. 37.

[2] Cass. civ. 1re, 11 mai 2016, n°14-16.967, *JCP N* 27 mai 2016, n°21, actualités 674 ; GRIMALDI, Michel, Cass. civ. 1re, 11 mai 2016, n°14-16.967, *RTD civ.* juillet-septembre 2016, p. 673 ; LE GUIDEC, Raymond, Cass. civ. 1re, 11 mai 2016, n°14-16.967, *JCP G* 30 janvier 2017, n°5, p. 229 ; LEVILLAIN, Nathalie, Cass. civ. 1re, 11 mai 2016, n°14-16.967, *AJ Famille* juin 2016, p. 350 ; NICOD, Marc, Cass. civ. 1re, 11 mai 2016, n° 14-16.967, *Droit de la famille* juillet-août 2016, comm. 151, p. 50 ; RANDOUX, Nicolas, Cass. civ. 1re, 11 mai 2016, n°14-16.967, *JCP N* 2 septembre 2016, n°35, p. 36.

[3] Cass. civ. 1re, 7 décembre 2016, n° 16-12.216, *Dalloz* 2016, p. 2570 ; CASEY, Jérôme, « Retranchement en valeur et refus du principe de concentration des demandes », Cass. civ. 1re, 7 décembre 2016, n° 16-12.216, *AJ Famille* 2017, p. 78.

[4] LE GUIDEC, Raymond, *loc. cit.* ; NICOD, Marc, Cass. civ. 1re, 11 mai 2016, n° 14-16.967, *Droit de la famille* juillet-août 2016, comm. 151, p. 50.

[5] BLANCK-DAP, Martine, « La virtualité de la réserve héréditaire en présence d'un légataire universel », *JCP N* 16 juin 2017, n°24, 1207, p. 30 ; FERRÉ-ANDRÉ, Sylvie, MAZERON-GABRIEL, Hélène, *op. cit.*, p. 141.

héréditaire : il n'est donc plus que le simple titulaire d'une créance de somme d'argent valorisée à la charge du gratifié[1]. La réserve héréditaire a donc connu un recul, de sorte qu'elle n'est plus une garantie en nature, mais seulement en valeur[2]. Les biens sont appréhendés dans leur valeur pécuniaire et non plus dans leur identité physique. Ainsi, la réserve ne tend plus à maintenir les biens dans la famille mais à conserver la fortune familiale[3].

La dette de valeur, une garantie à la préservation de la réserve héréditaire. – La généralisation de la réduction en valeur a soulevé des critiques, car la loi de 2006 entend conserver la réserve ; ainsi, le principe de la réduction en nature des dispositions universelles à cause de mort aurait dû être maintenu[4]. Or, malgré le principe de la réduction en valeur, la réserve héréditaire ne se réduit pas à une créance ordinaire. Autrement dit, le droit réel des héritiers réservataires ne dégénère pas en une simple créance de somme d'argent, car l'héritier réservataire bénéficie du valorisme. Dans le cadre de la restitution, pour qu'une restitution en valeur concorde avec une restitution en nature, l'évaluation en argent doit être faite au moment de la restitution, grâce au mécanisme de la dette de valeur[5]. La dette de valeur constitue une garantie pour préserver la réserve héréditaire car elle contribue à une équivalence de la réduction en nature et en valeur. Le créancier peut suivre la valeur du bien jusqu'au partage[6]. Cela permet de soutenir que le principe de la réduction en valeur n'a pas véritablement transformé la conception classique de la réserve en nature en une réserve en valeur[7].

Le rôle considérable de la technique de la dette de valeur, complété par la subrogation réelle depuis la généralisation de la réduction en valeur. – Il est possible de soutenir que le rôle de la dette de valeur, ainsi que celui de la subrogation réelle liquidative, ont évolué depuis la généralisation de la réduction en valeur opérée par la loi du 23 juin 2006. Il ne s'agit plus d'une modalité d'exécution de la réduction en valeur. Le mécanisme de la dette de valeur tend à corriger l'un des principaux inconvénients que comportait la restitution en valeur, à savoir la dévalorisation d'une créance personnelle par rapport à un droit réel. Le valorisme introduit à l'article 924

---

[1] SAUVAGE, François, *op. cit.*, n°29, 1248, p. 34.

[2] CATALA, Pierre, « Prospective et perspectives en droit successoral », *JCP N* 29 juin 2007, N°26, 1206, §12, p. 58.

[3] FERRÉ-ANDRÉ, Sylvie, MAZERON-GABRIEL, Hélène, *op. cit.*, p. 155 ; GRIMALDI, Michel, « Présentation de la loi du 23 juin 2006...*op. cit.*, n°37, n°6, p. 2554 ; GRIMALDI, Michel, *Les successions, Rapport de synthèse,* Journées roumaines, Travaux de l'association Henri Capitant, Tome LX, Bruylant, 2010, n°9, p. 30 ; GRIMALDI, Michel, « Brèves réflexions sur l'ordre public et la réserve héréditaire », *Defrénois* 30 août 2012, art. 40563, n°8, p. 755 ; NICOD, Marc, « Variations sur la substance...*op. cit.*, n°5, p. 461.

[4] GRIMALDI, Michel, *Droit des successions*, Lexis Nexis, 8e édition, 2020, n°879, p. 703.

[5] RAYNAUD, Pierre, « Les dettes de valeur en droit français », *in Mélanges offerts à Jean BRETH DE LA GRESSAYE*, Bordeaux, 1969, §14, p. 611.

[6] GRIMALDI, Michel, *Droit des successions*, Lexis Nexis, 7e édition, 2017, n°901, p. 690.

[7] NICOD, Marc, « Variations sur la substance...*op. cit.*, n°14, p. 465.

du Code civil assure une rigoureuse équivalence économique entre la réduction en valeur et la réduction en nature. En cas d'aliénation, cet objectif est atteint grâce à la subrogation réelle liquidative destinée à garantir l'efficacité de la technique de la dette de valeur[1].

Par ailleurs, certaines garanties sont accordées à l'héritier réservataire pour opposer un droit de rétention au gratifié dès lors que les conditions sont réunies (art. 924-3 C.civ.). Si la libéralité porte sur un immeuble, l'indemnité de réduction est garantie par un privilège spécial immobilier que la loi institue en même temps que le privilège du copartageant (art. 2374, 3° C.civ.). De plus, l'héritier réservataire bénéficie d'un droit de préférence et d'un droit de suite sur l'immeuble donné ou légué, à l'encontre des créanciers et des ayants cause du gratifié. Ils bénéficient aussi d'une action en revendication à l'encontre des sous-acquéreurs (art. 924-4 C.civ.) et des tiers détenteurs de meubles lorsque l'article 2276 du Code civil ne peut pas être invoqué. Enfin, en cas d'aliénation du bien et d'insolvabilité du gratifié, le réservataire peut poursuivre la réduction à l'encontre du tiers acquéreur, dès lors que le *de cujus* et les réservataires n'ont pas consenti à l'aliénation (art. 930 C.civ.).

En droit des restitutions, notamment dans le règlement de la succession, la subrogation réelle liquidative intervient de manière étendue pour assurer la permanence de la dette de valeur. Par ailleurs, la preuve de la subrogation réelle liquidative n'est pas subordonnée à une formalité particulière.

Le rôle de la subrogation réelle liquidative. – La restitution assure la réintégration d'un bien dans son patrimoine d'origine. Le principe du nominalisme monétaire en matière de restitution est en recul. La théorie de la dette de valeur a une vocation naturelle à s'appliquer dans le droit des restitutions pour régir les indemnisations consécutives à une plus-value[2]. Ainsi, le mécanisme de la dette de valeur, généralisé en droit des successions, est devenu le principe des restitutions. Cependant, une fluctuation tant matérielle, telle que la destruction, que juridique, telle que l'aliénation, peut faire obstacle au droit du créancier sur l'objet initial. Pour éviter le dépérissement du droit des créanciers, la subrogation réelle imparfaite ou liquidative est appelée à jouer pour reporter le droit du créancier sur le nouveau bien subrogé[3]. La subrogation réelle liquidative permet ainsi de suivre la valeur incluse dans le bien à travers les diverses aliénations successives dans le patrimoine du donataire.

Un recours étendu au rôle liquidatif de la subrogation réelle. –La dette de valeur sollicite la subrogation réelle liquidative afin que la restitution en

---

[1] PIERRE-FRANÇOIS, Georges, L., *La notion de la dette de valeur en droit civil, essai d'une théorie,* sous la direction de Henry SOLUS, thèse Paris, 1975, n°469, p. 373.

[2] MALAURIE, Marie, *op. cit.*, pp. 15, 216.

[3] CATALA, Pierre, *La réforme des liquidations... op. cit.*, n° 41, p. 88 ; MALAURIE, Philippe, BRENNER, Claude, *Les successions, Les libéralités*, 8e édition, LGDJ, Lextenso, 2018, n° 884, p. 523 ; RANOUIL, Véronique, *La subrogation réelle en droit civil français*, Librairie générale de droit et de la jurisprudence, 1985, p. 173.

valeur soit analogue à une restitution en nature pour assurer l'égalité en valeur dans les partages de succession[1]. Un recours élargi à la subrogation réelle liquidative est donc opéré, de sorte qu'il est possible de soutenir que l'on assiste à une consécration du principe général de la subrogation réelle liquidative dans le domaine du droit des restitutions, présenté comme son domaine d'élection. La raison en est qu'à l'instar du droit des restitutions, la subrogation réelle est marquée par un esprit de conservation afin de maintenir un équilibre menacé de rupture[2]. La subrogation réelle joue tant au premier degré, comme en cas d'échange et d'indemnité perçue en cas de disparition ou de détérioration du bien donné qu'au second degré, comme en matière de remploi du prix de vente du bien donné.

La subrogation réelle partielle. – En cas de subrogation réelle partielle, c'est-à-dire lorsque le bien nouveau n'est financé que partiellement par les fonds provenant de l'aliénation du bien donné, il faut procéder à un calcul pour déterminer la proportion dans laquelle le prix de vente du bien donné a permis d'acquérir le nouveau bien. Lorsque le prix d'acquisition du nouveau bien est supérieur au prix de vente du bien donné, il est financé pour partie avec le prix provenant de la vente du bien donné et pour partie avec les fonds personnels du donataire[3]. Par exemple, dans le cadre d'une donation immobilière rapportable, imaginons qu'un immeuble valait 50 000 Euros à l'époque de la donation. Il a été vendu au prix de 80 000 Euros, ce qui correspondait à sa valeur au jour de son aliénation. Un nouveau bien a été acquis pour 100 000 Euros, frais inclus. Ce nouvel immeuble vaut 200 000 Euros à la date de la jouissance divise. Le rapport serait de 80 000 Euros si un nouveau bien n'avait pas été subrogé à l'immeuble donné. En l'occurrence, le rapport est dû dans la proportion où le prix de vente du bien donné a servi à financer le nouveau bien, soit 80 000/100 000 x 200 0000 = 160 000 Euros[4].

La liberté probatoire, justifiée. – Contrairement à la subrogation réelle parfaite, la preuve de la subrogation réelle liquidative n'exige aucun mode de preuve spécifique, aux termes de l'article 860 du Code civil. Elle échappe au respect du formalisme imposé, de sorte que la double déclaration d'origine et d'affectation des deniers comme en matière d'emploi ou de remploi des biens propres n'est pas nécessaire. L'absence d'exigence de la double déclaration est justifiée car la conception stricte de la subrogation réelle et la nécessité de

[1] DURAND, Jean-Max, *op. cit.*, p. 356 ; RANOUIL, Véronique, *op. cit.*, p. 162. Il existe cependant deux inconvénients : « d'une part, le donataire reste jusqu'au partage dans l'incertitude sur ce dont il sera redevable ; d'autre part, la liquidation de la dette peut exiger des calculs complexes lorsque des vicissitudes ont affecté le bien donné, soit que l'état en ait été modifié, soit qu'il ait été aliéné » *in* GRIMALDI, Michel, *op. cit.*, n°756, p. 597.

[2] MALAURIE, Marie, *op. cit.*, pp. 114, 115.

[3] CATALA, Pierre, *La réforme des liquidations...*, n° 41, p. 90 ; PIGNARRE, Louis-Frédéric, *op. cit.*, n° 429, p. 356 ; PONSARD, André, *Liquidations successorales, Rapport-Réduction, Partage d'ascendant, Commentaire de la loi du 3 juillet 1971*, Sirey, 1977, n°56, p. 77.

[4] GRIMALDI, Michel, *op. cit.*, n°765, p. 604 ; PIÉDELIÈVRE, Stéphane, *op. cit.*, n° 281, p. 345.

la double déclaration auraient pour effet d'altérer le jeu de la dette de valeur et de faire profiter le seul gratifié des plus-values postérieures à l'aliénation, ou encore d'encourager le gratifié à aliéner le bien en période de dévaluation monétaire. Par ailleurs, ces exigences ne s'imposent pas car il ne s'agit pas d'une subrogation réelle parfaite qui transfère le droit réel, mais d'une subrogation simplement « comptable ou liquidative »[1] destinée à maintenir une affectation en valeur. Dès lors, l'assouplissement du jeu de la subrogation réelle et l'absence d'exigence de la double déclaration semblent logiques[2].

Si le donataire se contente de rapporter la valeur du bien au jour de son aliénation, il incombe aux cohéritiers créanciers du rapport de montrer que le nouveau bien est acquis soit à l'aide des deniers donnés, soit par les fonds issus de l'aliénation du bien donné. En revanche, il n'est pas nécessaire que le nouveau bien soit véritablement acquis avec les deniers donnés ou les fonds issus de l'aliénation du bien donné. Étant un fait objectif, il peut être prouvé par tous moyens[3]. Ainsi, en l'absence d'exigence de la double déclaration comme mode de preuve légal, il convient de prouver ce fait objectif par des présomptions de fait qui peuvent être combattues par tous les moyens par le donataire : par exemple, le fait que les deux opérations d'aliénation et de nouvelle acquisition soient intervenues à des dates rapprochées[4].

L'intérêt de la double déclaration du remploi. – En revanche, il est difficile d'apporter la preuve de la subrogation réelle en raison de la fongibilité de la monnaie et de la confusion des deniers avec les deniers personnels du donataire. En outre, le conflit probatoire se révèle avec plus d'acuité en présence de donations anciennes suivies d'aliénations et de remplois successifs, ou encore lorsque l'acquisition de biens ne requiert pas l'établissement d'un écrit mentionnant l'origine des deniers, comme par exemple pour l'achat d'œuvres d'art, de bijoux, ou de valeurs mobilières[5]. De ce fait, il semble préférable d'établir la double déclaration d'origine et

---

[1] MALAURIE, Philippe, BRENNER, Claude, *op. cit.*, n°896, p. 529.

[2] DURAND, Jean-Max, *op. cit.*, p. 272.

[3] DAGOT, Michel, PRÉCIGOUT, André, *Le nouveau droit des successions, La loi successorale du 3 juillet 1971, Application pratique,* Librairies Technique, 1972, n°70, p. 53 ; DURAND, Jean-Max, *op. cit.*, p. 270 ; GRIMALDI, Michel, *op. cit.*, n°765, p. 605 ; PIÉDELIÈVRE, Stéphane, *loc. cit.* ; TERRÉ, François, LEQUETTE, Yves, GAUDEMET, Sophie, *op. cit.*, n°1077, p. 950 ; VAREILLE, Bernard, *Volonté, rapport et réduction,* Préface de Pierre SPITÉRI, PUF, 1988, n°176, p. 117.

[4] DAGOT, Michel, PRÉCIGOUT, André, *op. cit.*, n°70, pp. 52, 53 ; PONSARD, André, *op. cit.*, n° 56, p. 76.

[5] CATALA, Pierre, *La réforme des liquidations... op. cit.*, n° 41, p. 89 ; MALAURIE, Philippe, BRENNER, Claude, *op. cit.,* n°897, p. 530 ; PONSARD, André, *op. cit.*, n°56, p. 77 ; RAYNAUD, Pierre, *Droit civil... op. cit.*, n°727, p. 538 ; SPAHR, Stéphane, *loc. cit.* ; TERRÉ, François, LEQUETTE, Yves, GAUDEMET, Sophie, *op. cit.*, n°950, p. 1077.

d'affectation des deniers effectuée lors de l'acquisition, qui établit incontestablement la preuve de la subrogation réelle[1].

Le nominalisme monétaire a une valeur de principe dans le rapport d'une somme d'argent donnée. Néanmoins, la subrogation réelle liquidative opère en cas d'acquisition d'un bien à l'aide de la somme d'argent donnée. En cas de destruction du bien donné, le rapport portera sur l'indemnité subrogée.

Le recul du valorisme en cas de rapport de la somme d'argent donnée. – Le rôle liquidatif de la subrogation réelle destinée à garantir la dette de valeur semble limité dans le cadre du rapport d'une donation portant sur une somme d'argent. L'article 860-1 du Code civil, inspiré de l'ancien article 869, prévoit que le rapport d'une somme d'argent est égal à son montant nominal en application du principe du nominalisme. Néanmoins, si la somme d'argent donnée a servi à acquérir un bien, son rapport est dû à proportion de la valeur de ce bien à l'époque du partage, compte tenu de son état au jour de son acquisition.

Cette règle est rappelée par un arrêt de la première chambre civile de la Cour de cassation du 14 mai 2014 [2] à propos du rapport des donations de somme d'argent par un donataire à ses cohéritiers. En l'espèce, une mère avait donné une somme d'argent à l'un de ses enfants pour l'acquisition d'un appartement. L'appartement a donc été acquis par emploi de la somme d'argent donnée. Cet appartement avait ensuite été vendu, et la somme perçue avait servi partiellement à la construction d'une maison sur un terrain appartenant au gratifié. La Cour de cassation a écarté la subrogation et a décidé que le rapport n'était dû qu'à concurrence du prix de vente de l'appartement, et non de la valeur de l'immeuble construit, parce que, « ne constitue pas une acquisition au sens de l'article 860-1 du Code civil, le financement, par des fonds donnés, de travaux de construction effectués par le propriétaire du terrain »[3].

La Cour de cassation a donc considéré que le rapport n'était dû qu'à proportion de la valeur de l'appartement aliéné. Le remploi des deniers issus de l'aliénation du bien acquis à l'aide des sommes d'argent données n'a pas été pris en compte. Cet arrêt témoigne d'un recul du valorisme par une interprétation stricte de l'article 860-1 du Code civil, pourtant antérieur à la réforme du 23 juin 2006[4]. En effet, la subrogation réelle ne peut intervenir

---

[1] DURAND, Jean-Max, *loc. cit.* ; TERRÉ, François, LEQUETTE, Yves, GAUDEMET, Sophie, *op. cit.*, n°1077, p. 950.

[2] LE GUIDEC, Raymond, Cass. civ. 1re, 14 mai 2014, n°12-25.735, Successions et libéralités, *JCP N* 6 mars 2015, n°10, 1089, §7, p. 44 ; LEVILLAIN, Nathalie, Cass. civ. 1re, 14 mai 2014, n°12-25.735, *AJ Famille* 2014, p. 384 ; NICOD, Marc, « Rapport des libéralités », Cass. civ. 1re, 14 mai 2014, n°12-25.735, *Droit de la famille* septembre 2014, commentaire 133, p. 33 ; VAREILLE, Bernard, « Indivisions, successions, libéralités, 2e partie : successions », Cass. civ. 1re, 14 mai 2014, n°12-25.735, *Defrénois* 15 avril 2015, n°7, p. 387.

[3] VAREILLE, Bernard, « Indivisions, successions... *loc. cit.*

[4] LE GUIDEC, Raymond, Cass. civ. 1re, 21 mai 1997, n°95-19.121, *JCP N* 27 novembre 1998, n°48, §9, p. 1711 ; MALAURIE, Philippe, Cass. civ. 1re, 21 mai 1997, n°95-19.121, *Defrénois*

pour constituer une dette de valeur en l'absence d'une dépense d'acquisition, car la construction d'une maison sur le terrain du gratifié est qualifiée de dépense d'amélioration[1]. Ainsi, la somme d'argent donnée a été employée pour financer une construction, qui n'a cependant pas donné lieu à une revalorisation au profit des cohéritiers. La technique de la dette de valeur n'a pas été étendue à l'hypothèse de la construction par la réforme du 23 juin 2006.

Le rôle limité de la subrogation réelle liquidative dans le rapport de la somme d'argent donnée. – Cette solution semble conforme au principe du nominalisme monétaire, dont la force est conservée dans les obligations de somme d'argent[2]. Elle ne semble toutefois pas justifiée, car en droit patrimonial de la famille (les créances de récompenses, les créances entre époux, et entre partenaires, l'indivision, le rapport et la réduction), le valorisme a trouvé une force de principe[3]. Par ailleurs, par analogie au droit des récompenses, qui admet la revalorisation non seulement pour les dépenses d'acquisition, mais aussi pour les dépenses d'amélioration et de conservation (art. 1469, al. 3 C.civ.), le législateur, par la réforme du 23 juin 2006, aurait pu étendre le valorisme en matière de rapport de la somme d'argent donnée, en dehors des dépenses d'acquisition, et admettre la subrogation réelle liquidative quelle que soit la nature des dépenses d'acquisition, d'amélioration ou de conservation, ce qui aurait davantage assuré l'égalité successorale.

Le rapport de l'indemnité subrogée. – L'étendue de la subrogation réelle a suscité des débats dans l'hypothèse où le bien donné ayant péri, cette perte a été compensée par une indemnité d'assurance employée pour l'acquisition d'un nouveau bien. La question se pose de savoir si le rapport doit porter sur la valeur du nouveau bien à l'époque du partage.

Le principe de la dispense de rapport est posé par l'alinéa 1er de l'article 855 du Code civil : « le bien qui a péri par cas fortuit et sans la faute du donataire n'est pas sujet à rapport ». Ce principe subit des exceptions énoncées par les alinéas 2 et 3 de ce même article : lorsque la perte du bien a donné lieu à l'allocation d'une indemnité tendant à reconstituer en valeur le bien détruit au profit du donataire[4], ou encore si le bien a été reconstitué au moyen d'une indemnité perçue en raison de sa perte, le donataire doit le rapport dans la proportion où l'indemnité a servi à sa reconstitution. Si l'indemnité n'a pas été utilisée à cette fin, elle est elle-même sujette à rapport. Le donataire doit

---

1997, art. 36650, p. 1140 ; PATARIN, Jean, Cass. civ. 1re, 21 mai 1997, n°95-19.121, *RTD Civ.* octobre-décembre 1997, n°2, p. 976.

[1] NICOD, Marc, « Rapport des libéralités » …*loc. cit.*

[2] LE GUIDEC, Raymond, *loc. cit.* ; MALAURIE, Philippe, Cass. civ. 1re, 21 mai 1997, n°95-19.121, *Defrénois* 1997, art. 36650, p. 1140 ; PATARIN, Jean, Cass. civ. 1re, 21 mai 1997, n°95-19.121, *RTD Civ.* octobre-décembre 1997, n°2, p. 976.

[3] LE GUIDEC, Raymond, Cass. civ. 1re, 14 mai 2014, n°12-25.735, Successions et libéralités, *JCP N* 6 mars 2015, n°10, 1089, §7, p. 44.

[4] MALAURIE, Marie, *op. cit.*, p. 119.

rapporter à la succession l'indemnité (assurance, responsabilité, expropriation, etc.) subrogée au bien donné disparu[1].

Le rapport du bien acquis en remploi de l'indemnité. – Il est possible de s'interroger sur l'interprétation stricte ou extensive du mot « reconstitution » employé à l'alinéa 2 de l'article 855 du Code civil. En effet, le législateur a envisagé la reconstitution matérielle du bien, et non pas son remplacement par un nouveau bien. L'interprétation stricte du texte exclut le remplacement, car la reconstitution signifie la remise en état ou la reconstruction. Ainsi, l'interprétation stricte des textes écarte la subrogation réelle du bien acquis à l'aide de l'indemnité allouée. C'est donc l'indemnité qui sera sujette au rapport. En revanche, l'interprétation extensive conduit à inclure, dans la notion de reconstitution, la reconstitution juridique[2]. Le remplacement d'un bien ancien par un bien nouveau donne lieu à une reconstitution juridique du bien donné détruit, par opposition à la reconstitution matérielle, évoquée par l'article 855 du Code civil. La reconstitution juridique entraîne un résultat équivalent à une reconstitution matérielle, de sorte que la dette de valeur du donataire, qui portait initialement sur le bien donné, se reporte sur le nouveau bien reconstitué matériellement ou juridiquement par l'effet de la subrogation réelle.

Néanmoins, cette approche n'est pas restée à l'abri des critiques, car la subrogation du nouveau bien acquis par l'emploi de l'indemnité ne permet pas de reconstituer le bien donné lui-même, comme la loi l'exige, mais seulement de reconstituer le patrimoine amputé.

Cependant, nous estimons que l'interprétation stricte du terme « reconstitution » n'est pas conforme à l'esprit de réforme véhiculé par la loi du 3 juillet 1971. Avant cette loi, faute de texte légal, la subrogation réelle de l'indemnité au bien détruit ne pouvait pas jouer en matière de rapport, sauf exceptions[3]. Autrement dit, en cas de destruction de l'immeuble, le donataire n'était pas tenu de rapporter l'indemnité d'assurance. Cette solution, bien que déplorable quant à ses conséquences, a été approuvée par la majorité des auteurs[4].

L'application de la subrogation réelle, conforme à l'esprit des réformes législatives. – Désormais, le jeu de la subrogation réelle est consacré par le législateur de manière étendue tant en droit des successions qu'en droit des régimes matrimoniaux. L'application élargie de la subrogation

---

[1] DAGOT, Michel, PRÉCIGOUT, André, *op. cit.*, n°36, p. 34 ; MALAURIE, Marie, *op. cit.*, p. 120 ; MARTY, Gabriel, *op. cit.*, §6, p. 529 ; PONSARD, André, *op. cit.*, n°58, p. 79 ; SPAHR, Stéphane, *op. cit.*, p. 106.

[2] PIERRE-FRANÇOIS, Georges, L., *op. cit.*, n°480, p. 382.

[3] CATALA, Pierre, *Les règlements successoraux... op. cit.*, n°102, p. 145.

[4] AUBRY, Charles Marie Barbe Antoine, RAU, Charles Frédéric, *Cours de droit civil français d'après la méthode de Zachariæ*, Tome X, successions, testaments, par Paul ESMEIN, 6e édition, Paris, 1954, §634, p. 309 ; COLIN, Ambroise, CAPITANT, Henri, JUILLIOT DE LA MORANDIÈRE, Léon, *Cours élémentaire de droit civil français*, Tome III, Dalloz, 8e édition, 1936, n°1245 ; RIPERT, Georges, BOULANGER, Jean, *Traité élémentaire de droit civil de Planiol*, Tome IV, Régimes matrimoniaux, succession-libéralités, Paris, 1951, n°615.

réelle est consacrée en matière de rapport des libéralités dans trois cas : la subrogation réelle de l'indemnité au bien donné qui a péri (art. 855, al. 2 C.civ.), la subrogation réelle du bien acquis en emploi à l'aide des deniers donnés (art. 860-1 C.civ.) et, enfin, la subrogation réelle du bien acquis en remploi du prix du bien donné (art. 860 al. 2 C.civ.). Cette prise de position du législateur laisse appréhender la reconstitution non seulement « matérielle » mais aussi « juridique », pour offrir aux cohéritiers la possibilité d'invoquer la subrogation réelle du bien nouveau acquis en emploi de l'indemnité allouée. Cette approche étendue de la subrogation réelle est conforme à l'institution du rapport, qui contribue à mieux assurer l'égalité des cohéritiers dans le partage[1]. Il est donc possible de dégager un principe général de subrogation réelle en matière de rapport des libéralités et, plus généralement, dans les règlements successoraux[2].

Contrairement à ce que l'on pourrait imaginer, l'efficacité de la réserve héréditaire n'est pas altérée par le principe de la réduction en valeur des libéralités. La technique de la dette de valeur accompagnée par la subrogation réelle liquidative tend à préserver la réserve héréditaire en valeur et garantir une valeur réelle à la créance des héritiers réservataires.

En matière de règlement successoral, dans les différentes hypothèses de restitution en valeur telles que le rapport et la réduction des libéralités et le calcul de la masse partageable, les biens sont appréhendés dans leur valeur. La technique de la dette de valeur intervient pour retarder la date d'estimation de la créance de restitution du jour de l'acquisition du bien à celui du partage, ou de l'ouverture de la succession. La technique de la dette de valeur est associée à la subrogation réelle liquidative destinée à réévaluer la dette afin qu'elle ne soit pas cristallisée en son montant nominal initial. Elle a donc pour objet de constituer une dette de valeur, car la restitution portera sur la valeur subrogée dans le bien, et non pas sur la somme d'argent employée.

Au demeurant, la subrogation réelle liquidative garantit la survie de la dette de valeur, car en principe, la dette de valeur devient une obligation pécuniaire dès que disparaît le bien dont la valeur sert de mesure. En revanche, si un nouveau bien est acquis en remploi du prix, le mécanisme de la subrogation réelle peut intervenir pour assurer le maintien de la dette de valeur et tenir en échec le principe du nominalisme monétaire.

La consécration d'un principe de subrogation réelle liquidative pour la liquidation des régimes matrimoniaux[3] et le règlement successoral se justifie

---

[1] CATALA, Pierre, *La réforme des liquidations... op. cit.*, n° 41, p. 90 ; DAGOT, Michel, PRÉCIGOUT, André, *op. cit.*, n° 39, p. 36 ; GUILLAUD-BATAILLE, Sylvain, KUHN, Céline, *op. cit.*, §35, p. 50 ; PONSARD, André, *loc. cit.*

[2] CHAPUISAT, François, « Vers une utilisation extensive de la subrogation réelle à propos des lois du 13 juillet 1965 et 3 juillet 1971 », *RTD Civ.* 1973, p. 643 ; CATALA, Pierre, *La réforme des liquidations... op. cit.*, n° 38, p. 84 ; VAREILLE, Bernard, *Volonté, rapport... op. cit.*, n°175, p. 116.

[3] RANOUIL, Véronique, *op. cit.*, p. 118.

pour deux raisons : d'une part, le principe du nominalisme monétaire en matière de restitution est en recul, de sorte que la théorie de la dette de valeur est consacrée largement en droit patrimonial de la famille, en matière de récompenses ou de créances entre époux ainsi que dans les opérations de liquidation successorale. Elle a vocation à s'appliquer au droit des restitutions pour régir les indemnisations. Néanmoins, l'ampleur et l'efficacité du mécanisme de la dette de valeur dépendent du rôle liquidatif de la subrogation réelle, qui joue un double rôle tantôt pour transformer une dette de somme d'argent en une dette de valeur, tantôt pour assurer la permanence de la dette de valeur.

D'autre part, il faut souligner que l'harmonie règne entre la subrogation réelle et les institutions dans lesquelles elle est appelée à intervenir, dont le règlement de créances de récompenses et le règlement successoral, tous deux marqués par l'esprit de conservation en valeur. Aussi, le rôle liquidatif de la subrogation réelle est sollicité de plein droit sans exiger le respect de formalités spécifiques afin de protéger le créancier à l'encontre du dépérissement résultant des fluctuations matérielles ou juridiques pour conserver à la créance, une valeur réelle[1]. Cette conformité a donc facilité le jeu de la subrogation réelle liquidative. Par ailleurs, le recours à la fonction comptable de la subrogation réelle n'est pas un obstacle à son élargissement. Il convient donc de se rallier à l'opinion de la Professeure Véronique Ranouil : « la subrogation imparfaite est le parfait modèle de la subrogation réelle : elle garantit des créances dont la valeur est réelle »[2].

---

[1] MALAURIE, Philippe, Problèmes actuels du droit des obligations ; *Le droit civil des restitutions*, cours polycopié 1974-1975, p. 176, édité par les cours du droit. Cette source est citée dans la thèse de RANOUIL, Véronique, RANOUIL, Véronique, *op. cit.*, nbp n°40, p. 221.
[2] RANOUIL, Véronique, *op. cit.*, p. 224.

Conclusion de la première partie

Pour les auteurs classiques et les juristes de l'Ancien Droit, tels que Renusson[1], Lebrun[2] et Pothier[3], la subrogation réelle était une fiction ; elle est analysée comme un artifice technique dont la mise en œuvre supposait un fondement technique. Cette théorie s'est révélée imparfaite pour justifier le fondement de la subrogation réelle et expliquer son domaine et ses effets. Pour pallier cette insuffisance, l'idée d'affectation a été proposée par certains auteurs. Ainsi, l'affectation signifie : « la soumission d'un ou plusieurs biens à un usage déterminé »[4]. Dans le cadre de l'affectation en valeur, l'objet véritable du droit n'est pas un bien déterminé mais une valeur affectée à un but[5]. Le jeu de la subrogation réelle est sollicité dès qu'une valeur est affectée à un but, et le droit par lequel elle s'exerce porte soit sur un ensemble de biens, soit sur un bien isolé.

La subrogation réelle joue « le rôle technique de permanence de l'affectation »[6] dans de nombreux domaines tels que le portefeuille de valeurs mobilières, le patrimoine indivis successoral ou post-communautaire ou encore les patrimoines propres des époux unis sous le régime légal de la communauté réduite aux acquêts. L'affectation en valeur, implique une inaliénabilité en valeur, elle constitue le fondement logique de la subrogation réelle, qui peut intervenir en l'absence de toute clause expresse.

L'affectation n'est pas le seul fondement de la subrogation réelle ; elle repose également sur l'obligation de restitution. Le rôle liquidatif de la subrogation réelle est sollicité dans le cadre des divers règlements familiaux tels que le règlement de la créance de récompense, des créances entre époux et les règlements successoraux. La subrogation réelle imparfaite ou liquidative présente certaines particularités par rapport à la subrogation réelle parfaite. La subrogation réelle n'intervient pas lors du remplacement d'un bien comme

---

[1] RENUSSON, *Traité de la subrogation, Traité des propres*, chap. 1, sect. X.

[2] LEBRUN, *Traité des successions,* Livre 2, chap. I, sect. I.

[3] POTHIER, *Traité de la communauté*, n°197.

[4] HENRY, André, *De la subrogation réelle conventionnelle et légale*, thèse Nancy, 1913, pp. 9, 124.

[5] HENRY, André, *De la subrogation réelle conventionnelle et légale*, *ibid.,* p. 379 ; SALEILLES, note sous Dijon, 30 juin 1893, S. 1894, 2, 185

[6] GUINCHARD, Serge, Essai d'une théorie générale de l'affectation des biens en droit privé français, thèse Lyon, 1974, n°367, p. 315.

l'objet d'un droit mais en tant qu'assiette d'une évaluation en vue de préserver un droit en valeur. Dans les différentes hypothèses de restitution en valeur en droit patrimonial de la famille, telles que la créance de récompenses, les créances entre époux, le rapport et la réduction des libéralités, la subrogation réelle liquidative joue un double rôle : soit celui visant à constituer des dettes de valeur, soit celui destiné à garantir la permanence de la dette de valeur. Les créanciers restent ainsi à l'abri de la dépréciation monétaire et de la dévaluation de leurs créances, dont le règlement se prolonge dans le temps grâce au mécanisme de la dette de valeur complétée par la subrogation liquidative.

Dans le cadre de la première partie, nous avons observé que l'application étendue de la subrogation réelle semble favorisée dans le domaine des affectations en valeur pour préserver le droit réel dont l'objet est une valeur. En effet, la nature et l'économie générale du portefeuille de valeurs mobilières comme universalité de fait, la masse indivise et le patrimoine propre, comme patrimoines d'affectation, forment des terrains favorables à la mise en œuvre de la subrogation réelle.

Il en va de même dans le domaine des obligations de restitution, notamment les règlements familiaux. En effet, le principe du nominalisme a connu un recul en droit patrimonial de la famille et il a laissé une place prépondérante au mécanisme de la dette de valeur associée à la subrogation réelle liquidative en cas de disparition de l'objet ou de l'assiette de l'évaluation afin de garantir une valeur réelle à la créance.

Il n'en demeure pas moins que la consécration d'une théorie générale de la subrogation réelle se heurte à certaines limites en droit patrimonial de la famille. La mise en œuvre de la subrogation réelle est tantôt écartée, tantôt limitée en fonction de l'esprit général de l'institution dans laquelle elle intervient.

Seconde partie

Le maintien de certaines limites à l'application de la subrogation réelle

La consécration d'un principe général de subrogation réelle en droit patrimonial de la famille se heurte à des obstacles car son intervention est limitée, voire écartée par le législateur.

Sous le régime légal de la communauté réduite aux acquêts, la subrogation réelle intervient pour préserver le patrimoine propre des époux et faire échec à l'attraction des biens acquis en emploi ou remploi des deniers propres par la présomption d'acquêts. Les biens composant le patrimoine propre ne sont pas attachés à l'individualité matérielle de leur objet mais grevés d'une destination en valeur. Cependant, cette simple destination en valeur est insuffisante à déclencher le jeu de la subrogation réelle au second degré, dont la validité est soumise à l'expression d'une volonté subrogatoire sous la forme d'une double déclaration, de l'origine et de la destination des deniers propres. Ainsi, une décision spéciale de la subrogation réelle est nécessaire pour maintenir le caractère propre des biens dans l'opération d'emploi et de remploi en raison de la fongibilité des deniers et de l'attraction de la présomption d'acquêts. Il n'en demeure pas moins que la portée de cette condition prête à discussion. Pour le législateur et la jurisprudence de la Cour de cassation, il s'agit d'une condition de fond et d'opposabilité de la subrogation réelle. Cette position mérite néanmoins d'être nuancée, car l'exigence des formalités de l'emploi et du remploi ne présente pas le même intérêt envers les tiers qu'à l'égard des époux (**titre premier- les limites intrinsèques au jeu de la subrogation réelle**).

Le jeu de plein droit de la subrogation réelle n'est pas seulement limité : il peut être entièrement banni dans certaines institutions. En effet, les règles régissant des institutions comme le droit de retour légal et les libéralités graduelles font obstacle à l'intervention de la subrogation réelle. Le droit à conserver ne se révèle pas indifférent à l'individualité physique de son objet en raison de son affectation en nature. Il ne s'agit donc pas des limites liées aux conditions de réalisation de la subrogation réelle, mais des limites qui relèvent de la finalité et du but de ces institutions. Il n'en demeure pas moins que les limites imposées sont atténuées à la suite de l'évolution de la finalité initiale de ces institutions, rendant favorable l'intervention de la subrogation réelle (**titre second- les limites extrinsèques au jeu de la subrogation réelle**).

Titre premier

Les limites intrinsèques au jeu de la subrogation réelle

La consistance des patrimoines propres, garantie par le jeu de la subrogation réelle. – Sous le régime légal de la communauté réduite aux acquêts, le rôle de la subrogation réelle ne se limite pas au simple maintien d'une affectation personnelle de certains biens aux époux. En effet, les deux procédés que sont la théorie des récompenses et la subrogation réelle sont destinés à maintenir l'équilibre et l'intégrité des patrimoines propres et commun[1]. La théorie des récompenses a pour objectif de reconstituer en valeur l'équilibre entre les différentes masses tandis que la subrogation réelle est destinée à reconstituer en nature l'intégrité des diverses masses. Celle-ci permet de maintenir la consistance des patrimoines propres. Contrairement à la récompense, qui intervient de manière différée, au jour de la dissolution de la communauté, la subrogation réelle est immédiate[2]. À défaut, le patrimoine propre disparaîtrait progressivement du fait de l'attraction de la présomption d'acquêts qui s'oppose à l'intervention de plein droit de la subrogation réelle dans les patrimoines propres, car tout bien acquis à titre onéreux pendant la durée du régime est présumé acquêt de communauté (art. 1402 C.civ.). Il n'en demeure pas moins que l'évolution des patrimoines propres doit rester possible. De ce fait, la subrogation réelle intervient parfois de plein droit : tel est le cas des créances et des indemnités remplaçant des propres prévu à l'alinéa 2 de l'article 1406 du Code civil, ainsi que l'échange des biens propres prévu à l'article 1407 du même code. En revanche, l'acquisition d'un bien avec les deniers provenant ou non d'une aliénation antérieure d'un bien propre nécessite la formalité de l'emploi ou du remploi afin de faire échapper le bien acquis à l'emprise de la présomption d'acquêts. Ainsi, la subrogation réelle ne joue pas de manière automatique mais nécessite une manifestation de volonté sous forme de la double déclaration résultant des deux opérations de l'emploi

---

[1] LAURIOL, Marc, *La subrogation réelle*, préface d'André BRETON, Volume 2, Alger, Recueil Sirey, 1954, n° 669, p. 348.

[2] BACH, Eugène-Louis, *La subrogation réelle dans les régimes matrimoniaux où coexistent biens propres et biens communs*, thèse Paris, 1959, pp. 39, 40, 46 ; COLOMER, André, *L'instabilité monétaire et les régimes matrimoniaux, le mal et ses remèdes*, Préface de Marcel FRÉJAVILLE, Paris, Librairie Rousseau et Cie, 1955, n° 38, p. 47 ; CORNU, Gérard, *Les régimes matrimoniaux*, PUF, 9e édition, 1997, n° 79, p. 406.

et du remploi. Cette solution est évoquée par l'article 1406 du Code civil, qui énonce que « forment aussi des propres... les biens acquis en emploi ou remploi, conformément aux articles 1434 et 1435 ».

En vertu de l'article 1434 du Code civil, la réalisation de l'emploi ou du remploi est subordonnée au respect des formalités de la double déclaration de l'origine et de la destination propre du bien acquis au titre de l'emploi ou du remploi. Ces deux techniques restent facultatives pour les époux sauf si elles sont expressément stipulées dans le contrat de mariage. Dès lors, les biens, objets d'une affectation personnelle, échappent à la présomption de communauté et ne sont pas soumis au régime des acquêts, régime de droit commun des biens des époux unis sous le régime légal[1].

Le formalisme de la double déclaration prévue à l'article 1434 du Code civil ainsi que son articulation avec l'accord des époux prêtent à controverse. La question est de savoir si l'exigence de la double déclaration est une simple affaire de preuve, destinée à démontrer la volonté de l'époux intéressé, ou au contraire une véritable exigence de fond, indispensable à l'existence même du remploi (**chapitre premier- la nature des formalités de l'emploi et du remploi**).

Un débat est également apparu sur la portée du formalisme prévu à l'article 1434 du Code civil en dehors du régime légal de la communauté réduite aux acquêts, dans le cadre des régimes conventionnels et du pacte civil de solidarité. Il convient également de constater que la rigidité attribuée à ces formalités par le législateur et la jurisprudence est atténuée dans le cadre des remplois différés, voire contournée selon la nature du bien propre (**chapitre second- la portée des formalités de l'emploi et du remploi**).

---

[1] BOLLON, Nicolas, *Étude critique de la notion de patrimoine en droit des régimes matrimoniaux et des successions*, sous la direction de Sylvie FERRÉ-ANDRÉ, thèse Lyon 3, 2008 ; FRISON-ROCHE, Marie-Anne, *Sociologie du patrimoine, la réalité de la règle de l'unicité du patrimoine, Rapport général de la recherche remis à la Chancellerie (+annexes)*, Laboratoire de sociologie juridique, Université Panthéon-Assas (Paris II), juillet 1995.

Chapitre premier

La nature des formalités de l'emploi et du remploi

La nature controversée des formalités de la double déclaration. – Aux termes de l'article 1434 du Code civil, la subrogation réelle n'intervient pas automatiquement dans le cadre de l'emploi et du remploi. Certaines formalités sont exigées pour le maintien du caractère propre des biens par le biais de la subrogation réelle. L'emploi et le remploi opèrent sous forme d'une double déclaration de l'origine propre des deniers employés ou remployés, ainsi que de la destination propre du bien acquis à titre d'emploi ou de remploi dans l'acte d'acquisition. Cependant, la nature de ces formalités est sujette à discussion. En effet, l'article 1434, introduit par la loi du 13 juillet 1965[1] portant réforme des régimes matrimoniaux, accorde aux époux la faculté de s'accorder pour effectuer un remploi sans observer les formalités prévues à l'article 1434 du Code civil.

La question posée est celle de la nature de la double déclaration : est-ce une condition de fond, nécessaire à la validité du remploi ou de preuve de la provenance ?

Pour certains auteurs[2], la double déclaration n'est pas un simple mode de preuve, mais une condition de fond, du jeu de la subrogation réelle au sein d'une masse propre (**section I- l'exigence de la double déclaration : une condition de fond**). D'autres auteurs[3], s'opposant à cette interprétation, estiment que la double déclaration n'est qu'une formalité de publicité et n'est qu'un mode de preuve à l'égard des tiers (**section II- l'exigence de la double déclaration : une condition de forme**).

---

[1] Loi n° 65-570 du 13 juillet 1965 portant réforme des régimes matrimoniaux.

[2] PATARIN, Jean, MORIN, Georges, *loc. cit.* ; CHAMPENOIS, Gérard, Cass. civ. 1re, 2 juillet 1985, n°84-12.464, *Defrénois* 1985, art. 33636, 132, p. 1474 ; FLOUR, Jacques, CHAMPENOIS, Gérard, *Les régimes matrimoniaux*, Armand Colin, 2e édition, 2001, n°300, p. 291.

[3] COSTE-FLORET, Alfred, « Le remploi tacite à retardement sous le régime légal de la communauté », *RTD Civ.* 1975, p. 47 ; MAZEAUD, Henri, MAZEAUD, Léon, MAZEAUD, Jean, DE JUGLART, Michel, *Leçons de droit civil, régimes matrimoniaux*, Tome IV, Volume 1, Montchrestien, 5e édition, 1982, n° 193, p. 238.

Section I. L'exigence de la double déclaration : une condition de fond

La réalisation de l'emploi ou du remploi dans le régime légal de la communauté réduite aux acquêts suppose la volonté subrogatoire de l'époux intéressé sous forme d'une double déclaration de l'origine propre des deniers et de la destination propre du bien acquis à titre d'emploi ou de remploi. De sorte qu'à défaut de déclaration, la subrogation réelle ne produit pas ses effets : la présomption d'acquêts fait rentrer le bien acquis à titre d'emploi ou de remploi dans le patrimoine commun. Dès lors, pour le législateur, la validité de l'emploi ou du remploi est soumise à cette formalité dotée d'une valeur de fond.

Cette interprétation stricte de la portée de la subrogation réelle découle de la conception classique de la subrogation réelle en droit des régimes matrimoniaux. Le rôle de la subrogation réelle est de reporter le caractère propre sur un bien à titre particulier. Ainsi, le jeu automatique et de plein droit de la subrogation réelle est condamné car son intervention se heurte soit à des limites qui sont liées à la nature fictive de la subrogation réelle selon les théories classiques, soit à des limites imposées par l'institution dans laquelle elle est appelée à jouer.

L'emploi et le remploi, deux procédés techniques de subrogation réelle. – Le remploi opère lorsqu'une somme d'argent provenant de l'aliénation d'un bien propre est utilisée afin d'acquérir un nouveau bien. La subrogation réelle jouera au second degré, car le prix subroge le bien aliéné et, à son tour, le bien acquis subroge le prix. Quant à l'opération de l'emploi, elle n'est qu'une transposition simplifiée du remploi, qui a lieu lorsqu'une somme d'argent est utilisée pour l'acquisition d'un bien. La subrogation réelle opérera au premier degré, car le bien nouveau prend, sans intermédiaire, la place du précédent dans le patrimoine de l'époux intéressé.

Les deux techniques, de l'emploi et du remploi, sont soumises aux mêmes règles. Le bien acquis au titre de l'emploi ou du remploi est qualifié de « propre » et échappe ainsi à la présomption d'acquêts par le biais de la subrogation réelle.

Le remploi, soumis à des conditions de fond et de forme. – Le remploi est une institution fondée sur le mécanisme de la subrogation réelle, destiné à substituer, dans le patrimoine propre d'un époux, un bien nouveau à un autre, qui en dépendait antérieurement. Le mécanisme du remploi est soumis à certaines conditions de fond et de forme.

La condition de fond tient à l'origine propre des deniers employés ou remployés. La condition de forme consiste à prouver le lien effectif entre l'ancien et le nouveau bien. Cette preuve est difficile à rapporter. De ce fait, le législateur a prévu la condition de forme de la double déclaration.

L'évolution historique de la théorie du remploi. – Le mécanisme du remploi avait pour objet la conservation en nature des patrimoines propres des époux, et notamment de la fortune personnelle de la femme. La théorie du remploi s'est élaborée progressivement. Dès le XIIIe siècle, si le mari avait aliéné un bien propre de la femme, il pouvait faire « contrepoids » moyennant ses biens propres, par une déclaration en justice[1]. Les différentes formes de remploi découlent des anciennes coutumes sans que soit expressément utilisé le mot « remploi ». Ainsi, un droit à récompense est prévu en cas d'aliénation d'un bien propre pendant le mariage, par la coutume de Paris de 1510[2]. La Coutume d'Anjou, datée de 1508, était allée plus loin car elle avait prévu que la créance du prix d'un bien propre aliéné pendant le mariage demeurait propre à l'époux vendeur[3]. La théorie du remploi a encore évolué avec la coutume de Blois de 1523, qui prévoyait qu'il était possible pour le mari de déclarer propre à la femme les deniers issus de l'aliénation de ses biens propres, alors que le remploi n'avait pas été opéré[4].

Malgré ces règles, la fortune personnelle de la femme risquait d'être réduite du fait de sa gestion par l'époux. Selon Loisel, « le mari se devait relever trois fois la nuit pour vendre le bien de sa femme »[5]. Dès lors, la théorie du remploi s'est développée et a été introduite dans le Code civil. La loi du 13 juillet 1965[6] a expressément reconnu l'existence de la subrogation réelle (article 1406, al. 2 du Code civil). L'ancien article 1435 issu de cette loi avait maintenu des règles protectrices en faveur de la femme commune en biens. Le remploi effectué par le mari moyennant les fonds propres et pour le compte de l'épouse requérait l'acceptation formelle de celle-ci avant la liquidation de la communauté. À défaut, le bien était commun moyennant récompense. La loi du 23 décembre1985[7] a abandonné toutes les règles destinées à protéger le patrimoine de la femme pour consacrer l'égalité entre les époux.

L'actuel article 1434 est issu de la réforme de 1965. Après une légère modification en 1985, il dispose que « l'emploi ou le remploi est censé fait à l'égard d'un époux toutes les fois que, lors d'une acquisition, il a déclaré qu'elle était faite de deniers propres ou provenus de l'aliénation d'un propre, et pour lui tenir lieu d'emploi ou du remploi. À défaut de cette déclaration

[1] CHBAILLE, Polycarpe, *Li Livres de jostice et de Plet*, Paris, 1850, Li douziesme livres, XVI, §I, p. 243, « Adam dit : A ce que li mariz et la feme ait la possession des biens li un à l'autre, il convient qu'il i aist juste cause : si comme se li mariz a vendu la terre sa feme, il pot fere contrepois de la soe, par devant le juige... ».

[2] Article 232 de la coutume de Paris.

[3] Article 296 de la coutume d'Anjou.

[4] Article 164 de la coutume de Blois : *in* FLACH, Jacques, *De la subrogation réelle*, thèse Paris, 1870, p. 101.

[5] LOISEL, Antoine, *Institutes coutumières de monsieur Loisel*, Tome premier, Paris, 1758, n° XIV, p. 169.

[6] Loi n° 65-570 du 13 juillet 1965 portant réforme des régimes matrimoniaux.

[7] Loi n° 85-1372 du 23 décembre 1985 relative à l'égalité des époux dans les régimes matrimoniaux et des parents dans la gestion des biens des enfants mineurs.

dans l'acte, l'emploi ou le remploi n'a lieu que par l'accord des époux, et il ne produit ses effets que dans leurs rapports réciproques ».

L'origine propre des deniers employés ou remployés. – La première condition de fond tient au caractère propre des deniers employés ou remployés, sauf dans le cas du remploi par anticipation[1]. La Cour de cassation a souligné qu'en raison de la fongibilité de la monnaie et de l'absence de tout délai entre le moment de la perception des fonds propres et celui de leur emploi, il n'est nullement nécessaire que les deniers employés ou remployés par un époux soient ceux-là mêmes qui ont figuré, à un moment donné, dans son patrimoine ou qui ont été encaissés lors de l'aliénation antérieure d'un bien propre[2]. Il suffit que les fonds propres aient existé antérieurement dans le patrimoine propre de cet époux et que des fonds communs du même montant soient disponibles lors du remploi.

Les formalités du remploi, une simple présomption de l'origine propre des deniers. – L'accomplissement des formalités du remploi constitue une présomption simple quant à l'origine propre des deniers. Cela est confirmé par l'article 1434 du Code civil, qui dispose que « l'emploi ou le remploi est censé fait à l'égard d'un époux » si les formes exigées ont été respectées. Dès lors, le conjoint de l'époux ayant procédé au remploi, de même que ses créanciers, pourront établir par tous moyens que les fonds propres n'ont jamais existé ou, au contraire, qu'ils ont déjà fait l'objet d'un remploi[3]. Ainsi, le remploi ne peut constituer un moyen de fraude aux droits du conjoint ou de ses créanciers.

La nature indifférente des biens acquis en remploi. – Quant à la deuxième condition tenant à la nature des biens (meubles ou immeubles) acquis en remploi, elle ne fait l'objet d'aucune exigence particulière autre que les limites prévues par une clause éventuelle du contrat de mariage ou d'une libéralité. Par ailleurs, il n'est pas interdit à un époux d'acquérir un bien propre de son conjoint ou un bien commun puisque la loi du 23 décembre 1985 a abrogé l'ancien article 1595 du Code civil, qui prohibait les ventes entre

---

[1] FLOUR, Jacques, CHAMPENOIS, Gérard, *op. cit.*, n° 295, p. 286 ; PIÉDELIÈVRE, Stéphane, *op. cit.*, n° 167, p. 205.

[2] CASEY, Jérôme, Cass. civ. 1re, 5 janvier 1999, n° 96-11.512, *JCP N* 23 juillet 1999, II, n° 29, p. 1165 ; NOËL, Luc, Cass. civ. 1re, 5 janvier 1999, n°96-11.512, *Gazette du palais* 29 février 2000, n°60, p. 22 ; SIMLER, Philippe, Cass. civ. 1re, 5 janvier 1999, n° 96-11.512, *JCP G* 14 juillet 1999, n°28, I, 154, p. 1347.

[3] CHAMPENOIS, Gérard, Cass. civ. 1re, 9 octobre 1984, n°83-14.668, *Defrénois* 1985, art. 33560, 65, p. 858 ; Cass. civ. 1re, 31 janvier 2006, n° 02-21.121, *JCP G* 22 février 2006, n°8, IV, 1375, p. 381 ; BEIGNIER, Bernard, Cass. civ. 1re, 31 janvier 2006, n° 02-21.121, *Droit de la famille* mars 2006, comm. 60 ; SIMLER, Philippe, Cass. civ. 1re, 31 janvier 2006, n° 02-21.121, *JCP G* 17 mai 2006, n°20, I, 141, §11, p. 1002 ; CHAMPENOIS, Gérard, Cass. civ. 1re, 3 novembre 1983, n°82-13.221, *Defrénois* 1984, art. 33379, p. 1081 ; MARTIN, Didier, Cass. civ. 1re, 3 novembre 1983, n°82-13.221, *Dalloz* 1984, p. 274.

époux[1]. Ce principe prévoyait une exception : la cession faite par le mari à la femme pour « une cause légitime, telle que le remploi... »[2].

La double déclaration de l'origine et de la destination des deniers. – L'article 1434 du Code civil exige une double déclaration : il s'agit, d'une part, d'une déclaration relative à l'origine des deniers, déclaration selon laquelle l'acquisition « était faite de deniers propres ou provenant de l'aliénation d'un propre », et d'autre part, d'une déclaration relative à leur affectation à l'acquisition d'un bien propre « pour lui tenir lieu d'emploi ou de remploi ». La loi ne prescrit aucune forme sacramentelle pour cette double déclaration, qui doit être l'expression claire[3] de la volonté de l'époux. Ainsi, un remploi tacite ou implicite ne sera pas pris en considération.

Par ailleurs, la déclaration de remploi doit être effectuée *in continenti* et figurer dans l'acte d'acquisition[4], afin de garantir la sécurité des tiers, car ce formalisme rend le remploi et la subrogation réelle opposable aux tiers. À défaut, l'article 1434 énonce que « le remploi n'a lieu que par l'accord des époux, et il ne produit ses effets que dans leurs rapports réciproques ».

La double déclaration, un acte juridique unilatéral. – Il incombe à l'époux acquéreur de procéder à la formalité de la double déclaration de l'origine et de l'affectation des fonds. Quant à la nature de l'acte d'emploi ou de remploi, il convient de souligner qu'il s'analyse comme un acte juridique unilatéral. Cette solution est conforme aux articles 225 et 1428 du Code civil, qui confirment le principe de l'indépendance des époux dans l'administration, la gestion et la jouissance de leurs patrimoines propres. Ainsi, l'accord de son cocontractant ou de son conjoint n'est pas nécessaire[5]. Néanmoins, un

---

[1] MORIN, Georges, « Les ventes entre époux (a) », *Defrénois* 1991, art. 35117, p. 1089.

[2] MASSERON, Gustave, *op. cit.*, p. 85.

[3] La jurisprudence a su faire preuve de souplesse : *cf.* LENOAN, Roger, Cass. civ. 1re, 31 janvier 1955, *Dalloz* 1955, 29e cahier, p. 517 ; Cass. civ. 1re, 12 juin 1979, n°78-11.403, *JCP G* 1979, IV, p. 272 ; CHAMPENOIS, Gérard, Cass. civ. 1re, 12 juin 1979, n°78-11.403, *Defrénois* 1980, art. 32267, §32, p. 602 ; Cass. civ. 1re, 5 février 1985, n°83-15.895, *Defrénois* 1985, art. 33560, 65, p. 859.

[4] Certains auteurs ont suggéré de continuer de se satisfaire d'une déclaration extrinsèque à l'acte, mais contemporaine : *cf.* AUBRY, Charles Marie Barbe Antoine, RAU, Charles Frédéric, *op. cit.*, n° 150, §507, p. 272 ; SAVATIER, René, *La communauté conjugale nouvelle en droit français*, Dalloz, 1970, §81 bis, p. 164). La majorité de la doctrine s'en tient, au contraire, à la lettre du texte : *cf.* PATARIN, Jean, MORIN, Georges, *op. cit.*, n° 161, p. 160 ; MARTY, Gabriel, RAYNAUD, Pierre, *Les régimes matrimoniaux*, Sirey, 2e édition, 1986, n° 199, p. 172 ; CORNU, Gérard, *op. cit.*, n° 77, p. 400 ; COLOMER, André, *op. cit.*, n° 646, p. 299). Pour le portefeuille de valeurs mobilières : *cf.* SIMLER, Philippe, CA Agen, 26 février 1986, *JCP N* 1988, II, n°10, p. 68.

[5] CHAMPENOIS, Gérard, Cass. civ. 1re, 19 mai 1998, n° 95-22.083, *Defrénois*, 15 décembre 1998, n°23, art. 36903, §140, p. 1466 ; MAHINGA, Jean-Grégoire, Cass. civ. 1re, 19 mai 1998, n° 95-22.083, *JCP G* 14 juillet 1999, n°28, II, 1027, p. 1353 ; PATARIN, Jean, MORIN, Georges, *op. cit.*, n° 161, p. 159 ; SIMLER, Philippe, Cass. civ. 1re, 19 mai 1998, n°95-22.083, *JCP G* 2 décembre 1998, n°49, I, 183, §3, p. 2109 ; VAREILLE, Bernard, Cass. civ. 1re, 19 mai 1998, n°95-22.083, *RTD Civ.* avril-juin 1999, p. 459 ; sur le caractère unilatéral de remploi par anticipation effectué en 1956, *cf.* HILT, Patrice, Cass. civ. 1re, 27 mars 2007, n° 05-16.434, *AJ*

contreseing de ce dernier peut réduire le risque de contestation future sur l'origine des deniers employés. Dès lors, la déclaration unilatérale de l'époux acquéreur suffit pour échapper à l'emprise de la présomption d'acquêts et aux conséquences résultant de la fongibilité de la monnaie. Le nouveau bien sera ainsi un bien propre, tant dans les rapports entre époux qu'à l'égard des tiers.

Le contenu de la double déclaration. – La double déclaration prévue à l'article 1434 exige une véritable intention de remploi : d'une part, une déclaration portant sur la provenance des deniers et, d'autre part, une déclaration destinée à montrer que l'acquisition est faite pour « tenir lieu de remploi ». Dès lors, une déclaration spéciale est prévue pour indiquer l'intention de faire intervenir la subrogation réelle. À défaut de cette intention, la subrogation ne peut jouer. Si l'époux intéressé déclare l'origine propre des deniers dans l'acte d'acquisition, mais non son intention d'employer, le bien tombe en communauté. Néanmoins, la déclaration de l'origine constitue une preuve de son droit à récompense[1].

Le caractère facultatif de la double déclaration. – Il n'en demeure pas moins que la disposition de l'article 1434 est facultative et reste à la discrétion des époux. L'époux est libre de procéder ou non à l'emploi et au remploi de ses propres. De sorte que la réalisation de la subrogation réelle dépend de la seule volonté de l'époux concerné. Par ailleurs, la Cour de cassation[2] a validé une renonciation aux effets d'une déclaration du remploi précédemment effectuée, dans les rapports réciproques entre époux. Par cette renonciation, le bien, caractérisé propre du fait de la déclaration du remploi, rentre dans le patrimoine commun lors de la liquidation de la communauté. Pour les tiers, le bien demeure propre et la renonciation leur est inopposable. Cela en raison du principe d'immutabilité des régimes matrimoniaux, dont la portée est confirmée vis-à-vis des tiers.

La subrogation réelle, une exception à la présomption d'acquêts. – La présomption de communauté régie par l'article 1402 du Code civil suppose que tout bien, meuble ou immeuble, acquis à titre onéreux au cours du

---

famille septembre 2007, p. 359 ; VAREILLE, Bernard, Cass. civ. 1re, 27 mars 2007, n° 05-16.434, *RTD Civ.* octobre/décembre 2007, §1, p. 798 ; YILDIRIM, Gulsen, Cass. civ. 1re, 20 septembre 2006, n° 04-18.384, *LPA*, *Chronique du patrimoine* 25 juin 2007, n°3, n°126, §3, p. 6.

[1] GRIMALDI, Michel, Cass. civ. 1re, 5 mars 1991, n° 87-18.298, *Dalloz* 1992, 23e cahier, somm. 222 ; LEJEUNE, François, « Déclarations de remploi et d'origine des fonds, outils de transmission patrimoniales entre époux », *Droit et patrimoine* avril 2008, n°169, p. 226.

[2] ATTIAS, Benjamin, Cass. civ. 1re, 23 septembre 2015, n°14-20.168, *JCP G* 30 novembre 2015, n°49, 1318, p. 2217 ; BEIGNIER, Bernard, Cass. civ. 1re, 23 septembre 2015, n°14-20.168, *Droit de la famille* décembre 2015, comm. 220 ; BICHERON, Frédéric, Cass. civ. 1re, 23 septembre 2015, n°14-20.168, *AJ Famille* janvier 2016, p. 52 ; CHAMPENOIS, Gérard, Cass. civ. 1re, 23 septembre 2015, n°14-20.168, *Defrénois* 30 mars 2016, n°6, p. 286 ; NICOLLE, Marie, Cass. civ. 1re, 23 septembre 2015, n°14-20.168, *Dalloz* 3 décembre 2015, n°42, p. 2486 ; VAREILLE, Bernard, Cass. civ. 1re, 23 septembre 2015, n°14-20.168, *RTD Civ.* janvier-mars 2016, p. 167.

mariage, est réputé acquêt de communauté. À ce principe, les articles 1433 et 1434 du Code civil apportent une exception pour le cas spécial de l'emploi et du remploi.

La subrogation réelle est destinée à conserver les différentes masses en nature. Le bien de remplacement reçoit la même affectation que le bien aliéné remplacé. Il n'en demeure pas moins que le bien de remplacement peut être financé partiellement par les patrimoines propres et commun donnant lieu au jeu de la subrogation réelle partielle.

La qualification de propre par l'effet du remploi. – Le mécanisme du remploi, qui constitue une application des règles de la subrogation réelle, a pour effet de soustraire le bien acquis en emploi ou en remploi de fonds propres à la présomption d'acquêts. L'emploi ou le remploi effectué confère au bien acquis le caractère de bien propre, et cette qualification s'impose aux époux comme aux tiers.

La force d'attraction de la masse commune. – Durant le mariage, le bien nouvellement acquis, de caractère propre, est soumis aux pouvoirs de l'époux au profit duquel le remploi a été effectué. Le bien propre échappe ainsi à la saisie des créanciers communs, alors qu'à défaut de remploi, le bien est commun et soumis aux pouvoirs concurrents des deux époux, de sorte qu'il constitue l'assiette du gage des créanciers communs. Lors de la dissolution de la communauté, le remploi effectué par l'époux lui permet de reprendre le bien en nature en qualité de propriétaire. Au contraire, sans remploi, le bien est commun et intègre ainsi la masse à partager. Seule une récompense est due à l'époux qui s'est appauvri en aliénant son bien propre[1].

La date de prise d'effet de la subrogation réelle. – En principe, la subrogation réelle produit ses effets à la date du contrat, en cas de réalisation des formalités dans l'acte d'acquisition. Dans le cadre du remploi par anticipation, en admettant le principe d'une condition résolutoire, le bien rentre immédiatement dans le patrimoine propre. Enfin, dans le cadre du remploi à retardement, dont l'efficacité n'est admise que dans les rapports entre époux, le bien sera propre rétroactivement dès le jour de son achat, par l'effet de la subrogation réelle.

La double déclaration, une présomption simple de provenance. – Le remploi a un caractère définitif, il n'est pas permis d'en modifier la qualification, sauf par le biais d'un changement de régime matrimonial. Il est cependant possible au conjoint et à ses héritiers de contester le remploi ou l'origine prétendument propre des deniers employés. La déclaration de remploi ne crée pas de présomption irréfragable de provenance mais une

[1] CASEY, Jérôme, Cass. civ. 1re, 5 janvier 1999, n° 96-11.512, *JCP N* 23 juillet 1999, II, n° 29, p. 1167 ; COLOMER, André, *op. cit.*, n° 620, p. 293 ; FLOUR, Jacques, CHAMPENOIS, Gérard, *op. cit.*, n° 293, pp. 284, 285 ; MAHINGA, Jean-Grégoire, Cass. civ. 1re, 20 septembre 2006, n° 04-18.384, *JCP G* 17 janvier 2007, n°3, II, 10005, p. 31.

présomption simple, de sorte que le défendeur pourra prouver par tous moyens le caractère fictif de la déclaration de provenance.

Le remploi avec financement partiel des fonds propres. – Il peut arriver que les fonds propres ne soient pas suffisants pour financer l'intégralité du prix du bien nouveau. Le conjoint fait donc appel au patrimoine commun pour financer le complément, de sorte que le bien nouveau est financé pour une partie avec des fonds propres et, pour l'autre partie, avec des fonds communs. Avant la loi du 13 juillet 1965, un arrêt ancien de la Cour de cassation[1] s'était prononcé en faveur de la nature mixte du bien, pour partie propre, pour partie commun. La doctrine et la pratique notariale considéraient elles aussi que les époux étaient capables de déterminer que le bien en cause serait propre et commun *pro parte* [2]. Cette théorie du « remploi mixte » présentait l'inconvénient de créer un régime d'indivision complexe entre la communauté et le patrimoine propre du conjoint et elle portait en outre atteinte au principe d'immutabilité des régimes matrimoniaux[3]. De ce fait, par la loi du 13 juillet 1965, le législateur a adopté une solution analogue en cas d'échange avec soulte (article 1407 du Code civil), en se fondant sur l'adage « *major pars trahit ad se minorem* »[4]. Ainsi, l'article 1436 du Code civil dispose que « quand le prix et les frais de l'acquisition excèdent la somme dont il a été fait emploi ou remploi, la communauté a droit à récompense pour l'excédent ». Cette règle trouve également application en cas de remploi par anticipation. En cas de contribution égale de chacun des patrimoines, propre et commun, le bien sera propre. C'est au juge du fond qu'il appartient d'apprécier les proportions relatives des deux contributions[5].

Le prix et les frais d'acquisition, deux éléments déterminants de la qualification des biens. – Pour déterminer la contribution majoritaire, la loi du 23 décembre 1985[6] a intégré les frais d'acquisition dans l'article 1436 du Code civil. Pour qualifier la nature du bien litigieux, il convient de tenir compte de la totalité des sommes encaissées par la communauté, soit le prix, mais aussi toutes les sommes déboursées au titre des frais afférents à

[1] Cass. civ., 21 mai 1873, *Sirey* 1874, 1, p. 121.

[2] MORIN, Georges, « Les dispositions prévues à l'article 1434, alinéa 3, du Code civil, pour le cas où le prix du bien acquis excède la somme remployée, s'imposent-elles impérativement aux époux ? », *Defrénois* 1980, art. 32445, p. 1249.

[3] Cass. civ. 1re, 19 mai 1998, n°95-22.083, *JCP G* 15 juillet 1998, n°29, IV, 2527, p. 1347 ; CHAMPENOIS, Gérard, Cass. civ. 1re, 19 mai 1998, n° 95-22.083, *Defrénois*, 15 décembre 1998, n°23, p. 1466 ; MAHINGA, Jean-Grégoire, Cass. civ. 1re, 19 mai 1998, n° 95-22.083, *JCP G* 14 juillet 1999, n°28, II, 1027, p. 1355 ; SIMLER, Philippe, Cass. civ. 1re, 19 mai 1998, n°95-22.083, *JCP G* 2 décembre 1998, n°49, I, 183, §3, p. 2108 ; VAREILLE, Bernard, Cass. civ. 1re, 19 mai 1998, n°95-22.083, *RTD Civ.* avril-juin 1999, p. 460.

[4] « *La plus grande partie entraine à elle la moindre* ».

[5] HILT, Patrice, Cass. civ. 1re, 5 mars 2008, n° 07-12.392, *AJ famille* mai 2008, p. 216 ; REVEL, Janine, Cass. civ. 1re, 5 mars 2008, n° 07-12.392, *Dalloz* 2008, n° 32, §2, p. 2246.

[6] Loi n° 85-1372 du 23 décembre 1985 relative à l'égalité des époux dans les régimes matrimoniaux et des parents dans la gestion des biens des enfants mineurs.

l'établissement de l'acte notarié. En revanche, les intérêts de l'emprunt souscrit pour le financement partiel de cette acquisition sont considérés comme une « charge de jouissance » : de ce fait, ils restent intégralement à la charge de la communauté et ils n'ont pas à être pris en considération lors du partage[1]. Il en va de même si la communauté a contribué à l'acquisition ou à l'amélioration du bien propre aliéné. La Cour de cassation a décidé qu'« il résulte de l'article 1436 du Code civil que la contribution de la communauté ne comprend que les sommes ayant servi à régler une partie du prix d'acquisition du bien nouveau, à l'exclusion des fonds utilisés pour l'achat et pour la conservation du bien ancien »[2]. Cette solution se justifie pour deux raisons : d'une part, le prix provenant de la vente d'un bien propre est propre par l'effet de la subrogation réelle (art. 1406 al. 2 C.civ.). D'autre part, selon le principe de l'interdiction de toute liquidation anticipée, la communauté qui a payé pour l'acquisition, l'amélioration ou la conservation du bien propre ne dispose d'un droit à récompense (art. 1436 C.civ.) que lors de la dissolution du régime. Le pourvoi rejeté par la Cour de cassation soutenait, au contraire, que la communauté pouvait obtenir le paiement anticipé de sa récompense sous forme d'une fraction du prix du bien aliéné employé pour l'acquisition du bien nouveau.

En effet, deux hypothèses peuvent se présenter : soit la contribution de la communauté reste inférieure à la moitié du coût (le prix et les frais) d'acquisition, et dans ce cas, le bien acquis sera propre dans son intégralité, moyennant une récompense à la communauté ; soit la contribution de la communauté excède la moitié du coût d'acquisition : le bien entre alors dans la communauté moyennant récompense due à l'époux dont les fonds propres ont financé partiellement un acquêt de communauté. Il appartient aux juges du fond d'apprécier souverainement la réalité du financement avec des deniers propres[3].

Le dispositif de l'article 1436, une règle d'ordre public. – Quant au caractère de l'article 1436 du Code civil, la Cour de cassation l'estime impératif du fait de son rattachement au principe d'immutabilité des régimes matrimoniaux. Ainsi, les époux y restent soumis aussi longtemps que perdure le régime matrimonial[4]. Ils ne peuvent donc pas faire échec à la qualification

---

[1] HILT, Patrice, Cass. civ. 1re, 5 mars 2008, n° 07-12.392, *AJ famille* mai 2008, p. 216.

[2] CHAMPENOIS, Gérard, Cass. civ. 1re, 15 juin 1994, n° 92-20.201, *Defrénois* 1995, art. 36040, 47, p. 439 ; GRIMALDI, Michel, Cass. civ. 1re, 15 juin 1994, n° 92-20.201, *Dalloz* 1995, 25e cahier, somm. 40 ; SIMLER, Philippe, Cass. civ. 1re, 15 juin 1994, n° 92-20.201, *JCP G* 1995, I, n°5, 3821, §14, p. 70 ; VAREILLE, Bernard, Cass. civ. 1re, 15 juin 1994, n° 92-20.201, *RTD Civ.* avril/juin 1995, §2, p. 422.

[3] CHAMPENOIS, Gérard, Cass. civ. 1re, 9 octobre 1984, n°83-14.668, *Defrénois* 1985, art. 33560, 65, p. 860 ; Cass. civ. 1re, 9 octobre 1984, n°83-14.668, *JCP G* 1984, IV, p. 343.

[4] CHAMPENOIS, Gérard, Cass. civ. 1re, 19 mai 1998, n° 95-22.083, *Defrénois*, 15 décembre 1998, n°23, p. 1466 ; MAHINGA, Jean-Grégoire, Cass. civ. 1re, 19 mai 1998, n° 95-22.083, *JCP G* 14 juillet 1999, n°28, II, 1027, p. 1353 ; VAREILLE, Bernard, Cass. civ. 1re, 19 mai 1998, n°95-22.083, *RTD Civ.* avril-juin 1999, pp. 458, 460 ; MORIN, Georges, « Les

de bien commun si la contribution de la communauté est supérieure à celle de l'époux acquéreur. Il en va de même pour la qualification mixte du bien, qui s'oppose à la volonté du législateur, hostile à la création d'une indivision entre les patrimoines propres et commun[1].

La manifestation de la volonté subrogatoire. – La double déclaration est exigée comme une condition de fond du remploi par le législateur. Ainsi, la subrogation réelle ne peut jouer de plein droit, car la volonté subrogatoire de l'époux intéressé doit se manifester sous la forme d'une double déclaration lors de l'acquisition du bien.

La Cour de cassation a fait preuve de sévérité dans le contrôle des conditions posées par le législateur. Cette approche résulte de la conception classique de la subrogation réelle « spéciale », dont le législateur s'est inspiré pour maintenir le caractère propre des biens acquis en emploi ou en remploi.

La question de la nature des formalités du remploi. – Aux termes de l'article 1434 du Code civil, la réalisation d'un emploi ou d'un remploi est soumise à la double déclaration, de l'origine des deniers et de la volonté d'employer ou de remployer, faite dans l'acte d'acquisition. La Cour de cassation a été amenée à se prononcer sur la question de la nature de la formalité de la double déclaration. Si cette formalité n'est pas respectée, est-il encore possible d'établir par d'autres moyens la qualité de bien propre ? En d'autres termes, la formalité de la double déclaration est-elle une simple condition de publicité ou de preuve susceptible d'être suppléée par d'autres procédés, ou au contraire, s'agit-il d'une condition de validité du remploi ? La réponse à cette question a connu une évolution dans la jurisprudence de la Cour de cassation.

L'évolution jurisprudentielle. – Sous l'empire du droit antérieur à la réforme de 1965, à plusieurs reprises, la Cour de cassation avait jugé que la manifestation de volonté implicite était suffisante pour valider le remploi[2]. Cette jurisprudence n'a pas été approuvée unanimement par la doctrine, qui n'admettait pas que la volonté tacite d'un époux puisse être opposable même aux tiers[3]. En effet, la Cour de cassation jugeait qu'à la dissolution de la communauté, un époux pouvait exercer une reprise en nature d'un bien dont l'origine propre était démontrée par un procédé autre que la double

dispositions prévues à l'article 1434, alinéa 3, du Code civil, pour le cas où le prix du bien acquis excède la somme remployée, s'imposent-elles impérativement aux époux ?», *Defrénois* 1980, art. 32445, p. 1249.

[1] CHAMPENOIS, Gérard, Cass. civ. 1re, 19 mai 1998, n° 95-22.083, *Defrénois*, 15 décembre 1998, n°23, p. 1466 ; CA Paris, 17 janvier 1991, Juris-Data n°020149, *Dalloz* 1991, 10e cahier, IR. 65 ; CA Paris, 17 janvier 1991, Juris-Data n°020149, *JCP N* 1992, n°18, p. 165.

[2] LENOAN, Roger, Cass. civ. 1re, 31 janvier 1955, *Dalloz* 1955, 29e cahier, p. 517 ; DESBOIS, Henri, Cass. civ. 1re, 31 janvier 1955, *RTD Civ.* 1956, n°8, p. 116 ; Cass. civ. 1re, 29 décembre 1952 : Bull civ. I, n° 343, p. 282 ; Cass. civ. 1re 10 juin 1960 : Bull. civ. I, n° 315, p. 260.

[3] MAZEAUD, Henri, MAZEAUD, Léon, MAZEAUD, Jean, DE JUGLART, Michel, *op. cit.*, n° 193, p. 238.

déclaration. Dès lors, les formalités du remploi n'étaient exigées qu'à l'encontre des tiers[1].

Le formalisme du remploi, une règle de fond. – Cette position a été abandonnée, car la Cour de cassation a reconnu un caractère commun au bien acquis en l'absence des formalités du remploi. Dès lors, la preuve de l'origine propre des deniers demeure insuffisante pour déclencher le jeu de la subrogation réelle ; encore faut-il que les époux soient d'accord sur ce résultat et qu'ils régularisent un remploi a postériori[2]. Cette position de la Cour de cassation « marque un recul au laxisme jurisprudentiel antérieur » et « laisse présager un retour à un formalisme rigoureux »[3].

Cette solution est reprise dans une espèce à laquelle la loi du 13 juillet 1965 était applicable. L'arrêt du 5 mars 1991 [4] confirme l'abandon de la jurisprudence antérieure, qui admettait la possibilité du remploi implicite. Il est donc établi que le formalisme du remploi a la valeur d'une règle de fond.

Ainsi, la jurisprudence constante, sous l'empire de la loi de 1965, est entérinée par l'arrêt du 20 septembre 2006, qui a confirmé le caractère de fond du formalisme du remploi. Dès lors, la doctrine qui estimait que le formalisme de la double déclaration était institué *ad probationem* a été condamnée. Cet arrêt rappelle les conséquences de l'absence de déclaration d'emploi ou de remploi. En l'espèce, les époux étaient mariés sous le régime de la communauté réduite aux acquêts. Le mari avait acquis des biens immobiliers moyennant une indemnité d'expropriation d'un bien propre, au cours de l'union matrimoniale, sans accomplir la double déclaration de l'article 1434 du Code civil. La Cour de cassation a considéré que les immeubles acquis pendant le mariage constituaient des biens communs. De ce fait, le mari n'a pu échapper au paiement d'une indemnité mensuelle d'occupation à l'indivision post-communautaire, dès lors qu'il ne justifiait « ni d'une double déclaration d'origine et d'intention dans les actes d'acquisition, ni d'un accord des époux sur un remploi »[5].

---

[1] VOIRIN, Pierre, Cass. civ. 1re, 29 avril 1964, *JCP G* 1964, II, 13773.
[2] LE GUIDEC, Raymond, Cass. civ. 1re, 4 novembre 1975, n° 74-12.537, *Gazette du palais* 29 juin 1976, p. 446 ; CHAMPENOIS, Gérard, Cass. civ. 1re, 5 février 1985, n°83-15.895, *Defrénois* 1985, art. 33560, 65, p. 859 (à propos d'une société d'acquêts) ; Cass. civ. 1re, 28 novembre 1978, n° 77-12.772, *JCP G* 1979, IV, p. 44 ; CHAMPENOIS, Gérard, Cass. civ. 1re, 2 juillet 1985, n°84-12.464, *Defrénois* 1985, art. 33636, 132, p. 1474.
[3] LE GUIDEC, Raymond, *op. cit.*, pp. 447, 448.
[4] CHAMPENOIS, Gérard, Cass. civ. 1re, 5 mars 1991, n° 87-18.298, *Defrénois* 1992, art. 35220, 39, p. 400 ; GRIMALDI, Michel, Cass. civ. 1re, 5 mars 1991, n° 87-18.298, *Dalloz* 1992, 23e cahier, somm. 221 ; LE GUIDEC, Raymond, Cass. civ. 1re, 5 mars 1991, n° 87-18.298, *Dalloz* 1991, 39e cahier, p. 565 ; LUCET, Frédéric, VAREILLE, Bernard, Cass. civ. 1re, 5 mars 1991, n° 87-18.298, *RTD Civ.* 1992, §3, p. 439.
[5] HILT, Patrice, Cass. civ. 1re, 20 septembre 2006, n° 04-18.384(n° 1303 FS-P+B), *AJ famille* 2006, p. 423 ; MAHINGA, Jean-Grégoire, Cass. civ. 1re, 20 septembre 2006, n° 04-18.384, *JCP G* 17 janvier 2007, n°3, II, 10005, p. 29 ; HILT, Patrice, Cass. civ. 1re, 25 février 2009, n° 08-12.137, *AJ famille* avril 2009, p. 178.

La position constante de la Cour de cassation. – Désormais, la Cour de cassation a une position nette sur le caractère de règle de fond du formalisme du remploi, et veille scrupuleusement à l'accomplissement de ces formalités. Ceci témoigne de l'importance fondamentale de l'élément intentionnel à côté de l'élément matériel. Pour la Cour de cassation, la double déclaration, impérative, est maintenue comme une condition fondamentale de la subrogation réelle dans le régime matrimonial. Dès lors, la simple preuve de l'acquisition à l'aide de fonds propres ne suffit plus pour qualifier le bien acquis de « bien propre », tant à l'égard des tiers que dans les rapports entre époux. Une échappatoire est cependant envisagée à l'article 1434 *in fine :* « le remploi *a posteriori* ». L'absence de la double déclaration dans l'acte d'acquisition peut être réparée avec le consentement des deux époux. Cette solution demeure imparfaite, car le remploi a posteriori n'est valable que dans les rapports réciproques des époux : il est inopposable aux tiers[1].

Le formalisme du remploi, une règle de fond adoptée par la doctrine majoritaire. – Cette interprétation stricte a été adoptée par la doctrine[2] la plus éminente, qui s'est prononcée en faveur du caractère de règle de fond du remploi pour préserver les droits des tiers et assurer la pleine efficacité de la présomption de l'article 1402 du Code civil, car la communauté est destinée à accueillir tous les biens acquis à titre onéreux au cours du mariage. Au demeurant, les époux sont assurés qu'en l'absence de déclaration, le bien reste commun et que le conjoint de l'époux en cause ne peut opposer son veto[3].

Par conséquent, la jurisprudence constante et la doctrine majoritaire s'en tiennent à l'application stricte de l'article 1434 du Code civil, qui énonce clairement qu'« à défaut de cette déclaration dans l'acte, le remploi n'a lieu que par l'accord des époux». Cette position prend en compte l'esprit communautaire du régime légal et préserve ainsi la sécurité des tiers. En outre, le formalisme réduit les risques de fraude aux droits du conjoint et des héritiers. Au demeurant, la preuve de l'origine propre des fonds ne permet pas de suppléer l'accomplissement des formalités prévues par l'article 1434 du Code civil. Elle est donc insuffisante pour parer à l'omission des formalités du remploi. Les biens acquis sans remploi avec des fonds propres sont définitivement communs, en dépit de la preuve de l'origine de ces fonds. Cet

---

[1] BEIGNIER, Bernard, Cass. civ. 1re, 25 février 2009, n° 08-12.137, *Droit de la famille* avril 2009, n°4, comm. 45 ; HILT, Patrice, Cass. civ. 1re, 25 février 2009, n° 08-12.137, *AJ famille* avril 2009, p. 179.

[2] DESBUQUOIS, Jean-François, Cass. civ., 1re, 8 octobre 2014, n° 13-24.546, *AJ famille* novembre 2014, p. 639 ; NAUDIN, Estelle, Cass. civ. 1re, 8 octobre 2014, n° 13-24.546, *Revue des sociétés* avril 2015, p. 250 ; REVEL, Janine, Cass. civ. 1re, 25 septembre 2013, n°12-21.280, *Dalloz* 2 octobre 2014, n° 33, 1908, p. 1909 ; VAREILLE, Bernard, Cass. civ. 1re, 20 septembre 2006, n° 04-18.384, *RTD Civ.* juillet/septembre 2007, § 3, p. 622 ; YILDIRIM, Gulsen, Cass. civ. 1re, 20 septembre 2006, n° 04-18.384, *LPA*, *Chronique du patrimoine* 25 juin 2007, n°3, n°126, p. 6.

[3] GRIMALDI, Michel, Cass. civ. 1re, 5 mars 1991, n° 87-18.298, *Dalloz* 1992, 23e cahier, somm. 223.

argument confère à la condition exigée par l'article 1434 la valeur de condition de fond.

L'étendue de la subrogation réelle est confrontée à certaines limites. Selon la conception classique, la subrogation réelle de nature fictive ne peut jouer que dans le cadre déterminé de la loi ou de la convention des parties. Au demeurant, d'autres obstacles sont imposés par les règles qui régissent les régimes matrimoniaux dans lesquels la subrogation réelle est appelée à intervenir.

La subrogation réelle « spéciale », issue de la conception classique. – Le législateur et la Cour de cassation se sont inspirés de la conception classique et étroite en application de la subrogation réelle « spéciale ». En vertu de la conception classique, la subrogation réelle est une fiction juridique de droit strict. Selon Renusson « la subrogation, ne se supplée point par présomption et par induction »[1].

L'application stricte de la subrogation réelle « spéciale ». – Les cas d'intervention de la subrogation réelle doivent être déterminés avec rigueur par la loi. La subrogation réelle « spéciale » est d'application stricte, car elle est destinée à reporter le droit de propriété de l'époux d'un bien sûr un autre considéré *ut singuli*, en dépit de l'existence d'une masse globale de biens propres. L'époux invoque son droit de propriété sur un bien propre lors de la dissolution de la communauté contre son conjoint ou le tiers créancier. Dans ce cas, le droit de l'époux porte sur un bien individualisé, n'ayant aucun lien juridique avec l'ensemble de tous les propres. De ce fait, la situation est distincte de celle d'un droit portant sur une universalité de droit ou de fait. Le jeu de la subrogation réelle est limité aux cas prévus par la loi ou le contrat de mariage (les clauses d'emploi ou de remploi). Par ailleurs, la destination des propres des époux, en l'absence de texte, ne suffit pas pour déclencher le jeu de la subrogation réelle[2]. Ainsi, la réalisation de la subrogation réelle suppose l'expression manifeste d'une volonté subrogatoire[3]. La double déclaration semble donc indispensable, car elle consacre les moyens techniques de réalisation, et non la preuve de la provenance, qui n'en serait que la conséquence[4].

Les limites conformes à l'économie générale du régime légal. – Le recours à la conception classique de la subrogation réelle par le législateur n'est pas la seule limite imposée au jeu de la subrogation réelle de plein droit. En effet, les règles régissant le régime de la communauté s'opposent à l'intervention de la subrogation réelle au second degré. En effet, sous l'ancien régime légal de la communauté de meubles et acquêts, la règle était que tous

---

[1] RENUSSON, Philippe de, *Traité des propres*, Paris, 1681, chapitre IV, section V, n°1, p. 413.
[2] HENRY, André, *op. cit.*, pp. 186-190.
[3] MASSERON, Gustave, *op. cit.*, pp. 87, 88, 89.
[4] RIPERT, Georges, BOULANGER, Jean, *Traité élémentaire de droit civil de Planiol*, Tome III, Régimes matrimoniaux, succession-libéralités, 4e édition, Paris, 1959, n°951.

les deniers constituaient des propres imparfaits. Ils tombaient dans la communauté quelle que soit leur provenance, en raison du quasi-usufruit de la communauté. Sous le régime légal actuel de la communauté réduite aux acquêts, la présomption de communauté semble hostile au jeu de la subrogation réelle. Par conséquent, le caractère d'acquêt ne peut être écarté par le remploi, sauf si cette opération a été prévue par le législateur et décidée par les époux dans le cadre déterminé par la loi[1].

La subrogation réelle de plein droit au sein de la masse commune. – En revanche, dans le cadre de la masse commune, la présomption d'acquêts permet à la subrogation réelle d'intervenir de plein droit et sans aucune formalité. Pour la majorité des auteurs, la subrogation réelle joue au sein de la masse commune[2]. Le bien acquis en contre- échange du bien commun[3], le prix issu de l'aliénation du bien donné ou encore le bien acquis avec ce prix sont qualifiés de « biens communs » par l'effet de la subrogation réelle. Il en va de même pour les différentes sortes d'indemnités allouées en réparation d'un préjudice matériel subi au titre d'un bien commun ou de la perte de revenus (notamment l'indemnité de licenciement)[4], ou encore de l'indemnité représentative de la perte totale ou partielle d'un bien commun (indemnité d'assurance, d'expropriation, d'éviction, etc.)[5].

Contrairement aux biens propres, l'efficacité de la subrogation réelle n'est pas soumise aux formalités de la double déclaration, qui semble superflue compte tenu de la présomption de communauté, qui dispose que « tout bien, meuble ou immeuble, est réputé acquêt de communauté si l'on ne prouve qu'il est propre à l'un des époux par application de la loi ». La subrogation réelle

---

[1] LAURIOL, Marc, *op. cit.*, volume 2, n°674, p. 362.

[2] CORPART, Isabelle, *Les régimes matrimoniaux*, Vuibert, 3e édition, 2011, n° 104, p. 120 ; DAURIAC, Isabelle, *Droit des régimes matrimoniaux et du pacs*, LGDJ, 4e édition, 2015, n° 314, p. 169 ; PATARIN, Jean, MORIN, Georges, *op. cit.*, n° 120, p. 126 ; REVEL, Janine, *Les régimes matrimoniaux*, Dalloz, 7e édition, 2014, n° 210, p. 132 ; TERRÉ, François, SIMLER, Philippe, *op. cit.*, n° 301, p. 233. Une opinion opposée soutient que l'existence et la force de la présomption d'acquêts liés à la force de l'esprit communautaire lui-même rendent le recours à la subrogation réelle inutile : *cf.* BACH, Eugène-Louis, *op. cit.*, p. 33.

[3] « Pour un pavillon substitué à des actions donnant vocation à son attribution, actions constitutives d'acquêts de communauté, quoique acquises par un époux seul » : *cf.* Cass. civ. 1re, 3 juillet 1979, n°78-12.196, *JCP G* 1979, IV, p. 303.

[4] ROUSSEAU, Elizabeth, Cass. civ. 1re, 29 juin 2011, n°10-23.373, *Defrénois* 15 mai 2012, n°9, art. 40485, p. 469 ; Cass. civ. 1re, 23 octobre 1990, n°89-14.448, *Dalloz* 1990, 38e cahier, IR. 257 ; SIMLER, Philippe, Cass. civ. 1re, 23 octobre 1990, n°89-14.448, *JCP N* 1991, II, n°9, p. 61 ; HILT, Patrice, Cass. civ. 1re, 5 avril 2005, n°02-13.402, *AJ famille* juillet-août 2005, p. 280 ; REVEL, Janine, Cass. civ. 1re, 5 avril 2005, n°02-13.402, *Dalloz* 2005, n°31, §1, n°31, §1, p. 2115 ; SIMLER, Philippe, Cass. civ. 1re, 5 avril 2005, n°02-13.402, *JCP G* 7 septembre 2005, n°36, I, 163, §7, p. 1565.

[5] CHAMPENOIS, Gérard, Cass. civ. 1re, 6 janvier 1981, n° 79-13.670, *Defrénois*, 1981, art. 32750, p. 1312 ; HILT, Patrice, Cass. civ. 1re, 14 mars 2006, n°03-19.728, *AJ famille* octobre 2006, p. 382 ; SIMLER, Philippe, Cass. civ. 1re, 14 mars 2006, n°03-19.728, *JCP G* 29 novembre 2006, n°48, I, 193, §8, p. 2210.

joue donc de plein droit au sein de la masse commune sans aucun formalisme[1]. Cependant, d'éventuelles contestations ultérieures peuvent être évitées par le respect du formalisme dans la masse commune.

Le formalisme du remploi est exigé comme une condition de fond de la réalisation de la subrogation réelle par le législateur et dont le respect a fait l'objet d'un contrôle rigoureux de la Cour de cassation. Cette position, inspirée de la conception classique de la subrogation réelle à titre particulier, n'est pas restée à l'abri des critiques, notamment depuis la réforme opérée par la loi du 13 juillet 1965.

Section II.
L'exigence de la double déclaration : une condition de forme

L'alinéa 1er de l'article 1434 du Code civil a opéré une distinction selon qu'il s'agit ou non des rapports réciproques des époux. Dans ce cas, le remploi se réalise malgré l'absence de la double déclaration, dans la mesure où les époux ont voulu le réaliser. Il est donc loisible aux époux de démontrer l'intention de soustraire à la communauté un bien acquis avec des deniers propres par un procédé autre que le formalisme du remploi prévu à l'article 1434 du Code civil. Ainsi est-il possible de soutenir que les formalités du remploi sont exigées *ad probationem*.

Cette approche est fondée sur l'interprétation élargie de l'étendue de la subrogation réelle, issue de la conception moderne de « valeur d'affectation ». Selon cette théorie, la subrogation réelle se produit dès lors qu'il existe des « valeurs d'affectation »[2].

L'exigence de la double déclaration appréhendée comme une condition de validité du remploi n'a pas manqué de soulever des critiques, car elle a été remise en cause depuis la réforme du 13 juillet 1965, qui a accordé aux époux une autonomie dans la jouissance et l'administration de leurs biens propres. Il n'en demeure pas moins que la double déclaration, comme mode de preuve, présente des avantages par rapport au droit commun, tant à l'égard des époux que des tiers dont les droits sont préservés par les formalités du remploi.

La loi du 13 juillet 1965 a considérablement réduit l'intérêt du recours aux formalités de la double déclaration, car elle a accordé à chaque époux la libre administration et la jouissance de ses biens propres. Il convient également de souligner que l'absence d'observation du formalisme entraîne des conséquences contraires à la volonté de l'époux intéressé, car le remploi est inopposable à son conjoint et aux tiers, de sorte que le bien acquis à titre d'emploi ou de remploi intégrera la masse commune.

---

[1] BRUN-WAUTHIER, Anne-Sophie, *Régimes matrimoniaux et régimes patrimoniaux des couples non mariés*, Collection paradigme, 5e édition, 2015-2016, n°282, p. 168.
[2] HENRY, André, *op. cit.*, p. 94.

La double déclaration, une exigence justifiée sous l'empire du droit antérieur à la réforme de 1965. – Sous l'empire du Code civil de 1804, la nécessité d'une double déclaration était pleinement justifiée, en raison de l'économie générale de la communauté. En effet, jusqu'à la réforme de 1965[1], le consentement de la femme au remploi effectué par son mari était nécessaire pour conférer la qualité de propre à un bien tombé en communauté. Par ailleurs, la communauté jouissait de l'usufruit des biens propres, de sorte que les fruits et les revenus de ces biens propres ainsi que tous les capitaux propres, notamment ceux issus de l'aliénation des biens propres considérés comme des propres imparfaits, étaient absorbés par la communauté. Le droit de l'époux propriétaire était alors réduit à une simple créance de récompense lors de la dissolution du régime. Les patrimoines propres étaient progressivement réduits à néant en raison de l'absence de mécanisme déjouant l'absorption qu'engendrait l'usufruit de la communauté. De ce fait, la formalité du remploi permettait de rattacher le bien acquis au patrimoine propre en prouvant qu'il avait été acquis avec des fonds propres[2].

La double déclaration, un moyen de preuve depuis la réforme de 1965. – Cette justification a disparu à la suite de la loi du 13 juillet 1965[3], qui a abrogé l'usufruit de la communauté sur les biens propres. Chacun des époux dispose de l'administration et de la pleine jouissance de ses propres (art. 225 et 1428 C.civ.). Néanmoins, le formalisme du remploi n'a pas été aboli pour différentes raisons[4]. En effet, la réalisation de la subrogation réelle suppose la provenance propre des deniers ayant servi à l'acquisition. Compte tenu de la fongibilité de la monnaie, l'opération de remploi ne suffit pas à démontrer la provenance des deniers ayant servi à l'acquisition. De ce fait, il est nécessaire de respecter la double déclaration de l'article 1434 du Code civil comme preuve du caractère propre des biens. En outre, en droit commun, la règle générale de preuve ne permet à l'époux qui entend se prévaloir de la subrogation réelle de prouver l'origine de la contre-valeur par une déclaration dans l'acte d'acquisition que si cette déclaration n'est pas son œuvre exclusive. Cette règle est écartée sous le régime de la communauté, en raison de l'existence d'une masse commune à côté des patrimoines propres. Dès lors, la règle imposée par l'article 1434 du Code civil se révèle favorable au bénéficiaire du remploi, qui peut rapporter cette preuve par simple déclaration unilatérale lors de l'acquisition. Il n'est ainsi pas tenu de fournir la preuve de droit commun.

Les formalités de la double déclaration, une exigence inadaptée à l'économie générale du régime légal. – Les formalités prescrites par l'article

---

[1] Loi n° 65-570 du 13 juillet 1965 portant réforme des régimes matrimoniaux.
[2] PIÉDELIÈVRE, Stéphane, *op. cit.*, n° 166, p. 203.
[3] Loi n° 65-570 du 13 juillet 1965 portant réforme des régimes matrimoniaux.
[4] COLOMER, André, « La suppression du droit de jouissance de la communauté sur les biens propres des époux, ou : le danger d'innover (Réflexion sur la loi du 13 juillet 1965) », *Dalloz* 1966, VI, p. 23.

1434 peuvent paraître sévères dès lors qu'à défaut de double déclaration au moment de l'acquisition, le remploi est inopposable au conjoint et aux tiers. En effet, les formalités exigées *ad valididatem* soulèvent des critiques car elles ne semblent pas compatibles avec l'économie générale du régime légal, dont l'un des objectifs principaux est de favoriser l'autonomie des époux et de leurs patrimoines. Certes, le droit à récompense est un remède à l'omission des formalités du remploi, mais certaines conséquences néfastes ne peuvent pas être évitées. Le bien acquis avec des fonds propres ne tombe pas automatiquement dans le patrimoine propre de l'époux, son crédit risque d'être compromis, d'autant plus qu'il pourrait se heurter à l'insolvabilité du patrimoine commun. La récompense ne serait alors qu'une illusion[1].

L'inobservation des formalités du remploi, due à l'ignorance des époux. – Par ailleurs, le maintien de l'exigence de la double déclaration comme condition de l'existence du remploi dans les rapports entre époux paraît injuste et présente un inconvénient. En effet, les époux ne sont pas suffisamment informés de la nécessité des formalités et de leurs conséquences. Ce manque d'informations ne pose pas de problème, dès lors que le bien acquis est un immeuble soumis aux formalités de publicité qui requièrent l'intervention d'un notaire, auquel il incombe de prendre des mesures nécessaires en temps utile[2]. Or, le plus souvent, en pratique, l'omission du formalisme est due à l'ignorance ou à la négligence des époux, de sorte que le défaut de remploi ne découle pas véritablement de la volonté délibérée de l'époux de faire intégrer le bien dans le patrimoine commun[3].

Le formalisme du remploi, une garantie des droits des créanciers. – À l'égard des tiers, les formalités ont une valeur de fond, de sorte que l'opposabilité du remploi aux tiers est soumise au respect des formalités. Autrement dit, pour éviter toute ambiguïté quant à la qualification des biens acquis dans les relations avec les tiers, la double déclaration de l'article 1434 du Code civil conditionne l'existence même du remploi, car la subrogation réelle ne doit pas porter préjudice aux droits des tiers.

Ainsi, les formalités permettent aux tiers, notamment aux créanciers des époux, de prendre connaissance de l'origine des fonds détenus par l'époux

---

[1] BRÉMOND, Vincent, « Droit patrimonial de la famille juin 2011-juillet 2012 », CA Rennes, 10 janvier 2012, n°10/07665, *Dalloz* 25 octobre 2012, n°37, §3, pan. 2478.

[2] VAREILLE, Bernard, Cass. civ. 1re, 20 septembre 2006, n° 04-18.384, *RTD Civ.* juillet/septembre 2007, § 3, p. 623.

[3] BEIGNIER, Bernard, « Sans déclaration d'origine et d'intention, ni d'accord des époux, un bien ne peut être qualifié propre », Cass. civ. 1re, 25 février 2009, n° 08-12.137, *Droit de la famille* avril 2009, n°4, comm. 45 ; CHAMPENOIS, Gérard, Cass. civ. 1re, 5 février 1985, n°83-15.895, *Defrénois* 1985, art. 33560, 65, p. 861 ; HILT, Patrice, Cass. civ. 1re, 25 février 2009, n° 08-12.137, *AJ famille* avril 2009, p. 179 ; LUCET, Frédéric, VAREILLE, Bernard, Cass. civ. 1re, 5 mars 1991, n° 87-18.298, *RTD Civ.* 1992, §3, p. 441 ; MAHINGA, Jean-Grégoire, « Communauté conjugale, conséquences de l'absence de déclaration d'emploi ou de remploi », Cass. civ. 1re, 20 septembre 2006, n° 04-18.384, *JCP G* 17 janvier 2007, n°3, II, 10005, p. 30.

débiteur[1]. La composition des patrimoines, propres et commun, n'est pas modifiée arbitrairement par les époux, et le principe d'immutabilité des conventions matrimoniales est respecté. C'est une garantie pour les créanciers, tant personnels que communs, la subrogation automatique ne leur permettant pas de savoir si le bien peut échapper à leur droit de gage. Par conséquent, les formalités exigées demeurent légitimes pour préserver les droits des tiers et leur assurer l'opposabilité du remploi car pour eux, tous les biens acquis à titre onéreux pendant le mariage sont communs[2].

Le droit positif n'est pas opposé à la consécration d'un principe général de subrogation réelle. En effet, en droit des régimes matrimoniaux, l'exigence de la double déclaration ne fait pas obstacle à la réalisation de plein droit de la subrogation réelle. S'il s'agit d'une condition de validité et d'opposabilité du remploi envers les tiers, il n'en est pas ainsi dans les rapports réciproques des époux, où le formalisme est destiné à simplifier la preuve de la provenance du bien. Au demeurant, le recours à la théorie moderne de la subrogation réelle d'affectation permet de consacrer un principe général de subrogation réelle en droit des régimes matrimoniaux.

Le maintien du caractère propre suppose la preuve de la provenance propre du bien acquis en emploi ou remploi. La provenance du bien est établie par les modes de preuve prévus par l'article 1434 du Code civil. La double déclaration permet ainsi de prouver l'origine et la destination propre du bien acquis à titre d'emploi ou de remploi dans les rapports réciproques des époux.

Le législateur s'est inspiré de la conception classique de la subrogation réelle spéciale, dont l'étendue est limitée au texte de la loi ou à la convention des parties. Or, cette interprétation stricte de la subrogation réelle est abandonnée par la doctrine moderne, en application de la théorie de valeur d'affectation. Au demeurant, certains arguments sont avancés en faveur de la valeur probatoire des formalités de la double déclaration et du jeu de plein droit de la subrogation réelle.

L'affectation en valeur des patrimoines propres. – Selon la doctrine moderne, les biens propres sont affectés à un but déterminé : l'usage personnel, par la volonté des époux. Compte tenu de cette destination, les biens sont appréhendés dans leur valeur économique et non dans leur identité matérielle. L'objectif est de conserver les valeurs affectées, malgré les diverses opérations intervenues au sein des patrimoines propres[3]. La subrogation réelle est un procédé qui assure l'indisponibilité en valeur, en rendant l'aliénabilité tolérable par souci de libre circulation des biens. Le bien nouveau remplace le

---

[1] MAHINGA, Jean-Grégoire, « Communauté conjugale, conséquences de l'absence de déclaration d'emploi ou de remploi », Cass. civ. 1re, 20 septembre 2006, n° 04-18.384, *JCP G* 17 janvier 2007, n°3, II, 10005, p. 29.

[2] CAPITANT, Henri, *Essai sur la subrogation réelle*, Recueil Sirey, 1919, p. 397.

[3] BEUDANT, Robert, LEREBOURS-PIGEONNIÈRE, Paul, *Cours de droit civil français, Le contrat de mariage et les régimes matrimoniaux*, Tome X, avec la collaboration de Roger LENOAN, 2e édition, Paris, 1937, n° 283, p. 246 ; HENRY, André, *op. cit.*, pp. 186,187.

bien ancien, de sorte qu'il incarne la même valeur individualisée sur le plan matériel car deux biens se succèdent, alors que la même valeur est maintenue dans le même patrimoine[1].

La destination en valeur des biens propres, assurée par la subrogation réelle. – Pour éviter la dissipation des valeurs propres, la subrogation réelle destinée à maintenir l'affectation intervient dès lors qu'une contre-valeur remplace le bien propre aliéné, à la suite d'un échange, d'un emploi ou d'un remploi. La notion de contre-valeur suppose de s'assurer de la provenance et de l'équivalence. Le plus souvent, en pratique, la condition tenant à l'équivalence du bien propre aliéné et du bien nouveau acquis n'est pas observée car la valeur du bien acquis excède celle du propre aliéné, de sorte que l'époux intéressé a dû recourir à la masse commune ou au patrimoine propre de son conjoint pour financer l'acquisition du bien nouveau. L'absence d'équivalence n'empêche pas le report du droit de propriété de l'époux sur le bien de remplacement par l'effet de la subrogation réelle.

La double déclaration, preuve de la contre-valeur. – En revanche, il convient d'établir le lien de filiation ou la provenance entre le bien propre aliéné et le bien de remplacement. À cette fin, il faut prouver les actes juridiques entraînant la disparition du bien propre. Dans le cadre de l'emploi et du remploi, il n'est pas évident d'établir le lien entre le bien ancien et le bien nouveau, comme dans la subrogation au premier degré, car celui qui se prévaut de la subrogation réelle doit prouver la vente du bien propre ancien, puis l'achat du bien nouveau. La double déclaration imposée par l'article 1434 garantit la preuve de la contre-valeur[2]. Par conséquent, les formalités du remploi ne constituent pas une condition de validité de la subrogation réelle, notamment dans les rapports réciproques des époux.

L'étendue élargie de la subrogation réelle. – Imposer la double déclaration comme une condition de fond relève d'une interprétation restrictive car le législateur n'a pas entendu lever tous les obstacles au jeu de la subrogation réelle au sein des masses propres dans le régime de communauté. Le droit positif n'est pas hostile à l'interprétation extensive de la subrogation réelle, qu'il admet au premier degré. En cas de vente d'un bien propre, la créance du prix est propre : il en est ainsi pour l'indemnité due pour l'assurance d'un propre. Cette interprétation large de la subrogation réelle au premier degré prouve que sous le régime de la communauté, la spécialité du droit de propriété ne constitue pas un obstacle de fond à l'intervention de la subrogation réelle. Autrement dit, son rôle, qui consiste à reporter le droit de propriété, n'est pas de nature à écarter une intervention étendue et de plein droit.

---

[1] JAUBERT, Pierre, *op. cit.*, n° 116, p. 145 ; LAURIOL, Marc, *op. cit.*, volume 1, n° 140, p. 135, n° 260, p. 285.
[2] LAURIOL, Marc, *op. cit.*, volume 1, n°261, p. 287, n°277, p. 304, n° 350, p. 402.

Le remploi obligatoire stipulé dans le contrat de mariage. – Certains arguments sont avancés pour soutenir la valeur probatoire du formalisme du remploi. Il convient de s'intéresser au remploi obligatoire stipulé par une clause du contrat de mariage, afin de démontrer que les formalités de la double déclaration ne forment pas les conditions de fond de la réalisation de la subrogation réelle. Les époux semblent pouvoir s'affranchir de cette opposition à la subrogation réelle en stipulant dans les contrats de mariage que le remploi sera obligatoire. Le remploi serait alors la condition *sine qua non* de l'aliénation d'un propre. Les propres ne pourraient être ainsi aliénés qu'à charge de remploi, les biens étant frappés d'une véritable indisponibilité en valeur[1].

L'utilité des clauses d'emploi ou de remploi obligatoire avant la loi du 13 juillet 1965. – Avant la réforme de 1965, les clauses d'un contrat de mariage imposant l'emploi ou le remploi présentaient des avantages. Ces clauses étaient favorables à la femme : en stipulant le remploi obligatoire de ses biens personnels, assorti de conditions de délai strictes, la reprise en nature lui était assurée. En outre, elle ne se heurtait ni à l'insolvabilité de son mari, ni à la dépréciation monétaire, qui réduisait l'efficacité des récompenses[2]. Par ailleurs, les clauses imposant l'emploi ou le remploi pouvaient également mettre le mari à l'abri de sa propre faiblesse, dès lors qu'il était stipulé que le défaut de remploi engagerait la responsabilité du tiers.

L'utilité des clauses de l'emploi ou du remploi obligatoire depuis la loi du 13 juillet 1965. – Depuis la réforme de 1965, l'utilité du remploi obligatoire est sujette à controverse. En effet, cette loi a attribué à la femme la gestion de sa fortune personnelle, de sorte que les époux se trouvent sur un pied d'égalité. La clause de remploi obligatoire, rare avant la réforme de 1965, est désormais tombée en désuétude[3]. Cependant, comme avant la réforme de 1965, le remploi obligatoire demeure valable et utile, notamment lorsqu'un tiers donateur impose le remploi des biens donnés à l'époux donataire. Le remploi est ainsi obligatoire dès lorsqu'une charge est imposée par le disposant au donataire ou au légataire[4].

La nécessité de la double déclaration malgré la subrogation réelle de plein droit. – Dans le cadre du remploi obligatoire, la décision spéciale nécessaire pour le jeu de la subrogation réelle intervient en avance par la clause de remploi. Ainsi, l'exigence de la double déclaration prévue par l'article 1434 n'est plus à accomplir en cas de remploi imposé par le contrat de mariage. En d'autres termes, si les formalités constituaient une condition de fond de la réalisation de la subrogation réelle, les époux devraient être

---

[1] HENRY, André, *op. cit.*, pp. 190, 194.
[2] CAPITANT, Henri, *Clauses d'emploi et de remploi... op. cit.*, p. 103, 131 ; COLOMER, André, *L'instabilité monétaire et... op. cit.*, n° 245, p. 259.
[3] COLOMER, André, *Droit civil... op. cit.*, n° 655, p. 305 ; COLOMER, André, *L'instabilité monétaire et... op. cit.*, n° 247, p. 259.
[4] LAURIOL, Marc, *op. cit.*, volume 1, n° 166, p. 158.

dispensés de les observer en présence d'une clause d'emploi ou de remploi, dans laquelle la volonté subrogatoire est exprimée. Or, il n'en est pas ainsi : l'époux doit accomplir la double déclaration à l'occasion de chaque emploi ou remploi[1]. La validité du remploi stipulé dans le contrat du mariage est soumise au respect de la double déclaration[2]. La manifestation de la volonté de l'époux intéressé ne concerne pas les moyens techniques de réalisation mais la preuve de la contre-valeur. De ce fait, dans le cadre du remploi obligatoire stipulé par une clause du contrat de mariage qui impose le jeu de la subrogation réelle de plein droit, il faudrait tout de même accomplir la double déclaration exigée par l'article 1434 du Code civil. Autrement dit, l'époux qui entend se prévaloir du remploi doit respecter les formalités pour chaque remploi : il n'est pas dispensé du respect des formalités en dépit de la clause de remploi insérée dans le contrat de mariage. La preuve de la provenance par la double déclaration pour chaque remploi est donc nécessaire[3].

La condition relative au moment de la réalisation des formalités, un indice de la valeur probatoire de la double déclaration. – La condition tenant au moment de la réalisation de la double déclaration lors de l'acquisition imposée par l'article 1434 révèle la valeur probatoire de ces formalités. Le droit commun de la preuve semble insuffisant pour établir la vérité. En outre, il n'offre pas les garanties suffisantes pour éviter les fraudes. En effet, l'époux concerné peut s'abstenir de procéder à la formalité s'il préfère que le bien intègre la communauté. Dans le cas contraire, il pourra utiliser les moyens de preuve du droit commun pour en prouver la provenance par tous moyens. L'exigence de la déclaration de remploi au moment de l'acquisition est le meilleur moyen de preuve de la provenance du bien acquis[4].

Le formalisme du remploi, une règle de preuve dans les rapports entre époux. – L'exigence de la double déclaration comme règle de fond du remploi apparaît comme une survivance de l'état du droit antérieur, qualifié d'« anomalie au regard de l'économie générale du régime de communauté »[5]. Depuis la réforme de 1965, cette exigence semble ne plus être imposée à l'égard des époux[6].

---

1 *Ibid.*, n° 367, p. 420.

2 PAULMIER, Edgard, *op. cit.*, p. 194.

3 LAURIOL, Marc, *op. cit.*, volume 1, n° 372, pp. 430, 431.

4 *Ibid.*, n°369, p. 423, n°370, p. 425.

5 SIMLER, Philippe, Cass. civ. 1re, 20 septembre 2006, n° 04-18.384, *JCP G* 11 avril 2007, n° 15, I, 142, § 18, p. 23.

6 AUBRY, Charles Marie Barbe Antoine, RAU, Charles Frédéric, *op. cit.*, n° 147, § 507, p. 267 ; COLOMER, André, « La suppression du droit de jouissance de la communauté… *op. cit.*, p. 27 ; YILDIRIM, Gulsen, Cass. civ. 1re, 20 septembre 2006, n° 04-18.384, *LPA*, *Chronique du patrimoine* 25 juin 2007, n°3, n°126, §4, p. 6.

En effet, il est possible de soutenir que le formalisme du remploi, institué *ad probationem,* correspond à une règle de preuve dans les rapports entre époux. Le seul fait que le bien nouveau ait été effectivement acquis avec des deniers propres serait alors suffisant pour déclencher le jeu de la subrogation réelle de plein droit, sans avoir à observer la double déclaration. Entre époux, la preuve peut être fournie par tous moyens[1]. Dès lors, la double déclaration prévue à l'article 1434 du Code civil préconstitue la preuve du caractère propre du bien acquis. Elle est destinée à neutraliser le mécanisme de formation des acquêts (article 1401 C.civ.) résultant de la présomption de communauté (article 1402 C.civ.). En cas de contestation, l'époux défendeur peut se prévaloir de la formalité du remploi pour démontrer le caractère propre du bien acquis à titre d'emploi ou de remploi[2]. Un arrêt de la première chambre civile du 25 septembre 2013 s'est également prononcé en ce sens : « le remploi irrégulier, faute d'indication de l'origine propre des deniers, mais accepté par le conjoint, produisait ses effets dans les rapports entre les époux et s'imposait à leurs héritiers, sauf preuve du caractère commun des deniers employés »[3]. Cette analyse est d'ailleurs en harmonie avec l'esprit des lois de 1965 et de 1985, qui entendaient accorder une plus grande autonomie aux époux unis sous le régime légal.

Un remploi sans formalisme envisageable. – Nous considérons qu'une nouvelle interprétation de l'article 1434 s'impose : il s'agirait plus d'une mise à jour du droit que d'une mesure révolutionnaire. L'exigence de la double déclaration n'est requise qu'*ad probationem ;* en cas d'oubli ou d'omission, un époux devrait pouvoir reconnaître le caractère propre des fonds[4].

---

[1] PATARIN, Jean, MORIN, Georges, *op. cit.*, n° 160, p. 157 ; REMY, Philippe, *Des présomptions légales dans les régimes matrimoniaux,* Tome II, thèse Poitiers, 1971, p. 266.

[2] « La subrogation réelle devrait, désormais, être automatique. Il est illogique et, de surcroît, injuste- qu'elle ne le soit pas : cet illogisme apparaît de façon particulièrement nette. Si l'on raisonne sur le remploi stricto sensu : vente puis achat. Un époux vend un propre. S'il conserve indéfiniment les fonds en banque, il les reprendra pour lui seul lors de la dissolution. Si, sur ces fonds, il achète un immeuble sans opérer le remploi, cet immeuble sera compris dans le partage des biens communs. L'illogisme de la seconde solution est évident » : *cf.* FLOUR, Jacques, CHAMPENOIS, Gérard, *op. cit.*, n° 304, p. 295 ; dans le même sens *cf.* COLOMER, André, « La suppression du droit de jouissance de la communauté…*loc. cit.*; RANOUIL, Véronique, *La subrogation réelle en droit civil français*, Librairie générale de droit et de la jurisprudence, 1985, p. 140.

[3] HILT, Patrice, Cass. civ. 1re, 25 septembre 2013, n°12-21.280, *AJ famille* décembre 2013, p. 722 ; REVEL, Janine, Cass. civ. 1re, 25 septembre 2013, n°12-21.280, *Dalloz* 2 octobre 2014, n° 33, 1908, p. 1908 ; SIMLER, Philippe, Cass. civ. 1re, 25 septembre 2013, n°12-21.280, *JCP G* 9 décembre 2013, n°50, 1323, §7, p. 2298 ; VAREILLE, Bernard, Cass. civ. 1re, 25 septembre 2013, n°12-21.280, *RTD Civ.* octobre/décembre 2013, §1, p. 882.

[4] COLOMER, André, *Droit civil…op. cit.,* n° 650, p. 300 ; MARTY, Gabriel, RAYNAUD, Pierre, *op. cit.*, n° 200, p. 173 ; FLOUR, Jacques, CHAMPENOIS, Gérard, *op. cit.*, n° 304, p. 294 ; CHAPUISAT, Françoise, « Vers une utilisation extensive de la subrogation réelle à propos des lois du 13 juillet 1965 et 3 juillet 1971 », *RTD Civ.* 1973, p. 649 ; MALAURIE, Philippe, AYNÈS, Laurent, *op. cit.,* n° 357, p. 162 ; VOIRIN, Pierre, GOUBEAUX, Gilles, *loc. cit.*

Dorénavant, la volonté de l'époux peut être suppléée par d'autres moyens pour effectuer le remploi. De ce fait, dans les rapports entre époux, il est possible de procéder au remploi sans observer les formalités. Il suffit aux époux de s'accorder sur le caractère propre du bien acquis à titre d'emploi ou du remploi. La raison en est que l'emploi et le remploi ne sont que des procédés techniques pour opérer la subrogation réelle, dont la réalisation ne dépend pas de cette formalité. La volonté subrogatoire est suffisante pour que le bien acquis en remplacement du bien aliéné soit considéré comme étant propre. Il ne s'agit plus d'un remploi dont la réalisation requiert le respect des formalités. Cette conception résulte de la théorie moderne de la subrogation réelle, qui permet de consacrer un principe général de subrogation réelle dans le régime de communauté.

L'exigence du formalisme du remploi, appréhendée comme une condition de fond de réalisation de la subrogation réelle, ne semble plus conforme avec l'esprit général du régime légal de la communauté réduite aux acquêts, notamment dans les rapports entre époux. Il n'en est pas ainsi vis-à-vis des tiers, car l'opposabilité de la subrogation réelle demeure soumise au respect du formalisme de la double déclaration.

Sous le régime légal de la communauté réduite aux acquêts, le jeu de la subrogation réelle est confronté à des limites dans le cadre de l'emploi et du remploi des biens propres. En vertu de l'article 1434 du Code civil, la validité de l'emploi et du remploi suppose le respect du formalisme de la double déclaration de l'origine et de la destination des deniers propres.

Inspirés de la conception classique et étroite de la subrogation réelle « spéciale », le législateur et la Cour de cassation ont reconnu une valeur de fond au formalisme de l'emploi et du remploi des biens propres.

Cette approche a cependant fait l'objet de critiques tant sur le plan technique que théorique. Du point de vue technique, l'exigence de la double déclaration *ad valididatem* était entièrement justifiée sous l'ancien régime légal de la communauté de meubles et acquêts. Cependant, cette justification a disparu depuis la loi du 13 juillet 1965, qui a abrogé l'usufruit de la communauté sur les biens propres et a accordé aux époux la pleine autonomie de la gestion et de la jouissance de leurs biens propres. Sur le plan théorique, il convient de souligner que le législateur et la Cour de cassation sont restés attachés à la conception classique de la subrogation réelle spéciale. De nature fictive, son application est restreinte, et soumise à un formalisme lourd. Or, la subrogation réelle peut jouer de plein droit, en application de la théorie moderne de « la subrogation réelle d'affectation ». Selon cette théorie, la subrogation réelle est destinée à maintenir le caractère propre des biens, appréhendés comme des valeurs d'affectation à l'usage personnel des époux. Ainsi, le rôle de la subrogation réelle ne consiste-t-il pas à reporter la qualité propre d'un bien sûr un autre, mais à maintenir les valeurs propres en dépit des diverses opérations juridiques nécessaires à la libre circulation des richesses.

Une nouvelle interprétation de l'article 1434 du Code civil s'impose. Une distinction semble opportune afin de déterminer la portée de ce formalisme : dans les rapports entre époux, le formalisme ne joue qu'un rôle probatoire : la volonté subrogatoire peut donc être démontrée par tous moyens. La réalisation de la subrogation réelle n'est pas subordonnée au respect de la double déclaration. En revanche, à l'égard des tiers, le formalisme constitue une condition d'opposabilité de la subrogation réelle. Cette position semble plus conforme à l'économie générale du régime légal de la communauté réduite aux acquêts, mais aussi au principe d'autonomie et d'indépendance des époux dans la gestion et la jouissance de leur patrimoine propre, dont la conservation peut être assurée par le jeu de plein droit de la subrogation réelle.

Il n'en demeure pas moins que le formalisme du remploi ne s'impose pas avec la même rigueur selon les diverses circonstances.

Chapitre second

La portée des formalités de l'emploi et du remploi

Le droit commun du remploi a connu des dérogations que la jurisprudence a consacrées et qui ont ensuite été adoptées par le législateur. Certes, l'observation stricte des prescriptions de l'article 1434 s'impose à l'égard des tiers, puisque les époux ne peuvent opposer à ces derniers le caractère propre du bien acquis en remploi que si la double déclaration est intervenue dans l'acte d'acquisition ; mais, entre époux, la condition relative au moment de la réalisation de la déclaration a été atténuée puisqu'elle peut dorénavant être effectuée postérieurement à l'acte d'acquisition. Les formalités sont également assouplies dans le cadre de l'emploi ou du remploi anticipé, qui permet à l'époux intéressé d'acquérir un bien propre au moyen de fonds communs, à condition de rembourser la communauté dans un délai de cinq ans à compter de la date de l'acte. Au demeurant, la rigueur du formalisme est atténuée selon la nature du bien propre acquis en emploi ou en remploi. Les formalités rigoureuses sont toutefois exigées dès lors qu'il s'agit d'un bien propre *ut singuli*. Cette rigidité ne semble pas adaptée à la nature de certains biens propres appréhendés comme des universalités de fait, comme le portefeuille de valeurs mobilières (**section I- l'assouplissement du formalisme du remploi dans le régime de la communauté réduite aux acquêts**).

La portée du formalisme de l'emploi et du remploi a également soulevé des interrogations en dehors du régime légal de la communauté réduite aux acquêts. Sous les régimes conventionnels, le respect du formalisme de l'emploi ou du remploi ne s'impose plus si le régime conventionnel est de caractère séparatiste. Il en va différemment sous le régime conventionnel de l'indivision adopté par les partenaires liés par un pacte civil de solidarité. Les formalités de l'emploi et du remploi prescrites au régime légal de la communauté réduite aux acquêts sont transposées pour soustraire le bien acquis en emploi des deniers personnels à la présomption d'indivision (**section II- l'étendue du formalisme du remploi en dehors du régime de la communauté réduite aux acquêts**).

Section I.
L'assouplissement du formalisme du remploi dans le régime de la communauté réduite aux acquêts

En principe, la double déclaration d'emploi ou du remploi doit être réalisée au moment de l'acquisition. Cependant, ce principe subit des exceptions dans le cadre du remploi anticipé et du remploi *a posteriori*, où la rigidité des formalités de la double déclaration a connu des atténuations. Ces deux modalités, consacrées par la jurisprudence, ont été adoptées par la loi du 13 juillet 1965[1].

De plus, l'intérêt des formalités du remploi est remis en cause dans le cadre du portefeuille de valeurs mobilières. L'époux marié sous le régime légal de la communauté peut être titulaire en propre d'un portefeuille de valeurs mobilières, au sein duquel des aliénations et des acquisitions sont réalisées. À l'occasion de chaque acquisition ou souscription, il convient de mentionner la double déclaration pour préserver la propriété propre de l'époux ou la propriété exclusive du partenaire. Or, la formalité du remploi se révèle inadaptée à la nature et à la gestion d'un portefeuille de valeurs mobilières, reconnu comme une universalité de fait. De ce fait, au sein d'un portefeuille de valeurs mobilières, le formalisme du remploi ne s'applique pas avec la même rigueur que dans le cadre de biens propres *ut singuli*.

En principe, le remploi se fait dans l'acte d'acquisition. Cette règle connaît un assouplissement avec le remploi par anticipation et une exception, avec le remploi *a posteriori*.

L'opération du remploi anticipé. – Le remploi par anticipation ou *in futurum* était admis par une jurisprudence constante antérieurement à 1965[2]. Par la suite, ce remploi a été consacré par la loi du 13 juillet 1965 (anc. art. 1434, al. 2), modifiée par la loi du 23 décembre 1985. L'article 1435 du Code civil dispose que « si l'emploi ou le remploi est fait par anticipation, le bien acquis est propre, sous la condition que les sommes attendues du patrimoine propre soient payées à la communauté dans les cinq ans de la date de l'acte ».

Le remploi par anticipation permet à un époux de réaliser une acquisition à titre de propre afin de saisir une occasion avantageuse alors qu'il ne dispose pas immédiatement des capitaux propres nécessaires. Dans cette hypothèse, l'époux, sans attendre la vente de son bien propre, peut emprunter les fonds à la communauté, qu'il a cependant l'obligation de rembourser dans un délai de 5 ans. Ainsi, comme en matière de remploi immédiat, le bien acquis à titre de remploi anticipé intègre-t-il le patrimoine propre de l'époux auteur du remploi par l'effet de la subrogation réelle.

---

[1] Loi n° 65-570 du 13 juillet 1965 portant réforme des régimes matrimoniaux.

[2] Req., 23 novembre 1826, *Dalloz* 1827, I, 66 ; Cass. civ. 1re, 14 mai 1879, *Dalloz* 1879, I, 420 ; *Sirey* 1880, I, 17 ; CA Montpellier, 4 décembre 1924, *Dalloz* 1925, II, p. 55 ; CA Angers, 31 mai 1927, *Dalloz* 1927, 438.

La doctrine dominante[1] pose une condition qui n'est pas expressément prévue en estimant que l'époux acquéreur doit être propriétaire d'un bien propre à remployer au moment de l'acte. Mais selon d'autres auteurs, un droit éventuel de l'époux, tel que l'espérance d'une succession, serait suffisant[2].

Le statut du bien acquis dans l'intervalle entre l'acquisition et le remboursement. – Des hésitations sont apparues quant au statut du bien acquis dans l'intervalle entre l'acquisition avec déclaration de remploi anticipé et le remboursement de la communauté. Pour la doctrine majoritaire, il s'agit d'un remploi sous condition suspensive[3]. Le bien est ainsi provisoirement commun et saisissable par les créanciers de la communauté[4].

L'analyse en faveur d'une condition suspensive était justifiée jusqu'à la réforme opérée par la loi du 23 décembre 1985, car le remboursement n'était assorti d'aucun délai. Désormais, elle n'est plus admise, puisque l'article 1435 du Code civil dispose que « le bien acquis est propre ». Il en résulte un remploi sous condition résolutoire. Le bien acquis serait considéré comme propre immédiatement. Cette qualification sera conservée par l'effet du remboursement de la communauté. En revanche, le caractère propre sera perdu rétroactivement en cas de non-remboursement. Cette interprétation s'harmonise avec le texte de loi et la volonté du conjoint auteur du remploi et qui désirait acquérir un bien propre, à charge de rembourser le prix à la communauté dans le délai indiqué[5].

L'opération du remploi *a posteriori*. – L'hypothèse du remploi *a posteriori* se présente lorsque l'époux a acquis un bien au moyen de fonds propres mais a omis de respecter la formalité du remploi. Cette acquisition semble être opérée pour le compte de la communauté, alors qu'elle aurait pu

---

[1] AUBRY, Charles Marie Barbe Antoine, RAU, Charles Frédéric, *op. cit.*, n° 148, §507, p. 267 ; MARTY, Gabriel, RAYNAUD, Pierre, *Les régimes matrimoniaux,* Sirey, 2e édition, 1986, n° 199, p. 172 ; COLOMER, André, *op. cit.*, n° 639, p. 297 ; FLOUR, Jacques, CHAMPENOIS, Gérard, *op. cit.*, n° 296, p. 288 ; HILT, Patrice, Cass. civ. 1re, 27 mars 2007, n° 05-16.434, *AJ famille* septembre 2007, p. 360 ; SIMLER, Philippe, CA Colmar 1re, Ch. civ. 18 octobre 1989, Juris-Data n. 050457.

[2] BEIGNIER, Bernard, TORRICELLI-CHRIFI, Sarah, *loc. cit.* ; CORNU, Gérard, *op. cit.*, n° 79, 408 ; MATHIEU, Michel, *op. cit.*, n° 25, §8, §9, p. 232 ; TERRÉ, François, SIMLER, Philippe, *op. cit.*, n° 367, p. 287.

[3] PATARIN, Jean, MORIN, Georges, *loc. cit.*, n° 161, p. 160.

[4] HILT, Patrice, Cass. civ. 1re, 27 mars 2007, n° 05-16.434, *AJ famille* septembre 2007, p. 360 ; VAREILLE, Bernard, Cass. civ. 1re, 27 mars 2007, n° 05-16.434, *RTD Civ.* octobre/décembre 2007, §1, p. 800 ; CA Paris, 17 janvier 1991, *Dalloz* 1991, 10e cahier, IR. 65 ; CA Paris, 17 janvier 1991, Juris-Data n°020149, *JCP N*, 1992, n°18, p. 165.

[5] GRIMALDI, Michel, « Commentaire de la loi du 23 décembre 1985 relative à l'égalité des époux dans les régimes matrimoniaux et des parents dans la gestion des biens des enfants mineurs », *Gazette du palais* 11 septembre 1986, n° 73, p. 529 ; TERRÉ, François, SIMLER, Philippe, *loc. cit.*

se faire par le remploi des fonds propres de l'époux, recueillis par succession, libéralité ou aliénation d'un propre[1].

Cette dérogation au droit commun du remploi est d'abord consacrée par la jurisprudence sur le fondement de la théorie moderne de la subrogation réelle. La Cour de cassation a décidé que « les formalités du remploi ne s'imposent qu'à l'égard des tiers, rien ne s'oppose à ce que dans les rapports des époux seulement, postérieurement à une acquisition faite par l'un d'eux, ils conviennent d'attribuer aux biens achetés le caractère propres, à titre de remploi »[2]. Par la suite, le remploi *a posteriori* a été introduit à l'article 1434 du Code civil issu de la loi du 13 juillet 1965, qui dispose qu' « à défaut de cette déclaration dans l'acte, l'emploi ou le remploi n'a lieu que par l'accord des époux, et il ne produit ses effets que dans leurs rapports réciproques ».

L'accord des époux, condition supplémentaire au remploi du droit commun. – Le remploi *a posteriori* se distingue du mécanisme du remploi sur deux points : les conditions et les effets. Le remploi *a posteriori* suppose l'accord des deux époux, accord qui n'est soumis à aucune condition, ni de forme ni de délai. Il peut être tacite[3] et peut également intervenir aussi longtemps que la communauté n'est pas dissoute.

L'exigence de l'accord des époux pour le remploi *a posteriori* est critiquée par le Professeur André Colomer, qui estime que cette condition ne s'impose plus en raison de l'abrogation de l'usufruit de la communauté sur les biens propres et l'absence des propres imparfaits. Cet auteur a souligné à juste titre que « le législateur, conséquemment, aurait dû abandonner le terrain du fond pour situer le problème (dans les rapports entre époux) sur le seul terrain de la preuve : la preuve de l'origine des deniers, ayant servi à l'achat, fait pour son compte personnel, par l'époux. Dès lors, on ne comprend vraiment pas pourquoi, faute de déclaration dans l'acte même d'acquisition, la subrogation réelle ne peut résulter que d'un accord des conjoints »[4].

L'opposabilité limitée du remploi *a posteriori*. – Les effets de ce mode de remploi sont plus restreints que ceux du remploi de droit commun, car il ne

---

[1] COSTE-FLORET, Alfred, « Le remploi tacite à retardement sous le régime légal de la communauté », *RTD Civ.* 1975, p. 48 ; VOIRIN, Pierre, Cass. civ. 1re, 29 avril 1964, *JCP G* 1964, II, 13773.

[2] POTHIER DE LA MORANDIÈRE, Req., 17 mai 1938, *Dalloz* 1938, I, 73 ; *Sirey* 1939, I, 137 ; COSTE-FLORET, Alfred, « Le remploi à retardement sous le régime légal de la communauté », *RTD Civ.* 1942, p. 169.

[3] VOIRIN, Pierre, Cass. civ. 1re, 29 avril 1964, *JCP G* 1964, II, 13773 ; COSTE-FLORET, Alfred, « Le remploi tacite à retardement sous le régime légal de la communauté », *RTD Civ.* 1975, p. 49 ; *a contrario*, pour la censure d'un arrêt ayant admis un tel remploi sur le fondement de la volonté tacite de seul auteur des acquisitions : *cf.* BEIGNIER, Bernard, Cass. civ. 1re, 25 février 2009, n° 08-12.137, *Droit de la famille* avril 2009, n°4, comm. 45 ; HILT, Patrice, Cass. civ. 1re, 25 février 2009, n° 08-12.137, *AJ famille* avril 2009, p. 178.

[4] COLOMER, André, « La suppression du droit de jouissance de la communauté sur les biens propres des époux, ou : le danger d'innover (Réflexion sur le loi du 13 juillet 1965) », *Dalloz* 1966, VI, p. 27.

produit d'effets que dans les rapports réciproques des époux et reste inopposable aux tiers. Dès lors, les tiers peuvent ignorer le remploi et considérer que le bien appartient au patrimoine commun des époux. Au regard du mécanisme du remploi, les héritiers, ayants cause universels, n'ont pas la qualité de tiers à l'égard du défunt dont ils sont réputés poursuivre la personnalité. Ainsi, le remploi conventionnel ou *a posteriori* leur est parfaitement opposable[1].

Il n'est pas aisé de concilier les règles du régime de communauté avec les intérêts des époux titulaires d'un portefeuille de valeurs mobilières, car celui-ci a vocation à se renouveler par les arbitrages fréquents, qui rendent le formalisme du remploi quasiment impossible à réaliser[2]. Par ailleurs, l'universalité étant appréhendée comme un ensemble dont le contenu évolue librement, les formalités du remploi semblent inutiles dès lors qu'il s'agit d'opérations internes réalisées au sein de l'universalité de fait et qui n'affectent pas la structure de l'ensemble.

Le formalisme du remploi, incompatible avec la gestion du portefeuille de valeurs mobilières. – En pratique, l'accomplissement des formalités du remploi a soulevé des difficultés pour les instruments financiers en raison de l'inexistence d'un acte d'acquisition dans lequel pourrait être consignée la double déclaration légale. En cas de remploi de deniers, l'époux concerné doit dresser un acte ; la pratique a préconisé d'inclure la double déclaration dans le mandat donné à l'intermédiaire financier. Il pourrait être utile de faire référence, dans ce mandat, à un acte notarié prévoyant le remploi[3].

Au demeurant, le maintien du caractère propre du portefeuille de valeurs mobilières a posé des problèmes car les arbitrages fréquents, nécessaires pour sa gestion, entraîneraient l'absorption progressive du portefeuille par la communauté. Pour échapper à cet inconvénient, « il faudrait traiter le portefeuille ou, plus précisément, le compte qui en est le support comme une entité autonome, comme un bien, susceptible de croître et de décroître, à la manière d'un fonds de commerce ou d'une entreprise... »[4].

La nature d'universalité de fait du portefeuille de valeurs mobilières. – La qualification du portefeuille de valeurs mobilières en universalité de fait a été explicitement consacrée par le célèbre arrêt *Baylet* du 12 novembre 1998

---

[1] CHAMPENOIS, Gérard, Cass. civ. 1re, 3 novembre 1983, n°82-13.221, *Defrénois*, 1984, art. 33379, p. 1082 ; HILT, Patrice, Cass. civ. 1re, 25 septembre 2013, n°12-21.280, *AJ famille* décembre 2013, p. 723 ; MARTIN, Didier, Cass. civ. 1re, 3 novembre 1983, n°82-13.221, *Dalloz* 1984, p. 274 ; SIMLER, Philippe, Cass. civ. 1re, 25 septembre 2013, n°12-21.280, *JCP G* 9 décembre 2013, n°50, 1323, §7, p. 2298 ; VAREILLE, Bernard, Cass. civ. 1re, 25 septembre 2013, n°12-21.280, *RTD Civ.* octobre/décembre 2013, §1, p. 883.

[2] PILLEBOUT, Jean-François, « Un portefeuille de valeurs mobilières constitue une universalité », Cass. civ. 1re, 12 novembre 1998, n° 96-18.041, *JCP G* 10 février 1999, n°6, 10027, p. 339.

[3] DEVOS, Alain, *Le régime de communauté*, 75e congrès des notaires de France, Le statut matrimonial du français, Tome I, p. 29, La Baule, 1978, n°136, p. 91.

[4] SIMLER, Philippe, CA Agen, 26 février 1986, *JCP N* 1988, II, n°10, p. 68.

de la première chambre civile de la Cour de cassation[1]. Cependant, si le législateur n'a pas explicitement adopté cette qualification, il a prévu dans l'alinéa 1er de l'article 1406 du Code civil que « forment des propres, sauf récompense s'il y a lieu, les biens acquis à titre d'accessoires d'un bien propre ainsi que les valeurs nouvelles et autres accroissements se rattachant à des valeurs mobilières propres ». Selon le Professeur Didier Martin, ce dispositif confirme la volonté du législateur d'adopter la nature d'universalité de fait du portefeuille de valeurs mobilières.

Le jeu de plein droit de la subrogation réelle au sein du portefeuille de valeurs mobilières. – De nombreux auteurs considèrent que l'existence d'une universalité de fait dispense les époux de procéder aux formalités du remploi[2]. Le portefeuille de valeurs mobilières est appréhendé comme une universalité de fait : c'est le portefeuille, comme contenant, qui est affecté à la propriété personnelle de l'époux. Ainsi, les titres contenus dans le portefeuille pourront-ils se renouveler sans accomplir les formalités du remploi. Cependant, si les revenus des valeurs mobilières, qui sont des biens communs, sont réinvestis dans le portefeuille, un droit à récompense sera attribué à la communauté[3].

Au demeurant, les valeurs mobilières acquises moyennant le prix de cession des valeurs mobilières propres sont également propres sans accomplir les formalités du remploi. Dès lors, la subrogation réelle joue de plein droit au sein du portefeuille de valeurs mobilières, de sorte que les titres peuvent être intégrés quelle que soit l'origine de leur financement. Les titres figurant dans le portefeuille de valeurs mobilières sont donc propres même s'ils sont financés par les deniers communs, sous réserve d'une récompense au profit de la masse commune qui s'est appauvrie.

---

[1] AYNÈS, Laurent, Cass. civ. 1re, 12 novembre 1998, n° 96-18.041, *Dalloz* 1999, I, p. 167 ; FIORINA, Dominique, Cass. civ. 1re, 12 novembre 1998, n° 96-18.041, *Dalloz* 1999, II, p. 633 ; HOVASSE, Henri, Cass. civ. 1re, 12 novembre 1998, n° 96-18.041, *JCP N* 19 février 1999, n° 7, p. 351 ; LECUYER, Hervé, *Droit et patrimoine* 2005, n°137, p. 57 ; PATARIN, Jean, Cass. civ. 1re, 12 novembre 1998, n° 96-18.041, *RTD Civ.* 1999, n°2, p. 674 ; PIÉDELIÈVRE, Stéphane, Cass. civ. 1re, 12 novembre 1998, n° 96-18.041, *JCP* 10 février 1999, I, n° 6, art. 10027, p. 336 ; PÉRINET-MARQUET, Cass. civ. 1re, 12 novembre 1998, n° 96-18.041, *JCP* 17 mars 1999, n° 11, I, chronique 120, n° 29. p. 524 ; ROUXEL, Sylvie, ROUXEL, Sylvie, Cass. civ. 1re, 12 novembre 1998, n° 96-18.041, *JCP E* 4 mars1999, I, n° 9-10, p. 426 ; SAGAUT, Jean-François, *JCP N* 21 avril 2000, I, n° 16, p. 691 ; SAUVAGE, François, Cass. civ. 1re, 12 novembre 1998, n° 96-18.041, *Droit et patrimoine* mai 1999, n° 71, p. 34 ; STORCK, Michel, Cass. civ. 1re, 12 novembre 1998, n° 96-18.041, *RTD com.* 1999, p. 459.

[2] AYMERIC, Nicolas-Henri, *Essai sur une théorie générale du compte en droit privé,* Préface d'Alain GHOZI, Édition Panthéon-Assas, 2008, §574, p. 510 ; DANIEL, Richard, « Régimes matrimoniaux et successions (DSN Bordeaux, 1997, 3e semestrialité) », *JCP N* 19 mars 1999, n°11, p. 477 ; HOVASSE, Henri, « Époux et valeurs mobilières », *Droit et patrimoine* avril 2002, n° 103, p. 42.

[3] CHAMPENOIS, Gérard, Cass. civ. 1re, 31 mars 1992, n° 90-17.212, *Defrénois* 1992, 35348, p. 1121 ; LUCET, Frédéric, VAREILLE, Bernard, Cass. civ. 1re, 31 mars 1992, n° 90-17.212, *RTD Civ.* 1993, p. 401 ; PILLEBOUT, Jean-François, Cass. civ. 1re, 31 mars 1992, n° 90-17.212, *JCP G* 1993, n° 8, 2200, p. 71 ; TISSERAND, Alice, Cass. civ. 1re, 31 mars 1992, n° 90-17.212, *JCP G* 1993, n° 19, 22041, p. 169.

Par conséquent, le portefeuille de valeurs mobilières propre peut être administré par l'époux intéressé en procédant à des cessions et à des acquisitions de nouvelles valeurs sans accomplir les formalités d'emploi ou de remploi. Ainsi, la subrogation réelle peut intervenir sans que l'époux concerné respecte les formalités lors de chaque substitution.

Des nuances à la dispense de formalisme du remploi. – La nature d'universalité de fait du portefeuille de valeurs mobilières est relevée pour échapper aux formalités du remploi. Cependant, cette solution ne semble conforme ni à l'article 1434 du Code civil, ni à l'interprétation rigoureuse qu'en fait la jurisprudence. En effet, les formalités du remploi au sein d'une universalité de fait semblent indispensables dès lors que les éléments, de nature mixte, propres et communs, figurent dans un ensemble. Il se peut qu'un portefeuille contienne des valeurs propres et des valeurs communes. Dans ce cas, il faut respecter les formalités du remploi, même si l'aliénation ne porte que sur les valeurs propres. Autrement dit, la nature d'universalité de fait du portefeuille de valeurs mobilières ne suffit pas, par elle-même, à prouver l'origine propre des deniers tant à l'égard des tiers qu'entre les époux. En revanche, il est possible qu'un époux prenne soin de l'étanchéité de son portefeuille propre et ne l'alimente pas avec des valeurs communes. Cela exige une grande discipline, notamment compte tenu de la nature commune des fruits des valeurs propres[1].

Le compte bancaire dédié aux deniers propres, une dispense au formalisme du remploi. – Un remède est suggéré par le Doyen René Savatier : il s'agit de la création d'un compte spécial de dépôts réservé aux deniers propres d'un époux afin d'éviter la confusion des deniers issus de l'aliénation du bien propre avec les deniers communs [2], bien que la jurisprudence ait admis la réalisation du remploi avec d'autres deniers que ceux issus de la vente du bien propre[3]. Le recours à cette technique présente des avantages. En effet, les biens acquis avec les sommes provenant de ce compte sont propres, sans qu'il soit nécessaire d'accomplir les formalités du remploi. Ces formalités se justifient par la crainte d'une confusion entre les deniers communs et les deniers propres[4]. Si cette confusion est évitée par la création d'un compte d'affectation spéciale, les formalités exigées par l'article 1434 du Code civil peuvent être contournées. L'époux concerné est donc dispensé de respecter les formalités s'il parvient à prouver que son compte a une affectation spéciale qui ne contient que des instruments financiers propres[5]. Ainsi une déclaration de remploi est jugée inutile par la Cour de

---

[1] DENIZOT, Aude, *L'universalité de fait*, Préface de Rémy LIBCHABER, LGDJ, 2008, n° 485, p. 337, n° 486, p. 337 ; HOVASSE, Henri, *op. cit.*, p. 43.

[2] SAVATIER, René, *op. cit.*, §80, p. 162.

[3] CHAMPENOIS, Gérard, Cass. civ. 1re, 5 janvier 1999, n° 96-115.12, *Defrénois*, 15 avril 1999, n° 7, p. 432.

[4] PATARIN, Jean, MORIN, Georges, *op. cit.*, n° 160, p. 157.

[5] DENIZOT, Aude, *op. cit.*, n° 487, p. 338.

cassation dans le cas où le produit de la vente serait placé directement sur un compte d'épargne au seul nom de l'époux concerné[1]. À cet égard, la Cour de cassation déclare « qu'une somme d'argent reste une somme d'argent, même lorsqu'elle a été placée en compte-épargne et que le placement ne constituait pas un bien nouveau »[2].

Il serait donc opportun de transposer la pratique des comptes bancaires à affectation spéciale (ou comptes à rubriques) dans le domaine matrimonial, pour permettre aux époux d'en user lorsqu'ils désirent préserver la consistance de leur patrimoine propre[3]. Néanmoins, certaines conditions sont requises, dont l'existence d'un compte dont la dénomination fait apparaître l'affectation de manière sincère[4]. S'il contient des valeurs communes, ce compte ne pourrait plus être présumé propre et la présomption de communauté retrouverait sa force. En revanche, si l'époux prend soin de faire fonctionner son compte en vase clos, les formalités du remploi ne sont plus nécessaires[5].

L'opposabilité du remploi aux tiers. – Il n'en demeure pas moins que la question de l'opposabilité de cette affectation aux tiers reste d'actualité. Selon le Doyen René Savatier, si le bien acquis avec des deniers issus d'un compte propre conserve bien sa qualité de propre entre les époux, en l'absence de respect des formalités prévues à l'article 1434 du Code civil, les tiers ne pourront toutefois pas avoir connaissance du remploi[6].

En effet, si cette solution s'impose dans le cadre de l'acquisition d'un bien ordinaire à l'aide des deniers déposés sur un compte propre, il en va différemment si l'époux donne au banquier l'ordre d'acquérir des titres en remplacement de ceux qui ont été aliénés. Il ne s'agit pas d'acquérir un bien extérieur au compte propre mais de substituer une valeur inscrite en compte par une autre, de sorte que l'ensemble demeure étanche. Dans cette hypothèse, le remploi est opposable aux tiers, sans avoir à observer les formalités dès lors que les titres sont inscrits sur le compte d'affectation spéciale[7].

La rigidité d'un formalisme incompatible avec la gestion avisée du portefeuille de valeurs mobilières. – La dispense des formalités de remploi est source de difficultés car l'époux doit prouver que l'universalité de fait a fonctionné en vase clos, sans accueillir de valeurs communes. Selon la Professeure Aude Denizot, en principe, l'existence d'une universalité de fait

---

[1] LEJEUNE, François, « Déclarations de remploi et d'origine des fonds, outils de transmission patrimoniales entre époux », *Droit et patrimoine* avril 2008, n°169, p. 22.

[2] Cass. civ. 1re, 3 novembre 1983, n°82-13.221, *JCP N* 1984, p. 274 ; CHAMPENOIS, Gérard, Cass. civ. 1re, 3 novembre 1983, n°82-13.221, *Defrénois*, 1984, art. 33379, p. 1081 ; MARTIN, Didier, Cass. civ. 1re, 3 novembre 1983, n°82-13.221, *Dalloz* 1984, p. 274.

[3] Concernant les avantages du compte à rubrique : RIVES-LANGE, Jean-Louis, VERNET-SIBEL, Valérie, « Promouvoir le compte à rubriques », *Banque magazine* juillet-août 2000, n° 616, p. 46.

[4] SAVATIER, René, *op. cit.*, §80, p. 162, §85, p. 179.

[5] DENIZOT, Aude, *loc. cit.*

[6] SAVATIER, René, *op. cit.*, p. 162.

[7] DENIZOT, Aude, *op. cit.*, n° 488, p. 339.

ne permet pas de contourner les formalités car elle contient des éléments autonomes pour lesquels le respect des formalités s'impose. Cela étant, les formalités semblent inadaptées pour la gestion dynamique du portefeuille. Le législateur est donc invité à prendre en compte la particularité de ce type de biens propres afin d'atténuer la rigidité des formalités du remploi[1].

Nous avons constaté que la rigueur du formalisme du remploi a connu des assouplissements soit au moment de sa réalisation, tels que le remploi anticipé, et *a posteriori*, soit en raison de la nature d'universalité de fait de biens propres comme le portefeuille de valeurs mobilières. Par ailleurs, l'étendue du formalisme du remploi se présente avec une intensité différente en dehors du régime de la communauté réduite aux acquêts.

Section II.
L'étendue du formalisme du remploi en dehors du régime de la communauté réduite aux acquêts

Le respect des formalités de l'emploi et du remploi ne présente pas le même intérêt en dehors du régime légal de la communauté réduite aux acquêts. La nécessité du formalisme dépend de l'économie générale du régime matrimonial adopté par les époux. Sous les régimes conventionnels, tantôt les formalités semblent indispensables en raison du caractère communautaire du régime conventionnel, tantôt elles ne s'imposent pas en l'absence de patrimoine commun.

La question de la portée des formalités est également soulevée sous le régime patrimonial des partenaires liés par un pacte civil de solidarité. Le formalisme de la double déclaration s'applique sous le régime conventionnel de l'indivision adopté par les partenaires.

La nécessité des formalités de l'emploi et du remploi dépend de la composition des régimes matrimoniaux conventionnels. Certes, le formalisme s'impose dès lors que le caractère communautaire est prédominant. Il en est ainsi sous le régime conventionnel de la communauté universelle, où quasiment tous les biens possédés par les époux intègrent la masse commune quels que soient la date d'acquisition, leur origine et leur mode de financement.

En revanche, les formalités du remploi ne sont pas transposées aux régimes conventionnels de caractère séparatiste, tels que le régime conventionnel de séparation de biens et le régime conventionnel de la participation aux acquêts.

Le maintien de biens propres, soumis au respect du formalisme sous le régime conventionnel de la communauté universelle. – Aux termes de l'article 1526 du Code civil, « les époux peuvent établir par leur contrat de mariage une communauté universelle de leurs biens tant meubles qu'immeubles, présents et à venir ». On pourrait déduire de ce texte que dans le cadre d'une

---

[1] *Ibid.*, n° 489, p. 339, n° 491, p. 340.

communauté universelle, il n'existerait aucun bien propre à l'un ou à l'autre des époux, alors pourtant que l'article 1526 du Code civil, dans son premier alinéa, prévoit que ne tombent pas en communauté les biens que l'article 1404 déclare propres par nature, sauf stipulation contraire. Par analogie avec l'article 1498 du Code civil, il serait également possible qu'un donateur ou testateur puisse stipuler que le bien qu'il donne ou lègue à l'un des époux lui sera propre. Cependant, l'intervention de la subrogation réelle pour maintenir le caractère de biens propres est sujette à discussion. Pour la doctrine majoritaire, le dernier alinéa de l'article 1497 renvoie aux règles de la communauté légale. Bien que les patrimoines propres soient restreints, il est permis de transposer à la communauté universelle les règles de la communauté légale relatives au renouvellement des biens propres par le jeu de la subrogation réelle. Ainsi, le caractère propre des biens acquis en emploi ou remploi est-il soumis au respect du formalisme du remploi exigé par l'article 1434 du Code civil[1].

Le même raisonnement peut être tenu dans tous les régimes de communauté élargie, même s'ils ne sont pas universels. Le formalisme du remploi est nécessaire pour maintenir la consistance des patrimoines propres en cas d'emploi et de remploi.

Le respect des formalités de l'emploi et du remploi sous les régimes conventionnels de la séparation de biens ainsi que le régime conventionnel de participation aux acquêts semble superflu, car l'intérêt des tiers n'est pas en cause. Dès lors, la subrogation réelle joue de plein droit pour maintenir les patrimoines personnels des époux.

Le maintien des patrimoines personnels, exempt de formalisme. – Sous le régime conventionnel de la séparation de biens, le renouvellement des patrimoines personnels n'est soumis à aucun formalisme d'emploi ou de remploi. La subrogation réelle joue ainsi de plein droit. Sous ce régime, la responsabilité de l'un des époux ne peut être engagée dans les opérations de renouvellement du patrimoine personnel de son conjoint. Ce principe est confirmé par l'article 1541 du Code civil, qui dispose que « l'un des époux n'est point garant du défaut d'emploi ou de remploi des biens de l'autre »[2]. Ce principe est cependant assorti d'une réserve, prévue par le même texte : « à moins qu'il se soit intégré dans les opérations d'aliénation ou d'encaissement

---

[1] CATALA, Pierre, « Variations autour de la communauté universelle », *in Mélanges à la mémoire de Danièle HUET-WEILLER, Droit des personnes et de la famille,* Presses universitaires de Strasbourg, 1994, p. 45 ; JUAN, Régine, « La communauté universelle », *JCP N* 1980, I, §13, p. 98. La subrogation réelle prévue à l'article 1406 peut être appliquée. *cf.* COLOMER, André, *Droit civil... op. cit.*, n° 1103, p. 503 ; FLOUR, Jacques, CHAMPENOIS, Gérard, *op. cit.*, n° 690, p. 642 ; AUBRY, Charles Marie Barbe Antoine, RAU, Charles Frédéric, *op. cit.*, n° 317, §525, p. 524. L'opinion contraire sur l'application de l'article 1406. *cf.* MORIN, Georges, MORIN, Michel, *La réforme des régimes matrimoniaux, Étude de la loi n°65-570 du 13 juillet 1965,* Tome II, Defrénois, 2e édition, 1974, p. 120.

[2] STORCK, Michel, « Séparation de biens », Cass. civ. 1re, 5 novembre 1991, n°90-12.853, *JCP G* 1992, n°40, 3614, §14, p. 409

ou qu'il ne soit prouvé que les deniers ont été reçus par lui, ou ont tourné à son profit ». Le maintien de cette réserve trouvait une justification en 1965, « en raison d'habitudes anciennes de gestion des biens de la femme par le mari, même en régime de séparation de biens »[1]. Cette réserve aurait pu être abolie par la loi du 23 décembre 1985, qui a abrogé une disposition similaire : celle de l'ancien article 1430, qualifié de contraire au principe d'égalité des époux sous le régime de communauté[2].

La nécessité du formalisme en cas de remploi dans le régime conventionnel de la séparation de biens avec société d'acquêts. – En revanche, le respect des formalités de l'emploi et du remploi, sous le régime de la séparation de biens avec l'adjonction d'une société d'acquêts, est nécessaire. À l'intérieur du régime conventionnel de séparation de biens, les époux peuvent créer une mini-communauté, une société d'acquêts. Le plus souvent, la Cour de cassation s'est prononcée en faveur du respect des formalités du remploi[3]. Cependant, elle a jugé, dans un arrêt du 12 décembre 1962, qu'un bien acquis à l'aide de deniers propres intègre le patrimoine personnel de l'époux, même sans l'accomplissement des formalités du remploi en se fondant sur une interprétation, jugée souveraine, des clauses du contrat de mariage[4].

L'exigence du formalisme du remploi dépendant de l'étendue de la société d'acquêts. – La justification du formalisme du remploi dépend de l'étendue de la société d'acquêts librement déterminée par les époux. La composition de la société d'acquêts permet de caractériser le caractère commun ou séparatiste du régime et de savoir s'il faut respecter le formalisme de la double déclaration. Les époux peuvent déterminer eux-mêmes les biens qui composeront la société d'acquêts et ceux qui en seront exclus[5]. L'administration et la disposition des biens personnels relèvent de la séparation de biens. Dans ce cas, les règles de l'article 1434 du Code civil ne sont pas transposées en cas d'emploi ou de remploi. Aucune formalité de remploi n'est prévue par la loi du fait que l'intérêt des tiers n'est pas en cause, puisque les époux ont adopté un régime de séparation de biens tempéré par l'adjonction d'une société d'acquêts ; le caractère commun n'est que

---

[1] TERRÉ, François, SIMLER, Philippe, *op. cit.*, n° 798, p. 645.

[2] FLOUR, Jacques, CHAMPENOIS, Gérard, *op. cit.*, n° 748, p. 703.

[3] Cass. civ. 1re, 5 mai 1905, *Recueil Dalloz Sirey* 1907, I, p. 316 ; CHAMPENOIS, Gérard, Cass. civ. 1re, 5 février 1985, n°83-15.895, *Defrénois* 1985, art. 33560, 65, p. 859.

[4] ESMEIN, Paul, Cass. civ. 1re, 12 décembre 1962, *Dalloz* 1964, p. 83 ; FLOUR, Jacques, CHAMPENOIS, Gérard, *op. cit.*, n° 755, p. 712.

[5] CHAMPENOIS, Gérard, COMBRET, Jacques, « Quelle place pour la société d'acquêts dans les régimes matrimoniaux ? », *Defrénois* 30 décembre 2012, n°24, §13 ; MATHIEU, Jean-Michel, « La société d'acquêts : les précautions rédactionnelles, à la recherche d'un régime idéal », *JCP N* 24 décembre 2010, n°51-52, 1383, p. 30.

l'exception. Ainsi, les biens acquis en remploi de biens personnels seront-ils personnels sans avoir à observer les formalités du remploi[1].

Cependant, si l'on pose comme principe son caractère commun, l'administration de la société d'acquêts est soumise aux règles de la communauté, soit le respect des formalités, sauf clause contraire dans le contrat de mariage. Afin que la société d'acquêts ne soit pas facilement vidée de sa substance, en l'absence de formalité de remploi, le bien acquis en remploi sera intégré à la société d'acquêts[2].

Dans la pratique, il est conseillé aux époux de déclarer l'origine des fonds dans l'acte ou, au moins, d'en faire la déclaration avant la dissolution du régime[3].

Le régime conventionnel de participation aux acquêts comme régime séparatiste durant le fonctionnement du régime. – Nous avons placé le régime conventionnel de participation aux acquêts parmi les régimes séparatistes malgré sa dimension communautaire, car cette dimension ne se manifeste qu'à la dissolution, lors de la liquidation de la créance de participation. En revanche, du point de vue de la subrogation réelle, le régime de la participation aux acquêts se rapproche davantage du régime de la séparation de biens, dans la mesure où il se caractérise, comme le régime de séparation de biens, par le cloisonnement du patrimoine de chacun des époux, l'absence de masse commune et la présomption d'acquêts.

Le maintien de la qualité de biens originaires par l'effet de la subrogation réelle de plein droit. – La subrogation réelle dite « imparfaite » ou « liquidative » intervient dans le cadre de la liquidation de la créance de participation pour évaluer le patrimoine originaire des époux. En vertu de l'alinéa premier de l'article 1571 du Code civil, la qualité de « bien originaire » se transfère sur le bien acquis en remploi par l'effet de la subrogation réelle. La transposition des formalités de l'emploi ou du remploi prévues à l'article 1434 du Code civil n'est pas indispensable sauf si le contrat

---

[1] ROUSSEAU, Élisabeth, « La clause de société d'acquêts à titre particulier », *Defrénois* 15 février 2013, n°3, p. 9; SIMLER, Philippe, « Régime juridique de la société d'acquêts adjointe à une séparation de biens », *Defrénois* 30 décembre 2012, n°24, §11.

[2] FILLETTE, Jean-Luc, « À propos des récentes tentatives de résurrection de la séparation de biens avec société d'acquêts », *Defrénois* 15 août 1996, n° 15-16, §36, p. 897 ; LECUYER, Hervé, TAUDIN Louis, « Utilité, opportunités et actualité de la séparation de biens avec société d'acquêts », *Lamy Droit civil* 1er avril 2004, n°4 ; REVEL, Janine, Cass. civ., 1re, 25 novembre 2003, n° 02-12.942, *Dalloz* 2004, n°32, p. 2335 ; ROUVIÈRE, Frédéric, « Les multiples facettes de la séparation de biens avec société d'acquêts », *Defrénois* 30 juin 2006, n°12, §5, p. 1026 ; VAREILLE, Bernard, Cass. civ. 1re, 25 novembre 2003, n° 02-12.942, *RTD Civ.* avril/juin 2004, §2, p. 335.

[3] MORIN, Georges, MORIN, Michel, *op. cit.*, n° 518, p. 152 : les auteurs proposent de stipuler une clause imposant la déclaration de l'emploi ou du remploi dans le contrat de mariage afin de protéger le conjoint.

de mariage les a imposées, car les tiers ne sont pas concernés : à leur égard, le bien appartient au débiteur, quel que soit son statut, originaire ou non[1].

La liberté probatoire et la dispense de formalisme du remploi. – À la dissolution du régime, il incombe à chaque époux de fournir la preuve de la consistance de leur patrimoine originaire. L'époux qui entend se prévaloir de la subrogation réelle doit en rapporter la preuve selon les alinéas 2 et 3 de l'article 1570 du Code civil, par tous les moyens de preuve prévus à l'article 1402 de ce même code. Il semble donc utile de mentionner l'origine des deniers employés ou remployés.

L'évolution législative du régime patrimonial des partenaires liés par un Pacs. – Sous l'empire de la loi du 15 novembre 1999, tous les biens acquis durant le Pacs étaient soumis au régime légal de l'indivision. La présomption d'indivision de l'article 515-5 du Code civil issu de la loi du 15 novembre 1999 était très complexe et trop rigide. Pour garantir le principe d'autonomie patrimoniale de chaque partenaire, la loi du 23 juin 2006 a substitué le régime de la séparation de biens au régime de la présomption d'indivision[2].

De ce fait, l'article 515-5 du Code civil a établi le régime de la séparation de biens régi par les articles 1536 et suivants du Code civil, à titre de régime légal. En principe, sous le régime légal de séparation de biens, la présomption d'indivision est exclue. Elle peut resurgir en cas de difficulté probatoire. L'article 515-4, dans son alinéa 2, dispose que « les biens sur lesquels aucun des partenaires ne peut justifier d'une propriété exclusive sont réputés leur appartenir indivisément, à chacun pour moitié ». Ainsi, le bien est-il réputé indivis par moitié, à défaut de preuve d'une propriété exclusive. Il s'agit d'une présomption simple, qui peut être renversée par tous moyens[3].

La présomption d'indivision trouve donc son application sous le régime matrimonial de la séparation de biens et, depuis la loi du 23 juin 2006, sous le régime légal des partenaires ou sous le régime conventionnel de l'indivision dans la convention de Pacs, ou encore dans une convention modificative (art. 515-5-1, al. 1er C.civ.). Cette présomption peut être contournée par le jeu de la subrogation réelle afin de maintenir les patrimoines personnels des partenaires. Si l'emploi des deniers personnels, perçus antérieurement à l'enregistrement du Pacs, est envisagé par le législateur, il n'en est pas ainsi pour le remploi des deniers personnels des partenaires.

---

[1] COLOMER, André, *Droit civil…loc. cit.* ; FLOUR, Jacques, CHAMPENOIS, Gérard, *loc. cit.* ; CORNU, Gérard, *loc. cit.*

[2] BOSSE-PLATIÈRE, Hubert, « Indivision et communauté dans le régime des biens de PACS aujourd'hui », *in Mélanges en l'honneur du Professeur Gilles GOUBEAUX*, LGDJ, 2009, p. 38 ; FULCHIRON, Hugues, « Les présomptions d'indivision et de communauté dans le couple », *Defrénois* 2001, n° 17/01, art. 37391, p. 949.

[3] DELECRAZ, Yves, « Le nouveau régime des biens dans le pacs », *AJ famille* janvier 2007, p. 13 ; FULCHIRON, Hugues, « Le nouveau PACS est arrivé ! », *Defrénois* 2006, 38471, p. 1639 ; SAUVAGE, François, « Le régime des biens des partenaires d'un pacte civil de solidarité au lendemain de la loi du 23 juin 2006 », *RLDC* 1er janvier 2007, n° 34, §21.

Le régime légal de la séparation des patrimoines et le régime conventionnel de l'indivision. – Sous l'empire de la loi du 15 novembre 1999, l'indivision était le principe et la propriété personnelle, l'exception. Désormais, la propriété personnelle est la règle et la présomption d'indivision n'a qu'un caractère subsidiaire[1]. Ainsi, les partenaires sont-ils soumis au régime de la séparation des patrimoines similaire à celui du régime conventionnel de la séparation de biens pour un couple marié. Si le régime légal de la séparation de biens ne leur convient pas, les partenaires peuvent « choisir de soumettre au régime de l'indivision les biens qu'ils acquièrent ensemble ou séparément » (art. 515-5-1 du Code civil). Ainsi, le régime conventionnel de l'indivision permet aux partenaires de participer à tout enrichissement réalisé au cours de la vie commune[2].

La composition de l'indivision conventionnelle. – Sous le régime conventionnel, la masse indivise se compose de tous les biens acquis ensemble ou séparément, à partir de l'enregistrement de la convention initiale ou modificative, sans tenir compte des contributions respectives des partenaires (art. 515-5-1 C.civ.).

Les biens acquis à titre onéreux ou gratuit postérieurement à l'enregistrement du Pacs sont indivis, quelle que soit leur nature, meubles ou immeubles. Au contraire, les biens possédés antérieurement à l'enregistrement du Pacs demeurent personnels à chacun des partenaires. L'article 515-5-2 du Code civil a désigné les biens qualifiés de « personnels » qui échappent à la masse indivise, parmi lesquels figurent « les deniers perçus par chacun des partenaires, à quelque titre que ce soit, postérieurement à la conclusion du pacte et non employés à l'acquisition d'un bien », « l'emploi des deniers appartenant à un partenaire antérieurement à l'enregistrement de la convention… » et « … les deniers reçus par donation ou succession ». Ainsi, les deniers perçus par chacun des partenaires, antérieurement ou postérieurement à la date de la convention initiale ou modificative, demeurent la propriété exclusive de chaque partenaire. En revanche, seuls les deniers perçus antérieurement à la date de la convention initiale ou modificative sont susceptibles d'être employés. *A contrario*, les biens acquis à l'aide des deniers personnels d'un partenaire après l'enregistrement de la convention au cours du régime tombent dans la masse indivise (art. 515-5-1 C.civ.). Cependant, l'individualisation des

[1] DEWAILLY, Christelle, « Pacs et indivision : le couple maudit », *Gazette du palais* 7 juin 2003, n° 158, p. 22 ; VERNIÈRES, Christophe, « Les conventions d'indivision », *AJ Famille* juillet- août 2010, p. 313.

[2] BABY, Wilfried, *Les effets patrimoniaux du pacte civil de solidarité, L'invention d'une nouvelle forme de conjugalité*, préface de Marc Nicod, postface de Bernard Beignier, Defrénois, 2013, n°74, p. 80 ; MAUGER-VIELPEAU, Laurence, « Le Pacs après la loi du 23 juin 2006 », *JCP N* 29 juin 2007, n°26, 1201, §13, p. 34 ; LEBEAU, Martin, « Brèves remarques sur la nature de l'indivision d'acquêts des partenaires liés par un Pacs », *Defrénois* 2010, n° 20/10, 39172, p. 2189 ; SAUVAGE, François, « Le régime des partenaires d'un pacs : liberté, prospérité et solidarité ? », *Droit et patrimoine* septembre 2008, n°173, p. 66.

deniers pose un problème probatoire. Pour éviter des conflits, il convient de fixer le montant des deniers personnels aux partenaires dès la rédaction de la convention.

Le maintien des patrimoines personnels, soumis au formalisme de l'emploi. – La subrogation réelle intervient pour maintenir le caractère personnel des biens des partenaires et écarter ainsi la présomption d'indivision[1]. Cependant, il ne s'agit pas d'une subrogation réelle de plein droit car le législateur impose une preuve supplémentaire. L'article 515-5-2 n° 6, al. 2 du Code civil prévoit que « l'emploi de deniers tels que définis aux 4° et 5° fait l'objet d'une mention dans l'acte d'acquisition ». Ainsi, l'emploi des deniers perçus avant la conclusion du Pacs est subordonné à une mention dans l'acte d'acquisition permettant de conférer la propriété exclusive au partenaire acquéreur. La qualification « personnelle » du bien s'impose tant entre partenaires qu'à l'égard des tiers. De ce fait, la formalité de l'emploi est une règle de fond. À défaut de cette mention, le bien est acquêt indivis par moitié, donnant lieu à une créance entre les partenaires (art. 515-5-2, 6° C.civ.). En revanche, si les créances et indemnités remplacent des biens personnels, la subrogation réelle joue de plein droit, automatiquement.

La nature du bien financé par les deniers personnels et indivis. – Un débat est né quant à la nature personnelle ou indivise du bien acquis par la contribution inégale des partenaires. En effet, le législateur n'a pas pris en compte la règle *majors pars*, dès lors que le bien est acquis à l'aide de deniers personnels et indivis. Plusieurs hypothèses sont envisageables. Le bien acquis avec les deniers majoritairement indivis avec la mention de l'emploi dans l'acte d'acquisition, qualifié comme bien personnel au partenaire acquéreur, porterait atteinte à la présomption d'indivision édictée à l'article 515-5-1 du Code civil. La qualification mixte, personnelle et indivise du bien doit également être écartée compte tenu de la volonté du législateur, hostile à la qualification mixte, et du fait que la possibilité de l'emploi est accordée aux partenaires. Il est donc opportun de retenir la qualité indivise du bien par moitié.

La liberté des partenaires quant à l'étendue de l'indivision conventionnelle. – Une question se pose quant au caractère d'ordre public de l'article 515-5-2 du Code civil, 6°, qui exclut de l'indivision conventionnelle les biens acquis par l'emploi de deniers perçus antérieurement à la constitution du Pacs. Autrement dit, est-il possible aux partenaires de restreindre le champ de l'indivision conventionnelle et d'étendre ainsi la liste des biens exclus de la masse indivise ? L'article 515-5-2 du Code civil s'y oppose du fait de sa généralité. Cependant, cette interprétation est incompatible avec la nature du Pacs, dont le régime doit être plus libre que les régimes matrimoniaux des

---

[1] VAREILLE, Bernard, « L'indivision et les couples », Journée nationales Tome VII/Bordeaux, Dalloz, 2005, n° 19, p. 7.

époux[1]. Il semble plus cohérent de considérer que les articles 515-5-1 et suivants du Code civil sont en principe applicables, sauf stipulations contraires. Dès lors, il est loisible aux partenaires de limiter l'étendue de l'indivision conventionnelle[2].

L'absence de prévision légale du remploi des deniers personnels. – La loi reste muette sur le sort des biens acquis avec des deniers provenant de la vente d'un bien personnel. Il convient de rappeler que l'article 515-5-2, 4° et 5° ne prévoit que l'emploi des deniers personnels perçus antérieurement à l'enregistrement de la convention initiale ou modificative, ou encore des deniers reçus par donation ou succession. *A contrario*, l'emploi des deniers personnels perçus postérieurement à l'enregistrement à la suite de la vente d'un bien de l'un des partenaires, est implicitement exclue. De ce fait, le remploi est également écarté durant la vie commune des partenaires. Cette solution se trouve d'ailleurs en harmonie avec l'esprit « communautaire » régissant le régime conventionnel de l'indivision.

Le caractère personnel des biens acquis en remploi par l'effet de la subrogation réelle. – Néanmoins, pour certains auteurs[3], il s'agit d'un oubli du législateur. Il semble en effet possible d'admettre la subrogation du bien acquis à l'aide des deniers provenant de la vente d'un bien personnel. Le Professeur Hugues Fulchiron[4] envisage la subrogation réelle en cas de remploi des deniers provenant de la vente d'un bien personnel d'un partenaire durant le Pacs en l'absence de texte. Il s'agit d'une subrogation réelle volontaire soumise à une déclaration d'emploi ou de remploi des deniers dans l'acte d'acquisition. Ainsi, le caractère personnel est attribué au bien acquis en remploi. À défaut, le bien serait réputé indivis et ne donnerait lieu qu'à une créance entre partenaires. Dans ce cas, la subrogation réelle a pour effet de restreindre l'étendue de l'indivision[5].

Dans le cadre des régimes conventionnels marqués par l'esprit séparatiste tels que le régime de séparation de biens, celui de la participation aux acquêts ou le régime légal des partenaires d'un PACS, la portée des formalités de la double déclaration d'emploi et de remploi ne présente pas la même étendue qu'au sein des régimes de communauté. Le respect du formalisme ne présente pas d'intérêt en raison de l'absence de la masse commune et de la présomption d'acquêts.

---

[1] Le Professeur Hugues Fulchiron a souligné, à juste titre, qu'« il serait paradoxal que la partenaires soient moins libres dans leurs conventions para-matrimoniales que les époux dans leurs contrat de mariage ». *in* FULCHIRON, Hugues, « Pacs, mariage, patrimoine ...*loc. cit.*

[2] SAUVAGE, François, « Le régime des biens des partenaires d'un pacte civil…*op. cit.*, §33 ; TERRÉ, François, SIMLER, Philippe, *op. cit.*, 2015, n° 922, p. 764.

[3] MALAURIE, Philippe, AYNÈS, Laurent, *op. cit.*,n° 949, pp. 371, 372.

[4] FULCHIRON, Hugues, « Le nouveau PACS…*op. cit.*, p. 1647 ; FULCHIRON, Hugues, « Pacs, mariage, patrimoine…*op. cit.*, pp. 33, 34.

[5] BRUN-WAUTHIER, Anne-Sophie, *loc. cit.*; VOIRIN, Pierre, GOUBEAUX, Gilles, *op. cit.*, n° 293, p. 140.

La nécessité des formalités de la double déclaration de l'emploi et du remploi est tantôt atténuée, tantôt remise en cause. En effet, l'exigence de la double déclaration ne se pose pas avec la même rigueur envers les tiers que dans les rapports entre époux. Si cette exigence est une condition de fond et d'opposabilité de la subrogation réelle envers les tiers, il n'en est pas de même dans les rapports entre époux. Puisque la condition tenant au moment de la double déclaration dans l'acte d'acquisition est assouplie dans les rapports entre époux, ceux-ci peuvent procéder au remploi, soit anticipé, soit *a posteriori*.

Au demeurant, l'intérêt et l'utilité de la formalité de la double déclaration sont remis en cause dans le cadre des universalités de fait. Tel est le cas pour le portefeuille de valeurs mobilières, dont la nature et la gestion semblent incompatibles avec le formalisme du remploi à l'occasion de chaque cession.

La formalité de la double déclaration ne s'impose pas sous les régimes conventionnels de caractère séparatiste. Le jeu de la subrogation réelle n'est donc soumis à aucune formalité pour conserver les patrimoines personnels des époux unis sous les régimes conventionnels de séparation de biens ou de la participation aux acquêts.

Nous avons donc observé que la constance et la rigidité de la portée de l'exigence de la double déclaration de l'emploi et du remploi, deux procédés techniques de subrogation réelle, varient selon différents critères tels que la nature du bien propre (à titre particulier ou universel), le régime patrimonial des partenaires liés par un Pacs ou le régime matrimonial des époux.

La réalisation de la subrogation réelle suppose l'existence d'un lien de filiation entre le bien subrogé et le bien de remplacement, tant dans le cadre de l'emploi que du remploi, sous le régime légal de la communauté réduite aux acquêts. Il faut démontrer que le bien est acquis en emploi des deniers propres ou à l'aide des deniers provenant de l'aliénation d'un bien propre. La preuve de la qualité propre du bien acquis en emploi ou remploi des deniers propres n'est pas évidente à rapporter en raison de la fongibilité des deniers et de l'attraction de la présomption d'acquêts sous le régime de la communauté.

De ce fait, aux termes de l'article 1434 du Code civil, la preuve de la provenance dans le cadre de l'emploi et du remploi des biens propres est soumise à une preuve spéciale de la double déclaration de l'emploi et du remploi. Pour le législateur et pour la Cour de cassation, il s'agit d'une condition de fond de la réalisation de la subrogation réelle subordonnée à la manifestation d'une volonté subrogatoire de l'époux intéressé, sous la forme d'une double déclaration. Ainsi, la subrogation réelle ne joue-t-elle pas de plein droit pour maintenir le caractère propre des biens acquis en emploi ou remploi sous le régime légal.

Cette limite posée au jeu de la subrogation réelle de plein droit prouve le caractère subsidiaire de la subrogation réelle, dont les conditions de réalisation varient selon les règles régissant l'institution dans laquelle elle intervient. Or, nous avons démontré qu'il n'était plus justifié d'attribuer à ce formalisme la valeur d'une règle de fond en raison, d'une part, du principe de l'autonomie patrimoniale des époux et, d'autre part, de son incohérence avec la conception moderne de la subrogation réelle au sein du régime légal de la communauté.

Certes, cette exigence se justifie pour préserver les droits des tiers ; elle ne semble toutefois pas obligatoire dans les rapports entre époux, dotés d'une autonomie totale pour la gestion et la jouissance de leurs biens propres : ils devraient pouvoir rapporter la preuve de la subrogation réelle par tous moyens.

De plus, le formalisme de la double déclaration ne s'impose pas avec la même rigidité sous les régimes matrimoniaux conventionnels ou pour les biens propres qualifiés d'universalité de fait. Il en résulte que le formalisme de la double déclaration de l'emploi et du remploi ne constitue pas une condition intrinsèque de réalisation de la subrogation réelle, qui peut jouer de plein droit pour conserver les valeurs propres.

Certaines limites sont également imposées au jeu de la subrogation réelle dans certaines institutions du droit patrimonial de la famille. Il s'agit des limites extrinsèques liées à l'économie générale et la finalité des institutions qui écartent l'intervention de la subrogation réelle.

Titre second

Les limites extrinsèques au jeu de la subrogation réelle

Le rôle conservateur de la subrogation réelle est sollicité notamment au profit du donateur ou de l'appelé, dans le domaine du droit de retour légal ou des libéralités graduelles et résiduelles. Dans certains cas, l'objectif poursuivi n'est pas atteint car les règles régissant les institutions excluent ou limitent l'intervention de la subrogation réelle. Il en est ainsi dans les institutions du droit de retour légal et des libéralités graduelles et résiduelles.

Les biens objets du retour légal, ou de la libéralité avec clause graduelle ou résiduelle, sont affectés à un usage déterminé, la conservation en nature puis la transmission dans la famille. Ils sont donc envisagés dans leur individualité matérielle plutôt que pour leur valeur pécuniaire. L'objectif est de maintenir le bien, donné ou légué, dans son individualité physique en nature. Le principe de l'affectation en nature consacré dans le domaine du droit de retour légal (**chapitre premier- le droit de retour légal**) et des libéralités graduelles et résiduelles (**chapitre second- les libéralités graduelles et résiduelles**) entraîne l'exclusion de la subrogation réelle. Il est cependant possible d'envisager la subrogation réelle pour mieux conserver la richesse familiale plutôt que les biens de famille dans leurs individualités physiques.

Chapitre premier

Le droit de retour légal

Le droit de retour se définit comme « le droit en vertu duquel une chose échappe aux règles successorales ordinaires pour revenir à la personne de qui le *de cujus* la tenait ou, parfois, aux descendants de cette personne »[1]. Le droit de retour prend son origine dans la loi ou dans la convention entre les parties.

Trois cas de retour légal ont, à l'origine, été prévus par le Code civil : le droit de retour légal des frères et sœurs légitimes de l'enfant naturel (anc. art. 766), le droit de retour de l'ascendant donateur (anc. art. 747) et le droit de retour légal en cas d'adoption simple (anc. art. 351). La loi du 3 janvier 1972 ayant abrogé les deux premiers cas de retour légal, seul le dernier est maintenu.

Les deux cas de droits de retour légal des collatéraux privilégiés en concours avec le conjoint[2] et le droit de retour légal des parents donateurs ont été introduits par les lois du 3 décembre 2001 et du 23 juin 2006. En cas d'adoption simple, deux droits de retour sont prévus par l'article 368-1 du Code civil. L'un était déjà consacré par le Code Napoléon (anc. art. 358 et 359) au bénéfice des parents adoptifs et de leurs descendants. L'autre a été introduit par la loi du 11 juillet 1966[3], en faveur des père et mère par le sang et de leurs descendants.

Dans le domaine du droit de retour, le régime de « l'affectation en nature » varie en fonction des règles qui régissent le retour au profit des ascendants privilégiés (**section I- le droit de retour légal des ascendants privilégiés**) et de celles qui s'appliquent aux droits de retour en faveur des collatéraux privilégiés ou des parents de l'adopté simple (**section II- le droit de retour légal en faveur des collatéraux privilégiés et des familles, adoptive et par le sang, de l'adopté simple**).

---

[1] CORNU, Gérard, *Vocabulaire juridique*, Puf, 9e édition, 2011.

[2] L'article 757-2 dispose qu'« en l'absence d'enfants ou de descendants du défunt et de ses père et mère, le conjoint survivant recueille toute la succession ». Il en résulte qu'en cas de concours entre les collatéraux privilégiés et le conjoint survivant, c'est le conjoint survivant qui prime.

[3] Loi n° 66-500 du 11 juillet 1966 portant réforme de l'adoption.

Section I.
Le droit de retour légal des ascendants privilégiés

L'objectif de conservation des biens au sein de la famille paraît atteint par l'application de la théorie de l'identité et la consécration du principe de retour en nature. Il risque néanmoins d'entraîner l'affaiblissement, voire l'anéantissement, du droit de retour du donateur. De ce fait, ce principe est atténué par l'exception de retour en valeur, en application de la théorie de la subrogation réelle, destinée à conserver les richesses familiales plutôt que les biens de famille dans leurs individualités physiques.

Le principe du retour en nature, en application de la théorie de l'identité, consacré dans le cadre du droit de retour légal au profit du donateur, contribue à maintenir les biens en nature au sein de la famille. Selon ce principe, le retour ne s'exerce que sur les biens donnés se trouvant en nature dans la succession du défunt. Ainsi, le principe du retour en nature condamne le bénéfice de la subrogation réelle au profit des ascendants privilégiés.

L'évolution législative du droit de retour légal des ascendants. – Le droit de retour légal des ascendants, codifié par l'ancien article 747 du Code civil 1804[1], a été supprimé par la loi du 3 janvier 1972, puis réintroduit dans l'article 738-2 issu de la loi du 23 juin 2006.

L'article 738-2 du Code civil dispose que « lorsque les père et mère ou l'un d'eux survivent au défunt et que celui-ci n'a pas de postérité, ils peuvent dans tous les cas exercer un droit de retour, à concurrence des quotes-parts fixées au premier alinéa de l'article 738, sur les biens que le défunt avait reçus d'eux par donation. La valeur de la portion des biens soumise au droit de retour s'impute en priorité sur les droits successoraux des père et mère. Lorsque le droit de retour ne peut s'exercer en nature, il s'exécute en valeur, dans la limite de l'actif successoral ».

Les conditions requises. – Le droit de retour légal accordé aux ascendants privilégiés est donc soumis à certaines conditions. L'ascendant privilégié exerce le droit de retour sur les biens donnés au descendant décédé sans postérité ou en présence de descendants qui renoncent à la succession.

Le caractère successoral du droit de retour. – En outre, le droit de retour revêtant un caractère successoral d'ordre public, les ascendants ne peuvent y renoncer avant l'ouverture de la succession, en raison de l'interdiction des pactes sur succession future. Par ailleurs, le donataire ne peut priver les ascendants du droit de retour en aliénant le bien donné à titre gratuit ou

[1] L'ancien article 747 du Code civil 1804 disposait que « les ascendants succèdent, à l'exclusion de tout autres, aux choses par eux données à leurs enfants ou descendants décédés sans postérité, lorsque les objets donnés se retrouvent en nature dans la succession. Si les objets ont été aliénés, les ascendants recueillent le prix qui peut en être dû. Ils succèdent aussi à l'action en reprise que pouvait avoir le donataire ».

onéreux[1], car le retour s'exercera alors en valeur. Les ascendants sont cependant libres de prévoir un droit de retour conventionnel plus protecteur que le droit de retour légal[2].

L'assiette du droit de retour. – Il convient également de souligner que le droit de retour des ascendants privilégiés, tel qu'il est prévu par l'article 738-2 du Code civil, ne porte pas sur l'intégralité du bien, car il est limité à « concurrence des quotes-parts fixés au premier alinéa de l'article 738 ».

L'étendue du droit de retour des père et mère prête toutefois à débat. La question consiste à déterminer si le droit de retour doit porter sur les biens donnés à concurrence d'un quart de la succession pour chaque ascendant ou s'il doit s'exercer sur un quart des biens donnés pour chacun des parents. Cette question n'a pas été tranchée par la jurisprudence, mais une partie de la doctrine[3] a opté en faveur du quart des biens donnés. Ce qui correspond à la lettre de l'article 738-2, qui limite le droit de retour des père et mère à une portion du bien donné. Par ailleurs, l'alinéa 2 de cet article énonce que ce retour s'exécute « dans la limite de l'actif successoral ».

En revanche, cette interprétation n'a pas été adoptée par la doctrine dominante[4], qui s'est positionnée en faveur du retour à concurrence d'un quart de la succession pour chacun des parents sur les biens donnés. Cette position correspond à l'objectif poursuivi par le législateur, à savoir une compensation de la suppression de la réserve héréditaire des ascendants.

Le retour légal des ascendants sur un quart de la succession présente des avantages, dès lors que la valeur du bien donné n'excède pas le quart de la succession. Ainsi, le bien donné retournera à l'ascendant, ce qui contribue à la conservation des biens au sein de la famille et respecte la finalité initiale du droit de retour. De ce fait, les ascendants et les autres héritiers échappent à l'indivision.

À l'inverse, si la valeur du bien donné excède le quart de la succession, les parents se retrouvent en indivision avec les autres héritiers. Il en est de même

---

[1] TERRÉ, François, LEQUETTE, Yves, GAUDEMET, Sophie, *Droit civil, les successions, les libéralités*, Dalloz, 4e édition, 2014, n° 229, p. 231.

[2] LEVILLAIN, Nathalie, « Les nouveaux droits successoraux des ascendants, Droit de retour légal de l'article 738-2 du Code civil », *JCP N* 2007, n° 1135, pp. 23, 24.

[3] *Ibid.*, p. 22.

[4] BEIGNIER, Bernard, *op. cit.*, n° 770, p. 442 ; DELFOSSE, Alain, PENIGUEL, Jean-François, *La réforme des successions et des libéralités*, Litec, 2006, n° 329, p. 148 ; FERRÉ-ANDRÉ, Sylvie, BERRE, Stéphane, *Successions et libéralités*, Dalloz, 2012, n°235, p. 132 ; *Droit patrimonial de la famille, sous la direction de Michel GRIMALDI*, Dalloz action, 5e édition, 2015-2016, n° 235.110, p. 527 ; LEVILLAIN, Nathalie, « Nouvelles règles de dévolution de la succession de l'adopté, une réforme incomplète », *JCP N* 27 juillet 2007, n° 30-34, étude 1223, n° 9, p. 21 ; PETERKA, Nathalie, « Les retouches à la dévolution successorale, à propos de la loi du 23 juin 2006 », *Droit de la famille* décembre 2006, Études 52, n° 6, p. 6 ; TERRÉ, François, LEQUETTE, Yves, GAUDEMET, Sophie, *op. cit.*, n° 226, p. 229.

si le bien donné ne se prête pas à un partage en nature, entraînant une licitation. Il conduit ainsi à la sortie du bien de la famille.

Le bénéfice de la subrogation réelle, exclu par le principe du retour en nature. – L'opposition entre la théorie de l'identité et la subrogation réelle a été soulevée sous l'empire du Code civil de 1804. L'ancien article 747, qui régissait le droit de retour des ascendants, prévoyait que « les ascendants succèdent aux choses par eux données lorsque les objets donnés se retrouvent en nature dans la succession ». Cet article disposait, dans son alinéa second, que « si les objets ont été aliénés, les ascendants recueillent le prix qui peut en être dû. Ils succèdent aussi à l'action en reprise que pouvait avoir le donataire ».

L'ancien article 747 du Code civil avait posé le principe du retour en nature dans son alinéa premier ; dans l'alinéa second, en revanche, étaient prévus le retour sur la créance du prix et l'action en reprise. Le retour en nature exigait que le bien donné se retrouve dans la succession dans son identique individualité, alors que l'alinéa second de l'article 747 admettait l'action en reprise et le retour sur la créance du prix du bien donné.

Deux théories se sont opposées : la théorie de l'identité et la théorie de la subrogation réelle. Selon la théorie de l'identité, le retour légal est limité aux biens donnés qui se retrouvent dans leur individualité physique dans la succession du donataire. Différents arguments justifient cette théorie. Les tenants[1] de la théorie de l'identité invoquent le principe de l'interprétation stricte[2] du droit de retour, en raison de sa nature exceptionnelle qui déroge à la dévolution de la succession *ab intestat*. Par ailleurs, l'alinéa 2 de l'ancien article 747 ne permettait pas l'admission de la subrogation réelle, car le retour qui portait sur le prix encore dû n'était qu'un moyen de restituer le bien donné, aliéné par le défunt. En effet, tant que le montant n'avait pas encore été versé, le vendeur pouvait agir en résolution de la vente. Tant que l'aliénation n'était pas définitive, le bien donné était considéré comme demeurant en nature dans la succession du donataire[3]. Il en était ainsi pour l'action en reprise, qui visait à faire rentrer le bien donné dans la succession du donataire. Ainsi, le droit de retour au profit des ascendants se trouvait limité aux cas expressément prévus par l'ancien article 747 du Code civil. Autrement dit, le droit de retour ne s'exerçait que sur les biens donnés se trouvant en nature dans la succession du défunt ainsi que sur la créance du prix et l'action en reprise.

Le principe du retour en nature, consacré par la loi du 23 juin 2006. – Le principe du retour en nature est également prévu à l'alinéa 1er de l'article 738-2 du Code civil, issu de la loi du 23 juin 2006. Néanmoins, ce principe

---

[1] AURENGE, Joseph, *La subrogation réelle*, thèse Paris, 1910, p. 133, STORA, Charles, *op. cit.*, 443.

[2] *Exceptio est strictissimae interpretationis.*

[3] MAGNILLAT, André, *De la subrogation réelle*, Lyon, Imprimerie Paul Legendre et Cie, 1912, p. 233.

est tempéré par l'exception du retour en valeur prévue à l'alinéa 3 de l'article 738-2 du Code civil, dès lors que le bien donné ne se retrouve plus dans la succession.

Critiques au principe du retour en nature. – Le retour en nature en application de la théorie de l'identité rend le droit de retour fragile, voire illusoire. Lorsque le bien donné ne se trouve plus dans le patrimoine du défunt, il ne peut plus s'exercer. De ce fait, la théorie de la subrogation réelle est envisagée pour exercer le retour sur un bien qui représente le bien donné. Il suffit d'établir la corrélation entre le bien donné et le bien substitué.

Le principe de retour en nature subit une exception dès lors que la valeur des biens donnés est supérieure au quart de la succession ou en cas d'aliénation du bien donné par vente, donation ou legs. Dans ces hypothèses, le retour s'exerce sur les valeurs subrogées. Par ailleurs, une question a été soulevée quant à l'étendue du principe du retour en nature. Bien que cette interrogation ait surgi sous l'empire du droit antérieur, elle présente un intrérêt, en raison du principe du retour en nature repris par la loi du 23 juin 2006. En effet, il semble opportun de traiter la possibilité du retour en nature de biens subrogés dans le cadre du droit de retour en faveur des ascendants privilégiés.

Le principe du retour en nature, tempéré par l'exception du retour en valeur. – En vertu de l'alinéa 3 de l'article 738-2 du Code civil, le retour s'exerce en valeur, dès lors que le bien donné ne figure plus dans la succession du défunt donataire. Si le bien donné est aliéné, le retour s'exercera sur la valeur subrogée[1]. Ainsi, la subrogation réelle est admise dans le cadre du droit de retour en faveur des ascendants privilégiés, à l'opposé des autres cas du retour légal.

Pour l'exercice du droit de retour en valeur, il faudra liquider le droit de retour en réunissant fictivement le bien donné aux biens existants au décès, et pour sa valeur, au jour de son aliénation. Selon l'alinéa 3 *in fine* de l'article 738-2 du Code civil, le retour en valeur s'exerce dans la limite de l'actif successoral. Ainsi, il se peut que les père et mère recueillent plus que le quart de leur vocation ordinaire (art. 738 et 757-1 C.civ.), voire tout l'actif existant au préjudice des collatéraux privilégiés ou du conjoint[2].

Le retour en valeur est plafonné à hauteur de l'actif successoral[3]. L'article 738-2, dans son alinéa 2, disposant que « la valeur de la portion des biens soumis au droit de retour s'impute en priorité sur les droits successoraux des

---

[1] LEVILLAIN, Nathalie, « Les nouveaux droits successoraux des ascendants, Droit de retour légal de l'article 738-2 du Code civil », *op. cit.*, p. 24.

[2] GRIMALDI, Michel, *Droit des successions*, Lexis Nexis, 7e édition, 2017, n° 264, p. 204.

[3] LEVILLAIN, Nathalie, FORGEARD, Marie-Cécile, BIOCHÉ, Alexandre, *Liquidation des successions*, Dalloz référence, 3e édition, 11 mars 2016, n° 123-42, p. 40.

père et mère », les droits légaux des ascendants privilégiés ne peuvent se cumuler avec leurs droits de retour[1].

Le retour des valeurs subrogées, conforme à la nouvelle finalité assignée au droit de retour des ascendants privilégiés. – L'exception de retour en valeur semble remettre en cause la finalité et l'efficacité du droit de retour, qui vise à conserver les biens au sein de la cellule familiale[2]. Nous estimons, cependant, que le retour des valeurs subrogées correspond à la nouvelle finalité de droit de retour depuis la loi du 23 juin 2006. En effet, le droit de retour légal des ascendants, issu de la loi du 23 juin 2006, a un but distinct du droit de retour dans sa conception classique, tel qu'il existait sous l'empire du droit antérieur ; il vise à compenser la suppression de la réserve héréditaire des ascendants réalisée par la loi du 23 juin 2006. Le droit de retour légal s'exerce non seulement en nature mais aussi en valeur, alors qu'à l'origine, le droit de retour a été créé afin de conserver les biens en nature dans la famille.

Le recours à la subrogation réelle dans le cadre du retour de la somme d'argent donnée. – La subrogation réelle est également sollicitée dans le cadre du retour de la somme d'argent donnée. Le retour de la somme d'argent donnée ou des deniers provenant de l'aliénation du bien donné par l'effet de la subrogation réelle peut être exercé au profit des ascendants. Par ailleurs, la condition de l'individualisation de la somme d'argent, posée sous l'empire du droit antérieur, n'est plus requise dans la mesure où le retour en valeur est prévu à l'alinéa 3 de l'article 738-2 du Code civil[3].

Est-ce que le législateur aurait pu prévoir la subrogation réelle en second degré dans la mesure où le retour des valeurs subrogées est admis depuis la réforme issue de la loi du 23 juin 2006 ? Autrement-dit, les ascendants privilégiés pourront-ils invoquer la subrogation réelle pour bénéficier du retour en nature du bien acquis en remploi du bien donné ? On constate que l'économie générale de l'institution du droit de retour légal au profit des ascendants privilégiés depuis la réforme ne se heurte pas à une intervention étendue de la subrogation réelle sur le plan théorique ainsi que sur le plan technique.

Le droit de retour légal des ascendants privilégiés, compensation à la suppression de la réserve héréditaire. – Le droit de retour légal des

---

[1] PIÉDELIÈVRE, Stéphane, *Successions et libéralités*, Larcier, 2014, n° 97, p. 118 ; TERRÉ, François, LEQUETTE, Yves, GAUDEMET, Sophie, *op. cit.*, n° 229, p. 231.

[2] LE GUIDEC Raymond, CHABOT Gérard, *Rép. Civ. Dalloz*, Janvier 2009, actualisation octobre 2015, n° 395 ; PENIN, Olivier, « L'évolution des droits de retour dans le Code civil depuis les lois de 2001 et 2006 », *RTD Civ.* 2014, p. 49, spéc. 31 ; VIGNEAU, Daniel, « Les nouvelles règles de dévolution successorale », *Dalloz* 2006, p. 2556.

[3] PARIS, Guillaume, *Les droits de retour légaux des articles 738-2 et 757-3 du Code civil*, sous la direction de Michel GRIMALDI, thèse Paris, 2012, n° 189, p. 172.

ascendants était consacré par le Code Napoléon à l'ancien article 747[1], supprimé par la loi du 3 janvier 1972[2]. En effet, les droits de retour introduits par la loi du 23 juin 2006 sont différents du droit de retour dans sa conception classique. Le droit de retour de l'ascendant, tel qu'il est prévu à l'article 738-2, est un « hybride mal conçu d'un droit de retour et d'une réserve aléatoire »[3]. Avant la réforme opérée par la loi du 23 juin 2006, les ascendants privilégiés bénéficiaient d'une réserve héréditaire en présence du conjoint survivant. Cette loi, en abrogeant l'article 914 du Code civil, a fait disparaître la réserve héréditaire des ascendants. En revanche, le droit de retour en faveur des ascendants prévue par l'article 738-2 issu de la loi du 23 juin 2006 a pour but de compenser la suppression de la réserve héréditaire.

En effet, la réserve des ascendants poursuivait deux buts : d'une part, ne pas laisser les ascendants dans le besoin après le décès du descendant chargé de l'obligation alimentaire envers eux (art. 205 C.civ.) ; d'autre part, conserver les biens dans la famille.

Néanmoins, cette réserve présentait certains inconvénients. Le conjoint survivant était privé du bénéfice de biens provenant de l'industrie personnelle du *de cujus*. En outre, le but de la conservation des biens dans la famille n'était pas toujours atteint, en raison du fait que la réserve des ascendants se réduisait à une quote-part en usufruit en présence du conjoint gratifié (anc. art. 1094 C. civ.).

Le droit de retour issu de la réforme, en faveur de la conservation des richesses familiales. – Le droit de retour des ascendants, issu de la loi du 23 juin 2006, ne permet pas d'atteindre ces buts[4]. L'obligation alimentaire n'est pas reconnue dès lors qu'aucune donation n'est accordée au profit du défunt. En outre, le retour s'exerce sur un quart de la succession ou un quart de la valeur du bien donné. Cette institution ne permet que de conserver une partie de la richesse familiale. De ce fait, l'objectif initial du droit de retour de conserver les biens dans la famille n'est pas respecté. Cependant, le retour en nature du bien subrogé, ainsi que le retour des valeurs subrogées au bien donné, contribuent à la conservation des richesses familiales. Le retour conventionnel préserve également son intérêt.

---

[1] L'ancien article 747 du Code civil 1804 prévoyait que « les ascendants succèdent, à l'exclusion de tout autres, aux choses par eux données à leurs enfants ou descendants décédés sans postérité, lorsque les objets donnés se retrouvent en nature dans la succession. Si les objets ont été aliénés, les ascendants recueillent le prix qui peut en être dû. Ils succèdent aussi à l'action en reprise que pouvait avoir le donataire ».

[2] Loi n° 72-3 du 3 janvier 1972 sur la filiation.

[3] CATALA, Pierre, « Le droit successoral entre son passé et son avenir », *in Le monde du droit, Écrits rédigés en l'honneur de Jacques FOYER*, Economica, 2008, n° 9, p. 234.

[4] ARTEIL, David, « L'ascendant dans le nouveau droit des successions et des libéralités », *Defrénois* 15 avril 2007, n° 7, art. 38567, spéc. n°14 ; « Le droit de retour légal est trop restrictif pour être analysé comme une manifestation de solidarité familiale » : *cf.* NICOD, Marc, « Solidarité familiales et dépendance économique des ascendants », *Droit de la famille* juin 2016, n° 6, dossier 19, § 14.

Le droit de retour conventionnel. – Le droit de retour conventionnel est le droit de retour prévu par une clause stipulée dans l'acte de donation. L'article 951 du Code civil précise que le donateur peut prévoir ce droit de retour « soit pour le cas du prédécès du donataire seul, soit pour le cas du prédécès du donataire et de ses descendants ». Cependant, le donateur ne peut pas prévoir que le droit de retour bénéficiera à quelqu'un d'autre que lui. Ainsi, une condition résolutoire de la libéralité est-elle stipulée en cas de prédécès du gratifié avec ou sans postérité.

En effet, le donataire dispose de la pleine propriété du bien donné durant sa vie, mais la validité de ses actes de disposition dépend du droit conditionnel du donateur. Dans la pratique, pour interdire l'aliénation du bien donné, une clause d'inaliénabilité est souvent stipulée dans l'acte de donation. Cette clause entraîne la nullité de l'aliénation et la révocation rétroactive de la libéralité pour inexécution des charges à compter de l'aliénation (art. 954 C.civ.)[1].

Si le donataire ou ses descendants survit au donateur, la donation est confirmée. Au contraire, en cas de prédécès du donataire ou du donataire et de ses descendants, la donation est résolue et les droits conférés par le donataire sont rétroactivement anéantis par l'effet de la clause résolutoire[2]. Le droit de retour s'ouvre au profit du donateur dont le droit de propriété est rétabli : étant bénéficiaire du droit de suite, le bénéficiaire peut revendiquer le bien entre les mains des tiers acquéreurs[3]. Ces derniers peuvent cependant être protégés par la prescription acquisitive ou par la possession de bonne foi des meubles corporels (art. 2276, al. 1 C.civ.). Les héritiers du donataire doivent restituer le bien donné et les fruits à compter de l'ouverture du droit de retour.

Le jeu de la subrogation réelle dans le cadre du retour conventionnel. – La restitution porte sur le bien donné lui-même et sur l'indemnité subrogée, si le bien a péri par la faute du donataire. Dans le cadre du droit conventionnel, rien ne s'oppose à ce que le donateur renonce en tout ou partie à son droit de retour et autorise l'aliénation du bien donné. Dans ce cas, il est possible au

---

[1] MALAURIE, Philippe, BRENNER, Claude, *Les successions, Les libéralités*, LGDJ, Lextenso, 7e édition, 2016, n°395, p. 232.

[2] Cass. civ. 1re, 7 juin 1995, Bull. civ. I, n° 236 ; *Dalloz* 1995, 42e cahier, 614 ; Cass. civ. 1re, 7 juin 1995, *RTD Civ.* octobre-décembre 1995, §5, p. 951, l'exercice du droit de retour conventionnel opère résolution rétroactive de la convention et le bien reçu soustrait à sa succession ; BLANCHARD, Christophe, Cass. civ. 1re, 23 septembre 2015, n°14-18.131, *Droit et patrimoine* janvier 2016, n°254, p. 61 ; CHAMPENOIS, Gérard, Cass. civ. 1re, 23 septembre 2015, n°14-18.131, *Defrénois* 28 février 2016, N°4, 180 ; NICOD, Marc, Cass. civ. 1re, 23 septembre 2015, n°14-18.131, *Droit de la famille* novembre 2015, comm. 204, p. 34 ; VAREILLE, Bernard, Cass. civ. 1re, 23 septembre 2015, n°14-18.131, *RTD Civ.* janvier-mars 2016, §5, p. 174.

[3] GRIMALDI, Michel, *op. cit.*, n° 260, p. 200 ; MALAURIE, Philippe, BRENNER, Claude, *op. cit.*, n° 467, pp. 272-273.

donateur de prévoir le retour du bien acquis à titre de remploi par l'effet de la subrogation réelle conventionnelle[1].

L'intérêt d'un retour en nature des biens subrogés, ou la subrogation réelle au second degré en faveur des ascendants privilégiés. – La subrogation réelle au second degré n'est pas envisagée dans le cadre du droit de retour prévu à l'article 738-2 du Code civil. Nous soutenons, cependant, qu'il est permis d'envisager le retour en nature de biens subrogés dans la mesure où le retour en valeur est accordé aux ascendants par le législateur. De ce fait, si le bien donné est subrogé, le retour peut s'exercer en nature sur le bien acquis en emploi ou remploi. Une question subsiste : si le législateur a prévu le retour en valeur, quel est l'intérêt d'exercer le retour en nature de biens subrogés ? En effet, puisque la subrogation réelle opère dans le cadre du retour en valeur, elle permet au donateur d'exercer son droit sur toutes les valeurs subrogées au bien donné. Cependant, l'étendue du droit de retour se dégrade : de droit réel, il devient droit personnel. Le droit réel du donateur se transforme ainsi en une créance contre la succession, sauf en présence de valeurs individualisées[2].

La conservation du droit réel du donateur par le biais de la subrogation réelle au second degré. – Bien que la subrogation réelle, dans le cadre du retour en valeur, préserve le droit de retour des ascendants, elle ne parvient pas à maintenir sa nature de droit réel. Le donateur est alors en concours avec les créanciers du donataire. En revanche, en admettant le retour en nature des biens subrogés, le droit réel du donateur est préservé et le risque de concours est ainsi exclu. De ce fait, le législateur est invité à prévoir le retour en nature de biens subrogés au bien donné dans le cadre du droit de retour légal des ascendants.

Le principe du retour en nature au profit des ascendants privilégiés est atténué par l'exception du retour en valeur. Le législateur a donc admis le jeu de la subrogation réelle en vue de conserver les valeurs au sein de la famille et compenser ainsi la suppression de la réserve héréditaire des ascendants. Le principe de l'affectation en nature s'applique avec une portée différente dans le cadre du droit de retour légal au profit des collatéraux privilégiés et des familles, adoptive et par le sang, de l'adopté simple.

---

[1] GRIMALDI, Michel, « Donation de titres sociaux et subrogation réelle », *Defrénois* 30 mars 2015, n°6, § 3, p. 295 ; MALAURIE, Philippe, BRENNER, Claude, *op. cit.*, n°469, p. 274.

Section II.
Le droit de retour légal en faveur des collatéraux privilégiés et des familles, adoptive et par le sang, de l'adopté simple

La théorie de l'identité émise sous l'empire du droit antérieur pour le droit de retour des ascendants s'applique dans le cadre des droits de retour depuis les réformes opérées par les loi du 3 décembre 2001 et du 23 juin 2006, tels que les droits de retour qui concernent la succession de l'adopté simple, de même que le droit de retour des collatéraux privilégiés. Seul le retour en nature est envisagé aux articles 368-1 et 757-3 du Code civil, ce qui laisse supposer la mise à l'écart de la subrogation réelle. Cette règle paraît conforme au but du droit de retour dans sa conception classique, qui est de maintenir les biens au sein de la famille. Cependant, le fondement du droit de retour a fait l'objet d'une évolution depuis la loi du 23 juin 2006. Cette réforme témoigne d'un changement de finalité du droit de retour, qui ne tend plus à conserver les biens dans la famille selon leur origine, mais à maintenir les richesses dont l'affectation au sein de la famille peut être assurée par le jeu de la subrogation réelle.

Contrairement au droit de retour légal des ascendants privilégiés, seul le retour en nature des biens donnés est prévu en faveur des collatéraux privilégiés, de même que pour les droits de retour qui caractérisent la succession de l'adopté simple. Le jeu de la subrogation réelle est donc écarté. Il convient cependant de souligner que le principe du retour en nature n'offre pas une garantie suffisante à la conservation des biens au sein de la famille.

Le droit de retour légal dans la succession de l'adopté simple. – Les droits de retour qui concernent la succession de l'adopté simple ne laissant ni descendance ni conjoint sont régis par l'article 368-1 du Code civil, qui dispose que « dans la succession de l'adopté, à défaut de descendants et de conjoint survivant, les biens donnés par l'adoptant ou recueillis dans sa succession retournent à l'adoptant ou à ses descendants, s'ils existent encore en nature lors du décès de l'adopté, à charge de contribuer aux dettes et sous réserve des droits acquis par les tiers. Les biens que l'adopté avait reçus à titre gratuit de ses père et mère retournent pareillement à ces derniers ou à leurs descendants. Le surplus des biens de l'adopté se divise par moitié entre la famille d'origine et la famille de l'adoptant ».

Le droit de retour légal des collatéraux privilégiés. – La loi du 3 décembre 2001 [1] a reconnu la primauté du conjoint survivant sur les collatéraux privilégiés. Les frères et sœurs et leurs descendants sont évincés de la succession en présence du conjoint survivant. Afin de remédier à cette éviction, l'article 757-3 du Code civil institue un droit de retour au profit des

---

[1] « *Loi n° 2001-1135 du 3 décembre 2001 relative aux droits du conjoint survivant et des enfants adultérins et modernisant diverses dispositions de droit successoral* ».

collatéraux privilégiés. L'ancien article 766 du Code civil de 1804, qui consacrait un droit de retour en faveur des frères et sœurs légitimes de l'enfant naturel, prévoyait que le bien, objet du retour, serait recueilli en totalité par les frères et sœurs légitimes ; tandis que le nouvel article 757-3 du Code civil énonce que seule la moitié des biens que le défunt a reçus de leur auteur commun par succession ou donation sera dévolue aux collatéraux privilégiés, l'autre moitié revenant au conjoint survivant. Une partie des biens échappe ainsi à l'emprise conjugale.

Les droits de retour dans la succession de l'adopté simple et ceux en faveur des collatéraux privilégiés, soumis au régime du retour en nature. – Contrairement au droit de retour légal au profit des ascendants privilégiés, le droit de retour en faveur des collatéraux privilégiés (art. 757-3 C.civ.) et le droit de retour au profit des familles, adoptive et par le sang, de l'adopté simple (art. 368-1 C.civ.) s'exercent uniquement en nature. Il appartient aux bénéficiaires du droit de retour de prouver que le *de cujus* a reçu à titre gratuit des biens qui se trouvent en nature dans la succession du défunt. Le retour en nature suppose que son bénéficiaire reçoive la chose dans l'état où elle se trouvait au jour de l'ouverture de la succession. Il subit donc des dégradations et il bénéficie également des améliorations[1]. Le droit de retour en faveur des collatéraux privilégiés, comme ceux prévus dans la succession de l'adopté simple, s'exerce en nature sur les biens donnés qui se trouvent dans leur individualité physique dans la succession du donataire. Le droit de retour cesse dès lors que le bien donné a été détruit, aliéné à titre onéreux ou gratuit, ou encore s'il a été donné ou légué[2]. La subrogation réelle étant exclue, le droit de retour ne peut s'exercer ni sur l'indemnité, ni sur le prix, ni sur le bien acquis en remploi. Cette règle est compatible avec l'objectif initial de l'institution du droit de retour, en fonction de l'origine des biens, afin que ces derniers puissent être conservés au sein de la famille. De ce fait, ce qui compte, ce sont les biens eux-mêmes dans leur nature et non leur valeur pécuniaire. Par conséquent, le retour en valeur n'est pas envisageable[3]. Comme les collatéraux privilégiés ne bénéficient pas d'une réserve héréditaire, ils peuvent être privés de ce droit de retour par le défunt ; soit expressément, par le testament, soit implicitement, par le legs[4] du bien donné, soit à un tiers, soit

---

[1] LEVENEUR, Laurent, « Pour le droit de retour de l'article 757-3 du Code civil, avec quelques améliorations », *in Études offertes au Doyen Philippe SIMLER*, Dalloz, 2006, n° 10, p. 196.

[2] DAVID-BALESTRIERO, Véronique, « La succession de l'adopté (adoption simple) après la loi du 23 juin 2006 », *Defrénois* 30 août 2007, n° 15, p. 1087.

[3] FERRÉ-ANDRÉ, Sylvie, « Des droits supplétifs et impératifs du conjoint survivant dans la loi du 3 décembre 2001 », *Defrénois* 15 juillet 2002, n° 13, p. 879 ; GOUBEAUX, Gilles, « Réforme des successions : inquiétant concours entre collatéraux privilégiés et conjoint survivant (à propos de l'article 757-3 du Code civil) pourquoi faire simple ?... », *Defrénois* 15 avril 2002, n° 7, p. 427, spéc. 6.

[4] NICOD, Marc, « Pas de QPC pour les frères et sœurs du partenaire privés des biens de famille », Cass. civ. 1re, 28 janvier 2015, n° 14-20-587, *Droit de la famille* avril 2015, n° 4, comm. 76.

au conjoint survivant, ou encore par une donation universelle consentie au conjoint survivant.

Le retour en nature, une protection insuffisante pour assurer la conservation du patrimoine familial. – L'exigence d'un retour des biens en nature présente des inconvénients. Elle entraîne l'exclusion de la subrogation réelle et l'anéantissement du droit de retour dès lors que le bien donné est transmis à titre gratuit ou onéreux par le défunt, ou si le bien a péri du vivant du défunt. Ainsi, l'idée du maintien des biens dans la famille est particulièrement affaiblie.

Le droit de retour des collatéraux privilégiés, réduit à un droit en indivision depuis la réforme opérée par la loi du 23 juin 2006. – Le retour en nature à hauteur de la moitié du bien en faveur des collatéraux privilégiés ne garantit pas la conservation des biens dans le lignage du fait que ceux-ci se trouvent en indivision avec le conjoint survivant ; ceci provoque souvent la licitation du bien et le retour d'une somme d'argent à hauteur de la moitié de la valeur du bien donné. Cette solution tient en échec l'objectif poursuivi par le législateur de conserver les biens dans la famille, car le bien risque d'être vendu à un tiers. Il en est ainsi en raison du fait que le droit de retour des collatéraux privilégiés ne porte pas sur l'intégralité des biens reçus à titre gratuit, mais seulement sur la moitié. Les collatéraux privilégiés et le conjoint survivant recueilleront respectivement la moitié du bien donné. De ce fait, il ne s'agit pas d'un droit de retour proprement dit, mais d'un droit en indivision[1].

Ce dispositif suscite des critiques car il ne présente qu'« une protection fragile du patrimoine familial, incomplète et illusoire »[2]. Cela étant, il existe des facultés reconnues aux collatéraux privilégiés qui souhaiteraient maintenir le bien dans la famille, notamment l'attribution préférentielle (art. 821 et suiv. C.civ.), l'attribution éliminatoire (art. 824 C.civ.), le sursis au partage (art. 820 C.civ.) et le droit de préemption (art. 815-14 C.civ.).

Pour remédier à cet inconvénient, le Professeur Laurent Leveneur propose d'attribuer l'usufruit du bien donné au conjoint survivant et la nue-propriété aux collatéraux privilégiés[3]. Cette proposition n'a toutefois pas été retenue par le législateur en 2006. Cependant, certaines modifications ont été apportées à l'assiette du droit de retour en faveur des collatéraux privilégiés. En effet, jusqu'à la loi du 3 décembre 2001, le retour portait sur les biens donnés ou recueillis dans la succession des père et mère. La loi du 23 juin 2006 étend cette assiette aux biens provenant des ascendants, ce qui comprend à la fois les père et mère et les ascendants ordinaires.

---

[1] ROBINNE, Sébastien, « De quelques interrogations en droit des successions depuis la loi du 3 décembre 2001, *Droit et patrimoine* décembre 2002, n° 110, p. 29.

[2] LEPROVAUX, Jérôme, *La protection du patrimoine familial*, préface Annick BATTEUR, Lille, Defrénois, 2008, n° 187, p. 130.

[3] LEVENEUR, Laurent, *op. cit.*, p. 185, spéc. n° 12.

Les collatéraux privilégiés ainsi que les familles adoptive et par le sang de l'adopté simple sont privés du bénéfice d'un retour en valeur. Il n'en demeure pas moins qu'un retour des valeurs subrogées peut être invoqué dans le cadre du droit de retour dans la succession de l'adopté simple, par le biais de l'article 738-2 du Code civil. De plus, un retour en nature des biens subrogés en faveur des collatéraux privilégiés et des familles adoptive et par le sang de l'adopté simple semble envisageable malgré l'absence de prévisions législatives.

Le bénéfice du retour en valeur par le biais de l'article 738-2 du Code civil. – Contrairement au droit de retour en faveur des ascendants privilégiés, aucun retour en valeur n'est prévu pour les collatéraux privilégiés et les familles adoptive et par le sang de l'adopté simple. Néanmoins, il semble opportun de se demander si les familles adoptive et par le sang de l'adopté simple ne pourraient pas invoquer un retour en valeur en leur qualité d'ascendants privilégiés.

En effet, en application du principe du retour en nature, si le bien donné ne se retrouve pas en nature lors de l'ouverture de la succession, le droit de retour légal est écarté aux termes de l'article 368-1 alinéa 1re du Code civil. Toutefois, les père et mère par le sang du défunt peuvent bénéficier du droit de retour en valeur prévu à l'article 738-2 du Code civil.

Le retour en valeur en faveur de la famille adoptive de l'adopté. – Quant aux parents adoptifs, une question peut être soulevée : peuvent-ils se prévaloir du retour en valeur prévu à l'article 738-2 du Code civil ? En effet, ce dispositif prévoit le droit de retour en faveur des parents sans aucune distinction du lien de filiation. De plus, de même que pour les parents par le sang, la réserve des parents adoptifs sur la succession ordinaire a été supprimée par la loi du 23 juin 2006, sans aucune contrepartie prévue par la loi. Il convient donc de reconnaître aux parents adoptifs le bénéfice du retour en valeur en cas d'aliénation du bien donné, conformément aux dispositions de l'article 738-2 du Code civil. Ainsi, si le bien donné ne figure plus dans la succession, l'article 738-2 peut être invoqué ; le retour s'exécutant en valeur, il s'imputera sur les droits *ab intestat* des ascendants.

Cependant, le droit de retour au profit de la famille adoptive et le droit de retour des ascendants diffèrent quant à l'assiette du retour. Au sens de l'article 368-1, le retour porte sur le bien donné en entier alors que le retour au profit d'un ascendant, envisagé par l'article 738-2, selon la majorité des auteurs[1], est limité à hauteur d'un quart de la succession[2].

---

[1] BEIGNIER, Bernard, *loc. cit.* ; DELFOSSE, Alain, PENIGUEL, Jean-François, *op. cit.*, n° 329, p. 148 ; FERRÉ-ANDRÉ, Sylvie, BERRE, Stéphane, *loc. cit.* ; *Droit patrimonial de la famille, sous la direction de Michel GRIMALDI*, *op. cit.*, n° 235.110, p. 527 ; LEVILLAIN, Nathalie, « Nouvelles règles de dévolution de la succession de l'adopté, une réforme incomplète », *loc. cit.* ; PETERKA, Nathalie, *loc. cit.* ; TERRÉ, François, LEQUETTE, Yves, GAUDEMET, Sophie, *op. cit.*, n° 226, p. 229.

[2] Sauf si la valeur du bien donné ne va pas au-delà du quart de la succession, dans ce cas, le bien donné sera retourné dans sa totalité aux ascendants donateurs.

En effet, le législateur reconnaît aux parents adoptifs le privilège de pouvoir cumuler le droit de retour et le droit de succession *ab intestat*. Ce qui n'est pas le cas pour le retour en faveur des ascendants, droit qui est limité à concurrence des quotes-parts fixées par l'aliéna premier de l'article 738 du Code civil (un quart de la succession).

Le retour de la somme d'argent donnée. – Enfin, concernant le retour de la somme d'argent reçue par le défunt, certains auteurs estiment que le retour de la somme d'argent n'est pas envisageable, car le retour en nature exclut le jeu de la subrogation réelle. Le législateur ayant employé le terme « bien » (art. 368-1 et 757-3 C.civ.)[1], seuls les biens attachés à la famille seraient donc visés par le retour. Le retour peut néanmoins concerner les créances et les valeurs mobilières, qui peuvent faire l'objet d'un retour en nature car leur identification reste possible.

Cet argument ne semble pas convaincant car si le bien donné est une somme d'argent, les droits de retour légaux des articles 368-1 et 757-3 du Code civil peuvent être exercés dès lors que la succession comporte des deniers en quantité suffisante[2]. Il n'est certes pas nécessaire de rechercher si ces deniers sont ceux qui ont effectivement été reçus par le donataire[3]. En revanche, les deniers provenant de l'aliénation du bien donné ne pourraient pas retourner aux bénéficiaires du droit de retour, puisque le retour en valeur n'est pas envisagé dans le cadre du droit de retour des collatéraux privilégiés.

Le principe du retour en nature posé par le législateur dans le cadre du droit de retour des collatéraux privilégiés et des familles, adoptive et par le sang, de l'adopté simple suppose l'exclusion de la subrogation réelle au premier ou au second degré. Cependant, la question est de savoir si le retour en nature de biens subrogés, ou une subrogation réelle au second degré, serait envisageable sur le plan théorique et technique.

L'évolution de la finalité du droit de retour en faveur des collatéraux privilégiés et des familles, adoptive et par le sang, de l'adopté simple. – Sur le plan théorique, le but et l'objectif assignés au double droit de retour légal des familles, adoptive et par le sang, de l'adopté simple, ainsi qu'au droit de retour des collatéraux privilégiés, ont connu une évolution. En effet, la loi du 23 juin 2006 a opéré un changement profond sur le fondement du droit de retour. Il n'est plus destiné à la conservation des biens dans la famille, mais à maintenir les richesses au sein de la famille. Tel est le cas du droit de retour au bénéfice des collatéraux privilégiés prévu à l'article 757-3 du Code civil : il ne garantit plus la finalité initiale du retour légal, mais il tend à assurer un

[1] « *L'argent n'a pas d'âme* » : *cf.* BEIGNIER, Bernard, « La loi du 3 décembre 2001 : Le conjoint héritier », *Droit de la famille* avril 2002, chroniques n°8, p. 5.

[2] CHARMONT, CA Lyon, 24 août 1871, *Sirey* 1972, II, p. 225 ; FORGEARD, Marie-Cécile, CRÔNE, Richard, GELOT, Bertrand, *La réforme des successions : loi du 3 décembre 2001 : commentaire et formules*, préface de Georges MORIN, Defrénois, 2002, n°9, p. 10.

[3] LEVILLAIN, Nathalie, « Les nouveaux droits *ab intestat* du conjoint survivant », *JCP N* 22 février 2002, n° 8-9, art. 1163, p. 357.

droit successoral en faveur des collatéraux privilégiés en présence du conjoint survivant, et aussi à ne pas priver totalement la famille par le sang de droits successoraux en faveur du conjoint survivant.

Ainsi, le droit de retour n'est plus justifié par l'affectation de biens donnés à la famille mais par l'affectation des valeurs dans la famille. Cette évolution du but et de l'objectif du droit de retour favorise l'intervention de la subrogation réelle, dont le rôle majeur consiste à préserver les valeurs afin de maintenir l'affectation des richesses au sein de la famille du jour de la donation à l'ouverture de la succession du donataire[1].

Nous considérons que le retour en nature peut s'exercer sur le bien acquis en emploi ou en remploi de biens donnés par l'effet de la subrogation réelle. Ainsi, le principe du retour en nature n'est pas un obstacle au jeu de la subrogation réelle[2].

L'origine d'une possible subrogation réelle au second degré. – La théorie de la subrogation réelle a été émise dans le cadre du droit de retour en nature prévu aux anciens articles 747 et 766 du Code civil de 1804. Certains auteurs estimaient que le retour en nature de biens subrogés était possible puisque le législateur avait prévu au second alinéa de l'ancien article 747 le retour de la créance du prix ainsi que l'action en reprise qui tendait à récupérer, non seulement le bien donné, mais aussi tous les biens qui ont été substitués au bien donné.

Ainsi, la subrogation réelle était reconnue en germe dans le cadre du droit de retour. Il résultait du second alinéa de l'ancien article 747 du Code civil que l'ascendant donateur avait le droit de reprendre toutes les valeurs que représentait le bien donné dans la succession du donataire. En établissant le lien de provenance entre le bien donné et le bien de remplacement, l'exercice du retour sur les valeurs subrogées au bien donné demeurait envisageable. Contrairement à l'article 1434 du Code civil, dans le cadre de l'emploi et du remploi de biens propres, la preuve pouvait en être rapportée par tous moyens.

La subrogation réelle étant concevable, la question de son étendue a suscité des controverses. Contrairement à Aubry et Rau[3], qui n'admettaient la subrogation réelle qu'au premier degré, André Henry a soutenu la thèse selon laquelle ce n'était pas le retour du bien donné dans son identité qui importait, mais le retour de la valeur représentant le bien donné. De ce fait, il était également admissible de retourner le bien acquis en remploi des deniers provenant de l'aliénation du bien donné[4].

---

[1] GUINCHARD, Serge, *Essai d'une théorie générale de l'affectation des biens en droit privé français*, thèse Lyon, 1974, n° 176, p. 169, n° 337, p. 311.

[2] PARIS, Guillaume, *Les droits de retour légaux des articles 738-2 et 757-3 du Code civil*, *op. cit.*, n° 182, p. 172.

[3] AUBRY, Charles, RAU, Charles, *op. cit.*, pp 359-360.

[4] HENRY, André, *op. cit.*, pp. 364-365.

Cette règle trouvait également son application pour les droits de retour en cas d'adoption simple (anc. art. 351 et 352 C.civ. 1804), qui s'exerçait en nature.

La subrogation réelle de plein droit. – Le jeu de la subrogation réelle de plein droit trouve son fondement dans le caractère universel des biens donnés. Le droit de retour légal confère une vocation successorale à son bénéficiaire. Ce dernier est considéré comme successeur à titre universel, bien qu'il exerce son droit sur un bien déterminé. Il doit néanmoins supporter une partie des dettes du *de cujus*, proportionnellement à l'actif reçu. Mais il bénéficie aussi de l'actif successoral à hauteur de la valeur du bien donné. Le droit de retour portant sur des biens déterminés, ceux-ci sont considérés comme des éléments composant une universalité juridique distincte de la succession du défunt donataire et au sein de laquelle la subrogation réelle peut jouer de plein droit.

Les biens donnés font l'objet d'un retour quelles que soient les différentes fluctuations matérielles survenues entre la date de la donation et la date du décès du donataire car au décès du donataire, ils forment une universalité de droit autonome du patrimoine du défunt. Le droit de retour est justifié par l'affectation de biens donnés à la famille. La permanence de cette affectation peut être préservée par la subrogation réelle du jour de la donation à l'ouverture de la succession du donataire.

Seul le retour en nature est prévu en faveur des collatéraux privilégiés et des familles adoptive et par le sang de l'adopté simple, qui entraîne l'exclusion de la subrogation réelle. Cependant, nous avons pu constater que l'évolution du but et de la finalité de ce droit favorise l'intervention de la subrogation réelle afin de maintenir l'affectation des richesses au sein de la famille.

Le droit de retour, également appelé « succession anomale », n'est pas soumis aux règles ordinaires de la dévolution successorale, comme le principe d'unité de la succession. Le principe d'unité de la succession signifie que « l'ensemble de la succession doit être dévolu selon un principe unique, celui de la proximité de la parenté. Il n'existe pas pour chaque espèce de biens des règles de dévolution particulières »[1]. Cette règle, énoncée par l'ancien article 732 du Code civil[2], a été abrogée par la loi du 3 décembre 2001[3]. Cette abrogation semble justifiée car la dévolution des successions prend de plus en plus souvent en compte la nature, l'origine ou la destination des biens héréditaires, notamment à travers le mécanisme de l'attribution préférentielle. Il n'en demeure pas moins que le principe d'unité de la succession garde son utilité. Il est dès lors possible de trouver des traces de cette règle sous une forme atténuée dans l'article 731 du Code civil, qui dispose que « la

---

[1] TERRÉ, François, LEQUETTE, Yves, GAUDEMET, Sophie, *op. cit.*, n° 77, p. 83.

[2] L'ancien article 732 du Code civil disposait que « la loi ne considère ni la nature ni l'origine des biens pour en régler la succession ».

[3] Loi n° 2001-1135 du 3 décembre 2001 relative aux droits du conjoint survivant et des enfants adultérins et modernisant diverses dispositions de droit successoral.

succession est dévolue par la loi aux parents et au conjoint successibles du défunt dans les conditions définies ci-après ». Cette disposition permet de classer les héritiers en fonction de leur lien de parenté sans prendre en compte ni la nature, ni l'origine des biens. Désormais, l'unité de la succession est un principe non écrit[1].

La dévolution de la succession fondée sur la proximité de la parenté établit la succession de droit commun, assortie d'un certain nombre d'exceptions dont les successions anomales (dévolution des biens en raison de leur origine) et les successions particulières ou spéciales (dévolution des biens en raison de leur nature). Le Code civil prévoit le droit de retour au profit de celui qui a transmis le bien à titre gratuit dès lors que le gratifié décède sans postérité. Les successions anomales, fondées sur l'origine des biens, reposent traditionnellement sur l'idée de conservation des biens dans les familles. Pour atteindre cet objectif, l'affectation en nature est instaurée comme principe dans le cadre du droit de retour légal, ce qui rend inutile la subrogation réelle.

Cependant, depuis les réformes opérées par les lois du 3 décembre 2001 et du 23 juin 2006, l'emploi de l'expression « succession anomale » pour désigner les cas de retour consacrés par la loi prête à discussions, car depuis les réformes, l'institution du droit de retour a connu une évolution considérable concernant son fondement et son mécanisme. Ce renouvellement, notamment dans le cadre du droit de retour légal des ascendants et des collatéraux privilégiés, conduit à remettre en cause la scission entre la succession ordinaire et la succession anomale.

En effet, le fondement du droit de retour instauré en faveur des ascendants privilégiés n'est plus la conservation des biens dans la famille, mais la consécration d'un devoir de famille visant à assurer la subsistance des père et mère dont la réserve héréditaire est supprimée par la loi du 23 juin 2006. Il en est également de même dans le cadre du droit de retour légal des collatéraux privilégiés établi par la loi du 3 décembre 2001, qui ne porte que sur la moitié des biens et vise à compenser l'éviction des collatéraux privilégiés par le conjoint survivant. Enfin, le droit de retour au profit de la famille adoptive et par le sang dans le cadre de l'adoption simple suppose une absence du conjoint survivant. Cette nouvelle condition, prévue à l'article 368-1 du Code civil issu de la loi du 23 juin 2006, témoigne de la volonté du législateur de promouvoir le statut du conjoint survivant dans l'ordre successoral au détriment de la conservation des biens dans la famille.

Nous soutenons que cette évolution du fondement et de la finalité du droit de retour constitue un terrain favorable à l'intervention de la subrogation réelle, dont le rôle conservateur peut être utilisé afin de préserver les valeurs dans la famille. Ainsi, nous estimons que l'économie générale de l'institution du droit de retour ne pose pas véritablement de limites au jeu de la subrogation

---

[1] GRIMALDI, Michel, *Droit des successions*, *op. cit.*, n° 115, p. 91 ; LEQUETTE, Yves, *op. cit.*, p. 183.

réelle, qui peut se concevoir largement. Il est possible de prévoir le retour sur le bien acquis en contre-échange du bien donné, ou encore sur le bien acquis en emploi ou remploi du bien donné[1].

L'application du principe de l'affectation en nature n'est pas limitée aux droits de retour, elle est également consacrée dans d'autres institutions du droit patrimonial de la famille telles que les libéralités graduelles et résiduelles.

---

[1] AURENGE, Joseph, *op. cit.*, p. 134 ; CAPITANT, Henri, *op. cit.*, p. 405 ; HENRY, André, *op. cit.*, p. 362 ; LEVENEUR, Laurent, LEVENEUR, Sabine, *Leçons de droit civil. Successions-libéralités*, Tome IV, Volume 2, Henri MAZEAUD, Léon, MAZEAUD, Jean, François CHABAS, Paris, Montchrestien, 5e édition, 1999, n° 850, p. 175 ; RIPERT, Georges, BOULANGER, Jean, *op. cit.*, n°1779.

Chapitre second

Les libéralités graduelles et résiduelles

Les libéralités graduelles et résiduelles à destination familiale. – Avec la loi du 23 juin 2006, le législateur a introduit dans le Titre II du Livre troisième du Code civil un nouveau chapitre VI comportant deux sections, l'une consacrée aux libéralités graduelles (art. 1048 à 1056 C.civ.) et l'autre consacrée aux libéralités résiduelles (art. 1057 à 1061 C.civ.). Les libéralités graduelles et résiduelles sont des institutions qui relèvent du droit des successions et du droit des libéralités, mais leur mécanisme et leur domaine permettent de les étudier dans le cadre des libéralités à destination familiale.

Les biens objet de libéralités sont affectés à un usage déterminé : la conservation dans le domaine des libéralités graduelles et la transmission pour ces deux sortes de libéralités. Cette affectation en nature permet de protéger le patrimoine familial (**section I- le principe de « l'affectation en nature » dans les libéralités graduelles et résiduelles**). Cependant, le caractère familial des libéralités graduelles et résiduelles, de même que leur rôle de conservation du patrimoine familial, s'est estompé car le principe de l'affectation en nature a été atténué (**section II - le principe de « l'affectation en nature » atténué, en faveur d'une subrogation réelle concevable**).

Section I.
Le principe de « l'affectation en nature » dans les libéralités graduelles et résiduelles

La théorie de l'identité a vocation à s'appliquer dans le cadre des libéralités graduelles et résiduelles afin de conserver les biens dans leur individualité physique au sein de la famille. De ce fait, le principe de la restitution en nature est posé en matière de libéralités graduelles, de même que pour la transmission du *résiduum* en matière de libéralités résiduelles. Ce principe est toutefois tempéré pour les portefeuilles de valeurs mobilières, en raison de l'objet des libéralités graduelles et résiduelles, ou encore lorsque la volonté du disposant permet d'organiser la subrogation réelle conventionnelle.

Les biens objets de libéralités graduelles ou résiduelles doivent être identifiables en nature. De ce fait, sont impossibles tant la restitution par équivalence que le bénéfice de la subrogation réelle. Le principe de l'exclusion de la subrogation réelle est justifié du fait de l'affectation en nature des biens objet des libéralités ainsi que de leur conservation au sein de la famille.

L'obligation de conservation en nature à la charge du grevé. – L'article 1048 du Code civil, issu de la loi du 23 juin 2006, définit la libéralité graduelle selon les termes suivants : « une libéralité peut être grevée d'une charge comportant l'obligation pour le donataire ou le légataire de conserver les biens ou droits qui en sont l'objet de les transmettre, à son décès, à un second gratifié, désigné dans l'acte ».

La nature controversée de l'obligation de conservation. – La nature de l'obligation de conservation en nature à la charge du grevé a fait l'objet de débats. La question consiste à savoir s'il s'agit d'une inaliénabilité de fait ou de droit. Classiquement, la substitution fidéicommissaire s'analysait comme une libéralité conditionnelle. Le grevé était considéré comme propriétaire des biens donnés sous la condition résolutoire qu'il prédécède à l'appelé. L'appelé était propriétaire sous la condition suspensive de survivre au grevé. Le grevé était donc propriétaire des biens donnés moyennant une inaliénabilité conditionnelle. Il s'agissait, dans ce cas, d'une inaliénabilité de fait car la vente restait valable en cas de prédécès de l'appelé. Au contraire, si l'appelé survivait au grevé, l'aliénation des biens à un tiers pouvait être résolue. C'est pourquoi une clause d'inaliénabilité était nécessaire pour imposer une restriction de droit.

Les critiques. – Cet argument n'a pas manqué de soulever des critiques car le mécanisme résolutoire était incompatible avec le caractère substitutif de la libéralité. Par l'effet rétroactif de la condition, le grevé n'avait jamais été propriétaire et l'appelé était propriétaire depuis la mort du disposant. Autrement dit, la condition ne permettait pas de réaliser une double libéralité successive, puisqu'il n'y avait, en définitive, qu'une seule libéralité. De ce fait, la doctrine moderne propose de considérer le grevé comme débiteur d'une obligation de conservation juridique pure et simple et non sous condition résolutoire. Il s'agit donc d'une inaliénabilité de droit et non de fait. Il est possible de qualifier le grevé de propriétaire, à charge de conserver et de rendre les biens donnés; seuls les actes de disposition réalisés sont conditionnels[1].

Il convient de distinguer deux périodes : la première court à partir du jour où la donation a été consentie dans le cadre d'une donation graduelle, ou du

---

[1] BRENNER, Claude, *L'acte conservatoire,* Préface de Pierre CATALA, LGDJ, 1999, n° 457, p. 236.

jour du décès du disposant dans le cadre d'un legs graduel, autrement dit, à partir du jour où le grevé acquiert ses droits. Durant cette période, le grevé est chargé d'une obligation de conserver et de transmettre les biens compris dans la libéralité graduelle dont il est propriétaire. Ainsi, le grevé peut accomplir des actes d'administration et de disposition. En outre, les biens donnés avec charge graduelle peuvent être saisis par les créanciers du grevé. Cependant, en cas de prédécès du grevé, les actes de dispositions et les saisies seront inopposables à l'appelé. Si l'appelé décède avant le grevé, tous les actes réalisés par le grevé seront validés définitivement et la pleine propriété du bien reviendra au grevé[1].

La seconde période court à partir du décès du grevé. L'appelé est doté d'un droit de propriété sur les biens, objet de la libéralité graduelle, car il est réputé tenir ses droits de l'auteur de la libéralité (art. 1051 C.civ.). En cas d'acceptation de la libéralité graduelle par l'appelé, tous les actes de disposition effectués par le grevé seront résolus rétroactivement, sauf si la libéralité graduelle est opposable aux tiers, ce qui est le cas lorsque la charge graduelle porte sur un immeuble et qu'elle a fait l'objet d'une publication. Cependant, l'acquéreur peut également être protégé par l'usucapion en matière immobilière en cas de possession trentenaire et par la règle prévue à l'article 2276 du Code civil, selon laquelle « en fait de meubles, la possession vaut titre », s'il est de bonne foi[2].

L'obligation de transmettre le *résiduum* à la charge du grevé. – Contrairement à la libéralité graduelle, dans le cadre d'une libéralité résiduelle, le grevé est chargé de transmettre le *résiduum* (les biens qu'il laissera à sa mort) au second bénéficiaire (art. 1057 C.civ.). Seule l'aliénation pour cause de mort est interdite, car elle contredirait la charge imposée. Ainsi, le premier gratifié conserve le droit de disposer librement des biens à titre onéreux. Selon l'alinéa 2 de l'article 1059 du Code civil, l'aliénation à titre gratuit entre vifs est également autorisée, sauf manifestation de volonté contraire du disposant. Les dispositions prévues aux articles 1049, 1051, 1052, 1055 et 1056 du Code civil, régissant les libéralités graduelles, sont également applicables aux libéralités résiduelles (art. 1061 du C. civ.).

L'objet de la libéralité, identifiable à la date de la transmission. – Selon l'alinéa 1er de l'article 1049 du Code civil, les biens ou les droits objets de la libéralité doivent être identifiables à la date de la transmission. Ce n'est pas la date de la transmission à l'appelé qui est importante, mais celle de la transmission

---

[1] GRIMALDI, Michel, « Les libéralités graduelles et résiduelles », *JCP N* 22 décembre 2006, n° 51-52, art. 1387, n° 2, p. 2419 ; MATHIEU, Jean-Michel, « Focus sur quelques difficultés et pistes pour une meilleure utilisation des libéralités substitutives », *JCP N* 27 avril 2012, n° 17, 1201, p. 78, § 24 ; VERNIERES, Christophe, *Les libéralités à trois personnes*, sous la direction de Professeur Michel GRIMALDI, thèse Paris, 2012, §265, p. 251.

[2] MALAURIE, Philippe, BRENNER, Claude, *op. cit.*, n° 653, p. 380 ; TERRÉ, François, LEQUETTE, Yves, GAUDEMET, Sophie, *op. cit.*, n° 617, p. 548.

du disposant au grevé[1]. La date de la transmission varie en fonction de la nature de la libéralité ; en cas de donation, il faut prendre en considération la date de l'acte de donation et en cas de legs, la date du décès.

L'alinéa 1er de l'article 1049 du Code civil exclut toute restitution par équivalence, de même que la transmission de biens fongibles. La libéralité graduelle peut donc porter sur des corps certains, meubles ou immeubles, ainsi que sur des biens incorporels, tels que le droit d'auteur, le droit de créance, ou le fonds de commerce. Cependant, les choses fongibles semblent exclues car elles ne sont pas « identifiables à la date de la transmission »[2].

La restitution en nature, la mise à l'écart de la subrogation réelle. – L'alinéa 1er de l'article 1049 exige que les droits et les biens subsistent en nature au décès du grevé afin de les transmettre à l'appelé. Cela signifie qu'en cas de perte des biens, le droit de l'appelé est réduit à néant, les droits de l'appelé ne se reportant pas sur les deniers qui représentent le bien perdu tels que les dommages- intérêts ou l'indemnité d'assurance. Si le bien a été aliéné, l'appelé peut poursuivre les tiers acquéreurs pour revendiquer les biens libres de toutes charges ou hypothèques consenties par le grevé. Le legs ou la donation ne porte pas sur le prix de vente ou le bien acquis en remploi ou en échange du bien légué ou donné. La subrogation réelle est ainsi exclue.

L'exclusion de la subrogation réelle dans le cadre des libéralités résiduelles. – Ce dispositif, figurant dans la section 1 relative aux libéralités graduelles, est également applicable aux libéralités résiduelles. L'article 1058, alinéa 2 du Code civil prévoit dans le même sens que : « lorsque les biens, objets de la libéralité résiduelle, ont été aliénés par le premier gratifié, les droits du second bénéficiaire ne se reportent ni sur le produit de ces aliénations ni sur les nouveaux biens acquis ».

L'affectation en nature des biens, objet de la libéralité, l'inaliénabilité matérielle et juridique. – Contrairement aux auteurs de *l'offre de loi* [3], qui préconisaient une conservation en valeur, la loi du 23 juin 2006 opte pour la conservation en nature pour différentes raisons. Le risque de dilapidation du patrimoine du grevé n'est pas totalement écarté par l'obligation de conservation en valeur. En outre, les libéralités graduelles visent à maintenir certains biens dans la famille, ce qui n'est pas assuré par la restitution en valeur.

Les biens objets de la libéralité sont destinés à être conservés dans leur individualité physique par le grevé. Ils sont donc destinés à demeurer au sein de la famille. Cette affectation en nature entraîne nécessairement une inaliénabilité matérielle et juridique[4], ce qui heurte le principe de la libre circulation des

---

[1] GRIMALDI, Michel, *op. cit.*, n°3, p. 2420.

[2] Article 1049, alinéa 1re du Code civil.

[3] CARBONNIER, Jean, CATALA, Pierre, SAINT AFFRIQUE, Jean de, MORIN, Georges, *Des libéralités, une offre de loi*, préface de Jean CARBONNIER, Defrénois, 2003.

[4] BRENNER, Claude, HUDE, Louis, *op. cit.*, p. 54, §17 ; MALAURIE, Philippe, « Les libéralités graduelles et résiduelles », *Defrénois* 15 décembre 2006, n° 23, p. 1801, § 28 ; MATHIEU, Jean-Michel, *op. cit.*, n° 17, 1201, p. 79, § 31.

biens édicté par l'économie contemporaine. Cette inaliénabilité ne permet pas à la subrogation réelle d'intervenir, dans la mesure où l'une des conditions de sa réalisation, la fluctuation matérielle, fait défaut. C'est la fluctuation qui entraîne à la fois la disparition de l'objet du droit et l'apparition d'un nouvel objet susceptible de porter le même droit. Le jeu de la subrogation réelle paraît donc impossible. Enfin, la règle posée par l'article 1051 du Code civil, selon laquelle « le second gratifié est réputé tenir ses droits de l'auteur de la libéralité », est plutôt compatible avec une conservation en nature.

Par ailleurs, la conservation en valeur envisagée par l'offre de loi dans le cadre des libéralités graduelles présente des inconvénients, car l'appelé (le deuxième gratifié) se trouve en concours avec les créanciers du grevé à défaut de garanties ou de sûretés[1].

Enfin, pour certains[2], la libéralité graduelle a été conçue par le législateur de 2006 « comme une disposition à titre particulier (donation entre vifs ou legs particuliers) portant sur un bien ou un droit déterminé, envisagé *ut singuli* ». De ce fait, les libéralités universelles ou à titre universel semblent écartées. Il en est de même pour la subrogation réelle, dont le bénéfice ne peut être invoqué par l'appelé.

Le principe de l'absence de subrogation réelle comporte une exception, dès lors que les libéralités portent sur un portefeuille de valeurs mobilières caractérisé comme une universalité de fait. En outre, le défaut de subrogation réelle peut être compensé par la volonté du disposant de prévoir une subrogation réelle conventionnelle.

Le jeu de la subrogation réelle, admis dans le cadre d'un portefeuille de valeurs mobilières. – Une exception au principe de l'absence de la subrogation réelle est prévue par l'alinéa 2 de l'article 1049 du Code civil, afin de contribuer à la gestion normale des portefeuilles de valeurs mobilières. Selon ce dispositif, « la libéralité produit également son effet, en cas d'aliénation, sur les valeurs mobilières qui y ont été subrogées ». Les aliénations n'affectent pas l'intégrité du portefeuille appréhendé comme une universalité de fait. Cela est conforme à l'exigence d'une restitution en nature. La subrogation réelle peut opérer dès lors que la libéralité graduelle porte sur un portefeuille de valeurs mobilières. Cette exception joue tant pour les libéralités graduelles que pour les libéralités résiduelles. Elle permet au grevé de réaliser des actes d'aliénation sur les valeurs mobilières sans pouvoir bénéficier d'éventuelles plus-values. Le dépérissement des valeurs mobilières est également évité.

Dans le cadre de libéralités résiduelles, s'il est interdit au premier gratifié de disposer des biens reçus à cause de mort, il n'en est pas ainsi pour les aliénations à titre gratuit ou onéreux entre vifs. Dans ce cas, le droit du second

---

[1] PETERKA, Nathalie, « Les libéralités graduelles et résiduelles, entre rupture et continuité », *Dalloz* 2006, p. 2580, §9.

[2] PIÉDELIÈVRE, Stéphane, *op. cit.*, n° 466, p. 520.

gratifié est menacé, l'alinéa 2 de l'article 1058 du Code civil écartant le jeu de la subrogation réelle. L'appelé se voit interdire d'invoquer la subrogation réelle pour réclamer le prix ou le bien acquis en remploi, sauf si la libéralité résiduelle porte sur un portefeuille de valeurs mobilières. À l'instar des libéralités graduelles, la question de la convention contraire peut-être envisagée. De telles dérogations seraient contraires au caractère essentiel de la libéralité résiduelle, dans laquelle le grevé n'a pas l'obligation de conserver les biens et les droits reçus.

La portée de la subrogation réelle légale dans le cadre des portefeuilles de valeurs mobilières. – La question de la portée de la subrogation réelle prévue à l'alinéa 2 de l'article 1049 du Code civil relatif aux valeurs mobilières comprises dans la libéralité graduelle mérite d'être soulevée. En effet, la subrogation réelle intervient en matière d'universalité puisque les éléments la composant sont fongibles entre eux. Or, il s'agit ici de biens déterminés, *ut singuli*, la subrogation réelle n'opérant que si elle est prévue par le disposant. De ce fait, la subrogation réelle intervient de plein droit dans l'universalité, comme dans le cas des portefeuilles de valeurs mobilières envisagés par le législateur, ou encore dans le cas d'autres universalités de fait comme les fonds entrepreneuriaux. L'application de la subrogation réelle ne se borne pas aux portefeuilles de valeurs mobilières : elle s'applique de plein droit à toutes les universalités de fait. Cependant, si la libéralité porte sur des biens déterminés, la subrogation réelle et la conservation en valeur supposent une convention. La conservation en valeur présente l'intérêt de ne pas porter atteinte à la libre circulation des biens objets de la libéralité graduelle. La destination en valeur, assurée par la subrogation réelle, permet au grevé de disposer des biens compris dans la libéralité, en conservant leur valeur au profit de l'appelé. Il faudrait cependant prendre en compte les droits des parties[1].

Les divers palliatifs en l'absence de subrogation réelle légale. – À l'exception du portefeuille de valeurs mobilières, la subrogation réelle étant exclue par le législateur, deux palliatifs peuvent cependant être envisagés : la mise en société des biens grevés et la création d'une subrogation réelle conventionnelle. Comme dans le cas du portefeuille de valeurs mobilières, la mise en société de biens grevés permet de conserver les biens en nature avec une liberté de gestion et d'arbitrage. Encore faut-il prendre en compte la nature des biens (interchangeables ou frugifères, etc.) et la volonté du disposant de ne pas vouloir conserver les biens dans la famille. L'option de la subrogation réelle conventionnelle paraît moins couteuse et plus simple[2]. Cependant, certains auteurs s'opposent à une subrogation réelle conventionnelle en raison

[1] COLLARD, Fabrice, TRAVELY, Benjamin, « L'obligation de conservation en valeur au secours de la libéralité graduelle », *JCP N*, 6 avril 2012, n°14, 1177, p. 41, § 14, §16, §18.
[2] MATHIEU, Jean-Michel, *op. cit.*, n° 17, 1201, p. 79, §37, §38, § 39 ; TERRÉ, François, LEQUETTE, Yves, GAUDEMET, Sophie, *op. cit.*, n° 615, p. 546.

du caractère dérogatoire des substitutions permises au regard du principe de la prohibition générale des substitutions[1].

La subrogation réelle conventionnelle, concevable dans le cadre des libéralités graduelles. – Pour la majorité des auteurs[2], l'alinéa premier de l'article 1049 du Code civil ne revêt pas un caractère d'ordre public. En outre, la loi du 23 juin 2006 est une loi de libéralisation des libéralités. Dès lors, il est permis de prévoir une clause de subrogation réelle conventionnelle dans le cadre des libéralités graduelles. Une telle clause se concilie avec la circulation des richesses et rend le fonctionnement de la libéralité plus souple. Encore faut-il prendre en compte l'intention libérale du disposant. Il est donc possible de prévoir une clause de remploi permettant d'appliquer la charge graduelle sur les biens acquis en remploi du bien donné ou légué.

Les libéralités résiduelles avec stipulation de la subrogation réelle. – Se pose la question de la subrogation conventionnelle dans le cadre d'une donation résiduelle. Un débat a surgi sur le caractère d'ordre public de l'article 1058, alinéa 2 du Code civil. En d'autres termes, est-il possible de prévoir la subrogation des nouveaux bien acquis ? Pour le Professeur Philippe Malaurie,« la règle de l'article 1056, alinéa 2, d'après laquelle lorsque les biens, objets de la libéralité résiduelle, ont été aliénés par le premier gratifié, les droits du second bénéficiaire ne se reportent ni sur le produit de ces aliénations, ni sur les nouveaux biens acquis, est sans application lorsque l'intention du disposant de reporter les droits du second gratifié sur le produit des aliénations des biens donnés (ou légués selon les cas) ou sur les nouveaux biens acquis résulte clairement soit des termes de la disposition, soit de l'ensemble des dispositions du testament »[3]. En effet, le Professeur Malaurie établit une analogie avec un arrêt de la Cour de cassation du 8 novembre 1921[4], rendu sous l'empire du droit antérieur. La Cour de cassation avait alors jugé que l'ancien article 1039, qui disposait que « toute disposition testamentaire sera caduque, si celui en faveur de qui elle est faite n'a pas survécu au testateur » s'appliquait, sauf si la volonté contraire du testateur avait été clairement exprimée.

Certes, la libéralité résiduelle avec stipulation de la subrogation réelle se rapproche des libéralités graduelles, mais désormais, cela ne semble plus

---

[1]CLERMON, Marceau, CENAC, Pierre, « Libéralités graduelles et résiduelles », *JCP N* 22 septembre 2006, n° 38, 1304, p. 1671 ; HUBLOT, Guillaume, « Réforme des successions, Libéralités résiduelles, graduelles : impacts civils et fiscaux », *JCP N* 8 septembre 2006, n° 36, 1280, p. 11555 ; SAVOURÉ, Bertrand, « Les nouvelles donations : place aux libéralités graduelles et résiduelles ! », *Lamy Droit civil* 1er décembre 2006, n° 33, Supplément 36, p. 27.

[2] BEIGNIER, Bernard, *Libéralités et successions*, Montchrestien, 2010, p. 100 ; BRENNER, Claude, HUDE, Louis, *op. cit.*, p. 54, §19, §20 ; COLLARD, Fabrice, TRAVELY, Benjamin, *op. cit.*, n° 19, p. 44 ; MATHIEU, Jean-Michel, *op. cit.*, n° 17, 1201, § 42, § 43, p. 80.

[3] MALAURIE, Philippe, « Le legs de *residuo* et l'exclusion de la subrogation réelle », Cass. civ. 1re, 20 février 2008, n° 06-14.704, *Defrénois* 30 avril 2008, n° 8, p. 873 ; *Petites affiches* 15 juillet 2008, n° 140, p. 15.

[4] Cass. req., 8 novembre 1921, *Dalloz* 1922, I, p. 183.

poser problème dans la mesure où la loi du 23 juin 2006 a admis la validité des libéralités graduelles[1].

La subrogation réelle conventionnelle, conforme à l'économie générale des libéralités graduelles et résiduelles. – Il faut admettre la possibilité de prévoir une subrogation réelle conventionnelle dans le cadre de libéralités tant graduelles que résiduelles. Il est donc permis d'aménager les règles légales en respectant l'intention libérale du disposant : celle-ci vise à dispenser le grevé de conserver en nature le bien en lui permettant de le vendre sous une condition expresse de remploi, ce qui est compatible avec la notion de circulation des richesses. Dès lors, la charge graduelle ou résiduelle se reporte sur le nouveau bien acquis en remploi par l'effet de la subrogation conventionnelle. L'appelé recueillera ainsi en nature le nouveau bien acquis à titre de remploi.

La somme d'argent, objet de libéralités graduelles ou résiduelles. – L'affectation d'une somme d'argent à deux bénéficiaires successifs n'a pas manqué de soulever des débats. Aux termes des anciens articles 1065 et 1067, la charge de l'emploi des deniers reçus selon les instructions du disposant et à défaut, en immeuble ou en créance hypothécaires, était imposée au grevée, afin de protéger les droits de l'appelé. L'obligation légale d'emploi[2] a été supprimée par la loi du 23 juin 2006. L'alinéa 1er de l'article 1049 prévoit que les biens et les droits transmis doivent être identifiables à la date de leur acquisition par le premier gratifié. Par conséquent, l'objet de la libéralité doit être un corps certain dont il a été disposé à titre particulier. La condition de « biens identifiables » à la date de la transmission a suscité une question : la fongibilité des deniers est-elle compatible avec la double transmission ? En effet, le disposant peut stipuler une clause d'emploi et déterminer la nature des biens acquis en emploi de la somme d'argent. Dans ce cas, la libéralité graduelle ou résiduelle ne porte pas sur la somme d'argent transmise au grevé mais sur les biens acquis en emploi. Le report de la charge peut également porter sur une somme d'argent dès qu'elle est juridiquement identifiable[3].

Le principe de l'affectation en nature écarte le jeu de la subrogation réelle en matière de libéralités graduelles et résiduelles. Néanmoins, ce principe subit une exception en présence d'universalités de fait, objet de libéralités graduelles et résiduelles, comme le portefeuille de valeurs mobilières. La subrogation réelle tend à reporter la charge graduelle ou résiduelle sur le bien

---

[1] MALAURIE, Philippe, BRENNER, Claude, *op. cit.*, n° 658, p. 383 ; NICOD, Marc, BOUCHÉ, Xavier, « La mise en œuvre des donations résiduelles », *JCP N* 6 mai 2016, n°18, 1146, p. 90, § 10.

[2] GRIMALDI, Michel, Cass. civ. 1re, 1re octobre 1996, n° 94-16.867, *Dalloz* 1996, §2, §3, p. 392 ; LE GUIDEC, Raymond, Cass. civ. 1re, 1re octobre 1996, n° 94-16.867, *JCP* 7 mai 1997, n° 19, doctr. 4021, §30 ; PATARIN, Jean, Cass. civ. 1re, 1re octobre 1996, n° 94-16.867, *RTD Civ.* 1997, p. 200.

[3] NICOD, Marc, « Libéralités graduelles et résiduelles : quelques difficultés d'application », *JCP N* 18 juillet 2008, n°29, 1249, §8, §9, p. 41

acquis en échange, en emploi ou en remploi du bien donné ou légué. Au demeurant, l'étendue du jeu de la subrogation réelle pourrait s'élargir en tenant compte du changement de finalité des libéralités graduelles et résiduelles depuis la loi du 23 juin 2006.

Section II.
Le principe de « l'affectation en nature », atténué en faveur d'une subrogation réelle concevable

Il semble possible d'aller au-delà des prévisions du législateur en ce qui concerne l'exception de la subrogation réelle en matière de portefeuille de valeurs mobilières et la subrogation réelle conventionnelle. En effet, le principe de l'affectation en nature a connu une évolution depuis la loi du 23 juin 2006, de sorte que le jeu de la subrogation réelle peut intervenir en faveur de la conservation des richesses dans la famille. Il convient cependant de constater que l'intervention d'une éventuelle subrogation réelle ne mettrait pas en péril le droit de l'appelé.

Le législateur, en posant le principe de la restitution en nature, a écarté le jeu de la subrogation réelle en matière de libéralités graduelles. Cependant, il semble que l'intervention étendue de la subrogation réelle soit envisageable, voire appréciable, tant sur le plan théorique que sur le plan technique.

Le principe de la conservation en valeur, posé par *l'offre de loi.* – *L'offre de loi* prévoyait que : « la charge de transmettre n'emporte en général que l'obligation de conserver en valeur les biens reçus. L'obligation de conserver en nature ne peut résulter que d'une clause expresse. Celle-ci est sujette à publication lorsqu'elle porte sur des immeubles » [1]. Dans les substitutions permises, une obligation de restitution en nature s'imposait au grevé, ce qui porte atteinte à la libre disposition des richesses. Pour pallier cet inconvénient, *l'offre de loi*, dans son article 1028, imposait au grevé l'obligation de restituer en valeur des biens objets de la libéralité graduelle. Cependant, la restitution en nature pouvait être imposée au grevé par une clause expresse de la libéralité. Pour que le principe de la restitution en valeur ne porte pas atteinte aux droits de l'appelé, *l'offre de loi* prévoyait, dans son article 1029, qu'« il appartient au disposant de prescrire des garanties et des sûretés pour la bonne exécution de la charge »[2].

L'offre de loi a posé le principe de la conservation en valeur et a admis, ainsi, l'intervention de la subrogation réelle[3]. Si le grevé n'a pas procédé au

---

[1] Sur le projet de l'article 1028 de *l'offre de loi : cf.* CARBONNIER, Jean, CATALA, Pierre, SAINT AFFRIQUE, Jean de, MORIN, Georges, *op. cit.*, p. 83.

[2] *Ibid.* ; 102e Congrès des notaires de France, *Les personnes vulnérables*, Strasbourg 21/24 mai 2006, n° 4259, p. 802.

[3] Le projet de l'article 1039 énonçait que « les droits de l'appelé portent sur les biens grevés de la charge ou, quand le grevé n'est pas tenu de les conserver en nature, sur ceux qui leur ont été

remploi des deniers provenant de l'aliénation des biens, il doit restituer la valeur des biens à l'époque de l'aliénation[1].

Contrairement à *l'offre de loi*, qui suggérait une subrogation légale, la loi du 23 juin 2006 n'a pas admis le jeu de la subrogation réelle pour éviter la dilapidation du bien et favoriser la conservation des biens dans la famille, dans un souci de simplicité et de sécurité juridique[2].

La conservation en nature adoptée par la réforme, un choix inadapté. – Le principe de la conservation en nature posé par le législateur semble inadapté. Le professeur Pierre Catala a souligné, à juste titre, que « ce choix néfaste du législateur risque de tuer dans l'œuf l'avenir des libéralités graduelles, car la conservation en nature est, de nos jours, un anachronisme absolu qui paralyse la vie des patrimoines fussent-ils immobiliers »[3].

Il est regrettable que l'obligation de restitution en nature des biens reçus, à la charge du grevé, n'ait pas été modifiée par la loi du 23 juin 2006 en faveur d'une restitution en valeur afin de garantir une meilleure protection de l'appelé, protection qui serait plus adaptée à l'institution de la libéralité graduelle[4].

La subrogation réelle de plein droit, envisageable en dehors des prévisions législatives. – Il est permis de proposer la conservation en valeur comme principe et d'admettre ainsi le principe de la subrogation réelle légale de plein droit. En effet, le caractère familial des libéralités graduelles et résiduelles, de même que leur rôle de conservation du patrimoine familial, ont été considérablement atténués depuis la loi du 23 juin 2006, puisqu'il n'existe plus de limite quant aux bénéficiaires de la clause graduelle ou résiduelle[5].

L'évolution de la finalité des libéralités, favorable à l'intervention de la subrogation réelle. – La loi du 23 juin 2006 a mis fin aux restrictions posées par le droit antérieur, qui avait pour finalité de conserver le patrimoine familial. Quant aux rapports disposant-grevé, selon les anciens articles 1048 et 1049 du Code civil, la substitution ne pouvait intervenir qu'entre les père et mère et leurs enfants, ou entre les frère et sœur. Dans les rapports grevé-appelé, le second gratifié ne pouvait concerner que des enfants nés ou à naître

---

subrogés. Si les biens ont été aliénés sans qu'il ait été fait remploi du prix, le grevé est redevable de leur valeur à l'époque de l'aliénation » : *cf.* CARBONNIER, Jean, CATALA, Pierre, SAINT AFFRIQUE, Jean de, MORIN, Georges, *op. cit.*, p. 87.

[1] *Ibid.*

[2] BRENNER, Claude, HUDE, Louis, *op. cit.*, p. 52, §7 ; NAUDIN, Estelle, « Les libéralités graduelles et résiduelles», *LPA* 28 juin 2007, n°129, p. 21 ; PETERKA, Nathalie, « Le nouveau visage des libéralités familiales au lendemain de la loi du 23 juin 2006 », *Gazette du palais* 8, 9 novembre 2006, doctr. 3555, n° 23 ; TERRÉ, François, LEQUETTE, Yves, GAUDEMET, Sophie, *op. cit.*, n° 615, p. 544 ; WICKER, Guillaume, *loc. cit.*, p. 81.

[3] CATALA, Pierre, « La loi du 23 juin 2006 et les colonnes du temple », *Droit de la famille* novembre 2006, Étude 43, §10, p. 7.

[4] MALAURIE, Philippe, BRENNER, Claude, *op. cit.*, 2014, n° 651, p. 345.

[5] LEPROVAUX, Jérôme, *La protection du patrimoine familial*, préface Annick BATTEUR, Lille, Defrénois, 2008, n°193, p. 134.

du grevé. Les petits enfants du grevé étaient susceptibles d'être désignés comme appelés, lorsque la substitution grevait une libéralité à un enfant. Il en était ainsi pour les neveux et nièces du disposant, si la charge était imposée à un frère ou une sœur. Par ailleurs, la substitution devait être faite au profit de tous les enfants nés ou à naître du grevé, sans exception ni préférence d'âge ou de sexe (anc. art. 1050 C.civ.). En cas de prédécès de l'appelé, laissant lui-même des enfants, ceux-ci étaient appelés à sa place par représentation (anc. art. 1051 C.civ.)[1]. Ces restrictions ont été abandonnées par la loi du 23 juin 2006, qui a « déverrouillé complètement le dispositif »[2]. Il en résulte que le donateur est désormais entièrement libre de choisir le ou les bénéficiaires de la libéralité graduelle. De plus, tant le premier que le second gratifié désigné dans l'acte (art. 1048 C.civ.) peuvent être soit des successibles, soit des non successibles du disposant.

Bien que le législateur fasse preuve d'un esprit d'ouverture quant aux bénéficiaires de la clause graduelle et résiduelle, la conservation en nature est établie comme principe. Or, il semble que la conservation en nature ne soit plus nécessaire, puisque le but poursuivi n'est plus, en réalité, la conservation des biens au sein de la famille. Les appelés peuvent ne pas faire partie de la famille. Cela permet, en outre, de restituer au grevé son pouvoir de gestion des biens, ce qui est compatible avec sa qualité de propriétaire[3].

Les libéralités graduelles ou résiduelles, un patrimoine d'affectation. – Les libéralités assorties de charges graduelles ou résiduelles créent un patrimoine d'affectation[4]. La finalité de ces libéralités est de « contribuer à la transmission d'un bien ou de sa richesse représentative au bénéficiaire final. De sorte qu'en imposant une charge à l'intermédiaire, le disposant détermine ainsi l'utilisation du bien dont il se dessaisit afin de protéger le bénéficiaire final. L'intermédiaire, en acceptant d'acquérir le droit réel, s'oblige donc à se conformer à l'affectation voulue par le disposant, et ce au profit du bénéficiaire final »[5]. L'objet de la libéralité est affecté à une transmission au profit du second gratifié. Cette destination, dont la fonction de projection est marquée par la volonté du disposant, tend à protéger le patrimoine de la

---

[1] GUINCHARD, Serge, *loc. cit.* ; MAGNILLAT, André, *op. cit.*, p. 143 ; MURAT, Pierre, « Le choix du support d'une clause graduelle ou résiduelle », *JCP N* 27 avril 2012, n° 17, 1202, p. 83, § 99 ; STORA, Charles, *De la subrogation réelle*, Paris, Librairie nouvelle de droit et de jurisprudence Arthur Rousseau, 1901, p. 470 ; VERNIERES, Christophe, *op. cit.*, p. 14.
[2] CATALA, Pierre, *loc. cit.*
[3] NICOD, Marc, *op. cit.*, § 10. PATARIN, Jean, Cass. civ. 1re, 6 mai 1997, n° 94-15.510, *RTD Civ.* 1998, § 4, p. 172 ; Cass. civ. 1re, 6 mai 1997, n° 94-15.510, *JCP N* 1977, II, n° 44, p. 1368.
[4] BOUZAT, Pierre, *De la nature juridique du droit du grevé et de l'appelé dans les substitutions permises et des droits des légataires dans les legs conditionnels alternatifs*, Rennes, Sirey, 1931, p. 81 et suiv.
[5] VERNIERES, Christophe, *op. cit.*, § 60, p. 64.

famille et à éviter ainsi la dilapidation de la succession au détriment des générations futures[1].

La conservation de l'affectation par le biais de la subrogation réelle. – La subrogation réelle peut être assignée à jouer un rôle conservateur afin de pérenniser l'affectation de l'objet à la libéralité, malgré les différentes fluctuations réalisées. La volonté du disposant est alors de transmettre la valeur représentant le bien donné. En principe, la libéralité sous forme de donation porte sur des biens déterminés à titre particulier. Lorsqu'elle est réalisée sous forme de legs, elle porte soit sur un bien déterminé, soit sur un ensemble, une universalité. L'exigence touchant à l'identification des biens ou droits à la date de la transmission limite la possibilité d'assortir un legs universel, ou à titre universel, d'une charge graduelle. Il est cependant possible de consentir le legs sur plusieurs biens déterminés.

L'universalité, un terrain favorable à l'intervention de la subrogation réelle. – Dans le cadre de libéralités graduelles, les biens faisant l'objet de la substitution constituent une universalité distincte du patrimoine du grevé, dont la conservation peut être garantie par la subrogation réelle.

L'absence d'obligation de conservation dans le cadre de libéralités résiduelles justifiant l'exclusion de la subrogation réelle. – Dans le domaine des libéralités résiduelles, le grevé ne supporte aucune obligation de conservation. Étant propriétaire, il peut disposer des éléments composant la libéralité résiduelle comme dans une universalité de fait. Peu importent les différentes opérations réalisées au sein de l'universalité : le droit de l'appelé peut se reporter sur les valeurs subrogées, dès que l'ensemble se trouve en nature. Cependant, cette approche de l'universalité comme une enveloppe n'a pas été adoptée par le législateur, qui se montre hostile à l'application étendue de la subrogation réelle dans le cadre de libéralités résiduelles. À l'exception des valeurs mobilières envisagées par l'article 1061 du Code civil, la subrogation réelle est expressément écartée par l'article 1058, qui prévoit que « les droits du second gratifié ne se reportent ni sur le produit de ces aliénations ni sur les nouveaux biens acquis »[2]. De ce fait, la subrogation réelle n'intervient pas, dans la mesure où l'objet de la libéralité résiduelle n'est pas destiné à être conservé. Le premier gratifié est libre de disposer des biens et seul ce qui reste sera transmis à l'appelé. Le bénéfice de la subrogation réelle et son rôle conservatoire ne sont pas compatibles avec les règles régissant la libéralité résiduelle, notamment l'absence d'obligation de conservation.

L'appelé, à l'abri des risques éventuels. – Afin de préserver le droit de l'appelé, il convient de prendre certaines mesures. La loi du 23 juin 2006 n'a pas repris des mesures protectrices tels que l'inventaire, l'emploi des deniers,

---

[1] BOFFA, Romain, *La destination de la chose*, Préface de Marie-Laure MATHIEU-IZORCHE, Lextenso, 2008, n° 383, p. 263 ; VERNIERES, Christophe, *op. cit.*, § 251, p. 239.
[2] DENIZOT, Aude, *op. cit.*, n° 495, p. 346.

la nomination d'un tuteur de substitution ou encore la vente aux enchères des biens meubles corporels. Cependant, le disposant peut prévoir les garanties et les sûretés nécessaires à la bonne exécution de la libéralité (art. 1052 C.civ.). Les notaires peuvent également jouer un rôle important pour la protection des droits de l'appelé. Le disposant peut exiger un inventaire détaillé s'il y a des meubles. Pour les immeubles, le disposant peut contraindre le grevé à fournir une caution. Un recours à une garantie ou à la fiducie peuvent aussi intervenir. Le recours à l'obligation d'emploi ou de remploi permet également de préserver le droit de l'appelé. Certaines exigences peuvent être énoncées quant à la nature du bien acquis à titre de remploi. Le disposant peut aller plus loin et prévoir que le remploi se réalisera entre les biens de même nature (un immeuble subroge l'immeuble objet de libéralité), ou à l'inverse, de natures différentes, ou encore stipuler que le remploi devra intervenir dans un certain délai[1]. Le disposant peut également décider que l'aliénation du bien grevé, notamment un immeuble, requiert à peine d'inopposabilité, l'autorisation ou l'intervention de l'appelé. Une obligation d'information par lettre recommandée peut aussi être prévue. Le rôle du notaire est important. Il est possible de prévoir la nature du bien acquis en remploi : il peut poser des conditions concernant le bien acquis à titre de remploi afin de préserver les droits de l'appelé. Il est possible de prévoir que le remploi devra avoir pour objet un bien de même nature et destination que le ou les biens donnés, ou encore de stipuler que le remploi devra intervenir dans un certain délai. Le disposant peut également décider que l'aliénation du bien grevé, notamment un immeuble, soit, à peine d'inopposabilité, soumise à l'autorisation ou à l'intervention à l'acte de l'appelé, voire à son information par lettre recommandée[2].

La nomination d'un tuteur à la substitution, ou d'un garant, serait bénéfique afin de garantir et faciliter la subrogation conventionnelle, comme le prévoyaient les anciennes substitutions autorisées[3].

La finalité et l'esprit des libéralités résiduelles s'opposent à l'intervention de la subrogation réelle. Il n'en est pas ainsi dans le cadre des libéralités graduelles, dont le caractère familial est affaibli depuis la réforme opérée par la loi du 23 juin 2006, qui pourrait désormais constituer un terrain favorable au jeu de la subrogation réelle.

Contrairement à *l'offre de loi*, une obligation de conservation et de transmission en nature de l'objet de la libéralité graduelle est imposée au grevé. Ce principe de conservation et de transmission en nature entraîne l'exclusion de la subrogation réelle et pose des limites aux prérogatives de propriétaire du grevé, sauf si la libéralité porte sur des valeurs mobilières. Dans ce cas, la subrogation réelle intervient dès lors que les nouveaux titres ont été acquis en remploi du prix de cession des valeurs aliénées.

---

[1] COLLARD, Fabrice, TRAVELY, Benjamin, *op. cit.*, p. 41, § 25, § 26.

[2] *Ibid.*, n° 19, p. 44 ; MATHIEU, Jean-Michel, *op. cit.*, n° 17, 1201, §42, p. 80.

[3] MATHIEU, Jean-Michel, *op. cit.*, n° 17, 1201, § 44. p. 80.

Malgré les divers inconvénients attachés au principe de la conservation en nature des biens objets de libéralités graduelles, le législateur a maintenu ce principe, issu des substitutions fidéicommissaires. Il convient toutefois de souligner que le principe de la conservation en nature posé par l'alinéa 1er *in fine* de l'article 1409 du Code civil ne revêt pas un caractère d'ordre public, de sorte que le disposant peut permettre au grevé de vendre les biens reçus, à charge d'en restituer la valeur subrogée à l'appelé. Ainsi, la subrogation réelle conventionnelle facilite la libre circulation des biens et permet au grevé d'exercer son pouvoir de gestion en qualité de propriétaire.

Il semble toutefois que le législateur aurait pu prévoir la subrogation réelle de plein droit, qui ne se heurte pas à l'économie générale des libéralités successives, dont le caractère familial a considérablement reculé depuis la loi du 23 juin 2006. Si, à l'origine, les libéralités successives se limitaient au cercle familial, désormais, elles peuvent être consenties en premier ou en second ordre, à des tiers sans aucun lien avec la famille. Néanmoins, le jeu de la subrogation réelle demeure limité dans le cadre des libéralités résiduelles où le grevé n'est pas chargé de conserver, mais de transmettre ce qui subsistera à son décès à un second gratifié.

« L'affectation en nature » est établie comme un principe dans certaines institutions, telles que le droit de retour légal et les libéralités graduelles et résiduelles. L'intervention de la subrogation réelle est donc limitée, voire exclue, car les biens sont appréhendés dans leur individualité physique.

Or, nous avons constaté une évolution de la finalité de ces institutions. La succession anomale, fondée initialement sur la dévolution des biens en raison de leur origine, a pour but de conserver les biens dans la famille. Néanmoins, depuis les lois du 3 décembre 2001 et du 23 juin 2006, le droit de retour légal poursuit un objectif distinct. Il en est ainsi dans le cadre du droit de retour des ascendants privilégiés, restauré afin de compenser la suppression de leur réserve héréditaire, ainsi que dans le cadre du droit de retour des collatéraux privilégiés établi pour pallier leur éviction de l'ordre successoral en présence du conjoint survivant. De ce fait, la ligne de partage entre la succession anomale et la succession ordinaire est fortement atténuée. En outre, une évolution de la finalité des libéralités successives a été consacrée par la loi du 23 juin 2006, qui a considérablement affaibli leur caractère familial.

Ainsi, le but n'est plus de conserver les biens dans leur individualité physique et de les préserver en nature dans la famille, mais plutôt de conserver les richesses au sein de la famille. Cette évolution aurait dû entraîner une modification du régime de ces institutions. Or, malgré ce changement de finalité, ce régime semble attaché à la conception traditionnelle, qui condamne le jeu de la subrogation réelle. En effet, nous avons constaté une certaine incohérence entre la nouvelle conception du droit de retour et des libéralités successives et leurs régimes juridiques respectifs.

Depuis la loi du 23 juin 2006 portant réforme des successions et des libéralités, le bénéfice d'un retour sur des valeurs subrogées est accordé aux ascendants privilégiés. Or, le législateur n'est pas allé plus loin pour envisager un retour en nature des biens subrogés, qui présente l'avantage de maintenir le droit réel des ascendants privilégiés. De même, le droit de retour des collatéraux privilégiés s'exerce uniquement en nature sur la moitié du bien donné ou légué. Ainsi, une indivision prend naissance entre les bénéficiaires du retour et le conjoint survivant, provoquant, le plus souvent, la vente par licitation ; le retour en nature se transforme en un retour des valeurs subrogées, sans consécration expresse du législateur.

Au demeurant, une incohérence perdure entre la nouvelle conception et le régime des libéralités graduelles depuis la loi du 23 juin 2006, qui a libéralisé les libéralités avec charge. Contrairement à *l'offre de loi*, le principe de conservation en nature de l'objet des libéralités graduelles est maintenu. Or, la conservation en valeur et l'acceptation de la subrogation réelle auraient pour conséquence de faciliter la circulation des biens et seraient compatibles avec la qualité de propriétaire du grevé et la nécessité de préserver le droit de l'appelé.

Enfin, nous avons tenté de démontrer que l'économie générale du droit de retour légal et des libéralités graduelles, dans leur nouvelle conception, ne s'opposent pas à l'intervention de la subrogation réelle, dont le rôle conservateur peut être largement admis. Le jeu de la subrogation réelle de plein droit permettrait de conserver les richesses au sein de la famille et tendrait à instaurer une harmonie entre la finalité et le régime du droit de retour et des libéralités graduelles dans leurs conceptions nouvelles.

Conclusion de la seconde partie

La mise en œuvre d'une subrogation réelle découlant d'un principe général semble impossible dans deux hypothèses : lorsque la loi impose des limites associées aux conditions de réalisation de la subrogation réelle et lorsque l'économie générale d'une institution s'oppose au jeu de la subrogation réelle.

Nous avons soulevé les limites inhérentes au jeu de plein droit de la subrogation réelle dans le cadre des opérations d'emploi et de remploi. Sous le régime légal de la communauté réduite aux acquêts, l'intégrité en valeur du patrimoine propre est assurée par le jeu de la subrogation réelle. Néanmoins, dans le cadre de l'emploi et du remploi, la simple affectation en valeur du patrimoine propre aux besoins personnels des époux est insuffisante pour déclencher le jeu de la subrogation réelle. En effet, la mise en œuvre de la subrogation réelle est soumise à l'expression d'une volonté subrogatoire sous forme des formalités de la double déclaration de l'origine et de la destination des deniers propres. Pour le législateur et la Cour de cassation, le formalisme est une condition de fond de réalisation de la subrogation réelle, tant à l'égard des tiers que dans les rapports entre époux.

Cette position témoigne, en effet, de l'attachement du législateur à la conception classique de la subrogation réelle « spéciale » et de son application stricte, qui intervient pour reporter le droit propre de l'époux d'un bien sûr un autre qualifié *ut singuli*. Par ailleurs, l'exigence de la volonté subrogatoire était justifiée sous l'empire de la loi du 13 juillet 1965 au regard de l'économie générale de l'ancien régime légal de la communauté de meubles et acquêts, bénéficiaire de l'usufruit de tous les biens propres. Or, sous l'actuel régime légal de la communauté réduite aux acquêts, le respect des formalités de la double déclaration n'est pas une condition de validité de subrogation réelle, mais un moyen de preuve de la contre-valeur, notamment dans les rapports entre époux. Ainsi, cette limite au jeu de plein droit de la subrogation réelle ne semble-t-elle justifiée qu'à l'égard des tiers, notamment les créanciers des époux. En revanche, dans les rapports entre époux, le formalisme ne joue qu'un rôle probatoire.

Au demeurant, la consécration d'un principe général de subrogation réelle en droit patrimonial de la famille semble invraisemblable, car son intervention est complètement écartée par la loi. En effet, l'économie générale de certaines institutions, comme le droit de retour légal et les libéralités graduelles et résiduelles, s'oppose à l'intervention de la subrogation réelle. L'exclusion de la subrogation réelle se justifie au regard du principe de l'affectation en nature posé dans le cadre du droit de retour légal et des libéralités graduelles, entraînant l'inaliénabilité en nature et la conservation des biens au sein de la cellule familiale.

Cependant, cette affectation en nature est considérablement atténuée depuis la loi du 23 juin 2006 portant réforme des successions et des libéralités. Il en est ainsi en matière du droit de retour légal, dont la finalité est plutôt de préserver les richesses dans la famille. Cette modification de la finalité mérite également d'être relevée en matière de libéralités graduelles. À destination familiale à l'origine, elles peuvent, depuis la loi du 23 juin 2006, être consenties en dehors du cercle familial.

Cette modification de la finalité a donc donné lieu à une modification de la destination des biens de nature en valeur. Cela facilite la circulation des richesses et favorise l'intervention de la subrogation réelle, dont le rôle conservateur peut être sollicité pour mieux garantir la finalité du droit de retour légal et des libéralités graduelles dans leurs conceptions modernes. Une harmonisation nous semble donc judicieuse entre l'objectif de ces institutions depuis la réforme et l'étendue de la subrogation réelle.

Conclusion générale

Au terme de cette étude, nous avons mis en lumière la diversité des cas dans lesquels la subrogation réelle intervient avec ses modalités de mise en œuvre en droit patrimonial de la famille. La subrogation réelle joue également en dehors du droit patrimonial de la famille dans le cadre des droits réels principaux et des droits réels accessoires. Mais le premier domaine historique du jeu de la subrogation réelle est le droit patrimonial de la famille, ce qui est toujours le cas de nos jours.

La subrogation réelle est un concept juridique employé dans de nombreuses institutions du droit patrimonial de la famille, mais elle ne fait toujours pas l'objet d'une analyse unanime. Le Code civil ne contient aucune disposition générale à son propos. Elle revêt un caractère protéiforme qui connaît des domaines d'application distincts, dont la portée diffère selon l'économie générale de l'institution dans laquelle elle intervient. Elle demeure, par ailleurs, une notion définie par les fonctions qui lui ont été assignées[1]. Nous avons cependant démontré qu'en dépit de la variété de son domaine d'intervention en droit patrimonial de la famille, elle n'est pas réfractaire à toute construction uniforme. Dès lors, nous nous sommes efforcés de dégager ses traits de caractère généraux pour la faire sortir du cadre étroit fixé par la loi et constater l'existence d'un ensemble de règles qui la régissent, indépendamment de son domaine d'intervention.

À travers l'étude de la subrogation réelle dans diverses institutions du droit patrimonial de la famille, nous avons pu constater son double rôle principal, parfait et imparfait. Cette double fonction de la subrogation réelle est fondée sur l'équité, en vue de rétablir l'équilibre juridique rompu par la disparition d'un bien. Il en est ainsi dans le cadre des universalités, qui sont amenées à disparaître sans intervention de la subrogation réelle. Il en va de même dans le cadre des affectations en valeur portant sur des biens isolés comme les biens propres. La disparition d'un bien propre réduit la masse propre car l'existence d'un bien de substitution ne suffit pas, en elle-même, à être incorporée au patrimoine propre de l'époux en raison de l'attraction de la présomption d'acquêts. La fonction imparfaite de la subrogation réelle est également fondée sur l'équité qui permet de suppléer les inconvénients de l'écoulement du temps dans le cadre des restitutions des obligations de somme d'argent.

[1] RANOUIL, Véronique, *La subrogation réelle en droit civil français*, Librairie générale de droit et de la jurisprudence, 1985, pp. 25, 27.

Le fondement et la justification de la subrogation réelle ont fait l'objet de théories successives, de l'idée de fiction à celle de l'affectation. La doctrine classique a analysé la subrogation réelle comme une fiction se caractérisant par deux idées fondamentales, qui résultent de l'acquisition d'une qualité juridique transmise du bien ancien au bien nouveau, selon l'adage « *subrogatum sapit naturam subrogati* » *;* et du fait qu'elle est, par nature, une fiction. Dès lors, deux domaines d'intervention de la subrogation réelle sont reconnus. Dans les universalités de droit, le jeu de la subrogation est systématique et opère de plein droit car la subrogation est inhérente au patrimoine et fondée sur la fongibilité des éléments qui le composent[1]. En revanche, la mise en œuvre de la subrogation réelle est rejetée dans le cadre des titres particuliers en l'absence de prévision de la loi ou de la convention.

Selon les théories classiques, la subrogation réelle est historiquement liée aux universalités pour assurer la cohérence objective et l'autonomie du patrimoine, comme universalité de droit. Cependant, le lien traditionnel établi entre la subrogation réelle et l'universalité est critiqué, car la notion de patrimoine ne permettait pas de connaître la véritable étendue de la subrogation réelle. Au demeurant, la théorie classique était impuissante à justifier le fondement de la subrogation réelle et à fournir une explication convaincante de son domaine et de ses effets.

Dès la fin du XIXe siècle, la doctrine novatrice fondée sur l'idée d'affectation a constitué la raison d'être de la subrogation réelle. La distinction entre la subrogation à titre universel et à titre particulier a été rejetée et la qualification fictive de la subrogation réelle a été condamnée, car elle n'intervient pas pour modifier le caractère ou la qualité juridique d'un bien, mais pour soumettre le bien nouveau à la même affectation que celui qu'il remplace. La subrogation réelle, comme procédé technique, est donc destinée à assurer la permanence de l'affectation en valeur à un but déterminé en vertu de la loi ou de la volonté des parties[2].

La subrogation réelle joue le rôle technique de permanence de l'affectation dans de nombreuses institutions en droit patrimonial de la famille. Sa portée diffère selon le caractère de l'affectation. En présence d'une affectation en valeur, le remplacement d'un bien par sa contre-valeur suffit à déclencher le jeu de la subrogation réelle tandis que, dans le cadre d'une affectation en nature, la subrogation réelle ne se produit pas de façon automatique, car une

---

[1] AUBRY, Charles, RAU, Charles, *Cours de droit civil français, d'après la méthode de Zachariae*, Tome VI, 4e édition, Paris, 1873, §575.

[2] BEUDANT, Robert, LEREBOURS-PIGEONNIÈRE, Paul, *Cours de droit civil français, Les biens*, Avec la collaboration de Pierre VOIRIN, Tome IV, 2e édition, Paris, 1938, n°42 et suiv.; HENRY, André, *De la subrogation réelle conventionnelle et légale*, thèse Nancy, 1913, p. 95 et suiv., p. 377 et suiv.; PLANIOL, Marcel, Cass. civ. 29 avril 1901, *Dalloz* 1902, I, p. 33 ; SALEILLES, Raymond, Cass. civ., 29 avril 1901, *Sirey* 1903, I, p. 321 ; CA Dijon, 30 juin 1893, *Sirey* 1894, II, p. 185-187.

modification de l'objet du droit doit être autorisée soit par la loi, soit par une convention.

La mise en œuvre de la subrogation réelle parfaite ou imparfaite en droit patrimonial de la famille suppose la réunion de plusieurs conditions quasiment identiques. La réalisation de la subrogation réelle implique le remplacement des objets de droit par un acte ou un fait juridique. La fluctuation entraîne la disparition de l'objet de droit susceptible d'être remplacé et l'apparition d'un nouvel objet. Le bien, objet de droit, n'est pas pris en compte dans son individualité matérielle mais dans sa valeur. Ce qui explique l'exclusion de la subrogation réelle en présence d'affectations en nature telles que la succession anomale et les libéralités graduelles, car le but originaire de ces institutions est de maintenir les biens attachés en nature à une famille.

Le second élément indispensable à la réalisation de la subrogation réelle concerne la conservation du droit. La subrogation réelle est, en effet, perçue comme un mécanisme assurant la conservation d'un droit dont l'existence est menacée par la disparition du bien sûr lequel il portait[1]. Nous avons constaté que ce transfert comme élément essentiel de la subrogation réelle produit des effets différents selon l'institution dans laquelle elle intervient. Tel est notamment le cas du maintien du caractère propre des biens des époux unis sous le régime légal de la communauté réduite aux acquêts, ou du maintien du caractère indivis des biens composant la masse indivise post-communautaire ou successorale.

Le report du droit sur le bien de substitution suppose l'identification de ce dernier. La nécessité de cette condition apparaît en présence de biens fongibles pour éviter le risque de confusion. D'où le fait que la subrogation du prix au bien propre ne figure pas dans le dispositif de l'alinéa 2 de l'article 1406 du Code civil. Le prix fongible se confond, en effet, avec les deniers et intègre la masse commune en l'absence d'individualisation. Le bien nouveau constitue donc la contre-valeur du bien ancien. La notion de contre-valeur est caractérisée par deux éléments : l'équivalence et la provenance[2]. L'équivalence n'apparaît plus comme une condition essentielle à l'existence d'une contre-valeur, mais la provenance demeure fondamentale pour montrer l'existence du lien de généalogie entre le bien d'origine et le bien de substitution ; elle joue ainsi le rôle probatoire de la subrogation réelle[3]. Cette preuve est aisée à établir lorsque l'opération de fluctuation, la vente ou l'échange, par exemple, se réalise en un trait de temps. En revanche, lorsque le remplacement du bien disparu opère en deux temps, il faut démontrer la vente du bien ancien ainsi que l'achat du bien nouveau et le lien entre le bien d'origine et le bien

---

[1] LAURIOL, Marc, *La subrogation réelle*, préface d'André BRETON, Tome I, Alger, Recueil Sirey, 1954, n°66, p. 67.

[2] LAURIOL, Marc, *ibid.*, n°230, p. 262.

[3] CHAPUISAT, Françoise, « Vers une utilisation extensive de la subrogation réelle à propos des lois du 13 juillet 1965 et 3 juillet 1971 », *RTD Civ.* 1973, p. 645 ; RANOUIL, Véronique, *op. cit.*, p. 181 et s.

remplaçant. À cet égard, en droit des régimes matrimoniaux, une distinction est opérée entre le jeu automatique de la subrogation réelle des créances et des indemnités remplaçant des biens propres (art. 1406, al. 2 C.civ.), ainsi que le bien acquis en contre-échange (art. 1407 C.civ.) et la subrogation réelle conditionnée par le respect de certaines formalités dans le cadre de l'emploi et du remploi (art. 1434 C.civ.), qui n'intervient qu'à titre probatoire, notamment dans les rapports entre les époux.

L'intervention de la subrogation réelle imparfaite ou liquidative dans les dettes de valeur ne relève pas de son application traditionnelle. Elle présente certaines particularités, car elle ne tend pas à remplacer un bien en tant qu'il est l'objet d'un droit particulier mais en tant qu'il constitue l'assiette d'une évaluation. Le rôle de la subrogation réelle est tantôt de transformer une dette de somme d'argent en une dette de valeur pour tenir en échec le principe de nominalisme monétaire, tantôt d'assurer la permanence de la dette de valeur pour qu'elle ne dégénère pas en une obligation pécuniaire. Quel que soit son rôle dans la constitution ou la conservation d'une dette de valeur, la subrogation réelle n'est pas destinée à soumettre le bien remplaçant au régime juridique du bien remplacé, mais à permettre l'évaluation de l'objet de la dette par l'inclusion de sa valeur dans le bien acquis en emploi ou remploi.

À travers cette étude, nous avons pu observer que si la subrogation réelle ne peut être érigée en un principe général, sa mise en œuvre parfaite et imparfaite ou liquidative est néanmoins soumise à la réunion de certaines conditions de fond et de forme presque identiques dans les diverses institutions du droit patrimonial de la famille. Cet ensemble de règles de fond et de forme constitue un corps uniforme pour régir la subrogation réelle en droit patrimonial de la famille. Bien que nous ayons partiellement exclu la possibilité d'ériger une théorie générale de la subrogation réelle en droit patrimonial de la famille, elle peut toutefois être conçue comme une technique juridique et une notion uniforme qui mériteraient d'être règlementées par le législateur. Elle pourrait ainsi trouver une place au sein d'une section ou d'un paragraphe du Code civil.

Bibliographie sélective

1. Ouvrages généraux. Traités. Manuels

AUBRY, Charles Marie Barbe Antoine, RAU, Charles Frédéric,

Cours de droit civil français d'après la méthode de Zachariæ, Tome II, 4e édition, Paris, 1869.

Cours de droit civil français d'après la méthode de Zachariæ, Tome V, 4e édition, Paris, 1872.

Cours de droit civil français d'après la méthode de Zachariæ, Tome VI, 4e édition, Paris, 1873.

Droit civil français, sous la direction de ESMEIN, Paul, PONSARD, André, Régimes matrimoniaux, par André PONSARD, Tome VIII, *Librairie* technique, 7e édition, 1973.

Cours de droit civil français d'après la méthode de Zachariæ, Tome IX, 5e édition, Paris, 1917.

Cours de droit civil français d'après la méthode de Zachariæ, Tome IX, 6e édition, Paris, 1953.

Cours de droit civil français d'après la méthode de Zachariæ, Tome X, successions, testaments, par Paul ESMEIN, 6e édition, Paris, 1954.

BAUDRY-LACANTINERIE, Gabriel, DE LYONES, P., *Traité théorique et pratique de droit civil, du nantissement des privilèges et hypothèques et de l'expropriation forcée,* Troisième édition, Tome I, Sirey, 1906.

BAUDRY-LACANTINERIE, Gabriel, COURTOIS, Jean-Baptiste, SURVILLE, Fernand, *Traité théorique et pratique de droit civil, du contrat de mariage*, Tome I, Librairie de la société du recueil général de la loi et des arrêts et du journal du palais, 1897.

BAUDRY-LACANTINERIE, Gabriel, WAHL, Albert, *Traité théorique et pratique de droit civil, des successions,* Tome I, Larose, 1895.

BEIGNIER, Bernard,

Libéralités et successions, Montchrestien, 2012.

Libéralités et successions, Montchrestien, 2010.

Les régimes matrimoniaux, Montchrestien, 2008.

BEIGNIER, Bernard, TORRICELLI-CHRIFI, Sarah,

Droit des régimes matrimoniaux, du pacs et du concubinage, LGDJ, 7e édition, 2021.

Droit des régimes matrimoniaux, du pacs et du concubinage, LGDJ, 6e édition, 2018.

BEUDANT, Robert, LEREBOURS-PIGEONNIÈRE, Paul,

Cours de droit civil français, Les biens, Avec la collaboration de Pierre VOIRIN, Tome IV, 2e édition, Paris, 1938.

Cours de droit civil français, Le contrat de mariage et les régimes matrimoniaux, Tome X, avec la collaboration de Roger LENOAN, 2e édition, Paris, 1937.
BONNECASE, Julien, *Traité théorique et pratique de droit civil,* par G. BAUDRY-LACANTINERIE, Tome III, Sirey, 1926.
BRUN-WAUTHIER, Anne-Sophie,
Régimes matrimoniaux et régimes patrimoniaux des couples non mariés, Collection paradigme, 10e édition, 2021.
Régimes matrimoniaux et régimes patrimoniaux des couples non mariés, Collection paradigme, 6e édition, 2016-2017.
Régimes matrimoniaux et régimes patrimoniaux des couples non mariés, Collection paradigme, 5e édition, 2015-2016.
CAPITANT, Henri, *Essai sur la subrogation réelle*, Recueil Sirey, 1919.
CARBONNIER, Jean,
Droit civil, Les biens, Tome 3, PUF, 19e édition refondue, 2000.
Droit civil, Les biens, Les obligations, PUF-Quadrige, 2004.
CATALA, Pierre, *La réforme des liquidations successorales (Loi n°71-523 du 3 juillet 1971)*, Préface de Jean CARBONNIER, Defrénois, 2e édition, 1975.
COLIN, Ambroise, CAPITANT, Henri, JUILLIOT DE LA MORANDIÈRE, Léon, *Cours élémentaire de droit civil français,* Tome III, Dalloz, 8e édition, 1936.
COLOMER, André, *Droit civil-Régimes matrimoniaux*, Litec, 12e édition, 2004.
CORNU, Gérard,
Droit civil, les personnes, Montchrestien, 13e édition, 2007.
Droit civil, Introduction, Montchrestien, 12e édition, 2005.
Les régimes matrimoniaux, PUF, 9e édition, 1997.
Les régimes matrimoniaux, Thémis, 2e édition, 1977.
DAGOT, Michel, PRÉCIGOUT, André, *Le nouveau droit des successions, La loi successorale du 3 juillet 1971, Application pratique,* Librairies Technique, 1972.
DAVID, Stéphane, JAULT, Alexis, *Liquidation des régimes matrimoniaux,* Dalloz Référence, 4e édition, 2018.
DE BÉCHILLON, Marielle, *La notion de principe général en droit privé*, Préface Bernard SAINTOURENS, Presse universitaire d'Aix-Marseille, 1998.
DELFOSSE, Alain, PENIGUEL, Jean-François, *La réforme des successions et des libéralités*, Litec, 2006.
DEMOLOMBE, Charles,
Cours de Code Napoléon-9- Traité de la distinction des biens, de la propriété, de l'usufruit et de l'habitation, Tome 1, Imprimerie générale 1875.
Cours de Code Napoléon XXII, Traité des donations entre-vifs et des testaments, Tome V, Paris, 1876.
Cours de Code Napoléon XXII, Traité des successions, Tome premier, Paris, 1875.
DROSS, William, *Droit civil, Les choses,* LGDJ, 2012.
FENET, Pierre-Antoine, *Recueil complet des travaux préparatoires du Code civil*, Tome XII, Imprimerie d'Hyppolyte Tilliard, 1856.
FLOUR, Jacques, CHAMPENOIS, Gérard, *Les régimes matrimoniaux*, Armand Colin, 2e édition, 2001.
FRIEDMANN, Wolfgang Gaston, *Théorie générale du droit*, Paris, Librairie générale de droit et de jurisprudence, 4e édition, 1965.
GRIMALDI, Michel,
Droit des successions, Lexis Nexis, 8e édition, 2020.

Droit des successions, Lexis Nexis, 7e édition, 2017.
Les successions, Rapport de synthèse, Journées roumaines, Travaux de l'association Henri Capitant, Tome LX, Bruylant, 2010, p. 19.
Droit civil, successions, Litec, 6e édition, 2001.
GRIMALDI, Michel, FARGE, Claire,
Droit patrimonial de la famille, 6e édition, n° 272.31, *Dalloz action*, 2018-2019.
GUILLOUARD, Louis-Vincent, *Traité du contrat de mariage livre III*, Titre V, du Code civil, Tome II, Paris, 1886.
IHERING, Rudolf von, *L'esprit du droit romain dans les diverses phases de son développement,* Tome IV, Paris, 1878.
LAURENT, François,
Principes de droit civil français, Tome XVIII, Paris, 1876.
Principes de droit civil français, Tome XXI, Paris, 1876.
Principes de droit civil français, Tome IX, Paris, 1873.
LE BRUN, Denis, *Traité des successions,* 9e édition, Paris.
LEVENEUR, Laurent, LEVENEUR, Sabine, *Leçons de droit civil. Successions-libéralités*, Tome IV, Volume 2, Henri MAZEAUD, Léon, MAZEAUD, Jean, François CHABAS, Paris, Montchrestien, 5e édition, 1999.
MALAURIE, Philippe, AYNÈS, Laurent,
Droit des régimes matrimoniaux, LGDJ, Lextenso, 8e édition, 2021.
Droit des régimes matrimoniaux, LGDJ, Lextenso, 7e édition, 2019.
Droit des régimes matrimoniaux, LGDJ, Lextenso, 6e édition, 2017.
Droit des biens, LGDJ, 7e édition, 2017.
Droit des successions et des libéralités, Lextenso, 7e édition, 2016.
Les successions, les libéralités, Defrénois, 3e édition, 2008.
MALAURIE, Philippe, AYNÈS, Laurent, STOFFEL-MUNCK, Philippe,
Droit des obligations, LGDJ, 11e édition, 2020.
Droit des obligations, LGDJ, 8e édition, 2016.
MALAURIE, Philippe, BRENNER, Claude,
Droit des successions et des libéralités, LGDJ, Lextenso, 9e édition, 2020.
Droit des successions et des libéralités, LGDJ, Lextenso, 8e édition, 2018.
Les successions, Les libéralités, LGDJ, Lextenso, 7e édition, 2016.
MARTIN, Didier, *Les régimes matrimoniaux*, Dalloz, 2e édition, 2005.
MARTY, Gabriel, RAYNAUD, Pierre, *Les régimes matrimoniaux,* Sirey, 2e édition, 1986.
MAZEAUD, Henri, MAZEAUD, Léon, MAZEAUD, Jean, DE JUGLART, Michel,
Leçons de droit civil, régimes matrimoniaux, Tome IV, Volume 1, Montchrestien, 5e édition, 1982.
MAZEAUD, Henri, MAZEAUD Léon, MAZEAUD, Jean, CHABAS, François,
Leçons de droit civil, régimes matrimoniaux, Paris, Montchrestien, 1966.
Leçons de droit civil. Tome 1, Volume 1, Introduction à l'étude du droit, par CHABAS, François, Montchrestien, 12e édition, 2000.
MORIN, Georges, MORIN, Michel, *La réforme des régimes matrimoniaux, Étude de la loi n°65-570 du 13 juillet 1965,* Tome II, Defrénois, 2e édition, 1974.
ODIER, Pierre, *Traité du contrat de mariage, ou du régime des biens entre époux,* Tome I, Paris, 1847.
PATARIN, Jean, MORIN, Georges, *La réforme des régimes matrimoniaux, Étude de la loi n°65-570 du 13 juillet 1965,* Tome I, Defrénois, 4e édition, 1977.

PERELMAN, Chaïm, *Le raisonnable et déraisonnable en droit, Au-delà du positivisme juridique,* Préface de Michel VILLEY, LGDJ, 1984.
PIÉDELIÈVRE, Stéphane,
Successions et libéralités, Bruylant, 3e édition, 2020.
Successions et libéralités, Bruylant, 2e édition, 2019.
Successions et libéralités, Larcier, 2014.
Les régimes matrimoniaux, Bruylant, 3e édition, 2020.
Les régimes matrimoniaux, Bruylant, 2e édition, 2018.
PONSARD, André, *Liquidations successorales, Rapport-Réduction, Partage d'ascendant, Commentaire de la loi du 3 juillet 1971,* Sirey, 1977.
POTHIER, Robert-Joseph,
Traité de la communauté, Tome VI, Paris, 1823.
Traité de la communauté, Tome I, Paris, 1773.
RENUSSON, Philippe de,
Traité de la subrogation, Toulouse,1783.
Traité des propres réels, Paris, 1632-1669.
Traité de la communauté, Paris, 1632-1669.
Traité des propres, Paris, 1681.
RIPERT, Georges, BOULANGER, Jean,
Traité élémentaire de droit civil de Planiol, Tome III, Régimes matrimoniaux, succession-libéralités, 4e édition, Paris, 1959.
Traité élémentaire de droit civil de Planiol, Tome IV, Régimes matrimoniaux, succession-libéralités, Paris, 1951.
RAYNAUD, Pierre, *Droit civil, Les successions et les libéralités,* Sirey, 1983.
RAYNAUD, Pierre, MARTY, Gabriel, *Droit civil, les régimes matrimoniaux,* 2e édition, Sirey, 1986.
STRICKLER, Yves, *Les biens*, P.U.F., Collection Thémis, 1re édition, 2006.
TERRÉ, François, FENOUILLET, Dominique, *Droit civil, Les personnes, personnalité- Incapacité- Protection*, Dalloz, 8e édition, 2012.
TERRÉ, François, LEQUETTE, Yves, GAUDEMET, Sophie, *Droit civil, les successions, les libéralités*, Dalloz, 4e édition, 2013.
TERRÉ, François, SIMLER, Philippe,
Régimes matrimoniaux et statut patrimonial des couples non mariés, Dalloz, 8e édition, 2019.
Droit civil, Les régimes matrimoniaux, Dalloz, 7e édition, 2015.
Droit civil, les biens, Dalloz, 10e édition, 2018.
Droit civil, les biens, Dalloz, 9e édition, 2014.
Droit civil, les biens, Dalloz, 8e édition, 2010.
TERRÉ, François, SIMLER, Philippe, LEQUETTE, Yves, CHÉNEDÉ, François, *Droit civil, Les obligations,* Dalloz, 12e édition, 2018.
TOULLIER, Charles Bonaventure Marie,
Le droit civil français, suivant l'ordre du code, Tome XVI, 1835, Paris.
Le droit civil français, suivant l'ordre du code, Tome IV, 1845, Paris.
TROPLONG, Raymond, Théodore,
Droit civil expliqué du contrat de mariage et des droits respectifs des époux ou commentaire du titre V du livre III du Code civil, Volume I, II, III, 3e édition, Paris, 1857.

Droit civil expliqué, des privilèges et hypothèques ou commentaire du titre XVII du livre III du Code civil, 5e édition, Paris, 1854.
ZÉNATI-CASTAING, Frédéric, REVET, Thierry, *Les biens*, PUF, 3e édition, 2008.

2. Dictionnaires. Recueils encyclopédiques

CABRILLAC, Rémy, *Dictionnaire du vocabulaire juridique 2018,* Lexis Nexis, 9e édition.
CHARLIN, Jacques, DROSS, William, DURRLEMAN, Muriel, *Dictionnaire de droit patrimonial de la famille*, Ellipses, 2008.
CORNU, Gérard, *Vocabulaire juridique*, Puf, 9e édition, 2011.
Encyclopédie du notariat et de l'enregistrement ou dictionnaire général et raisonné de législation, de doctrine et de jurisprudence en matière civile et fiscale, Revue de notariat, sous la direction de DIDO, Tome Dix-neuvième, Sourd- succursale, 1890.

3. Ouvrages spéciaux

ARRAULT, Michel, CORNILLE, Patrice, *La pratique notariale des régimes matrimoniaux après la réforme de 1985*, CRIDON, Paris, avril 1989.
ATIAS, Christian,
Droit civil, les biens, LexisNexis, 12e édition, 2014.
L'indivision, Édilaix, 2e édition, 2010.
Épistémologie juridique, Dalloz, 1re édition, 2002.
AYMERIC, Nicolas-Henri, *Essai sur une théorie générale du compte en droit privé,* Préface d'Alain GHOZI, Édition Panthéon-Assas, 2008.
BABY, Wilfried, *Les effets patrimoniaux du pacte civil de solidarité, L'invention d'une nouvelle forme de conjugalité*, préface de Marc Nicod, postface de Bernard Beignier, Defrénois, 2013.
BELLIVIER, Florence, « Brinz et la réception de sa théorie du patrimoine en France », *La science juridique française et la science juridique allemande de 1870 à 1918, sous la direction d'Olivier BEAUD et de Patrick WACHSMANN*, Annales de la Faculté de Droit de Strasbourg, Presses Universitaires de Strasbourg, 1997, p. 165.
BERGEL, Jean-Louis, *Théorie générale du droit*, Dalloz, 5e édition, 2012.
BOFFA, Romain, *La destination de la chose*, Préface de Marie-Laure MATHIEU-IZORCHE, Lextenso, 2008.
BOUJEKA, Augustin, *La provision : Essai d'une théorie générale en droit français,* Préface d'Alain BÉNABENT, LGDJ, 2001.
BOURJON, François, *Le droit commun de la France et la coutume de Paris, réduits en principes*, Paris, 1775.
BRENNER, Claude, *L'acte conservatoire,* Préface de Pierre CATALA, LGDJ, 1999.
CARBONNIER, Jean, CATALA, Pierre, SAINT AFFRIQUE, Jean de, MORIN, Georges, *Des libéralités, une offre de loi*, préface de Jean CARBONNIER, Defrénois, 2003.
CHAMOULAUD-TRAPIERS, Annie, *Les fruits et revenus en droit patrimonial de la famille,* Publication de la Faculté de Droit et des Sciences économiques de l'Université de Limoges, 1999.

CHATAIN-AUTAJAN, Lise, *La notion de fonds en droit privé*, Préface de Pierre MOUSSERON, Litec, 2006.

CHBAILLE, Polycarpe, *Li Livres de jostice et de Plet*, Paris, 1850.

COLLARD, Fabrice, LAFOND, Jacques, *L'indivision*, Préface de Claude BRENNER, Lexis Nexis, 1re édition, 2017.

COLOMER, André, *Les régimes matrimoniaux et le droit commercial*, Tome I, Préface de Jacques FLOUR, Defrénois, 1977.

DEMOGUE, René, *Essai d'une théorie générale de la subrogation réelle,* Pichon, Paris, 1901.

DENIZOT, Aude, *L'universalité de fait*, Préface de Rémy LIBCHABER, LGDJ, 2008.

DERRUPPÉ, Jean, *Le fonds de commerce*, Dalloz, 1994.

DE SAINT AFRIQUE, Jean Bernard, *L'absence*, Préface de Jean CARBONNIER, Defrénois, 1995.

DEVOS, Alain, *Le régime de communauté*, 75e congrès des notaires de France, Le statut matrimonial du français, Tome I, p. 29, La Baule, 1978.

FORGEARD, Marie-Cécile, CRÔNE, Richard, GELOT, Bertrand, *La réforme des successions : loi du 3 décembre 2001 : commentaire et formules*, préface de Georges MORIN, Defrénois, 2002.

FRISON-ROCHE, Marie-Anne, *Sociologie du patrimoine, la réalité de la règle de l'unicité du patrimoine, Rapport général de la recherche remis à la Chancellerie (+annexes),* Laboratoire de sociologie juridique, Université Panthéon-Assas (Paris II), juillet 1995.

GINOSSAR, Shalev, *Droit réel, propriété et créance, Élaboration d'un système rationnel des droits patrimoniaux*, LGDJ, 1960.

KUHNMUNCH, Olivier, « L'incidence de la dépréciation monétaire sur le patrimoine familial », *Influence de la dépréciation monétaire sur la vie juridique privée, sous la direction de Paul DURAND*, Préface de Jean CARBONNIER, p. 191, PARIS, 1961.

LIBCHABER, Rémy, *Recherches sur la monnaie en droit privé*, préface de Pierre MAYER, LGDJ, 1992.

LIPINSKI, Pascal, *La liquidation dans le régime de la séparation de biens,* Préface de Gérard CHAMPENOIS, LGDJ, 2002.

LOISEL, Antoine, *Institutes coutumières de monsieur Loisel*, Tome premier, Paris, 1758.

MARLY, Pierre-Grégoire, *Fongibilité et volonté individuelle*, Préface de Philippe DELEBEQUE, LGDJ, 2004.

PAULMIER, Edgard, *De la subrogation réelle en droit romain et en droit français*, Orléans, Imprimerie de Georges Jacob, 1882.

PEDAMON, Michel, *La réforme monétaire de 1948 en Allemagne occidentale et le droit des obligations,* Préface de Jean CARBONNIER, Paris, 1956.

PÈNE, Abdou, *Méthodologie des liquidations-partages en droit patrimonial de la famille,* Litec, 2005.

PERROT, Roger, *De l'influence de la technique sur le but des institutions juridiques*, Préface de Robert LE BALLE, Recueil Sirey, 1953.

PIGNARRE, Louis-Frédéric, *Les obligations en nature et de somme d'argent en droit privé, Essai de théorisation à partir d'une distinction*, Préface de Jean-Pierre TOSI, LGDJ, 2010.

REYGROBELLET, Arnaud, DENIZOT, Christophe, *Fonds de commerce*, Dalloz Action, 2e édition, 2012-2013.
RIPERT, Georges, *Aspects juridiques du capitalisme moderne*, 2e édition, Paris, 1951.
ROCHFELD, Judith, *Les grandes notions du droit privé,* PUF, 2011.
ROUGHOL-VALDEYRON, Denise, *Recherches sur l'absence en droit français,* Préface de Pierre-Clément TIMBAL, PUF, 1970.
SPAHR, Stéphane, *Valeur et valorisme en matière de liquidations successorales,* Éditions universitaires Fribourg Suisse, 1994.
TERRÉ, François, *L'influence de la volonté individuelle sur les qualifications,* Préface de Robert LE BALLE, LGDJ, 2014.
VAREILLE, Bernard, « L'indivision et les couples », Journée nationales Tome VII/Bordeaux, Dalloz, 2005, p. 1.
WICKER, Guillaume, *Les fictions juridiques : contribution à l'analyse de l'acte juridique,* Préface de Jacqueline Amiel-Donat, LGDJ, 1997.
XIFARAS, Mikhaïl, *La propriété : Étude de philosophie du droit,* PUF, 2004.

4. Thèses. Mémoires

AURENGE, Joseph, *La subrogation réelle*, thèse Paris, 1910.
BACH, Eugène-Louis, *La subrogation réelle dans les régimes matrimoniaux où coexistent biens propres et biens communs*, thèse Paris, 1959.
BECQUART, Joseph, *Les mots à sens multiples dans le droit civil français : contribution au perfectionnement du vocabulaire juridique*, Lille, PUF, 1928.
BLAISE, Henry, *L'apport en société*, préface de Roger HOUIN, Rennes, Sirey, 1955.
BOLLON, Nicolas, *Étude critique de la notion de patrimoine en droit des régimes matrimoniaux et des successions*, sous la direction de Sylvie FERRÉ-ANDRÉ, thèse Lyon 3, 2008.
BOUZAT, Pierre, *De la nature juridique du droit du grevé et de l'appelé dans les substitutions permises et des droits des légataires dans les legs conditionnels alternatifs*, Rennes, Sirey, 1931.
CAPITANT, Henri, *Clauses d'emploi et de remploi insérées dans le contrat de mariage*, Paris, Imprimerie régionale, 1889.
CARBONNIER, Jean, *Le régime matrimonial, sa nature juridique sous le rapport des notions de société et d'association,* Bordeaux, Imprimerie de l'université, 1932.
CATALA, Pierre, *Les règlements successoraux depuis les réformes de 1938 et l'instabilité économique,* Montpellier, Sirey, 1954.
CHAROY, Roger, *Étude sur la subrogation en matière d'assurances contre l'incendie*, thèse Paris, 1900.
CHAVANNE, Albert, *Essaie sur la notion de compte en droit civil,* thèse Lyon, 1947.
COLAS-SIMON, Odile, *Les créances et les dettes entre époux,* thèse Paris, 1972.
COLOMER, André, *L'instabilité monétaire et les régimes matrimoniaux, le mal et ses remèdes*, Préface de Marcel FRÉJAVILLE, Paris, Librairie Rousseau et Cie, 1955.
DELHAY, Francis, *La nature juridique de l'indivision : contribution à l'étude des rapports de la notion de l'indivision avec les notions de société civile et de personnalité morale,* Université de Lille, LGDJ, 1968.

DEMOGUE, René, *Les notions fondamentales du droit privé,* 1911, Réimpression édition La Mémoire du Droit, 2001.

DENECKER, Jean-Gabriel, *La théorie générale des récompenses et son application aux libéralités faites par les époux communs en biens,* thèse Lille, 1943.

DESOUS, George, *La question de l'emprunt dans les régimes matrimoniaux,* sous la direction de Jean PATARIN, thèse Paris, 1982.

DROSS, William, *Le mécanisme de l'accession, éléments pour une théorie de la revendication en valeur,* sous la direction de professeur Gilles GOUBEAUX, thèse Nancy, 2000.

DURAND, Jean-Max, *La dette de valeur en droit français*, thèse Paris, 1972.

DUTILLEUL-FRANCOEUR, Philippe, *La revendication*, sous la direction de Professeur LARROUMET Christian, thèse Paris, 2002.

FAUSTHER, Grace, *Le droit de retour légal des ascendants privilégiés et le droit de retour conventionnel*, Mémoire de Master II de Droit notarial, sous la direction de Isabelle DEPRES, Université de Strasbourg, septembre 2007.

FLACH, Jacques, *De la subrogation réelle*, thèse Paris, 1870.

FREMONT, F., *Histoire de la théorie des récompenses en matière de communauté entre époux,* thèse Paris, 1899.

GARY, Robert, *Essai sur les notions d'universalité de fait et d'universalité de droit dans leur état actuel*, Bordeaux, Imprimerie de l'Université, 1931.

GASNIER, Flore, *L'organisation de la liquidation du passif successoral,* Préface de Claude BRENNER, Toulouse, Defrénois, 2013.

GAUDEMET, Jean, *Étude sur le régime juridique de l'indivision en droit romain,* thèse, Université de Strasbourg, 1934.

GAZIN, Henri, *Essai critique sur la notion de patrimoine dans la doctrine classique,* thèse Dijon, 1910.

GUINCHARD, Serge, *Essai d'une théorie générale de l'affectation des biens en droit privé français*, thèse Lyon, 1974.

HENRY, André, *De la subrogation réelle conventionnelle et légale*, thèse Nancy, 1913.

HIEZ, David, *Étude critique de la notion de patrimoine en droit privé actuel,* préface de Philippe JESTAZ, LGDJ, 2003.

HUBRECHT, Georges, *La dépréciation monétaire et la stabilisation, leurs effets sur l'exécution des obligations,* Les éditions universitaires de Strasbourg, 1928.

HUMBERT, Henri, *Essai sur la fongibilité et la consomptibilité des meubles*, thèse Paris, 1940.

JAUBERT, Pierre, *Les propres mobiliers dans la communauté légale*, Bordeaux, Imprimerie Bière, 1942.

JEANTET, Fernand-Charles, *Le droit à la réserve en nature,* sous la direction d'Henry SOLUS, thèse paris, Dalloz, 1939.

KILGUS, Nicolas, *L'usufruit des biens incorporels, contribution à la nature juridique de l'usufruit*, sous la direction du Professeur Estelle NAUDIN, thèse Strasbourg, 2016.

LAURIOL, Marc, *La subrogation réelle*, préface d'André BRETON, 2 vol., Alger, Recueil Sirey, 1954.

LÉCUYER, Hervé, *La théorie générale des obligations dans le droit patrimonial de la famille*, Tome I, Tome II, thèse Paris, 1993.

LEPROVAUX, Jérôme, *La protection du patrimoine familial*, préface Annick BATTEUR, Lille, Defrénois, 2008.
MAGNILLAT, André, *De la subrogation réelle*, Lyon, Imprimerie Paul Legendre et Cie, 1912.
MALAURIE, Marie, *Les restitutions en droit civil*, sous la direction de Gérard CORNU, thèse Paris, 1990.
MARTIN, Didier, *L'entreprise agricole dans les régimes matrimoniaux*, sous la direction de H. SOLUS, préface de Jacques BÉGUIN, Paris, Librairie générale de droit et de jurisprudence, 1974.
MASSERON, Gustave, *De la subrogation réelle en droit romain et en droit français*, thèse Bordeaux, 1876.
MAURY, Jacques, *Essai sur le rôle de la notion d'équivalence en droit civil français,* sous la direction de Charles CEZAR-BRU, 2 vol., thèse Toulouse, 1920.
NAUDIN, Estelle, *Les valeurs mobilières en droit patrimonial de la famille*, Préface d'Alice TISSERAND-MARTIN, Defrénois, 2006.
PARIS, Guillaume, *Les droits de retour légaux des articles 738-2 et 757-3 du Code civil*, sous la direction de Michel GRIMALDI, thèse Paris, 2012.
PERNEY, Danièle, *La nature juridique de la réserve héréditaire,* Université de Nice, 1976.
PIERRE-FRANÇOIS, Georges, L., *La notion de la dette de valeur en droit civil, essai d'une théorie,* sous la direction de Henry SOLUS, thèse Paris, 1975.
RANOUIL, Véronique, *La subrogation réelle en droit civil français*, Librairie générale de droit et de la jurisprudence, 1985.
REMY, Philippe, *Des présomptions légales dans les régimes matrimoniaux,* Tome I, Tome II, thèse Poitiers, 1971.
STORA, Charles, *De la subrogation réelle*, Paris, Librairie nouvelle de droit et de jurisprudence Arthur Rousseau, 1901.
STORCK, Jean-Patrice, *Recherches sur le rôle de la destination des biens en droit positif français,* sous la direction de Danièle HUET-WEILLER, thèse Strasbourg, 1979.
TESTU, François Xavier, *L'influence de la destination des biens sur leur transmission successorale : Essai sur la fonction du droit des successions et des libéralités,* Tome I, Tome II, sous la direction de Michel JEANTIN, thèse Paris, 1983.
TORCK, Stéphane, *Essai d'une théorie générale des droits réels sur choses fongibles,* sous la direction de Hervé SYNVET, thèse Paris, 2001.
VERNIERES, Christophe, *Les libéralités à trois personnes*, sous la direction de Professeur Michel GRIMALDI, thèse Paris, 2012.

5. Mélanges

AUTEM, Delphine, « Les contrats entre partenaires au service de leur régime patrimonial », *in Mélanges en l'honneur de la Professeur Françoise DEKEUWER-DÉFOSSEZ*, Lextenso, 2012, p. 1.
BOSSE-PLATIÈRE, Hubert, « Indivision et communauté dans le régime des biens de PACS aujourd'hui », *in Mélanges en l'honneur du Professeur Gilles GOUBEAUX*, LGDJ, 2009, p. 37.
CATALA, Pierre,

« Le droit successoral entre son passé et son avenir », *in Le monde du droit, Écrits rédigés en l'honneur de Jacques FOYER*, Economica, 2008, p. 229.

« Variations autour de la communauté universelle », *in Mélanges à la mémoire de Danièle HUET-WEILLER, Droit des personnes et de la famille*, Presses universitaires de Strasbourg, 1994, p. 45.

« L'indivision entre époux », *in Mélanges offerts à Professeur Pierre HÉBRAUD*, Université des sciences sociales de Toulouse, 1981, p. 185.

COLOMER, André, « Vérité juridique, vérité économique et régimes matrimoniaux », *in Études dédiées à Alex WEILL*, Dalloz-Litec, 1983, p. 153.

DELMAS SAINT-HILAIRE, Philippe, « Il était une fois l'indivision familiale... », *in Mélanges en l'honneur du professeur Jean HAUSER*, Dalloz, 2012, p. 59.

CHAMPENOIS, Gérard, « Les présomptions d'indivision dans le PACS », *in Études RUBELLIN-DÉVICHI*, Litec, 2002, p. 83.

FERRÉ-ANDRÉ, Sylvie, « Du caractère inapproprié du régime de communauté à la préservation des intérêts économiques d'un époux actionnaire (illustrations du jeu de la subrogation réelle) », *in Mélanges en l'honneur du professeur Gérard CHAMPENOIS*, Defrénois, 2012, p. 257.

FERRÉ-ANDRÉ, Sylvie, MAZERON-GABRIEL, Hélène, « La réduction en valeur des libéralités : évolution ou révolution ? », *in Études offertes à Jacques COMBRET*, Defrénois, 2017, p. 141.

FOURNIER, Alain, « L'indivision entre époux communs en biens », *in Mélanges en l'honneur du Doyen Bernard GROSS, sous la direction de Xavier HENRI*, Presses universitaires de Nancy, 2009, p. 537.

GRARE-DIDIER, Clothilde, PICHARD, Marc,

« L'argent en compte et la famille », *in Mélanges en l'honneur du professeur Gérard CHAMPENOIS*, Lextenso, 2012, p. 381.

« Les deniers des partenaires dans l'indivision d'acquêts (commentaire de l'article 515-5-2, alinéa 1er et 1°, du Code civil) », *in Mélanges à la mémoire de Patrick COURBE, Le droit entre tradition et modernité*, Dalloz, 2012, p. 281.

HÉBRAUD, Pierre, « L'instabilité monétaire et les règlements d'intérêts familiaux », *in Études offertes à Georges RIPERT, Le droit privé français au milieu du XXe siècle*, Tome I, Paris, 1950, p. 499.

KUNZ, Josef L., « Jean DABIN et Hans KELSEN », *in Mélanges en l'honneur de Jean DABIN, Théorie générale du droit*, Sirey, 1963, p. 149.

LEQUETTE, Yves,

« La règle de l'unité de la succession après la loi du 3 décembre 2001 : continuité ou rupture ? », *in Études offertes au Doyen Philippe SIMLER*, Dalloz, 2006, p. 167.

« Le privilège de la séparation des patrimoines à l'épreuve de l'article 815-17 du Code civil », *in Études dédiées à Alex WEILL*, Dalloz-Litec, 1983, p. 371.

LEVENEUR, Laurent, « Pour le droit de retour de l'article 757-3 du Code civil, avec quelques améliorations », *in Études offertes au Doyen Philippe SIMLER*, Dalloz, 2006, p. 185.

MARTIN, Didier, « Des règlements liquidatifs entre époux », *in Mélanges en l'honneur du professeur Gérard CHAMPENOIS*, Lextenso, 2012, p. 601.

MARTY, Gabriel, « Observations sur la réduction en valeur », Le droit privé français au milieu du XXe siècle, *in Études offertes à Georges RIPERT*, Paris, 1950, p. 524.

MORIN, Georges, « Qui, de la communauté ou des époux, doit supporter les charges usufructuaires des biens propres ? », *in Mélanges offerts à André COLOMER*, Litec, 1993, p. 259.

NAUDIN, Estelle,

« Que sont les notions devenues ? Libres propos sur la distinction du titre et de la finance », *in Mélanges à l'honneur du Professeur Didier R. MARTIN*, LGDJ, 2015, p. 467.

« L'époux associé et le régime légal de la communauté réduite aux acquêts », *in Mélanges en l'honneur du professeur Gérard CHAMPENOIS*, Lextenso, 2012, p. 617.

NERSON, Roger, « Observations sur quelques espèces particulières d'indivision », *in Mélanges offerts à René SAVATIER*, Dalloz, 1965, p. 707.

NICOD, Marc, « Variations sur la substance de la réserve héréditaire », *in Mélanges en l'honneur du Professeur Jean HAUSER*, Dalloz, 2012, p. 459.

PATARIN, Jean, « La double face du régime juridique de l'indivision », *in Mélanges dédiés à Dominique HOLLEAUX*, Litec, 1990, p. 331.

PILLEBOUT, Jean-François, « Observations pragmatiques sur la dette de valeur », *in Mélanges dédiés à Dominique HOLLEAUX*, Litec, 1990, p. 357.

RAYNAUD, Pierre, « Les dettes de valeur en droit français », *in Mélanges offerts à Jean BRETH DE LA GRESSAYE*, Bordeaux, 1969, p. 611.

SAVATIER, René, « Le vocabulaire du nouvel article 1469 C.C. français », *in Mélanges Louis BAUDOUIN, Problèmes de droit contemporain, sous la direction d'Adrian, POPOVICI*, Les presses de l'Université de Montréal, 1974, p. 203.

SIMLER, Philippe,

« Brèves réflexions sur le calcul des récompenses en cas de remboursement d'emprunt », *in Mélanges en l'honneur du Professeur Raymond LE GUIDEC*, LexisNexis, 2014, p. 247.

« Faut-il parler de résurgence de l'usufruit de la communauté sur les biens propres des époux ?», *in Mélanges à la mémoire de Danièle HUET-WEILLER, Droit des personnes et de la famille*, Presses universitaires de Strasbourg, 1994, p. 427.

STORCK, Michel,

« La propriété d'un portefeuille de valeurs mobilières », *in Études offertes à Pierre CATALA, Le droit privé français à la fin de XX*[e] *siècle*, Litec, 2011, p. 695.

« Le portefeuille de valeurs mobilières et le régime de la communauté réduite aux acquêts », Droit bancaire et financier, *in Mélanges AEDBF-France, sous la direction de Hubert DE VAUDLANE, Jean-Jacques DIAGRE*, Tome III, Banque éditeur, 2001, p. 329.

TRÉBULLE, François Guy, « Propos dissidents sur l'arrêt « Baylet » », Droit bancaire et financier, *in Mélanges AEDBF-France, sous la direction de Hubert DE VAUDLANE, Jean-Jacques DIAGRE*, Banque éditeur, 2001, p. 369.

VAREILLE, Bernard, « Brèves réflexions critiques à propos de l'article 1469 du Code civil », *in Mélanges en l'honneur du Professeur Raymond LE GUIDEC*, LexisNexis, 2014, p. 279.

ZÉNATI-CASTAING, Frédéric,

« La propriété collective existe-t-elle ? », *in Mélanges en l'honneur du Professeur Gilles GOUBEAUX*, LGDJ, 2009, p. 589.

« La nature juridique du quasi-usufruit (ou la métempsycose de la valeur) », *in Études offertes à Pierre CATALA*, Le droit privé français à la fin du XXe siècle, Litec, 2001, p. 605.

6. Articles

ARTEIL, David, « L'ascendant dans le nouveau droit des successions et des libéralités », *Defrénois* 15 avril 2007, n° 7, art. 38567, p. 447.
AUTEM, Delphine, « Quel(s) partage(s) pour l'indivision d'acquêts des partenaires ? », *Defrénois* 2014, p. 1155.
BEIGNIER, Bernard, « La loi du 3 décembre 2001 : Le conjoint héritier », *Droit de la famille* avril 2002, chroniques n°8, p. 4.
BERLIOZ, Pierre, « L'affectation au cœur du patrimoine », *RTD Civ.* 2011, p. 635.
BLANCK-DAP, Martine, « La virtualité de la réserve héréditaire en présence d'un légataire universel », *JCP N* 16 juin 2017, n°24, 1207, p. 30.
BOSGIRAUD, Pierre, NOËL, Luc, POIRAUD, Benoît, « Donner un portefeuille de valeurs mobilières », *Gazette du palais* 27-29 février 2000, p. 374.
BRÉMOND, Vincent,
« La nouvelle acceptation à concurrence de l'actif net », *JCP N* 20 octobre 2006, n° 42, 1331.
« Les nouveaux tempéraments à l'obligation ultra vires *successionis* », *JCP N* 1er décembre 2006, n° 48, 1366.
« Présomption de communauté, d'indivision ou de propriété personnelle dans l'indivision post-communautaire », *Dalloz* 1998, p. 189.
BRENNER, Claude,
« La gestion de la successions », *Dalloz* 2006, p. 2559.
« L'organisation des paiements dans les successions acceptées sous bénéfice inventaire : du vin nouveau dans de vieilles outres », *Dalloz* 2002, p. 1769.
BRENNER, Claude, HUDE, Louis, « Les libéralités graduelles et résiduelles : du sommeil au réveil ? », *JCP N*, 17 juin 2016, n° 24, 1196, p. 51.
BRETON, André, « L'absence selon la loi du 28 décembre 1977 : variations sur le thème de l'incertitude », *Dalloz* 1978, Chron. XLIII, p. 241.
BUFFETEAU, Pascal,
« Legs de *residuo* et valeurs mobilières », *JCP N* 24 novembre 2006, n°47, 1359, p. 2033.
« Réflexion sur le legs de *residuo* », *Defrénois* 30 octobre 1993, n° 20, p. 1153.
CATALA, Pierre,
« Prospective et perspectives en droit successoral », *JCP N* 29 juin 2007, N°26, 1206, p. 55.
« La loi du 23 juin 2006 et les colonnes du temple », *Droit de la famille* novembre 2006, étude 43, p. 5.
« L'évolution contemporaine du droit des biens », *Troisièmes journées Réné Savatier*, Poitiers, 4 et 5 octobre 1990, PUF, p. 181.
« L'indivision », *Defrénois* 1981, art. 32576, p. 241.
« L'indivision », *Defrénois* 1980, art. 32172, p. 1.
« L'indivision », *Defrénois* 1979, art. 32160, p. 1601.
« Les effets de la dépréciation monétaire sur les rapports juridiques contractuels en droit civil français », *Les effets de la dépréciation monétaire sur les rapports*

juridiques contractuels, (Journées d'Istanbul) Travaux de l'association Henri CAPITANT, Faculté de Droit d'Istanbul, 1973, p. 440.
« La jurisprudence, gardienne de l'égalité successorale », *Dalloz* 1962, 17e cahier, p. 99.
CERBAN, Alexandre, « Nature et domaine d'application de la subrogation réelle », *RTD Civ.* 1939, p. 47.
CHAMOULAUD-TRAPIERS, Annie,
« Liquidation d'indivision : du bon règlement du passif et des comptes », *Defrénois* 2010, n° 21/10, Doctrine 39176, p. 2269.
« Indivision », *Defrénois* 15 septembre 2009, n°15, p. 1617.
CHAMPENOIS, Gérard, « La loi du 23 décembre 1985 relative à l'égalité des époux dans les régimes matrimoniaux (Loi n°85-1372 du 23 décembre 1985) (a) », *Defrénois* 1988, art. 34320, p. 1105.
CHAMPENOIS, Gérard, COMBRET, Jacques, « Quelle place pour la société d'acquêts dans les régimes matrimoniaux ? », *Defrénois* 30 décembre 2012, n°24.
CHAPPERT, André, « À propos de l'imputation sur le revenu global du nu-propriétaire des dépenses de grosses réparations effectuées sur ses immeubles », *Defrénois* 15 avril 1996, n° 7, p. 433.
CHAPUISAT, Françoise, « Vers une utilisation extensive de la subrogation réelle à propos des lois du 13 juillet 1965 et 3 juillet 1971 », *RTD Civ.* 1973, p. 643.
CHARLIN, Jacques, « Pacte civile de solidarité (PACS), la fameuse indivision de l'article 515-5 du Code civil », *JCP N* 22 décembre 2000, n° 51-52, p. 1851.
CHÉNÉDÉ, François, « La mutation du patrimoine », *Gazette du palais* mai-juin 2011, p. 1923.
CLAUX, Pierre-Jean, « La liquidation du régime de la séparation de biens », *AJ Famille* mai 2005, p. 184.
CLERMON, Marceau, CENAC, Pierre, « Libéralités graduelles et résiduelles », *JCP N* 22 septembre 2006, n° 38, 1304, p. 1671.
COLLARD, Fabrice, TRAVELY, Benjamin, « L'obligation de conservation en valeur au secours de la libéralité graduelle », *JCP N* 6 avril 2012, n°14, 1177, p. 41.
COLOMER, André,
« La nature juridique des parts de société au regard du régime matrimonial (1) », *Defrénois* 15 juin 1979, n° 11, art. 32020, p. 817.
« La suppression du droit de jouissance de la communauté sur les biens propres des époux, ou : le danger d'innover (Réflexion sur la loi du 13 juillet 1965) », *Dalloz* 1966, VI, p. 23.
CONTIN, Raphaël, « Les règlements en nature dans les partages matrimoniaux », *RTD Civ.* 1977, p. 435.
COSTE-FLORET, Alfred,
« Le remploi tacite à retardement sous le régime légal de la communauté », *RTD Civ.* 1975, p. 47.
« Le remploi à retardement sous le régime légal de la communauté », *RTD Civ.* 1942, p. 169.
DAGOT, Michel, « Indivision (commentaire de la loi du 31 décembre 1976) », *JCP* 1977, I, 2858.
DAVID-BALESTRIERO, Véronique, « La succession de l'adopté (adoption simple) après la loi du 23 juin 2006 », *Defrénois* 30 août 2007, n° 15, p. 1085.
DEKEUWER-DÉFOSSEZ, Françoise, « PACS et famille, retour sur l'analyse juridique d'un contrat controversé », *RTD Civ.* juillet-septembre 2001, p. 529.

DELECRAZ, Yves, « Le nouveau régime des biens dans le pacs », *AJ Famille* janvier 2007, p. 12.
DEMOGUE, René « Les souvenirs de famille et leur condition juridique », *RTD Civ.* 1928, p. 27.
DENIZOT, Aude, « L'étonnant destin de la théorie du patrimoine », *RTD Civ.* 2014, p. 547.
DEPONDT, Axel, « La liquidation du régime de la séparation de biens », *JCP N* 11 décembre 2009, n°50, 1334, p. 21.
DEWAILLY, Christelle, « Pacs et indivision : le couple maudit », *Gazette du palais* 7 juin 2003, n° 158, p. 22.
DOCKÈS, Emmanuel, « Essai sur la notion d'usufruit », *RTD Civ.* 1995, p. 479.
DONNEDIEU DE VABRES, Jacques, « Les actes de l'hériter apparent », *RTD Civ.* 1940, p. 385.
DUMONT, Grégory, LEROND, Sylvie, « La donation-partage transgénérationnelle graduelle-résiduelle », *Droit et patrimoine* septembre 2009, n° 184, p. 38.
E.-S. de LA MARNIERRE, « De l'absence », *Gazette du palais* 1978, II, p. 239.
FERRÉ-ANDRÉ, Sylvie, « Des droits supplétifs et impératifs du conjoint survivant dans la loi du 3 décembre 2001 », *Defrénois* 15 juillet 2002, n° 13, p. 863.
FILLETTE, Jean-Luc, « À propos des récentes tentatives de résurrection de la séparation de biens avec société d'acquêts », *Defrénois* 15 août 1996, n° 15-16, p. 897.
FIORINA, Dominique,
« Les droits du nu-propriétaire : de l'information au contrôle », *Dalloz* 2003, p. 2495.
« L'usufruit d'un portefeuille de valeurs mobilières », *RTD Civ.* janvier-mars 1995, p. 43.
FLOUR, Jacques, « Pot-pourri autour d'un arrêt Civ. 1re, 15 février 1973, Casier », *Defrénois* 1975, art. 30854, p. 145.
FLOUR, Yvonne, « Les nouveaux droits *ab intestat* du conjoint survivant », *Gazette du palais* 2-3 octobre 2002, doctr. 1412.
FULCHIRON, Hugues,
« Pacs, mariage, patrimoine : quelques réflexions d'après-réforme », *Droit et patrimoine*, octobre 2007, n°163, p. 28.
« Le nouveau PACS est arrivé ! », *Defrénois* 2006, 38471.
« Les présomptions d'indivision et de communauté dans le couple », *Defrénois* 2001, n° 17/01, art. 37391, p. 949.
GOUBEAUX, Gilles, « Réforme des successions : inquiétant concours entre collatéraux privilégiés et conjoint survivant (à propos de l'article 757-3 du Code civil) pourquoi faire simple ?... », *Defrénois* 15 avril 2002, art. 37519, p. 427.
GRARE-DIDIER, Clothilde, « La communauté légale : failles et modernité », *Quelle association patrimoniale pour le couple ? sous la direction de Isabelle Duriac, Clothilde Grare-Didier, Sophie Gaudemet*, Dalloz 2010, p. 3.
GRIMALDI, Michel,
« Donation de titres sociaux et subrogation réelle », *Defrénois* 30 mars 2015, n°6, p. 295.
« Brèves réflexions sur l'ordre public et la réserve héréditaire », *Defrénois* 30 août 2012, art. 40563, p. 755.
« Les libéralités graduelles et résiduelles », *JCP N* 22 décembre 2006, n° 51-52, art. 1387, p. 2419.
« Présentation de la loi du 23 juin 2006 portant réforme des successions et des libéralités », *Dalloz* 2006, n°37, p. 2551.

« Droits du conjoint survivant : brève analyse d'une loi transactionnelle », *AJ Famille* 2002, p. 48.
« Commentaire de la loi du 23 décembre 1985 relative à l'égalité des époux dans les régimes matrimoniaux et des parents dans la gestion des biens des enfants mineurs », *Gazette du palais* 11 septembre 1986, p. 529.
GRIMALDI, Michel, ROUX, Jean-François,
« La donation de valeurs mobilières avec réserve de quasi-usufruit », *Defrénois* 1994, art. 35677, p. 3.
« La donation de valeurs mobilières avec réserve de quasi-usufruit », *Dalloz* 1994, 28e cahier, chr. 219.
GUERCHOUN, Frédéric, PIEDELIÈVRE, Stéphane, « La réforme des successions et des libéralités par la loi du 23 juin 2006, *Gazette du palais* 24 août 2006, n° 236, p. 2.
GUILLAUD-BATAILLE, Sylvain, KUHN, Céline, « Liberté et modalités de calcul en droit patrimonial de la famille, récompenses et rapports », *JCP N* 4 décembre 2015, n°49, 1228, p. 46.
HÉRAUD, Jacky, « La proche disparition du droit de demander le partage de l'indivision », *Lamy Droit civil* novembre 2009, n°65, 3617, p. 49.
HILT, Patrice, « De la prétendue simplicité du régime juridique applicable aux créances entre époux », *JCP* 6 juin 2016, n°23, 669, p. 1146.
HOUIS, Arnaud, « La donation de *residuo* », *LPA* 19 mai 2000, n° 100, p. 25.
HOVASSE, Henri,
« Époux et valeurs mobilières », *Droit et patrimoine* avril 2002, n° 103, p. 42.
« PACS et portefeuille de valeurs mobilières », *Revue de droit bancaire et financier, Éditions du Juris-Classeur* mai/juin 2000, n°3, p. 188.
« Qualification du portefeuille de valeurs mobilières », *Revue de droit bancaire et de la bourse* janvier-février1999, n° 71, p. 1.
JOURDAIN, Patrice, « Les actes de disposition sur la chose indivise (Condition juridiques des actes irréguliers pendant l'indivision) », *RTD Civ.* 1987, p. 498.
JUAN, Régine, « La communauté universelle », *JCP N* 1980, I, p. 95.
KARM, Anne, « Donation et régime de communauté : la question des récompenses », *JCP N* 1re décembre 2017, n°48, 1324, p. 51.
LACOUR, Clémence, « L'incidence de la loi du 23 juin 2006 sur la succession de l'adopté simple », *Droit de la famille* décembre 2007, n° 12, étude 35.
LAFOND, Jacques,
« L'autorisation judiciaire de vendre un bien indivis (C. civ., art. 815-5-1 nouveau) », *JCP N* 22 mai 2009, n° 21, 1180, p. 12.
« La vente d'un immeuble indivis contre le gré d'un indivisaire (C. civ., art. 815-5)», *JCP N* 4 janvier 2008, n° 1, 1000, p. 19.
LALANDE CHAMPETIER DE RIBES, Stéphanie, « L'organisation des comptes bancaires des époux à l'épreuve de la rupture du lien conjugal (1) », *AJ Famille* 2011, p. 400.
LAUDE, Anne, « La fongibilité », *RTD com* avril- juin 1995, p. 307.
LE GUIDEC, Raymond,
« Donation, acquisition et construction en famille », *JCP N* juin 2016, n° 22-23, p. 1184.
« Liquidation de la communauté : identification des récompenses », *sous la direction de Michel GRIMALDI, Droit patrimonial de la famille, Dalloz action*, n° 144, 5e édition, 2015-2016, p. 269.

LEBEAU, Martin, « Brèves remarques sur la nature de l'indivision d'acquêts des partenaires liés par un Pacs », *Defrénois* 2010, n° 20/10, 39172, p. 2189.
LEBLOND, Nicolas, « La crise dans l'indivision », *Defrénois* 2010, n° 20/10, 39171, p. 2173.
LECUYER, Hervé, « Usufruit et portefeuille de valeurs mobilières », *Droit et patrimoine* 2005, n°137, p. 57.
LECUYER, Hervé, TAUDIN Louis, « Utilité, opportunités et actualité de la séparation de biens avec société d'acquêts », *Lamy Droit civil* 1er avril 2004, n°4.
LEJEUNE, François, « Déclarations de remploi et d'origine des fonds, outils de transmission patrimoniales entre époux », *Droit et patrimoine* avril 2008, n°169, p. 22.
LEMAIRE, Isabelle, « L'intérêt du privilège de la séparation des patrimoines pour les créanciers successoraux », *JCP N* 6 avril 2001, n° 14, p. 700.
LEPROUVAUX, Jérôme,
« L'évolution des droits de retour légaux dans la législation contemporaine du droit des successions », *Petites affiches* 2 juillet 2007, n° 131, p. 6.
« Les nouvelles règles de gestion de l'indivision successorale issues de la loi du 23 juin 2006 », *JCP N* 15 décembre 2006, n° 50, 1381, p. 2386.
LEVILLAIN, Nathalie,
« Les donations graduelles et résiduelles », *AJ Famille* novembre 2014, p. 611.
« Les nouveaux droits successoraux des ascendants, Droit de retour légal de l'article 738-2 du Code civil », *JCP N* 2007, n° 1135, p. 22.
« Nouvelles règles de dévolution de la succession de l'adopté, une réforme incomplète », *JCP N* 27 juillet 2007, n° 30-34, étude 1223, p. 20.
« Les nouveaux droits *ab intestat* du conjoint survivant », *JCP N* 22 février 2002, n° 8-9, art. 1163, p. 353.
LIBCHABER, Rémy, « Le portefeuille de valeurs mobilières : Bien unique ou pluralité de biens ? », *Defrénois* 1997, art. 36464, p. 65.
LUCET, Frédéric, VAREILLE, Bernard, « Récompenses : évaluation de la récompense en cas de construction édifiée sur un terrain propre par recours à un financement commun », *RTD Civ.* juillet/septembre 1991, § 3, p. 591.
MALAURIE, Philippe, « Les libéralités graduelles et résiduelles », *Defrénois* 15 décembre 2006, n° 23, p. 1801.
MALLET-BRICOUT, Blandine, « Propriété, affectation, destination. Réflexion sur les liens entre propriété, usage et finalité », *RJTUM* 2014, n° 48, p. 537.
MARTIN, Didier,
« Du portefeuille de valeurs mobilières considéré comme une universalité de fait », *La vie judiciaire* du 10 au 16 février 1992, n° 2392, p. 4.
« Le droit de l'indivision (commentaire de la loi n° 76-1286 du 31 décembre 1976 relative à l'organisation de l'indivision) », *Dalloz* 1977, p. 221.
MATHIEU, Jean-Michel,
« Focus sur quelques difficultés et pistes pour une meilleure utilisation des libéralités substitutives », *JCP N* 27 avril 2012, n° 17, 1201, p. 74.
« La société d'acquêts : les précautions rédactionnelles, à la recherche d'un régime idéal », *JCP N* 24 décembre 2010, n°51-52, 1383, p. 30.
MATHIEU, Michel, PILLEBOUT, Jean- François, « Contrat de mariage, communauté, clauses de liquidation, clauses relatives à la liquidation », *JCP N* 11 septembre 1998, N°37, p. 1249.

MAUGER-VIELPEAU, Laurence, « Le Pacs après la loi du 23 juin 2006 », *JCP N* 29 juin 2007, n°26, 1201, p. 31.
MEILLER, Eric, « L'universalité de fait (1) », *RTD Civ.*, 2012, n° 6, p. 651.
MORIN, Georges,
« Qui, de la communauté ou des époux, doit supporter les charges usufructuaires des biens propres ? », *Defrénois* 1993, 35538, p. 545.
« Participation aux acquêts. - Liquidation. - Comparaison des règles liquidatives prévues par la loi du 1965 avec celles résultant de la loi de 1985 », *Defrénois* 1987, art. 33836, p. 25.
« Les dispositions prévues à l'article 1434, alinéa 3, du Code civil, pour le cas où le prix du bien acquis excède la somme remployée, s'imposent-elles impérativement aux époux ? », *Defrénois* 1980, art. 32445, p. 1249.
« L'incidence du droit des récompenses sur le mécanisme du remploi dans les régimes communautaires (a) », *Defrénois* 1979, art. 32106, p. 1281.
« Bref aperçu de la loi du 31 décembre 1976 relative à l'organisation de l'indivision (1) », *Defrénois* 1977, art. 31510, p. 1049.
« Examen de quelques problèmes que soulève en pratique la nouvelle théorie des récompenses », *Defrénois* 1971, art. 29769, p. 1.
MURAT, Pierre, « Le choix du support d'une clause graduelle ou résiduelle », *JCP N* 27 avril 2012, n° 17, 1202, p. 82.
NAUDIN, Estelle,
« Gestion et cession des droits sociaux communs », *Droit et patrimoine*, N°279, 1er avril 2018, p. 25.
« La participation aux acquêts », *JCP N* 10 juillet 2015, n°28, 1125, p. 61.
« Les libéralités graduelles et résiduelles », *LPA* 28 juin 2007, n°129, p. 21.
« Les comptes bancaires et la famille », *AJ Famille* 2006, p. 273.
« Encaissement des deniers propres et droit à récompense », *Droit de la famille* mars 2006, n°3, étude 16, p. 14.
NICOD, Marc,
« Solidarité familiales et dépendance économique des ascendants », *Droit de la famille* juin 2016, n° 6, dossier 19.
« Libéralités graduelles et résiduelles : quelques difficultés d'application », *JCP N* 18 juillet 2008, n°29, 1249.
« Le réveil des libéralités substitutives : les libéralités graduelles et résiduelles du Code civil. À propos de la loi du 23 juin 2006 », *Droit de la famille* novembre 2006, étude 45, p. 14.
NICOD, Marc, BOUCHÉ, Xavier, « La mise en œuvre des donations résiduelles », *JCP N* 6 mai 2016, n°18, 1146, p. 89.
OMARJEE, Imran, « De quelques outils stratégiques en matière de donation intrafamiliale », *AJ famille* février 2008, p. 59.
OMARJEE, Imran, LAPIERRE, Julien, « La libéralisation des libéralités avec charge de transmettre : les libéralités graduelles et résiduelles », *Petites affiches* 5 février 2007, n° 26, p. 6.
PARIS, Guillaume, « La détermination du montant du retour légal de l'article 738-2 du Code civil, Quart du bien ou quart de la succession ? », *Defrénois* 15 janvier 2015 n° 1, p. 12.
PATARIN, Jean,

« Difficultés exemplaires d'une substitution fidéicommissaire : conditions de recevabilité de l'action en déchéance des droits du grevé, biens grevés, réduction de l'assiette de la substitution pour dépassement de la quotité disponible (art. 1057 et 1048 C.civ.) », *RTD Civ.* 1998, p. 171.
« Composition des masses indivises en cas d'indivisions multiples et successives : fruits, revenus, plus-value, biens subrogés réellement, mais rémunération due à l'indivisaire gérant », *RTD Civ.*1996, p. 961.
« Attribution préférentielle, subrogation réelle, effet déclaratif du partage et évaluation de la soulte due par l'attributaire », *RTD Civ.*1992, p. 429.
« Quelles actions en justice peuvent être exercée par un indivisaire agissant seul ? », *RTD Civ.* 1992, p. 804.
«Successions et libéralités », *RTD Civ.* 1982, p. 178.
PENIN, Olivier, « L'évolution des droits de retour dans le Code civil depuis les lois de 2001 et 2006 », *RTD Civ.* 2014, p. 49.
PERNEL, Christine, « Le patrimoine des concubins après la loi du 15 novembre 1999 : indivision ou société créée de fait », *Droit et patrimoine* juin 2001, n°94, p. 44.
PETERKA, Nathalie,
« Les libéralités graduelles et résiduelles, entre rupture et continuité », *Dalloz* 2006, p. 2580.
« Le nouveau visage des libéralités familiales au lendemain de la loi du 23 juin 2006 », *Gazette du palais* 8, 9 novembre 2006, doctr. 3555.
« Les retouches à la dévolution successorale, à propos de la loi du 23 juin 2006 », *Droit de la famille* décembre 2006, Études 52, p. 5.
PIEDELIÈVRE, Stéphane,
« Réflexion sur la réforme des successions », *Gazette du palais* 2002, n° 23, doctr. 576.
« Universalité et gestion d'un portefeuille de valeurs mobilières », *Droit et patrimoine* mai 2000, n°82, p. 96.
RIEUBERNET, Christelle, « La fin de la réserve des ascendants ! », *Petites affiches* 13 octobre 2006, n° 205, p. 4.
RIVES, G., « Subrogation réelle à titre particulier et propriété immobilière », *RTD Civ.* 1968, p. 613.
RIVES-LANGE, Jean-Louis, VERNET-SIBEL, Valérie, « Promouvoir le compte à rubriques », *Banque magazine* juillet-août 2000, n° 616, p. 46.
ROCHFELD, Judith, « Réforme du PACS », *RTD Civ.* juillet/septembre 2006, p. 624.
ROUGHOL, Roger-Jean, « Réflexion sur le remploi des articles 1434 et 1435 du Code civil », *JCP N* 1983, I, p. 261.
ROUSSEAU, Élisabeth, « La clause de société d'acquêts à titre particulier », *Defrénois* 15 février 2013, n°3, p. 9.
ROUVIÈRE, Frédéric,
« Le profit subsistant nul en matière de récompenses », *Defrénois* 7 décembre 2017, n°30, p. 17.
« Les multiples facettes de la séparation de biens avec société d'acquêts », *Defrénois* 30 juin 2006, n°12, p. 1026.
SAGAUT, Jean-François,
« Les nouvelles frontières du quasi-usufruit », *JCP N* 21 avril 2000, I, n° 16, p. 691.

« Les donations graduelles et résiduelles (C.civ., art. 1048 à 1061) », *JCP N* 22 décembre 2006, n° 51/52, art. 1388, p. 2425.
SAUJOT, Colette, « Le fondement des récompenses », *RTD Civ.* 1970, p. 684.
SAUVAGE, François,
« Le rôle du notaire dans la mise en œuvre de la vente du bien indivis à la demande des indivisaires majoritaires (1) », *AJ Famille* 2010, p. 309.
« Le déclin de la réserve héréditaire précipité par la loi du 23 juin 2006 », *JCP N* 18 juillet 2008, n°29, 1248, p. 34.
« Le régime des partenaires d'un pacs : liberté, prospérité et solidarité ? », *Droit et patrimoine* septembre 2008, n°173, p. 64.
« Le régime des biens des partenaires d'un pacte civil de solidarité au lendemain de la loi du 23 juin 2006 », *RLDC* 1er janvier 2007, n° 34.
SAVATIER, Réné,
« La condition des deniers conjugaux en régime de communauté », *Defrénois* 1974, art. 30656, p. 721.
« La communauté conjugale nouvelle », *Dalloz* 1970, n° 85, p. 179.
SAVOURÉ, Bertrand, « Les nouvelles donations : place aux libéralités graduelles et résiduelles ! », *Lamy Droit civil* 1er décembre 2006, n° 33, Supplément 36, p. 27.
SERIAUX, Alain, « La notion juridique de patrimoine », *RTD Civ.*1994, p. 801.
SIMLER, Philippe, « Régime juridique de la société d'acquêts adjointe à une séparation de biens », *Defrénois* 30 décembre 2012, n°24.
STORCK, Michel, « L'indivision successorale et la transmission d'entreprise », *Petites affiches* 28 juin 2007, n° 129, p. 11.
TESTU, François-Xavier, « Sur la nature de l'indivision », *Dalloz* 1996, I, p. 176.
TEYSSIÉ, Bernard,
« L'absence », *JCP N* Fascicule unique, 29 février 2012.
« L'absence, commentaire de la loi n°77-1447 du 28 décembre 1977 », *JCP* 1987, II, n° 2911.
THOMAS-RAYNAUD, Anne-Laure, « Le patrimoine d'affectation : réflexion sur une notion incertaine », *RLDC* 1er juin 2010, n° 72, p. 65.
TISSERAND, Alice, « Régime légal : la liquidation-partage », *JCP N* 10 juillet 2015, n°28, 1123, p. 49.
VAREILLE, Bernard, « Brèves réflexions critiques à propos de l'article 1469 du Code civil », *JCP N* 1er août 2014, p. 13.
VERNIÈRES, Christophe, « Les conventions d'indivision », *AJ Famille* juillet- août 2010, p. 312.
VERNIÈRES, Christophe, BONNET, Gilles, « Réflexions pratiques sur les libéralités graduelles et résiduelles », *Defrénois* 15 janvier 2017, n° 01, p. 59.
WICKER, Guillaume, « Le nouveau droit des libéralités : entre évolution, révolution et contre-révolution », *Droit et patrimoine* mars 2007, n° 157, p. 74.
XIFARAS, Mikhaïl,
« L'individualisme possessif, spéculatif (et néanmoins romain) de Hegel. Quelques remarques sur la théorie hégélienne de la propriété », *Hegel penseur du droit, sous la direction de Jean-François Kervégan et Gilles Marmasse*, CNRS philosophie, 2004, p. 63.
« La destination politique de la propriété chez Jean-Jacques Rousseau », *Les études philosophiques*, PUF 2003/3, n°66, p. 331.
ZÉNATI, Frédéric,

« Propriété et droits réels », *RTD Civ.* 1999, p. 422.
« Propriété et droits réels », *RTD Civ.* 1994, p. 381.
« Subrogation du bien attribué préférentiellement et vendu pendant le partage », *RTD Civ.* 1992, p. 791.
« Charge des pertes de l'indivision », *RTD Civ.* 1992, p. 797.

7. Observations. Notes. Chroniques. Conclusions

ALBIGES, Christophe, « Retour sur la distinction titre et finance lors d'une cession de parts sociales détenues par des époux », Cass. civ. 1re, 22 octobre 2014, n° 12-29.265, *Gazette du palais* 11-12 février 2015, nos 42-43, p. 472.
AYNÈS, Laurent,
Cass. civ. 1re, 14 juin 2000, n°98-10.577, Dalloz 2001, n°8, somm. 696, §2.
Cass. civ. 1re, 12 novembre 1998, n° 96-18.041, *Dalloz* 1999, I, p. 167.
BARABÉ-BOUCHARD, Véronique,
« Parts sociales communes et donation par le conjoint survivant », Cass. civ. 1re, 12 juin 2014, n° 13-16.309, *Defrénois* 30 octobre 2014, n° 20, p. 1093.
Cass. civ. 1re, 4 juillet 2012, n°11-13.384, *Dalloz* 25 octobre 2012, n°37, p. 2493.
« Nullité d'une cession de parts de la SCI consentie par l'époux associé marié sous le régime légal », Cass. civ. 1re, 9 novembre 2011, n°10-12.123, *Dalloz* 16 février 2012, n°7, p. 483.
Cass. civ. 1re, 24 septembre 2008, n°07-19.710, *Dalloz* 2008, n°43, p. 3050.
BEIGNIER, Bernard,
Cass. civ. 1re, 23 septembre 2015, n°14-20.168, *Droit de la famille* décembre 2015, comm. 220.
Cass. civ. 1re, 12 janvier 2011, n°09-15.298, *Droit de la famille* mars 2011, comm. 40, p. 35.
Cass. civ. 1re, 15 février 2012, n° 11-10.182, *Droit de la famille* avril 2012, comm. 70, p. 26.
Cass. civ. 1re, 25 février 2009, n° 08-12.137, *Droit de la famille* avril 2009, n°4, comm. 45.
Cass. civ. 1re, 20 février 2007, n°05-18.066, *Droit de la famille* avril 2007, comm. 88, p. 44.
Cass. civ. 1re, 31 janvier 2006, n° 02-21.121, *Droit de la famille* mars 2006, comm. 60.
Cass. civ. 1re, 8 novembre 2005, n° 03-14.831, *Droit de la famille* décembre 2005, comm. 274, p. 29.
Cass. civ. 1re, 30 juin 2004, n° 02-13.623, Successions et libéralités, *Droit de la famille* octobre 2004, n° 186, p. 39.
Cass. civ. 1re, 27 juin 2000, n°98-14.886, *Droit de la famille* novembre 2000, n°133, p. 30.
Cass. civ. 1re, 8 juin 1999, 97-14.417, *Droit de la famille* janvier 2000, 12, p. 23.
Cass. civ. 1re, 17 novembre 1999, n° 98-11.055, *Droit de la famille* février 2000, comm. 29, p. 18.
BERGEL, Jean-Louis, « La promesse de vente d'un immeuble indivis faite par un seul indivisaire est valable pour la portion indivise qui lui appartient », Cass. civ. 3ème, 21 juin 1995, n° 93-17.522, *RDI* 1995, p. 715.
BICHERON, Frédéric,

« La renonciation tacite au caractère propre d'un bien à l'occasion d'un divorce », Cass. civ. 1re, 23 septembre 2015, n°14-20.168, *AJ Famille* janvier 2016, p. 52.
Cass. civ. 1re, 15 mai 2008, n° 07-17.645, *AJ Famille* 2008, p. 253.
« La détermination du *residuum* dans le legs de residuo », Cass. civ. 1re, 20 février 2008, n° 06-14.704, *AJ Famille* 2008, p. 217.
« Sort du legs de *residuo* lorsque les valeurs mobilières sont cédées mais conservées sur un compte « succession » », Cass. civ. 1re, 7 juin 2006, n° 04-10.616, *AJ Famille* 2006, p. 380.
BOULANGER, David, « Cession des parts d'une société civile immobilière : de la cogestion à la nature commune », Cass. civ. 1re, 9 novembre 2011, n°10-12.123, *JCP N* 17 février 2012, n°7, 1107, p. 33.
BRÉMOND, Vincent,
« Droit patrimonial de la famille », Cass. civ. 1re, 12 juin 2014, n° 13-16.309, *Dalloz* 2014, p. 1905.
« Droit patrimonial de la famille juin 2011-juillet 2012 », CA Rennes, 10 janvier 2012, n°10/07665, *Dalloz* 25 octobre 2012, n°37, §3, pan. 2478.
« Droit patrimonial de la famille », Cass. civ. 1re, 8 juillet 2009, n° 08-17.300, *Dalloz* 2010, p. 2392.
« Droit patrimonial de la famille juin 2007-mai 2008 : panorama 2008 », Cass. civ. 3ème, 3 octobre 2007, n° 06-16.716, *Dalloz* 2008, III, n° 32, p. 2250.
Cass. civ. 1re, 28 juin 2005, n° 02-20.452, *JCP N* 20 janvier 2006, N°3, 1025, p. 147.
Cass. civ. 1re, 8 février 2005, n° 03-15.384, n° 03-13.456, *Dalloz* 2005, n°31, p. 2116.
« Droit patrimonial de la famille : panorama 2005 », Cass. civ. 1re, 5 avril 2005, n° 02-15.459, *Dalloz* 2005, p. 2121.
BRÉMOND, Vincent, NICOD, Marc, REVEL, Janine, « Droit patrimonial de la famille, juin 2014-juin 2015 », Cass. civ. 1re, 8 octobre 2014, n° 13-24.564, *Dalloz* 2015, p. 2094.
BRETON, André,
Cass. civ. 1re, 2 juin 1987, Bull. civ. I, n° 181, *Dalloz* 1988, p. 137.
Cass. civ. 1re, 10 octobre 1984, *Dalloz* 1985, I, p. 197.
Cass. civ. 1re, 14 décembre 1983, *Defrénois* 1986, art. 33652, p. 120.
Cass. civ. 1re, 14 décembre 1983, *Dalloz* 1984, p. 310.
« Indivision », Cass. civ. 1re, 4 janvier 1980, *Dalloz* 1980, II, p. 425.
« Indivision », Cass. civ. 1re, 4 janvier 1980, *Defrénois* 1980, art. 32403, p. 1149.
Cass. civ. 1re, 24 octobre 1972, n° 71-11.883, *Dalloz* 1973, 18e cahier, 285.
Cass. civ. 1re, 18 octobre 1966, *Dalloz* 1966, 41e cahier, p. 709.
BUFFETEAU, Pascale, « Legs », Cass. civ. 1re, 2 juin 1993, n° 91-16.370, *Defrénois* 15 novembre 1993, n° 21, p. 1274.
CAPITANT, Henri, TERRÉ, François, LEQUETTE, Yves, Ch. Réun. 5 décembre 1907, Chollet c. Dumoulin, *Les grands arrêts de la jurisprudence civile*, Tome I, Dalloz, 13e édition, 2015, n° 120, p. 646.
CARBONIER, Jean,
Cass. civ. 1re, 27 juin 1957, *RTD Civ.* 1957, p. 553.
Cour d'appel d'Angers, 14 avril 1948, *Dalloz* 1948, p. 462.
CHAMOULAUD-TRAPIERS, Annie,

« Indivisions, successions, libéralités, panorama 2010 », Cass. civ. 3ème, 12 mai 2010, n° 08-17.186, *Defrénois* 2010, n° 22/10, 39184, p. 2384, § 5.

Cass. civ. 3ème, 12 mai 2010, n° 08-17. 186, *Defrénois* 2010, n° 22/10, art. 39184, p. 2384.
« Indivision », Cass. civ. 1re, 11 mars 2009, n° 07-21.356, *Defrénois* 2009, n° 15/09, 38987, p. 1617.
CHAMPENOIS, Gérard,
« Liquidation de communauté et renonciation au caractère propre d'un bien », Cass. civ. 1re, 23 septembre 2015, n°14-20.168, *Defrénois* 30 mars 2016, n°6, p. 286.
Cass. civ. 1re, 23 septembre 2015, n°14-18.131, *Defrénois* 28 février 2016, N°4, 180.
« Libre disposition des parts sociales par l'époux associé pendant l'indivision post-communautaire », Cass. civ. 1re, 12 juin 2014, n°13-16.309, Cass. civ. 1re, 22 octobre 2014, n° 12-29.265, *Defrénois* 30 juin 2015, n° 12, p. 680.
« En cas d'apport d'un bien propre à une société, les parts sociales attribuées à l'époux apporteur sont propres », Cass. civ. 1re, 27 mai 2010, n° 09-11894, inédit, *Defrénois* 28 février 2011, n° 4, p. 383.
Cass. civ. 1re, 27 mai 2010, *Defrénois* 2011, n° 4, 39206, spéc. 8, p. 383.
Cass. civ. 1re, 20 février 2007, n°05-18.066, *Defrénois* 2008, n°03, art. 38719, p. 307.
Cass. civ. 1re, 31 janvier 2006, n° 02-21.121, *Defrénois* 2006, n°20, art. 38469, p. 1607.
Cass. civ. 1re, 8 février 2005, n° 03-15.384, n° 03-13.456, *Defrénois* 2005, III, p. 1506.
Cass. civ. 1re, 25 janvier 2000, *Defrénois* 2000, §24, art. 37145, p. 443.
Cass. civ. 1re, 5 janvier 1999, n° 96-115.12, *Defrénois* 15 avril 1999, n° 7, p. 432.
Cass. civ. 1re, 19 mai 1998, n° 95-22.083, *Defrénois* 15 décembre 1998, n°23, art. 36903, p. 1466.
Cass. civ. 1re, 28 février 1995, n°92-16.794, *Defrénois* 1995, art. 36214, §171, p. 1489.
Cass. civ. 1re, 15 juin 1994, n°92-20.201, *Defrénois* 1995, art. 36040, §47, p. 439.
Cass. civ. 1re, 6 avril 1994, *Defrénois* 1995, I, art. 36109, p. 823, n° 91.
Cass. civ. 1re, 13 janvier 1993, *Defrénois* 1993, art. 35673, §148, p. 1445.
Cass. civ. 1re, 31 mars 1992, n° 90-17.212, *Defrénois* 1992, 35348, p. 1121.
Cass. civ. 1re, 5 mars 1991, n° 87-18.298, *Defrénois* 1992, art. 35220, 39, p. 400.
Cass. civ. 1re, 4 avril 1991, *Defrénois* 1991, p. 868.
Cass. civ. 1re, 9 octobre 1984, n°83-14.668, *Defrénois* 1985, art. 33560, 65, p. 858.
Cass. civ. 1re, 2 juillet 1985, n°84-12.464, *Defrénois* 1985, art. 33636, 132, p. 1474.
Cass. civ. 1re, 5 février 1985, n°83-15.895, *Defrénois* 1985, art. 33560, 65, p. 859.
Cass. civ. 1re, 3 novembre 1983, n°82-13.221, *Defrénois* 1984, art. 33379, p. 1081.
Cass. civ. 1re, 6 janvier 1981, n° 79-13.670, *Defrénois* 1981, art. 32750, p. 1312.
Cass. civ. 1re, 22 octobre 1980, *Defrénois* 1981, art. 32608, p. 461, n° 29.
Cass. civ. 1re, 12 juin 1979, n°78-11.403, *Defrénois* 1980, art. 32267, §32, p. 602.
« Libéralités - Régimes matrimoniaux, successions », Cass. civ. 1re, 21 novembre 1978, *Defrénois* 1979, 32038, spéc. 43, p. 945.
« Libéralités, Régimes matrimoniaux, Successions », Cass. civ. 1re, 26 octobre 1976, *Defrénois* 1977, art. 31467, § 67, p. 931.
CHÉNEDÉ, François, « Présomption bancaire : admission de l'action récursoire de la banque contre l'époux fautif », Cass. civ. 1re, 8 juillet 2009, n° 08-17.300, *AJ Famille* 2009, p. 404.
DAGOT, Michel,
Cass. civ. 1re, 9 mai 1978, Bull. civ. I, n° 183, *JCP* 1979, II, 19257.
« Testaments », TGI Nevers, 1re Ch., 7 juillet 1976, *JCP N* 1977, II, p. 211.

« Testaments », TGI Nevers, 1re Ch., 5 mars 1975, *JCP* 1976, I, 18324.
DÉLÉBÉQUE, Philippe, Cass. civ. 1re, 28 juin 2005, n° 02-20.452, *JCP* 16 novembre 2005, N°46, §14, p. 2109.
DENIZOT, Aude, « Les legs de *residuo* imitant la libéralité résiduelle : vers une détermination restrictive des biens subsistants », Cass. civ. 1re, 20 février 2008, n° 06-14.704, *LPA* 31 juillet 2008, n° 153, p. 23.
DESBUQUOIS, Jean-François, « Apport des deniers propres en société-Les parts sociales reçues en contrepartie sont communes à défaut de déclaration de remploi », Cass. civ., 1re, 8 octobre 2014, n° 13-24.546, *AJ famille* novembre 2014, p. 638.
DESBUQUOIS, Jean-François, CASEY, Jérôme, « Parts sociales communes-distinction du titre et de la finance », Cass. civ. 1re, 22 octobre 2014, n° 12-29.265, *AJ Famille* 2014, p. 707.
ESMEIN, Paul, Cass. civ. 1re, 12 décembre 1962, *Dalloz* 1964, p. 83.
FIORINA, Dominique,
« L'obligation pour l'usufruitier d'un portefeuille de titres d'en conserver la substance », CA Toulouse, 15 mai 2000, *Droit de la famille* novembre 2001, n° 11, chron. 25.
« Les pouvoirs et les obligations de l'usufruitier d'un portefeuille de valeurs mobilières », Cass. civ. 1re, 12 novembre 1998, n° 96-18.041, *Dalloz* 1999, II, p. 633.
FRÉJAVILLE, Marcel, Cass. civ. 1re, 18 décembre 1935, *Dalloz* 1936, I, p. 129.
GRIMALDI, Michel,
Cass. civ. 1re, 11 mai 2016, n°14-16.967, *RTD civ.* juillet-septembre 2016, p. 673.
« La renonciation anticipée à un droit de retour légal est nulle », Cass. civ. 1re, 21 octobre 2015, n° 14-21.337, *RTD Civ.* 2015, p. 918.
« Héritier renonçant est réputé ne pas exister, au regard notamment du retour des biens donnés », Cass. civ. 1re, 23 mai 2012, n° 11-14.104, *RTD Civ.* 2012, p. 762.
Cass. civ. 1re, 12 janvier 2011, n°09-15.298, *RTD Civ.* juillet/septembre 2011, n°2, p. 573.
« De l'exclusion de la subrogation réelle dans le legs de *residuo*, quel qu'en soit l'objet », Cass. civ. 1re, 20 février 2008, n° 06-14.704, *RTD Civ.* 2008, p. 345.
« Legs *de residuo* : du cas où légataire du *résiduum* a droit au prix de la vente du portefeuille légué », Cass. civ. 1re, 7 juin 2006, n° 04-10.616, *RTD Civ.* 2006, p. 807.
Cass. civ. 1re, 3 décembre 1996, n° 94-19.229, *Defrénois* 1997, art. 36526, p. 409.
« Restitution du legs d'une somme d'argent avec clause de substitution lorsque les fonds ont été employés pour le paiement partiel du prix d'un immeuble et à défaut de cantonnement », Cass. civ. 1re, 1re octobre 1996, n° 94-16.867, *Dalloz* 1996, p. 392.
Cass. civ. 1re, 10 juillet 1996, n° 94-17.471, *Dalloz* 1996, p. 394.
Cass. civ. 1re, 20 février 1996, *Dalloz* 1996, 44e cahier, somm. 392.
TGI Paris, 1re ch., 23 mars 1994, *Dalloz* 1995, 6e cahier, somm. 49.
Cass. civ. 1re, 15 juin 1994, n° 92-20.201, *Dalloz* 1995, 25e cahier, somm. 40.
Cass. civ. 1re, 28 février 1995, n°92-16.794, *Dalloz* 1995, 39e cahier, p. 327.
Cass. civ. 1re, 13 janvier 1993, *Dalloz* 1993, 25e cahier, somm. 220.
Cass. civ. 1re, 5 mars 1991, n° 87-18.298, *Dalloz* 1992, 23e cahier, somm. 221.
HAUSER, Jean,

La renonciation valant prestation compensatoire, Cass. civ. 1re, 23 septembre 2015, n°14-20.168, *RTD Civ.* octobre/décembre 2015, p. 858.
« L'absent, présent « social » », TGI Chaumont, 20 janvier 2011, n° 11/00024, *RTD Civ.* 2012, p. 88.
HILT, Patrice,
« L'évaluation des créances entre époux selon la règle du profit subsistant», Cass. civ. 1re, 4 mars 2015, n° 14-10.660, *AJ Famille* 2015, p. 233.
« Qualité d'associé et indivision post-communautaire », Cass. civ. 1re, 22 octobre 2014, n° 12-29.265, *JCP* 3 novembre 2014, n° 45, 1137, p. 2010.
« Absence de clause de remploi et droit à récompense », Cass. civ. 1re, 20 mars 2013, n°11-20.212 (n° 323 F-P+B+I), *AJ Famille* 2013, p. 312.
« Entre époux, un emploi ou un remploi peut exister malgré l'absence de déclaration de l'origine des fonds », Cass. civ. 1re, 25 septembre 2013, n°12-21.280 (965 F-P+B), *AJ Famille* 2013 p. 722.
« Régimes matrimoniaux », Cass. civ. 1re, 25 septembre 2013, n°12-21.280, *AJ famille* décembre 2013, p. 722.
« Les parts sociales d'une SCI ne sont pas des titres négociables », Cass. civ. 1re, 9 novembre 2011, n°10-12.123, *AJ Famille* janvier 2012, p. 55.
Cass. civ. 1re, 4 juillet 2012, n°11-13.384, *AJ Famille* octobre 2012, p. 508.
« Évaluation de la récompense lorsqu'un nouveau bien a été substitué au bien acquis », Cass. civ. 1re, 20 juin 2012, n° 11-18.504, *AJ famille* septembre 2012, p. 468.
Cass. civ. 1re, 27 mai 2010, *AJ famille* 2010, p. 400.
« L'automaticité de la subrogation réelle », Cass. civ., 1er, 27 mai 2010, n°09-11.894 (inédit), *AJ Famille* 2010 p. 400.
« Le formalisme du remploi constitue une règle de fond et non une règle de preuve », Cass. civ. 1re, 25 février 2009, n° 08-12.137, *AJ famille* avril 2009, p. 178.
Cass. civ. 1re, 24 septembre 2008, n°07-19.710, *AJ famille* novembre 2008, p. 437.
« L'accomplissement des formalités de l'emploi ou du remploi a valeur de présomption simple quant à l'origine des deniers », Cass. civ. 1re, 5 mars 2008, n° 07-12.392, *AJ famille* mai 2008, p. 216.
« L'accomplissement des formalités de l'emploi ou du remploi a valeur de présomption simple quant à l'origine des deniers », Cass. civ. 1re, 5 mars 2008, n° 07-12.392 (n° 246 FS-P+B), *AJ famille* 2008 p. 216.
« Les deniers déposés sur le compte bancaire d'un époux sont présumés être des acquêts », Cass. civ. 1re, 9 juillet 2008, n° 07-16.545, *AJ famille* 2008, p. 438.
« Le remploi par anticipation n'est pas subordonné au consentement du conjoint », Cass. civ. 1re, 27 mars 2007, n° 05-16.434, *AJ famille* septembre 2007, p. 359.
Cass. civ. 1re, 28 novembre 2006, n° 04-17.147, *AJ famille* 2007, p. 42.
Cass. civ. 1re, 20 février 2007, n°05-18.066, *AJ famille* mai 2007, p. 230.
Cass. com. 8 novembre 2005, n° 03-19.570, *AJ famille* 2006, p. 76.
Cass. civ. 1re, 25 octobre 2005, n° 03-20.382, *AJ famille* janvier 2006, p. 34.
« Le formalisme du remploi constitue une règle de fond », Cass. civ. 1re, 20 septembre 2006, n° 04-18.384 (n° 1303 FS-P+B), *AJ famille* 2006, p. 423.
« Régimes matrimoniaux », Cass. civ. 1re, 14 mars 2006, n°03-19.728, *AJ famille* octobre 2006, p. 382.
« Le formalisme du remploi constitue une règle de fond », Cass. civ. 1re, 20 septembre 2006, n° 04-18.384, *AJ famille* novembre 2006, p. 423.
Cass. civ. 1re, 8 février 2005, n° 03-15.384, n° 03-13.456, *AJ famille* 2005, p. 149

« Régimes matrimoniaux », Cass. civ. 1re, 5 avril 2005, n°02-13.402, *AJ famille* juillet-août 2005, p. 279.

« Calcul de la créance de participation : la nécessaire prise en compte des créances entre époux », Cass. civ. 1re, 3 octobre 2018, n°17-26.585, *AJ famille* décembre 2018, p. 699.

JOURDAIN, Patrice, Cass. civ. 1re, 7 juillet 1987, *JCP* 1988, I, n° 19, 20999.

LE GUIDEC, Raymond,

Cass. civ. 1re, 11 mai 2016, n°14-16.967, *JCP* 30 janvier 2017, n°5, p. 229.

Cass. civ. 1re, 14 mai 2014, n°12-25.735, Successions et libéralités, *JCP N* 6 mars 2015, n°10, 1089, §7, p. 44.

Cass. civ. 1re, 12 janvier 2011, n°09-15.298, *JCP* 20 février 2012, n°8, §7, p. 393.

Cass. civ. 1re, 7 juin 2006, n° 04-10.616, *JCP* 16 janvier 2008, I, n°3, 108, p. 23.

Cass. civ. 1re, 11 mars 2003, n° 00-16.663, *JCP* 26 novembre 2003, I, n° 48, 180, p. 2090, §9.

Cass. civ. 1re, 27 juin 2000, n°98-14.886, *JCP* 28 novembre 2001, I, N°48, §8, 366.

Cass. civ. 1re, 1re décembre 1999, n° 97-20.965, *JCP* 6 décembre 2000, N°49, I, 278, §2, p. 2234.

Cass. civ. 1re, 15 juillet 1999, n° 97-14.361, *JCP* 6 décembre 2000, N°49, I, 278, §3, p. 2233.

Cass. civ. 1re, 21 mai 1997, n°95-19.121, *JCP N* 27 novembre 1998, n°48, §9, p. 1711.

Cass. civ. 1re, 3 décembre 1996, n° 94-19.229, *JCP* 6 mai 1998, N°19, I, 133, §1, p. 806.

« Successions et libéralités », Cass. civ. 1re, 1re octobre 1996, n° 94-16.867, *JCP* 7 mai 1997, n° 19, doctr. 4021.

« Successions et libéralités », Cass. civ. 1re, 20 février 1996, *JCP* 1996, I, 3968, n°4.

Cass. civ. 1re, 2 juin 1993, n° 91-16.370, *JCP* 6 juillet 1994, I, n°27, 3791, p. 427.

Cass. civ. 1re, 5 mars 1991, n° 87-18.298, *Dalloz* 1991, 39e cahier, p. 565.

Cass. civ. 1re, 22 octobre 1980, *JCP* 1982, I, 19757.

Cass. civ. 1re, 21 novembre 1978, *JCP* 1980, II, 19451.

CA Lyon, 4 octobre 1978, *JCP* 1980, II, 19443.

Cass. civ. 1re, 4 novembre 1975, n° 74-12.537, *Gazette du palais* 29 juin 1976, p. 446.

LEVILLAIN, Nathalie,

Cass. civ. 1re, 11 mai 2016, n°14-16.967, *AJ Famille* juin 2016, p. 350.

Cass. civ. 1re, 14 mai 2014, n°12-25.735, *AJ Famille* 2014, p. 384.

« Efficacité du droit de retour conventionnel en cas de renonciation des descendants du donataire », Cass. civ. 1re, 23 mai 2012, n° 11-14.104, *AJ Famille* 2012, p. 416.

LUCET, Frédéric, VAREILLE, Bernard,

« Régimes matrimoniaux », Cass. civ. 1re, 31 mars 1992, n° 90-17.212, *RTD Civ.* 1993, p. 401.

« Régimes matrimoniaux », Cass. civ. 1re, 5 mars 1991, n° 87-18.298, *RTD Civ.* 1992, §3, p. 439.

LUCET, Frédéric, « Pétition d'hérédité : étendue des restitutions à la charge du possesseur de bonne foi au bénéfice de l'héritier véritable », CA Chambéry, 14 mars 1990, *Dalloz* 1992, p. 227.

MALAURIE, Philippe,

« Le legs de *residuo* et l'exclusion de la subrogation réelle », Cass. civ. 1re, 20 février 2008, n° 06-14.704, *Defrénois* 30 avril 2008, n° 8, p. 873.

« Legs *de residuo* et l'exclusion de la subrogation réelle », Cass. civ. 1re, 20 février 2008, *Petites affiches* 15 juillet 2008, n° 140, p. 15.

Cass. civ. 1re, 21 mai 1997, n°95-19.121, *Defrénois* 1997, art. 36650, p. 1140.

« Communauté entre époux », CA 19 novembre 1966, *Dalloz* 1967, 8e cahier, 150, p. 12.

MARTIN, Didier,

« Interprétation d'un testament : quel doit être le contenu d'un legs de *residuo* », Cass. civ. 1re, 2 juin 1993, n° 91-16.370, *Dalloz* 1993, 44e cahier, p. 613.

Cass. civ. 1re, 10 octobre 1984, *Dalloz* 1985, I, p. 3.

Cass. civ. 1re, 3 novembre 1983, n°82-13.221, *Dalloz* 1984, p. 274.

Cass. civ. 1re, 6 janvier 1981, *Dalloz* 1981, somm. 95, p. 463.

Cass. civ. 1re, 22 octobre 1980, *Dalloz* 1981, II, p. 462.

Cass. civ., 1re, 9 janvier 1979, *Dalloz* 1979, IR 254, 255.

« Droit patrimonial de la famille », Cass. civ. 1re, 24 janvier 1979, *Dalloz* 1979, II, IR 494.

Caen, 3 mai 1977, *Dalloz* 1978, II, p. 325.

Cass. civ. 1re, 21 novembre 1978, *Dalloz* 1979, p. 254.

MAZEAUD, Jean, Cass. civ. 1re, 11 avril 1964, JCP 1965, II, 14101.

MORTIER, Renaud,

« Cession en période d'indivision post-communautaire : ce qui vaut pour les parts sociales ne vaut pas pour les actions », Cass. civ. 1re, 7 octobre 2015, n° 14-22.224, *Droit des sociétés* décembre 2015, n° 12, comm. 208.

« Rappel : la qualité d'associé d'un époux ne tombe pas dans l'indivision post-communautaire », Cass. civ. 1re, 22 octobre 2014, n° 12-29.265, *Droit des sociétés* janvier 2015, n° 1, comm. 2.

« La qualité d'associé d'un époux ne tombe pas dans l'indivision post-communautaire », Cass. civ. 1re, 12 juin 2014, n° 13-16.309, *Droit des sociétés* décembre 2014, n° 12, comm. 183.

NAUDIN, Estelle,

« Cession d'actions et inopposabilité entre époux dans l'indivision post-communautaire, Cass. civ. 1re, 7 octobre 2015, n° 14-22.224, *Bulletin Joly Sociétés* février 2016, p. 77.

« Apport en numéraire de deniers propres et absence de formalités du remploi », Cass. civ. 1re, 8 octobre 2014, n° 13-24.546, *Revue des sociétés* avril 2015, p. 249.

Cass. civ. 1re, 4 juillet 2012, n°11-13.384, *Bulletin Joly sociétés* septembre 2012, 354, p. 608.

« Preuve du droit à récompense et encaissement de deniers propres », Cass. civ. 1re, 15 février 2012, n° 11-10.182, *JCP N* 13 juillet 2012, II, n° 28, 1295.

« La sanction de l'autonomie bancaire des époux », Cass. civ. 1re, 8 juillet 2009, n° 08-17.300, *JCP* 19 octobre 2009, n° 43, n°353, p. 18.

NICOD, Marc,

Cass. civ. 1re, 11 mai 2016, n° 14-16.967, *Droit de la famille* juillet-août 2016, comm. 151, p. 50.

Cass. civ. 1re, 23 septembre 2015, n°14-18.131, *Droit de la famille* novembre 2015, comm. 204, p. 34.

« Pas de QPC pour les frères et sœurs du partenaire privés des biens de famille », Cass. civ. 1re, 28 janvier 2015, n° 14-20-587, *Droit de la famille* avril 2015, n° 4, comm. 76.

« Rapport des libéralités », Cass. civ. 1re, 14 mai 2014, n°12-25.735, *Droit de la famille* septembre 2014, commentaire 133, p. 32.

Cass. civ. 1re, 20 février 2007, n°05-18.066, *Dalloz* 2007, n°22, p. 1578.

PATARIN, Jean,

Cass. civ. 1re, 25 avril 2001, n°99-14.368, *RTD Civ.* janvier-mars 2002, § 1, p. 130.
Cass. civ. 1re, 20 février 2001, n°98-13.006, *RTD Civ.* 2001, p. 642.
« Successions et libéralités », Cass. civ. 1re, 12 novembre 1998, n° 96-18.041, *RTD Civ.* 1999, n°2, p. 674.
Cass. civ. 1re, 6 mai 1997, n° 94-15.510, *RTD Civ.* 1998, § 4, p. 172.
Cass. civ. 1re, 21 mai 1997, n°95-19.121, *RTD Civ.* octobre-décembre 1997, n°2, p. 976.
« Substitution fidéicommissaire au profit des petits-enfants : une forme originale d'emploi immobilier des sommes léguées et ses conséquences au décès du grevé (art. 1048 et s. C. civ.) », Cass. civ. 1re, 1re octobre 1996, n° 94-16.867, *RTD Civ.* 1997, p. 200.
« Successions et libéralités », Cass. civ. 1re, 20 février 1996, *RTD Civ.* 1996, § 2, p. 961.
« Vente d'un bien successoral indivis sans le consentement d'un légataire à titre universel : recevabilité immédiate de l'action en inopposabilité de la vente d'une action en responsabilité contre le rédacteur de l'acte, sans attendre le partage », Cass. civ. 1re, 15 juin 1994, *RTD Civ.* 1995, p. 411.
Cass. civ. 1re, 15 juin 1994, *RTD Civ.* avril-juin 1995, p. 411.
Cass. civ. 1re, 7 juin 1995, *RTD Civ.* octobre-décembre 1995, §5, p. 951.
« Que doit restituer l'héritier apparent évincé et de bonne foi à l'héritier véritable ? », CA Chambéry, 14 mars 1990, *RTD Civ.*1992, p. 803.
« Attribution préférentielle, subrogation réelle, effet déclaratif du partage et évaluation de la soulte due par l'attributaire », Cass. civ. 1re, 4 avril 1991, *RTD Civ.* 1992, p. 429.
Cass. civ. 1re, 4 mars 1986, *RTD Civ.* avril-juin1987, §3, p. 386.
« Successions et libéralités », Cass. civ. 1re, 10 octobre 1984, *RTD Civ.* 1985, p. 601.
Cass. civ. 1re, 14 décembre 1983, *RTD Civ.* 1985, p. 191, §3.
« Successions et libéralités », Cass. civ. 3ème, 25 janvier 1983, n° 80-15.132, *RTD Civ.* 1984, p. 133.
« Successions et libéralités », Cass. civ. 1re, 11 mai 1982, *RTD Civ.* 1983, p. 570.
« Successions et libéralités », Cass. civ. 1re, 23 avril 1981, Bull. civ. I, n° 133, p. 111, *RTD civ.* 1982, p. 649.
« Successions et libéralités », Cass. civ. 1re, 4 janvier 1980, *RTD Civ.* 1982, p. 180.
« Successions et libéralités », Cass. civ. 1re, 9 janvier 1979, *RTD Civ.* 1982, p. 178.
CA Paris, 2e Ch., 10 mars 1976, *JCP* 1979, II, 19194.
CA Paris, 2e Ch., 27 janvier 1976, *JCP* 1979, II, 19194.
Cass. civ. 1re, 16 juillet 1969, *JCP* 1970, II, 16158.
CA Paris, 19 novembre 1966, *JCP* 1967, II, 15007.
PÉRINET-MARQUET, Hugues,
« Droit des biens », Cass. civ. 1re, 19 mars 2014, n° 13-14.989, *JCP* 14 avril 2014, n°15, 467, p. 754.
« Droit des biens », Cass. civ. 2ème, 9 juin 2011, n° 10-19.241, *JCP* 21 novembre 2011, n° 47, 1298, p. 2320, §6.
« Droit des biens », Cass. civ. 3ème, 12 mai 2010, n° 08.17-186, *JCP* 22 novembre 2010, n° 47, 1162, p. 2185, §10.
Cass. civ. 1re, 15 mai 2008, n° 07-17.645, *JCP* 8 octobre 2008, N°41, I, 194, §6, p. 20.
« Droit des biens », Cass. civ. 3ème, 3 octobre 2007, n° 06-16.716, *JCP* 19 mars 2008, n° 12, p. 21, §8.

Cass. civ. 1re, 6 novembre 2001, n° 98-20.518, *JCP* 23 octobre 2002, N°43, I, 176, §3, p. 1899.
Cass. civ. 1re, 25 avril 2001, n°99-14.368, *JCP* 24 octobre 2001, N°43-44, I, 358, §2, p. 1988.
« Droit des biens », Cass. civ. 1re, 12 novembre 1998, n° 96-18.041, *JCP* 17 mars 1999, n° 11, I, chronique 120, p. 519.
PIÉDELIÈVRE, Stéphane,
« Droit de l'immeuble », Cass. civ. 3ème, 12 mai 2010, n° 08-17. 186, *JCP N* 15 octobre 2010, n° 41, p. 28, §17.
« Valeurs mobilières », Cass. civ. 1re, 3 décembre 2002, n° 00-17.870, *JCP* 8 octobre 2003, n° 41, JP. 10158, p. 1785.
« Valeurs mobilières, un portefeuille de valeurs mobilières constitue une universalité », Cass. civ. 1re, 12 novembre 1998, n° 96-18.041, *JCP* 10 février 1999, I, n° 6, art. 10027, p. 336.
PILLEBOUT, Jean-François,
Cass. civ. 1re, 8 février 2005, n° 03-15.384, n° 03-13.456, *JCP N* 22 juillet 2005, n°29, II, 1351, p. 1324.
« Un portefeuille de valeurs mobilières constitue une universalité », Cass. civ. 1re, 12 novembre 1998, n° 96-18.041, *JCP* 10 février 1999, n°6, 10027, p. 336.
Cass. civ. 1re, 31 mars 1992, n° 90-17.212, *JCP* 1993, n° 8, 22003, p. 71.
Cass. com. 9 octobre 1990, *JCP N* 1991, N°4, 1690, p. 43.
Cass. civ. 1re, 28 juin 1983, *JCP* 1985, II, 20330.
PLANIOL, Marcel,
Cass. civ. 20 avril 1901, *Dalloz* 1902, 2e cahier, I, p. 33.
Cass. civ. 29 avril 1901, *Dalloz* 1902, I, p. 33.
PONSARD, André, « Séparation de biens », Cass. civ. 1re, 15 mai 1974, n° 72-14.668, *JCP* 1975, II, 17910.
REVEL, Janine,
« Droit patrimonial de la famille juin 2014-juin 2015 », Cass. civ. 1re, 8 octobre 2014, n° 13-24.546, *Dalloz* 22 octobre 2015, n°36, p. 2096.
« Droit patrimonial de la famille, juin 2013- juin 2014 », Cass. civ. 1re, 25 septembre 2013, n°12-21.280, *Dalloz* 2 octobre 2014, n° 33, 1908, p. 1908.
« Droit patrimonial de la famille », Cass. civ. 1re, 11 mars 2009, n° 07-21.356, *Dalloz* 2009, p. 2508.
« Droit patrimonial de la famille, juin 2007- mai 2008 », Cass. civ. 1re, 5 mars 2008, n° 07-12.392, *Dalloz* 2008, n° 32, §2, p. 2246.
Cass. civ. 1re, 20 février 2007, n°05-18.066, *Dalloz* 2007, n°30, p. 2126.
Cass. civ. 1re, 8 novembre 2005, n° 03-14.831, *Dalloz* 2006, n°30, p. 2069.
« Droit patrimonial de la famille : panorama 2005 », Cass. civ. 1re, 5 avril 2005, n°02-13.402, *Dalloz* 2005, n°31, §1, p. 2115.
Cass. civ., 1re, 25 novembre 2003, n° 02-12.942, *Dalloz* 2004, n°32, p. 2335.
REVET, Thierry,
« Domaine de l'obligation, pour l'usufruitier, de remployer les fonds obtenus en contrepartie de valeurs mobilières réunies en un portefeuille », Cass. civ. 1re, 16 juin 2011, n° 10-17.898, Cass. civ. 1re, 17 mars 2010, n° 09-13.162, *RTD Civ.* 2011, p. 568.
Cass. civ. 1re, n° 07-17.645, *RTD Civ.* 2008, p. 515.
Cass. civ. 1re, 15 mai 2008, n° 07-17.645, *RTD Civ.* 2008, p. 515.

Cass. civ. 1re, 5 avril 2005, n° 02-15.459, *RTD Civ.* 2005, p. 801.
« Usufruit d'universalité », Cass. civ. 1re, 3 décembre 2002, n° 00-17.870, *RTD Civ.* 2003, p. 118.
RIPERT, Georges,
Cass. civ. 1re, 27 juin 1957, Dalloz 1957, p. 649.
Cour d'appel Besançon, 8 mars 1949, *Dalloz* 1949, p. 518.
ROUQUET, Yves, « Sort de la vente d'un immeuble indivis faite par un seul des indivisaires », Cass. civ. 3ème, 12 mai 2010, n° 08.17-186, *AJDI* 2011, p. 237.
SALEILLES, Raymond,
Cass. civ., 29 avril 1901, *Sirey* 1903, I, p. 321.
CA Dijon, 30 juin 1893, *Sirey* 1894, II, p. 185.
SAUVAGE, François, « L'administration par l'usufruitier d'un portefeuille de valeurs mobilières », Cass. civ. 1re, 12 novembre 1998, n° 96-18.041, *Droit et patrimoine* mai 1999, n° 71, p. 34.
SAVATIER, René,
Cass. civ. 1re, 20 novembre 1990, *Defrénois* 1991, art. 35107, p. 1054.
« Successions et libéralités », CA Bourges, 1re ch. 15 novembre 1976, *RTD Civ.* 1978, §7, p. 178.
Cass. civ. 1re, 15 février 1973, *Dalloz* 1975, 30e cahier, p. 509.
Cass. civ. 1re, 15 février 1973, *JCP* 1973, II, 17580.
CA Lyon, 23 février 1971, *JCP* 1971, II, 16940.
Cass. civ. 1re, 16 juillet 1969, *Dalloz* 1970, 10e cahier, 181, p. 19.
Cass. civ. 1re, 27 mai 1968, II, 15662.
« Successions et libéralités », Cass. civ. 1re, 6 novembre 1967, *RTD Civ.* 1968, p. 399.
« Successions et libéralités », CA Amiens, 1re Ch., 7 novembre 1962, *RTD Civ.* 1963, §7, p. 391.
Cass. req., 2 février 1925, Civ., 2 juillet 1925, *Dalloz, Recueil périodique et critique* 1926, I, p. 57.
SAVATIER, Xavier, Cass. civ. 1re, 9 juillet 1991, n° 90-12.503, *Defrénois* 1992, art. 35202, p. 236.
SERRA, G., « Subrogation d'un bien propre », Cass. 1er civ. 27 mai 2010, n° 09-11.894, D, *Lamy Droit civil* 2010, n°75.
SIMLER, Philippe,
Cass. civ. 1re, 7 octobre 2015, n° 14-22.224, *JCP N* 8 janvier 2016, n°1, 1002, p. 51.
Cass. civ. 1re, 12 juin 2014, n° 13-16.309, Cass. civ. 1re, 22 octobre 2014, n° 12-29.265, *JCP N* 9 janvier 2015, n° 1-2, 1001, p. 46.
Cass. civ. 1re, 12 juin 2014, n° 13-16.309, Cass. civ. 1re, 22 octobre 2014, n° 12-29.265, *JCP* 1er décembre 2014, n° 49, 1265, p. 2236.
« Régimes matrimoniaux », Cass. civ. 1re, 25 septembre 2013, n°12-21.280, *JCP* 9 décembre 2013, n°50, 1323, §7, p. 2298.
« Régimes matrimoniaux », Cass. civ. 1re, 8 juillet 2010, n° 09-13.155, *JCP N* 7 janvier 2011, n°1, 1001, §12, p. 31.
« Régimes matrimoniaux », Cass. civ. 1re, 8 juillet 2010, n° 09-13.155, *JCP* 6 décembre 2010, n°49, 1220, §12, p. 2301.
Cass. civ. 1re, 27 mai 2010, *JCP* 6 décembre 2010, n° 49, doctr. 1220, n° 9.
Cass. civ. 1re, 9 juillet 2008, n° 07-16.545, *JCP* 22 octobre 2008, I, n° 43, doctr. 202, spéc. 7.

Cass. civ. 1re, 20 février 2007, n°05-18.066, *JCP* 21 novembre 2007, n°47, I, 208, §11, p. 35.
Cass. civ. 1re, 20 septembre 2006, n° 04-18.384, *JCP* 11 avril 2007, n° 15, I, 142, § 18, p. 23.
« Régimes matrimoniaux », Cass. civ. 1re, 31 janvier 2006, n° 02-21.121, *JCP* 17 mai 2006, n°20, I, 141, §11, p. 1002.
« Régimes matrimoniaux », Cass. civ. 1re, 14 mars 2006, n°03-19.728, *JCP* 29 novembre 2006, n°48, I, 193, §8, p. 2210.
« Régimes matrimoniaux », Cass. civ. 1re, 5 avril 2005, n°02-13.402, *JCP* 7 septembre 2005, n°36, I, 163, §7, p. 1565.
« Régimes matrimoniaux », CA Fort-de-France, 28 mai 1999, Juris-Data n°043433, *JCP* 12 juillet 2000, n°28, I, 245, §13, p. 1370.
Cass. civ. 1re, 5 janvier 1999, n° 96-11512, *JCP* 1999, II, chronique I, 154, p. 1347.
« Régimes matrimoniaux », Cass. civ. 1re, 5 janvier 1999, n° 96-11.512, *JCP* 14 juillet 1999, n°28, I, 154, p. 1347.
« Régimes matrimoniaux », Cass. civ. 1re, 19 mai 1998, n°95-22.083, *JCP* 2 décembre 1998, n°49, I, 183, §3, p. 2108.
« Régimes matrimoniaux », Cass. civ. 1re, 19 mai 1998, n°95-22.083, *JCP* 2 décembre 1998, n°49, I, 183, n°2, p. 2108.
Cass. civ. 1re, 10 juillet 1996, n° 94-17.471, *JCP* 12 mars 1997, n° 11, I, 4008, n° 9.
Cass. civ. 1re, 10 juillet 1996, n° 94-17.471, *JCP N* 1997, p. 1292.
« Régimes matrimoniaux », CA Paris, 27 janvier 1995, Juris-Data n° 020499, *JCP* 1996, n°7, I, 3908, §13, p. 90.
« Régimes matrimoniaux », Cass. civ. 1re, 28 février 1995, n°92-16.794, *JCP* 1995, I, n°37, 3869, n°11, p. 362.
« Régimes matrimoniaux », Cass. civ. 1re, 15 juin 1994, n° 92-20.201, *JCP* 1995, I, n°5, 3821, §14, p. 70.
« Régimes matrimoniaux », CA Agen, 22 février 1994, Juris-Data n°043232, *JCP* 1995, I, 3821, §16, p. 71.
« Régimes matrimoniaux », Cass. civ. 1re, 15 juin 1994, n° 92-20.201, *JCP* 1995, I, n°5, 3821, §14.
Cass. civ. 1re, 6 avril 1994, *JCP* 1995, I, N°5, 3821, §20, p. 74.
Cass. civ. 1re, 9 juillet 1991, n° 90-12.503, *JCP* 1992, I, n° 40, 3614, p. 407, §8.
CA Colmar 1re, Ch. civ. 18 octobre 1989, Juris-Data n. 050457 ; CA Paris 2e, Ch. A, 24 avril 1990, Juris-Data n. 022465, *JCP N* 1991, II, n°25, p. 162.
« Régimes matrimoniaux », Cass. civ. 1re, 23 octobre 1990, n°89-14.448, *JCP N* 1991, II, n°9, p. 61.
Cass. civ. 1re, 4 mars 1986, *JCP* 1986, II, 20701.
« Communauté conjugale », CA Agen, 26 février 1986, *JCP N* 1988, II, n°10, p. 68.
STORCK, Michel,
Cass. civ. 1re, 24 septembre 2008, n°07-19.710, *JCP* 22 octobre 2008, n°43, I, 202, p. 30.
Cass. civ. 1re, 14 juin 2000, n°98-10.577, 28 mars 2001, N°13, I, 309, §4, p. 654.
« Portefeuille de valeurs mobilières », Cass. civ. 1re, 12 novembre 1998, n° 96-18.041, *RTD com.* 1999, p. 459.
« Séparation de biens », Cass. civ. 1re, 5 novembre 1991, n°90-12.853, *JCP* 1992, n°40, 3614, §14, p. 409.
TISSERAND-MARTIN, Alice,

TJ, Paris, 8 janvier 2021, n° 16/0416, *JCP N* 25 mai 2021, 559, N°21, §37, p. 993.
Cass. civ. 1re, 3 mars 2021, n° 19-17.564, *JCP* 3 mai 2021, N°18, 503, § 8, p. 890.
Cass. civ. 1re, 14 octobre 2020, n°19-13.702, *JCP* 23 novembre 2020, N°48, 1326, §8, p. 2125.
Cass. civ. 1re, 26 juin 2019, n° 17-26.154, *JCP* 18 novembre 2019, N°47, 1202, §16, p. 2104.
Cass. civ. 1re, 17 octobre 2019, n°17-28.996, *JCP N* 3 juillet 2020, N°27, §11, 1139, p. 30.
Cass. civ. 1re, 12 juin 2018, n°17-17.243, *JCP* 17 décembre 2018, N°51, 1355, §9, p. 2337.
Cass. civ. 1re, 28 mars 2018, n°16-28.025, *JCP* 7 mai 2018, N°19-20,554, §9, p. 959.
Cass. civ. 1re, 5 décembre 2018, n° 17-31.189, *JCP* 20 mai 2019, N°20, 554, §8, p. 992.
Cass. civ. 1re, 13 septembre 2017, n° 16-22.821, *JCP* 4 décembre 2017, N°49, 1296, §15, p. 2238.
Cass. civ. 1re, 20 avril 2017, n°16-15.865, *JCP N* 8 septembre 2017, N° 36, 1259, §15, p. 61.
Cass. civ. 1re, 20 juin 2012, n° 11-18.504, *JCP* 17 décembre 2012, n°51, 1389, §14, p. 2235.
Cass. civ. 1re, 8 février 2005, n° 03-15.384, n° 03-13.456, *JCP* 7 septembre 2005, I, n°36, 163, n°12.
Cass. civ. 1re, 28 janvier 2003, *JCP* 3 septembre 2003, n°36, II, 158, n° 15.
Cass. civ. 1re, 25 janvier 2000, *JCP* 12 juillet 2000, I, N°28, 245, n°22, p. 1374.
Cass. civ. 1re, 13 janvier 1993, *JCP* 1994, I, N°3, 3733, n°21, p. 47.
Cass. civ. 1re, 31 mars 1992, n° 90-17.212, *JCP* 1993, n° 19, 22041, p. 169.

VAREILLE, Bernard,

Cass. civ. 1re, 5 décembre 2018, n° 18-11.794, *RTD Civ.* 2019, p. 171.
« Régimes matrimoniaux », Cass. civ. 1re, 23 septembre 2015, n°14-20.168, *RTD Civ.* janvier-mars 2016, p. 167.
Cass. civ. 1re, 23 septembre 2015, n°14-18.131, *RTD Civ.* janvier-mars 2016, §5, p. 174.
« Indivisions, successions, libéralités, 2e partie : successions », Cass. civ. 1re, 14 mai 2014, n°12-25.735, *Defrénois* 15 avril 2015, n°7, p. 387.
« Régimes matrimoniaux », Cass. civ. 1re, 25 septembre 2013, n°12-21.280, *RTD Civ.* octobre/décembre 2013, §1, p. 882.
« Régimes matrimoniaux », Cass. civ. 1re, 20 juin 2012, n° 11-18.504, *RTD Civ.* juillet/septembre 2012, §1, p. 559.
Cass. civ. 1re, 15 février 2012, n° 11-10.182, *RTD Civ.* 2012, p. 364.
« Régimes de communauté, composition active et questions d'encaissement : les deniers déposés sur le compte d'un époux sont présumés, dans les rapports entre conjoints, être des acquêts », Cass. civ. 1re, 9 juillet 2008, n° 07-16.545, *RTD Civ.* 2009, p. 158.
Cass. civ. 1re, 11 mars 2009, n° 07-21.356, *RTD Civ.* 2009, p. 352.
Cass. civ. 1re, 24 septembre 2008, n°07-19.710, *RTD Civ.* janvier/mars 2009, n°4, p. 162.
« Régime de communauté, actif de l'indivision post-communautaire : calcul du profit subsistant et valeur à prendre en compte cas de vente d'un véhicule automobile durant l'indivision », Cass. civ. 1re, 11 mars 2009, *RTD Civ.* 2009, p. 355.

Cass. civ. 1re, 20 février 2007, n°05-18.066, *RTD Civ.* juillet/septembre 2007, p. 618.
« Régimes matrimoniaux », Cass. civ. 1re, 20 septembre 2006, n° 04-18.384, *RTD Civ.* juillet/septembre 2007, § 3, p. 621.
« Régimes matrimoniaux », Cass. civ. 1re, 27 mars 2007, n° 05-16.434, *RTD Civ.* octobre/décembre 2007, §1, p. 798.
8 novembre 2005, n° 03-14.831, *RTD Civ.* octobre/décembre 2006, n°4, p. 814.
Cass. com., 8 novembre 2005, n° 03-19.570, *RTD Civ.* 2006, p. 813.
Cass. civ. 1re, 8 février 2005, n° 03-15.384, n° 03-13.456, *RTD Civ.* avril/juin 2005, p. 445.
Cass. civ. 1re, 25 novembre 2003, n° 02-12.942, *RTD Civ.* avril/juin 2004, §2, p. 335.
Cass. civ. 1re, 27 juin 2000, n°98-14.886, *Dalloz* 2001, n°36, p. 2941.
Cass. civ. 1re, 25 janvier 2000, *RTD Civ.* juillet-septembre 2000, §4, p. 616.
« Régimes matrimoniaux », Cass. civ. 1re, 19 mai 1998, n°95-22.083, *RTD Civ.* avril-juin 1999, p. 458.
Cass. civ. 1re, 10 juillet 1996, n° 94-17.471, *RTD Civ.* 1998, p. 454.
« Régimes matrimoniaux », Cass. civ. 1re, 28 février 1995, n°92-16.794, *RTD Civ.* avril-juin 1996, n°3, p. 462.
« Régimes matrimoniaux », Cass. civ. 1re, 15 juin 1994, n° 92-20.201, *RTD Civ.* avril/juin 1995, §2, p. 422.
VERNIÈRES, Christophe, Cass. civ. 1re, 12 janvier 2011, n°09-15.298, *AJ Famille* mars 2011, p. 164.
VOIRIN, Pierre,
Cass. civ. 1re, 29 avril 1964, *JCP* 1964, II, 13773.
Cass, civ. 1re, 6 mars 1962, *JCP* 1962, II, 12838.
« Testament », CA Amiens, 1re Ch., 7 novembre 1962, *JCP* 1963, II, 13018.
WEILL, Alex,
Cour d'appel Bordeaux, 18 février 1954, *Dalloz* 1955, p. 151.
Cour d'appel Besançon, 8 mars 1949, *JCP* 1950, II, 5284.
WIEDERKEHR, Georges, « Régimes matrimoniaux », Cass. civ. 1re, 8 juillet 2009, n° 08-17.300, *JCP* 26 octobre 2009, n°44, n° 391, spéc. 5, p. 40.
ZÉNATI, Frédéric,
« Universalités », Cass. civ. 1re, 2 juin 1993, n° 91-16.370, *RTD Civ.* 1995, p. 395.
« Propriétés et droits réels », Cass. civ. 1re, 4 avril 1991, *RTD Civ.* octobre-décembre1992, p. 791.
Cass. civ. 1re, 20 novembre 1990, *RTD Civ.* janvier-mars 1992, §4, p. 147.
« Propriétés et droits réels », Cass. civ. 1re, 7 juillet 1987, *RTD Civ.* juillet-septembre 1989, p. 582.

Index alphabétique

(Les chiffres renvoient aux numéros des pages)

D

E

F

I

L

M

N

O

P

R

S

T

U

V

Table des matières

Structures éditoriales du groupe L'Harmattan

L'Harmattan Italie
Via degli Artisti, 15
10124 Torino
harmattan.italia@gmail.com

L'Harmattan Hongrie
Kossuth l. u. 14-16.
1053 Budapest
harmattan@harmattan.hu

L'Harmattan Sénégal
10 VDN en face Mermoz
BP 45034 Dakar-Fann
senharmattan@gmail.com

L'Harmattan Cameroun
TSINGA/FECAFOOT
BP 11486 Yaoundé
inkoukam@gmail.com

L'Harmattan Burkina Faso
Achille Somé – tengnule@hotmail.fr

L'Harmattan Guinée
Almamya, rue KA 028 OKB Agency
BP 3470 Conakry
harmattanguinee@yahoo.fr

L'Harmattan RDC
185, avenue Nyangwe
Commune de Lingwala – Kinshasa
matangilamusadila@yahoo.fr

L'Harmattan Congo
219, avenue Nelson Mandela
BP 2874 Brazzaville
harmattan.congo@yahoo.fr

L'Harmattan Mali
ACI 2000 - Immeuble Mgr Jean Marie Cisse
Bureau 10
BP 145 Bamako-Mali
mali@harmattan.fr

L'Harmattan Togo
Djidjole – Lomé
Maison Amela
face EPP BATOME
ddamela@aol.com

L'Harmattan Côte d'Ivoire
Résidence Karl – Cité des Arts
Abidjan-Cocody
03 BP 1588 Abidjan
espace_harmattan.ci@hotmail.fr

Nos librairies en France

Librairie internationale
16, rue des Écoles
75005 Paris
librairie.internationale@harmattan.fr
01 40 46 79 11
www.librairieharmattan.com

Librairie des savoirs
21, rue des Écoles
75005 Paris
librairie.sh@harmattan.fr
01 46 34 13 71
www.librairieharmattansh.com

Librairie Le Lucernaire
53, rue Notre-Dame-des-Champs
75006 Paris
librairie@lucernaire.fr
01 42 22 67 13

www.ingramcontent.com/pod-product-compliance
Lightning Source LLC
LaVergne TN
LVHW011249061026
849535LV00005B/1193
* 9 7 8 2 1 4 0 3 4 3 8 6 5 *